**elefante**
EDITORA

CONSELHO EDITORIAL
Bianca Oliveira
João Peres
Tadeu Breda

EDIÇÃO
Tadeu Breda

ASSISTÊNCIA DE EDIÇÃO
Luiza Brandino

PREPARAÇÃO
Daniela Alarcon

REVISÃO
Tomoe Moroizumi
Diana Soares Cardoso

ILUSTRAÇÕES
Vitor Flynn

CAPA
Bianca Oliveira

FOTO DE CAPA
Luiza Calagian

PROJETO GRÁFICO
E DIAGRAMAÇÃO
Mateus Valadares

LUCAS KEESE DOS SANTOS

A ESQUIVA DO XONDARO

MOVIMENTO E AÇÃO POLÍTICA GUARANI MBYA

À *xandaria* Jera Poty Mirĩ

ENTONCES LO QUE
TIENES QUE HACER ES
CAMBIAR LA JUGADA,
O SEA QUE HACES
COMO QUE VAS PARA
ALLÁ, PERO NADA,
QUE VAS PARA ACÁ.

Subcomandante Galeano

Guaranizar a política, dançar a política

Renato Sztutman[1]

ESTE LIVRO DE LUCAS KEESE DOS SANTOS é fundamental para os dias atuais. Diante da imensa crise política em que nos vemos mergulhados, o autor prefere perguntar aos Guarani Mbya, com quem convive há muitos anos, o que poderia ser a política. E a primeira resposta seria — em consonância com as observações de Pierre Clastres depois de estar entre eles nos anos 1960 — que, em vez de buscá-la nas disputas por uma posição estável de poder e soberania, mais valeria investigar mecanismos capazes de conjurar modos de coerção e subordinação.

Os Guarani Mbya indicaram ao autor que uma chave preciosa para compreender a sua política está nos movimentos de uma dança, ou dança-luta, que eles chamam de dança dos *xondaro* (*xondaro jeroky*). Esses movimentos são os da esquiva, os de "fazer errar" (*-jeavy uka*) o adversário. Nesse ponto, sugere o autor, o *xondaro* guarani se encontraria com a capoeira. Ambos têm na esquiva uma característica central: são danças-lutas forjadas por populações com longa história de subjugação, que precisaram aprender a se esquivar para seguir existindo.

———

Uma das principais teses deste livro é a associação, sinalizada pelos Guarani Mbya, entre o movimento de esquiva (*-jeavy uka*) na dança e o ato de enganar (*-mbotavy*), particularmente tematizado em narrativas míticas. O ato de enganar — fazer-se passar por outrem — é uma operação privilegiada nas cosmologias ameríndias e remete ao que Tânia Stolze Lima e Eduardo

1. Professor do Departamento de Antropologia e pesquisador do Centro de Estudos Ameríndios (CESTA) da Universidade de São Paulo.

Viveiros de Castro chamaram de "perspectivismo". A captura de presas depende, no mais das vezes, da capacidade do predador de enganar a sua vítima, fazer com que ela acredite partilhar uma mesma perspectiva. Caçadores, por exemplo, enganam os animais de caça, fazendo-se passar por seus congêneres; eis a armadilha fatal. Abre-se a possibilidade de as presas enganarem os predadores e, portanto, inverterem a relação: tal seria o terreno da esquiva.

Nas narrativas míticas ameríndias e, particularmente, nas narrativas guarani mbya reunidas neste livro, abunda a figura de enganadores ou *tricksters*, aqueles que ocupam a posição de mediadores, unindo polos opostos e garantindo o dinamismo das intrigas. O personagem Kuaray (Sol, filho de Nhanderu Tenonde), demiurgo e ancestral dos Guarani, é apresentado aqui como um hábil enganador — faz com que as onças primordiais caiam em sua armadilha, consumando assim sua vingança — e também um habilidoso mestre da esquiva. Kuaray seria o primeiro *xondaro* e, junto ao irmão Jaxy (Lua), deve percorrer um longo caminho, esquivando-se dos perigos até alcançar a morada divina de Nhanderu.

Keese dos Santos distingue as grandes narrativas de origem, que incluem a história de Sol e Lua, de narrativas mais corriqueiras, que os Guarani Mbya chamam de *kaujo*, sempre carregadas de uma forte dose de humor. A comicidade advém geralmente dessa inversão de perspectivas: figuras poderosas (como animais predadores) são enganadas por suas supostas presas. Rir seria, nesses casos, rir do poder — outro tema fortemente clastriano. O autor lança luz especialmente nas histórias de Peru Rimã, que, segundo alguns Guarani, é um irmão *trickster* de Nhanderu, destacando-se pela destreza em enganar os brancos (*jurua kuery*). Keese dos Santos compara as histórias de Peru Rimã com os mitos reunidos por Lévi-Strauss (1993 [1991]) em *História de Lince*, obra que expõe narrativas indígenas sobre os brancos, oferecendo-nos uma leitura original da situação dos Guarani Mbya. Se essas histórias carregam elementos de contos ibéricos, isso não significa que sejam menos guarani; pelo contrário, associam ao seu modo a figura desse *trickster* a uma reflexão mais ampla sobre as estratégias de resistência ao mundo *jurua*, tomando seus atos de enganação como arma de insubordinação.

Sabemos que os Guarani Mbya resistem ao mundo *jurua* há mais de quinhentos anos. Mantiveram sua língua e seu modo de existência (*nhandereko*), ainda que vivendo em situações de confinamento, em territórios pequenos e próximos a cidades, isso sem falar das tantas ameaças recebidas de proprietários de terras e mesmo do poder público. Isso os conduziu ao aperfeiçoamento da arte da esquiva. Se por muito tempo eles optaram por se fazer imperceptíveis, nas últimas décadas, sobretudo depois da promulgação da Constituição de 1988, buscam tornar cada vez mais visíveis as suas reivindicações, principalmente aquelas associadas ao direito à terra. Isso implicou codificar seu modo de existência em termos de "cultura" (como bem apontou Valéria Macedo [2009]) e estreitar alianças com parceiros *jurua*, trazendo-os para a luta.

———

A esquiva do xondaro é resultado de uma aliança muito especial entre o autor e os Guarani Mbya. "Aliança" é um termo difícil de traduzir em guarani. Em 2017, dialogando com um grupo de artistas da Escola de Arte Dramática da Universidade de São Paulo, à época envolvido na criação de uma peça inspirada na luta desse povo, Jera Guarani (2017, p. 69) traduziu "aliança" pelo termo *nhanhomoirumba*, que, segundo ela, significa "nos juntar", "ficarmos juntos", "fazer força, fazer diferença mesmo, fazer junto". Seguindo Jera, Daniel Pierri (2017, p. 33) acrescenta que o termo -*nhomoirũ* pode ser traduzido como "fazermo-nos aliados mutuamente".

Lucas Keese dos Santos certamente fez-se um aliado no mais do termo para os Guarani Mbya. Começou a trabalhar com os Guarani realizando oficinas de vídeo e logo se viu comprometido com suas lutas e seu modo de existência. Partindo da Terra Indígena Tenondé Porã, no município de São Paulo, foi seguindo os passos de seus amigos, acompanhando-os em suas longas caminhadas por entre diferentes aldeias e territórios, cruzando até mesmo fronteiras nacionais. Com o Centro de Trabalho Indigenista e com a Comissão Guarani Yvyrupa, envolveu-se em muitos projetos e ações políticas, o que acabou por levá-lo ao *xondaro jeroky*. Foi então que nasceu o interesse e o desejo em aprofundar a pesquisa sobre esse tema e escrever uma dissertação de mestrado, que tive o prazer de orientar e com a qual pude aprender tanto.

A dissertação, que agora se transforma neste livro tão bonito, é indissociável do envolvimento do autor com a causa e as lutas guarani. É, ao mesmo tempo, um trabalho acadêmico e uma peça de ativismo. Keese dos Santos leva a sério o que Bruce Albert, em seu posfácio para *A queda do céu*, chama de "pacto etnográfico" (Kopenawa & Albert, 2010), ou seja, esse comprometimento ético e político que deve estar envolvido na produção de uma boa etnografia. Ainda seguindo o raciocínio de Albert, podemos dizer que esta etnografia foi possibilitada não por uma "observação participante", aquela estabelecida por Malinowski, mas pela "participação observante", visto que nasceu de uma colaboração com os interlocutores que excede em muito o trabalho acadêmico e seus resultados.

O autor iniciou sua pesquisa sobre o *xondaro* num momento muito especial, o da luta pela ampliação das duas terras indígenas guarani, ambas localizadas no município de São Paulo: Tenondé Porã, no extremo sul, e Jaraguá, na região noroeste. Em 2012, iniciava-se o processo de reconhecimento dos novos territórios com a publicação dos relatórios de identificação da Fundação Nacional do Índio. Daí em diante, proliferavam ações pressionando o governo a avançar no processo de demarcação, assim como o movimento de retomadas, que culminaria na fundação de novas aldeias em áreas reconhecidas como de ocupação tradicional.

O ano de 2013, por sua vez, representou um ponto de virada para a história do Brasil e também dos Guarani. Projetos da esquerda no poder, atrelados a ideais desenvolvimentistas e de governabilidade, eram contestados de diversas formas. Uma pauta minoritária e libertária, que incluía questões ecológicas, raciais, de gênero, se fazia notar mais do que nunca. Junho de 2013 trouxe as manifestações em grandes cidades, impulsionadas por reivindicações relativas ao transporte público, representando a explosão de muitas insatisfações e de novas pautas. Exigia-se uma refundação da política. Sabemos, no entanto, que essa exigência de refundação foi apropriada de maneira espúria por um setor reacionário, que já se colocava como inimigo das pautas minoritárias — principalmente dos povos indígenas. Em poucos anos, essa ala tomaria o poder, deixando direitos adquiridos sob um risco jamais visto e batizando de "nova política" um verdadeiro desmonte da democracia.

Mas 2013 foi também crucial para a luta indígena, particularmente para a luta guarani. Em abril, a ocupação indígena do Congresso Nacional respondia a alianças parlamentares nefastas, que buscavam limitar direitos adquiridos em 1988 em nome de interesses do capital, encarnados na aliança entre ruralistas, missionários evangélicos e a indústria de armas de fogo. A ocupação dava visibilidade inédita às pautas indígenas e fortalecia novas lideranças em nível nacional. Em setembro de 2013, em São Paulo, os Guarani bloquearam a Rodovia dos Bandeirantes, exigindo a demarcação de suas terras. Sob o lema "Demarcação já", engataram uma série de manifestações, entre as quais uma intervenção sobre o Monumento às Bandeiras, de Brecheret, explicitando o repúdio pela história oficial, apta em converter algozes em heróis.

No fim daquele mesmo ano, as manifestações guarani continuaram a ganhar as ruas de São Paulo, atraindo aliados e simpatizantes. Em 2014, os Guarani ocupavam pacificamente o Pateo do Collegio, marco histórico da fundação de São Paulo. Em 2016, a demarcação da Terra Indígena Tenondé Porã era finalmente declarada. A Terra Indígena Jaraguá, até então a menor do Brasil, conhecida pelo confinamento de setecentas pessoas em 1,7 hectare, teve ainda de enfrentar um retrocesso em seu processo demarcatório. Em agosto de 2017, era anulada a portaria que declarava sua ampliação, o que gerou novos protestos e manifestações. Como tão bem descreve Keese dos Santos na última parte do capítulo 4, todos esses eventos contestatórios guiavam-se por uma estética muito particular: eram conduzidos pelos *xondaro* e alternavam-se entre cantos na língua indígena e o silêncio. Ele, que esteve presente em todos, oferece aqui uma etnografia dos levantes e da ação direta à Guarani. Nesse cenário, o *xondaro jeroky* consolida-se como um poderoso dispositivo de luta.

———

Keese dos Santos indica que o significado de *xondaro* é mais complexo do que parece ser. Ainda que sua origem possa estar associada a uma corruptela da palavra "soldado", o termo é muitas vezes empregado para se referir a ajudantes, auxiliares de xamãs, de líderes ou mesmo divindades. Não devemos tomá-lo como um personagem propriamente dito, já que diz respeito, antes de tudo, a uma relação cosmológica. Tudo tem seu *xondaro*. Seria mesmo possível ver no *xondaro* uma figura do desdobramento (*mbojera*), conceito central na cosmologia guarani. Os *xondaro* seriam como os galhos de um tronco, que não cessam de se ramificar. A própria pessoa guarani, em sua porção celestial (*nhe'ẽ*), seria pensada como desdobramento de divindades (*nhanderu kuery*) que habitam as moradas celestiais.

Xondaro seria como a "multiplicação do múltiplo", maneira pela qual Clastres define a guerra indígena, esta que conjura todo esforço de centralização e captura política. Outra tese importante de *A esquiva do xondaro* — e certamente uma contribuição fundamental para os estudos sobre os Guarani — é a de que a figura do *xondaro* seria uma atualização da figura do guerreiro, abundante nos relatos sobre os Guarani históricos. Dialogando com a extensa bibliografia sobre os Guarani e levando adiante a comparação com etnografias de povos amazônicos (algo bastante recorrente na nova geração de guaraniólogos), o autor contesta a imagem do profundo pacifismo dos Guarani atuais. Ele se afasta especialmente da ideia de "desjaguarificação", proposta por Carlos Fausto (2005), que corrobora com a leitura de que os Guarani teriam desistido das guerras — entre si e com outros povos — para sucumbirem ao "amor", que lhes fora apresentado pelos missionários cristãos. Essa formulação não apenas acaba relegando os Guarani a um estado de passividade como também superestima os efeitos da presença jesuítica sobre o seu modo de existência. Keese dos Santos não ignora esses efeitos. Seu interesse reside, no entanto, na capacidade demonstrada pelos Guarani Mbya em transformar, ao seu próprio modo, elementos exógenos adquiridos pela experiência.

O autor nos lembra que o próprio etnônimo "Guarani" remete ao horizonte guerreiro. Como consta no *Vocabulario y tesoro de la lengua guaraní* [Vocabulário e tesouro da língua guarani], do padre Montoya, o termo "guarani" teria vindo de *guariñi*, "guerra", e *guariñi hara*, "guerreiro". Se a guerra de hoje não é a mesma que a dos Seiscentos, ela desdobrou um princípio subjacente, que é justamente a esquiva. Os Guarani Mbya teriam aperfeiçoado essa arte de "fazer errar", utilizando o movimento de seus inimigos contra eles mesmos, em vez de investir no confronto direto. Essa se tornou a marca de sua resistência ao mundo dos *jurua*. Foi fazendo-os errar que eles conseguiram resistir por mais de quinhentos anos; foi colocando-se sob a pele de Peru Rimã que eles souberam, sem jamais perder o bom humor, manter seu modo de existência. A esquiva seria o modo privilegiado dos Guarani fazerem a guerra — e também a política. Os Guarani se esquivam dos *jurua*, da mesma maneira como se esquivam de chefes que querem mandar demais, que buscam concentrar todo o poder em suas mãos.

Para compreender o princípio da esquiva, Keese dos Santos alia a análise etnográfica — obtida por uma intensa convivência, que inclui viagens e caminhadas — à análise histórica, baseada em fontes primárias e secundárias. Ao longo do livro, transitamos entre diferentes tempos: passamos dos antigos Guarani aos Mbya atuais, cruzamos séculos e lugares. Ainda que não se trate exatamente de um trabalho de reconstrução histórica, podemos extrair dele lições importantes sobre a historicidade guarani. O autor descarta uma interpretação linear da história, que pressupõe transformações irreversíveis. Não haveria um caminho único que levaria dos "guerreiros selvagens" aos "pacíficos e aculturados". Haveria, isso sim, um vaivém entre momentos de paz e de guerra, entre maior ou menor proximidade com os *jurua*, entre estados de concentração e de dispersão.

Essa oscilação vai de encontro com uma filosofia da história hegemônica e se choca com o conhecido princípio de identidade ou de não contradição. Esperamos dos Guarani que eles sejam uma coisa *ou* outra, mas eles nos surpreendem com uma lógica diversa, que afirma ser possível ser uma coisa *e* outra. Como insistiram Hélène e Pierre Clastres, o profetismo dos Guarani atuais estaria ancorado na recusa de estabelecer uma ruptura radical entre humanidade e divindade. É possível alcançar a terra em que nada perece (*yvy marã e'ỹ*) sem passar pela prova da morte; é possível alcançar o estado de maturação ou plenitude (*aguyje*) por meio do próprio corpo, por meio de uma disciplina ritual e alimentar. (Esse tema foi belamente desenvolvido por Daniel Pierri [2018] no livro com o qual Keese dos Santos dialoga amplamente.)

A mesma recusa em escolher entre dois estados se manifesta também em outros planos. O autor sinaliza que os Guarani lançam mão de formas de ação aparentemente contraditórias: ora parecem querer ficar próximos dos *jurua*, absorver elementos de sua cultura, concentrar-se nas missões ou nas cidades; ora parecem querer evadir, refugiar-se em áreas de difícil acesso, repudiar qualquer elemento vindo da cultura *jurua*. Em vez de pensar numa linha sem volta em relação ao contato com os *jurua* ou em termos de contradição, Keese dos Santos privilegia a imagem da alternância, da oscilação. Beatriz Perrone-Moisés e Renato Sztutman (2010), num artigo sobre a "confederação dos Tamoio" (antigos Tupi da costa), associaram essa imagem ao "dualismo em perpétuo desequilíbrio", vislumbrado por Lévi-Strauss (1993 [1991]) no pensamento ameríndio, conferindo-lhe sentido mais propriamente político. Haveria um certo parentesco entre o movimento da esquiva e as alternâncias, as idas e as vindas. Em ambos os casos, recusa-se a fixidez e a previsibilidade, escapa-se de um destino definitivo.

Keese dos Santos corrobora ainda o argumento de David Graeber e David Wengrow (2018), que afirmam ser necessário mudar o curso da história humana, isto é, repensar a ideia de que caminhamos do simples para o complexo (ou da horizontalidade para a hierarquia), de que não é possível existir além da deriva histórica em que nos encontramos. Os autores criticam a ideia mesma de Revolução Neolítica como marco da história das civilizações para pensar diferentes modos de se relacionar com a agricultura, que não conduzem necessariamente ao modelo do Estado, do poder centralizado, da subordinação. Não haveria uma linha de evolução, uma teleologia, mas, para usar o vocabulário de Deleuze e Guattari (1980), zigue-zagues, "involuções criativas". Não haveria caminhos sem volta: aquele que tomou o rumo da civilização pode a qualquer momento se tornar selvagem novamente. (O termo "selvagem" não deve ser entendido como algo primordial, mas como uma recusa ativa de certos modos de domesticação do pensamento e da condução da vida coletiva.) Na história dos Guarani, Keese dos Santos encontra diversos momentos de reasselvajamento. Ainda que os Guarani Mbya insistam na distância — territorial e cosmológica — tomada em relação ao mundo *jurua*, é certo que muitos deles passaram por esse mundo e puderam fazer o caminho de volta, buscando refúgio nos montes, longe de qualquer interferência direta. Haveria, na história guarani, um movimento de idas e vidas entre missões e montes, mais do que um estado absoluto de catequese ou isolamento.

———

Não podemos esquecer que os *xondaro* dançam (*xondaro jeroky*). Não qualquer dança, pois os Guarani possuem várias, mas uma dança-luta ou dança-jogo. Como escreve Beatriz Perrone-Moisés (2015, p. 54, nota 2), refletindo sobre o que seria a política entre os ameríndios: "Temos dado mais atenção à 'filosofia política'. [...] Ora, os índios 'dançam' política. A esse desafio nunca demos a devida atenção". Em *A esquiva do xondaro*, essa atenção é devidamente redobrada. Tudo se passa como se, entre os Guarani Mbya, a política imitasse a dança: líderes (*uvixa kuery*) são aqueles que começam uma ação (*tenondegua*), são como os *xondaro ruvixa*, aqueles que puxam a roda de dançarinos, que propõem temas dos quais serão produzidas variações, desdobramentos, improvisações. Uma roda de *xondaro*, com seus desafios e provações, é uma porta de entrada para compreender a política guarani.

No capítulo 3, Keese dos Santos apresenta elementos da cosmopolítica guarani, evidenciando que para se compreender a política e a dança desse povo é necessário mapear a diversidade de agentes que compõem o cosmos (e os corpos). Os Guarani Mbya não vivem numa pólis apartada do mundo das divindades (*nhanderu kuery*) e dos donos (*ija kuery*). Para eles, dançar é, antes de tudo, aproximar-se do mundo das divindades, é alcançar o estado de maturação (*aguyje*), a leveza própria desses existentes. Dançar é, portanto, uma modalidade de devir; é constituir um corpo divinizado e, assim, um modo de incrementar a capacidade de esquiva. Dançar é promover outro vaivém, dessa vez entre o modo de existência das divindades e o da vida terrena.

Como diz Davi Kopenawa em *A queda do céu*, é preciso que os xamãs yanomami façam dançar os *xapiripë* para que o céu não desabe (Kopenawa & Albert, 2010). A dança e o brilho são o modo de existência desses espíritos, com os quais é preciso compor. Para os Guarani, é preciso dançar para não perder o laço com as divindades, com o mundo celestial, para maturar o corpo. A história de Guyraypoty, transcrita e traduzida por Nimuendaju (1987 [1914]) em seu célebre *As lendas de criação e destruição do mundo como fundamento da religião dos Apapokuva-Guarani*, remete a esse importante lugar das danças na comunicação entre os planos celestes e terrestres, bem como a uma forma de transpor o cataclismo. Na iminência do grande dilúvio, Nhaderuvusu fala à família de Guyraypoty: "Não tenham medo quando a água se precipitar. Para resfriar a escora da terra, dizem, deverá vir a água. Dancem três anos!". Vem o dilúvio e, por causa da dança e da intensa atividade ritual, a casa em que os personagens se encontram ascende aos céus, escapando da tragédia. A dança coletiva produz o aligeiramento não apenas dos corpos mas também da casa inteira.

––––––

Por meio do *xondaro jeroky*, Keese dos Santos reencontra a "política", termo de difícil tradução para a língua guarani. Uma boa tradução, comenta o autor, é aquela que os Guarani Kaiowa ofereceram a Spensy Pimentel (2012): política é movimento, movimentar-se (*mongu'e*), o que novamente conduz à dança. De todo modo, a política é, para os Guarani, cosmopolítica, operando no entre-mundos e resistindo ao jogo da representação e da governabilidade das sociedades ditas modernas. *A esquiva do xondaro* responde, assim, ao grito de junho de 2013 e à sua urgência de refundar a política, ou ao menos repensá-la, desta vez sob a condução dos Guarani Mbya. Mais do que descrever o que poderia ser uma outra política, o livro aponta caminhos para guaranizar a política. Se antes acreditávamos que os Guarani se tornariam inelutavelmente *jurua* —, aderiram aos valores da "civilização" e do Estado — agora, diante de tantas crises (ambientais, sanitárias, éticas) que assolam o Brasil e o planeta, começamos a entender que precisamos nos aconselhar com eles, que cultivam de modo tão preciso a arte do aconselhamento (*nhemongeta*). Pedir conselhos, por exemplo, sobre como viver numa cidade grande como São Paulo, ameaçada, entre outras coisas, pela falta de água e de oxigênio.

Lendo *A esquiva do xondaro*, aprendemos com os Guarani Mbya que o que ainda resta da Mata Atlântica nas regiões Sul e Sudeste do Brasil remete ao Mba'e Vera, lugares de mediação entre a plataforma terrestre e os mundos celestes, lugares ideais para se viver seguindo o modo de existência guarani (*nhandereko*). A destruição desses lugares seria o fim do elo com o mundo dos *nhanderu kuery* e, portanto, a inviabilização de qualquer modo de existência. As retomadas de terras nos entornos da metrópole — em ações de reflorestamento e políticas de plantio, visando a recobrar a soberania alimentar — seriam um modo de recriar o Mba'e Vera. É nesse sentido que Alana Moraes e Salvador Schavelzon (2021), em artigo publicado em colaboração com Lucas Keese dos Santos, Marcelo Hotimsky e Jera Guarani, veem nas terras guarani do município de São Paulo um "laboratório de experimentação cosmopolítica", onde se combinam "práticas de autonomia" e "tecnologias do comum". Eles fazem referência ao Cinturão Verde Guarani, um recente projeto de lei municipal cujo objetivo é fortalecer ações em conjunto com os Guarani para proteger a mata que ainda resta, fazer ressurgir florestas e criar novas formas de uso da terra, em uma iniciativa que evidencia a contribuição desse povo para a transformação da cidade e da política.

Este livro é um sopro de ânimo em tempos tão difíceis. Guaranizar a política, dançar a política, pode ser uma via para resistir ao fascismo que se apoderou do Brasil depois de 2016; pode ser uma via para resistir ao baque da pandemia de covid-19 — também indissociável desse e de outros fascismos—, que atestou a insuficiência de nossos modos de cuidado em relação ao meio ambiente e aos corpos que o habitam. O livro de Lucas Keese dos Santos ecoa, ainda, um convite feito de forma bem-humorada por Jera Guarani: se apoiar os indígenas, os Guarani, em particular, é uma questão de sobrevivência para todos, então é hora de buscar uma espécie de guaranização, de asselvajamento. Nas palavras de Jera: "Gosto de chamar mais pessoas para serem selvagens. O nosso planeta, do jeito que está, está sofrendo muito, está chorando, está gritando, e, por estarmos integrados com ele, vamos ter de começar a viver, a ver, a saber e a ter de enfrentar muitas coisas negativas também" (Guarani, 2020, p. 19). Para enfrentar a guerra em curso, só mesmo espalhando, desdobrando o *xondaro jeroky*. *Neike, xondaro! Aguyjevete* pra quem luta!

Fevereiro de 2021

REFERÊNCIAS

ALBERT, Bruce (1995). "Anthropologie appliquée ou 'anthropologie impliquée'? Ethnographie, minorités et développement". *In*: BARÉ, J.-F. (Org.). *Les Applications de l'anthropologie: un essai de réflexion collective depuis la France*. Paris: Karthala, p. 87-118.

CLASTRES, Hélène (1978 [1975]). *A terra sem mal: profetismo tupi*. São Paulo: Brasiliense.

CLASTRES, Pierre (2017 [1974]). *A sociedade contra o Estado: pesquisas de antropologia política*. São Paulo: Ubu.

CLASTRES, Pierre (2004 [1980]). *Arqueologia da violência: pesquisas de antropologia política*. São Paulo: Cosac Naify.

FAUSTO, Carlos (2005). "Se Deus fosse jaguar: canibalismo e cristianismo entre os Guarani (séculos XVI-XX)", *Mana*, v. 11, n. 2.

GRAEBER, David & WENGROW, David (2018). "How to change the course of human history (at least, the part that's already happened)", *Eurozine*, 2 mar. Disponível em: https://www.eurozine.com/change-course-human-history/.

GUARANI, Jera (2017). "Conversa com Jera Giselda", por Jessica Nascimento, Lucas Corbucci, Monalisa Silva, Paulo Gonçalves e Vinícius Albano [folder da peça *Nhanhomoirumba: um panfleto esquiva*]. São Paulo: Escola de Artes Dramáticas da Universidade de São Paulo.

GUARANI, Jera (2020). "Tornar-se selvagem", *Piseagrama*, n. 14, p 12-9.

KOPENAWA, Davi & ALBERT, Bruce (2010). *A queda do céu: palavras de um xamã yanomami*. São Paulo: Companhia das Letras.

LÉVI-STRAUSS, Claude (1993 [1991]). *História de Lince*. São Paulo: Companhia das Letras.

MACEDO, Valéria (2009). *Nexos da diferença: cultura e afecção em uma aldeia guarani na Serra do Mar*. Tese (Doutorado em Antropologia Social) — Faculdade de Filosofia, Letras e Ciências Humanas, Universidade de São Paulo, São Paulo.

MORAES, Alana; SCHAVELZON, Salvador; GUARANI, Jera; SANTOS, Lucas Keese dos & HOTIMSKY, Marcelo (2021). "Um levante da terra na metrópole da asfixia", *Piseagrama*, seção Extra!. Disponível em: https://piseagrama.org/um-levante-da-terra-na-metropole-da-asfixia/.

NIMUENDAJU, Curt Unkel (1987 [1914]). *As lendas de criação e destruição do mundo como fundamento da religião dos Apapokuva-Guarani*. São Paulo: Edusp/Hucitec.

PERRONE-MOISÉS, Beatriz (2015). *Festa e guerra*. Tese (Livre-docência em Etnologia Ameríndia) — Faculdade de Filosofia, Letras e Ciências Humanas, Universidade de São Paulo, São Paulo.

PERRONE-MOISÉS, Beatriz & SZTUTMAN, Renato (2010). "Notícias de uma certa confederação tamoio", *Mana*, v. 16, n. 2.

PIERRI, Daniel (2017). "*Nhanhomoirumba ay*: tempo de aliança" [folder da peça *Nhanhomoirumba: um panfleto esquiva*]. São Paulo: Escola de Artes Dramáticas da Universidade de São Paulo.

PIERRI, Daniel (2018). *O perecível e o imperecível: reflexões guarani mbya sobre a existência*. São Paulo: Elefante.

PIMENTEL, Spensy (2012). *Elementos para uma teoria política kaiowá e guarani*. Tese (Doutorado em Antropologia Social) — Faculdade de Filosofia, Letras e Ciências Humanas, Universidade de São Paulo, São Paulo.

AGRADECIMENTOS

AGRADEÇO A TODOS QUE, DE UMA FORMA ou de outra, contribuíram com as caminhadas que agora chegam a estas páginas. Se me sinto feliz ao dizer que repetiria todos esses passos, que frequentemente me colocaram na solitária e às vezes adversa condição de estrangeiro, mesmo a poucos quilômetros do lugar onde nasci, foi graças à profunda vitalidade que essas situações me proporcionaram e sobretudo às tantas acolhidas generosas. Entre essas acolhidas, é aos Guarani que sou mais grato, pois me fizeram compartilhar seus lugares ao redor do fogo, suas sabedorias, suas danças e seus cantos, suas risadas e suas lutas, enfim, me acolheram como um amigo e parente.

Agradeço a todos os Guarani. Muitos foram os que de alguma forma contribuíram para este livro, tantos que não conseguiria nem citar todos os nomes, mas deixo aqui registrado meu agradecimento, especialmente àqueles cujas palavras transcrevi ao longo destas páginas e aos que as influenciaram de modo mais direto.

Ao Pedro Vicente Karai Mirĩ, meu *xondaro ruvixa*, que me conduziu durante tantas conversas e danças, e cuja interlocução e proximidade foram fundamentais neste trabalho. Seu vigor e perseverança na vida, mesmo em face da pior ameaça, serão sempre para mim passos a serem seguidos.

Ao *xeramoĩ* Elias Vera Mirĩ, que revelou meu nome, Karai Xondaro, e cujas conversas permeadas de gargalhadas ainda me fazem sorrir todos os dias. À Yara e a toda a família extensa, por tantas recepções e banquetes. À Lau, ao Tadeu, que tanto me alegrou no *xondaro*, e ao Tiago, cuja calma, determinação e sabedoria, incomuns em sua juventude, me fortalecem para seguir.

À Marisa e ao Karai Baixinho, que sempre me receberam muito bem e aos quais desejo muita serenidade em seus dias. A todos de sua família, especialmente ao Laio, que dançava lindamente o *xondaro* e de cuja triste partida eu estive tão próximo.

À dona Ilza Varyju *rãgue'i*, que construiu tanto, mesmo tendo percorrido um caminho tão difícil, pela persistência nas lutas e por ter me acolhido com alegria.

À Jera, pela paciência, pela convicção e pela parceria na luta, por me ensinar tanto, por me ajudar a descobrir novos caminhos, pelas risadas que sempre me desarmaram e sobretudo pelo incomensurável carinho. À sua filha Kerexu, cujo talento e sensibilidade tive o prazer de acompanhar, e a quem também devo muito pela alegria, paciência e generosidade.

À Priscila e à sua firmeza nas horas agudas, ao humor inigualável de minha comadre Aline e ao pequeno Cris, com quem ainda dançarei muito *xondaro*. À Kerexu Leidiane, pela conduta aguerrida em seguir adiante.

Aos *xondaro* Claudio Vera e Tata'i, companheiros e mestres na arte da zueira; Pedrinho e Zé, parceiros para toda hora; ao amigo Karai Negão, cuja vocação musical é sempre inspiradora, e a todos com quem compartilhei rodas de *xondaro*.

À Cristine Takua e ao Carlos Papá, que me acolheram em sua casa na primeira vez que passei a noite em uma aldeia guarani, e por tantas outras mais, permeadas de conversas e parcerias.

Ao Wera Alexandre, meu amigo já de bons anos, de quem tenho tanto orgulho pelo seu caminho entre as imagens em movimento. Agradeço também pelas muitas parcerias de pesquisa e luta, pelas conversas esclarecedoras e pela ajuda constante nas traduções.

Ao Jordi Karai Mirĩ, agradeço desde as primeiras aulas até a ajuda providencial com as transcrições e traduções quando quase já não tinha mais tempo.

À Patrícia Ferreira, amiga tão querida, e ao *hermano* Ariel, que muito me ensinaram, e a todos de suas famílias, especialmente Elsa Chamorro, Catri Ortega e Isabel, e à amiga Jorgelina Jachuka, que me recebeu com tanta alegria e me guiou por caminhadas em Misiones.

Aos pesquisadores guarani do projeto "Pesquisadores guarani no processo de transmissão de saberes e preservação do patrimônio cultural guarani", com quem pude compartilhar os primeiros passos como pesquisador e o interesse em aprender mais e também dançar *xondaro*.

A todos os coordenadores e coordenadoras da Comissão Guarani Yvyrupa (CGY) e do Comitê Interaldeias, pelos ensinamentos e pela luta.

A Ernesto e todos os amigos do assentamento Tava Guarani, cuja trajetória me inspira e guia minhas reflexões ainda hoje, e à Malu, parceira e inspiração de militância. Ao Corti, pela camaradagem e pelo debate político já de longa data. E à querida Lusha, que compartilhou comigo lutas do altiplano às terras baixas.

Às parcerias e ao apoio fundamental que encontrei no Centro de Trabalho Indigenista (CTI), que me formaram nesse *front*. Aos mestres e mestras que há tempos começaram essa luta, aos companheiros que atuam em terras distantes, a todos que seguram a onda do escritório, principalmente os que estavam mais próximos, Daiane Guariente, Fabrício Camargo e Thiago Horácio, e em especial aos compas que fiz ao longo de minha trajetória no Programa Guarani: Ana Paula Gonçalves, Beatriz Braga, Bruno Morais, Camila Salles, Daniel "Karumbé", Eliza Castilla, Inaiá de Carvalho, Ian Packer, Júlia Navarra, Luiz Lira, Marcelo Hotimsky, Pedro Cuba, Rafael Nakamura, Rodrigo Cossio, Sinara Gomes, Teresa Paris, Victoria Franco e Vinícius Toro. À Maria Inês Ladeira, cuja importância os Guarani fazem questão de me repetir sempre que podem, agradeço pela inspiração e pelos ensinamentos. Ao Daniel Pierri sou profundamente grato pela amizade e por me levar ao mundo guarani, por compartilhar tantos momentos de luta e aprendizado, e pelo apoio teórico fundamental quando decidi encampar também essa trincheira.

À Joana Cabral de Oliveira, pela parceria de trabalho, pelas conversas e pelo grande apoio. À amiga Valéria Macedo, com quem compartilhei tantos momentos e reflexões. Ao *xeirũ* Vicente Cretton Pereira, pelas trocas recentes e incentivos. À Lauriene Seraguza, pela energia inigualável em animar nossa luta.

Ao José Fernando Peixoto de Azevedo e a todos e todas da turma 67 da Escola de Arte Dramática (EAD) da Universidade de São Paulo (USP), pelo estudo, generosidade e talento em compartilhar e transformar experiências das lutas guarani e reflexões desta pesquisa na forma de um extraordinário espetáculo teatral.

À Alana Moraes, pelas trocas e pelas muitas parcerias fortalecendo perspectivas que não opõem a política à vida cotidiana e fazem da produção da diferença uma potência das lutas coletivas, além de um modo de cura.

Aos amigos da Coordenação Técnica Local (CTL) da Fundação Nacional do Índio (Funai) em São Paulo, Lucas Pacheco, Maíra Pinheiro e Márcio José, agradeço as parcerias e a boa convivência nas aldeias.

Agradeço a todos os parceiros e parceiras *jurua* que fiz nas aldeias e na luta do indigenismo e que contribuíram de alguma forma com estas páginas: Jan-Arthur, Bruno Simões, Adriana Testa, Naiana Padial, Adriana Calabi, Paulo Fonseca, Patrícia Zuppi, Mariana Belmonte, Edson Matsumura, Breno Zúnica, Eduardo Pássaro, José Eduardo Oliveira, Ana Blaser, André Dallagnol, Antonio Passaty, Gabriel Toro, Cristiana Maymone, Maria Lucia Bellenzani, Tatiane Klein, Lucimar Constantino, Luccas Longo, Carlos Paulino, Cristiano Navarro, Maria Carolina Campos, Bruno Huyer, Gabriela Cardozo, Luiza Calagian, Matheus Preis, Robson Oliveira, Viliane Pinheiro, Pedro Biava, o pessoal do coletivo ReViralata, da Cia. 8 de Nova Dança, e tantos encontros mais que me fogem à memória.

Ao Denis Bellemare, ao François-Mathieu Hotte e à parceria da La Boîte Rouge Vif, assim como aos amigos Innu, em especial ao Waubnasse e à Mendy, que nos receberam em seu território, permitindo cruzar olhares e pensamentos com os parentes do Norte.

Aos amigos e amigas que me ajudaram profundamente durante o tempo da escrita, principalmente com seu apoio, compreensão e paciência, e com quem compartilhei tantas alegrias e perspectivas no início de um espaço coletivo: Breno, Gui, Luiza, Vinícius e Dani. E àqueles que se somaram depois: Paulinha, Ana, Edu, Amanda, Zé, Isis, Ed e Gabriel.

À Julia Joia, cuja proximidade afetuosa e cheia de reflexões moldaram minhas últimas duas décadas de vida.

Ao Gustavo Nascimento, que deu oficinas comigo nas aldeias e até hoje segue nas proximidades. Aos compas Diego Kapaz e Alcimar Frazão, com quem compartilhei o teto bem no início desse processo.

Aos camaradas de longa data e que me levaram à capoeiragem, André Reinach e Luan Carone.

Ao mestre Plínio e a todos os angoleiros e angoleiras "sim sinhô", os primeiros que me ensinaram não só o que era, mas o que poderia ser uma esquiva.

Aos saudosos amigos do Gemarx e da vida, com quem sigo, mesmo à distância, compartilhando as aflições e os desafios políticos do presente: Felipe e Raquel Contier, Eduardo Fernandes, José Luiz Neves, Gustavo Ferrão, Maria Carlotto e Ilan Lapyda.

À Maíra Suzuki, por acompanhar tudo isso desde há muito.

Ao Vitor Flynn, que conheço desde os idos de 1991, e que contou em aquarelas a história de luta dos Guarani com tanta beleza. Agradeço também os traços presentes na animação em *flipbook* que acompanha os dois primeiros capítulos.

Ao Fred Ventura, que ajudou em revisões desde o projeto.

Aos amigos e professores que conheci no Departamento de Antropologia da USP, aos companheiros dos grupos de estudos, pela convivência e debate tão frutíferos, e sobretudo pela leitura de uma primeira versão do trabalho. À Juliana Sampaio, agradeço a leitura entusiasmada e o apoio antes da banca, e ao Leonardo Braga, as conversas sempre inspiradoras.

À Beatriz Perrone-Moisés e novamente à Valéria Macedo, pelos comentários e críticas fundamentais no exame de qualificação da pesquisa.

Ao Daniel Pierri e à Joana Cabral, mais uma vez, pelas leituras de versões anteriores deste trabalho, assim como pelas ótimas e cruciais sugestões, e em especial ao Marcelo Hotimsky, pela ajuda fundamental na revisão para a publicação em livro.

Ao orientador da pesquisa que originou este livro e autor do prefácio, Renato Sztutman, que me recebeu tão bem, e cuja generosidade intelectual e entusiasmo com os Guarani foram tão alentadores, constituindo um suporte fundamental para que eu fizesse um bom trabalho. À Tânia Stolze Lima, ao Jean Tible e, mais uma vez, à Beatriz Perrone-Moisés, agradeço pela leitura, pelos comentários e pelas críticas absolutamente fundamentais durante a banca de defesa do mestrado.

Ao Conselho Nacional de Desenvolvimento Científico e Tecnológico (CNPq), que apoiou a pesquisa pelo período de 24 meses. À Society for the Anthropology of Lowland South America (Salsa), por ter concedido o prêmio que tornou possível esta publicação, e aos amigos da editora Elefante, pela parceria em fazer isso acontecer.

Aos meus pais, Antonio e Lilian, pelo carinho com que sempre apoiaram as caminhadas em que me lancei. À Carol, que me ensinou sobre coragem muito mais do que imagina, e à sua pequena Alice, que jamais deixa uma conversa ser trivial. À Bruna, por ser tão inspiradora e revelar como tudo pode ser mais belo — e melhor. Agradeço a ela também inúmeras ajudas ao longo desse processo e pelo diagrama feito sob medida.

À minha filha, Yva Cecília, por me ensinar continuamente a beleza desafiadora em ser várias coisas ao mesmo tempo.

Ao meu avô, José Francisco dos Santos *rãgue'i*, meu primeiro *xondaro ruvixa*.

Agradeço aos tantos pesquisadores indígenas e não indígenas que vieram antes de mim e compartilharam suas palavras e reflexões, possibilitando as minhas próprias. Em relação aos erros e impre-cisões das páginas a seguir, pelos quais sou o único responsável, tenho certeza de que o movimento guarani, em sua forte corren-teza, dará uma rasteira no que merecer.

A todos os povos em luta.
Aguyjevete!

INTRⵔDUÇÃⵔ

Das imagens em movimento aos movimentos guarani

POR VOLTA DE 2007, quando eu terminava minha graduação em audiovisual, realizei um intercâmbio acadêmico em terras argentinas. A despeito de meu planejamento inicial, esse projeto se transmutou em uma série de trabalhos e viagens pela região do Cone Sul para a realização de documentários e vídeos etnográficos.

Naquele contexto, preparava um ensaio que serviria de trabalho de conclusão de curso, versando sobre as apropriações da prática e da estética do documentário em ficções do cinema brasileiro de cunho espetacularizante (*Cidade de Deus* [2002], *Tropa de Elite* [2007] etc.), como denominei na época. Algumas questões relativas à reificação do olhar sobre o outro me inquietavam nesses filmes, bem como seus efeitos estético-políticos.

Terminei o ensaio com uma citação de um texto emblemático do crítico francês Serge Daney, chamado "Le travelling de 'Kapo'". Esse artigo com tons de autobiografia focava justamente a relação — que, para Daney, era intrínseca ao cinema — entre olhar e alteridade. Segundo o crítico, tal relação era cada vez mais rara no mundo das imagens hegemonizado pela forma-mercadoria. Suas palavras ecoaram em minhas reflexões e no que tentaria fazer com elas: "E o cinema, vejo muito bem por que o adotei: para que ele me adotasse de volta. Para que ele me ensinasse a tocar incansavelmente pelo olhar a que distância de mim começa o outro".[1] E eu concluí, na época, que a possibilidade de se fazer uma "imagem do outro" depende de que o outro continue existindo para nós, não como objeto, mas como sujeito que pode ser encontrado por meio das imagens.

Os trabalhos-viagens que comecei a realizar desde então, participando principalmente como câmera em produções documentais sobre o contexto político em países vizinhos, entre os quais Argentina,

---

1. DANEY, Serge. "Le travelling de 'Kapo'" , *Trafic*, n. 4, p. 19, outono 1992 (tradução minha).

Bolívia e Paraguai, foram permeados por encontros com os povos indígenas dessas regiões. Tais viagens foram meus primeiros campos etnográficos e me levariam, mais tarde, aos Guarani.

Na verdade, os Guarani já me haviam aparecido brevemente naquele mesmo período. Seja em uma rápida visita a uma pequena aldeia da região do Chaco Salteño, na Argentina, onde conheci um depressivo Guarani veterano da Guerra das Malvinas; seja no departamento[2] boliviano de Santa Cruz de la Sierra, em que muitos eram perversamente utilizados pela elite local em suas tentativas de golpe contra o governo de Evo Morales; ou, sobretudo, no Paraguai, onde os encontrei acampados em praças de Assunção,[3] à vista em aldeias na beira da estrada ou latentes nas palavras e no modo de ser de sua população camponesa.[4]

Contudo, foi somente por meio do convite de um amigo de longa data,[5] incentivando-me a participar de oficinas de formação audiovisual nas aldeias indígenas, que os encontros ocasionais em terras distantes se tornaram uma convivência constante e muito mais próxima de minha cidade natal, São Paulo, do que eu poderia imaginar. Algo que, no entanto, não deixou de colocar novas e intrigantes distâncias em jogo.

2. Os departamentos são as subdivisões administrativas da Bolívia. [N.E.]

3. Em uma dessas praças paraguaias, na ocasião ocupada pelos Guarani Mbya, alguns parceiros e eu projetamos para eles filmes produzidos por seus parentes brasileiros em oficinas de vídeo. A sessão a céu aberto, em uma fria noite de inverno em Assunção, estava absolutamente cheia. Com os olhares extasiados de alegria pela experiência daquele inusitado encontro por meio de imagens projetadas em um lençol, os Guarani me demonstraram a enorme potência do audiovisual como ferramenta e linguagem para os indígenas, com suas oralidades e lógicas do sensível, mas sobretudo para esse povo de parentes dispersos por tão grandes extensões e que o cinema, naquele breve momento, reuniu.

4. Foi nesse contexto que, ao lado de duas parceiras argentinas, realizei um documentário (*Tava: Paraguay Tierra Adentro*, 2011) sobre um assentamento camponês que reivindicava sua herança indígena e via nessa aproximação parte fundamental de sua força cultural e política. O nome do lugar, Tava Guarani, é uma dessas aproximações.

5. Esse amigo é o antropólogo Daniel Pierri, que na época atuava no Programa Guarani do Centro de Trabalho Indigenista (CTI), cuja equipe eu também viria a compor. O nome de Pierri aparecerá diversas vezes ao longo deste trabalho. Registro, mais uma vez, meu grande apreço pela parceria e por esse convite que, há mais de dez anos, deu novo rumo às minhas caminhadas.

A partir daquele momento, comecei a desenvolver um trabalho mais sistemático e a me envolver de forma duradoura com os Guarani. O começo de minha atuação, portanto, esteve muito vinculado à formação audiovisual, à apropriação de tecnologias de comunicação e ao apoio na realização de projetos relacionados ao *fortalecimento cultural*[6] nas aldeias. Mais tarde, comecei também a dar suporte a seus movimentos políticos, a apoiar a luta pela demarcação de terras indígenas (TIs) e a prestar assessoria nessas questões para as lideranças guarani, acompanhando muitas de suas reuniões e assembleias. Antes dessa imersão, contudo, conheci o *xondaro jeroky*.

A inspiração inicial para esta pesquisa foi possível graças à oportunidade de acompanhar esses projetos de fortalecimento cultural junto aos Guarani. Alguns deles focaram a dança praticada pelos Guarani Mbya e chamada nas aldeias do Sudeste de "dança dos *xondaro*" (*xondaro jeroky*), prática que rapidamente chamou minha atenção, sobretudo pelas aproximações com a capoeira, apesar de suas evidentes particularidades.

Minha participação nesses processos variava entre fazer registros audiovisuais das danças e apoiar a gestão técnica dos projetos conduzidos pelas próprias lideranças guarani por meio de editais públicos direcionados aos povos indígenas. Em outra situação, participei como um dos coordenadores pedagógicos de um curso de formação de pesquisadores guarani[7] que teve como tema o

---

6. Apesar de o termo remeter ao vocabulário dos projetos e das parcerias com organizações não governamentais, ele dialoga com o conceito guarani de *mbaraete* (força), e é frequentemente utilizado para frisar a importância de encontros entre aldeias e a valorização das práticas tradicionais.

7. Esse projeto, chamado "Pesquisadores guarani no processo de transmissão de saberes e preservação do patrimônio cultural guarani", uma parceria entre o Centro de Trabalho Indigenista e o Instituto do Patrimônio Histórico e Artístico Nacional (Iphan), teve como produto final um livro e um vídeo-documentário, ambos com o título *Xondaro Mbaraete — a força do xondaro* (2013), que serão abordados com alguma frequência neste trabalho. É importante esclarecer que muitos textos desse livro foram desenvolvidos em conjunto pelo grupo de cerca de doze jovens pesquisadores guarani e será comum encontrar citações aqui referenciadas

xondaro — não só a dança como também as demais práticas relacionadas a essa função na dinâmica guarani, muitas vezes associada às posições de guerreiro, guardião, auxiliar ou emissário. Durante os encontros e as atividades relacionadas a esses projetos, presenciei muitas execuções da dança, assim como conversas, debates e reflexões que os Guarani desenvolviam nesses contextos.

Xondaro, conforme fui percebendo, é um termo polissêmico, e seu amplo e complexo uso entre os Guarani aponta para muito mais que a provável corruptela de sua origem ibérica ("soldado"). Explorar essa polissemia é justamente um dos fios condutores deste livro: o que podemos ver e aprender com os modos como esse termo opera e ressoa entre os Guarani Mbya?

A prática do *xondaro jeroky*, de acordo com as explicações das lideranças, alternava-se entre épocas de grande intensidade e outras em que pouco acontecia, em um movimento oscilante. Parte considerável de meus dados de campo coincidiu com um desses ciclos de fortalecimento realizado em algumas aldeias do Sudeste, sobretudo na TI Tenondé Porã, no extremo sul do município de São Paulo.

Faço diversos apontamentos com base em etnografias de outras regiões e de minhas próprias viagens às cerca de sessenta aldeias guarani que tive oportunidade de conhecer, do litoral fluminense à província de Misiones, na Argentina — processo fundamental para a pesquisa. Mas foi junto a algumas famílias da TI Tenondé Porã[8]

genericamente a "pesquisadores guarani". As exceções são os textos individuais e as entrevistas, devidamente creditados aos respectivos autores, como no caso das entrevistas contidas na edição seguinte do projeto; ver Ramo y Affonso & Pesquisadores Guarani de Aldeias de Santa Catarina e Paraná (2015).

8. Em 2012, a TI Tenondé Porã teve seu relatório circunstanciado de identificação e delimitação (RCID) publicado pela Funai, delimitando aproximadamente dezesseis mil hectares. Na época, a TI contava com apenas duas aldeias, localizadas em pequenas áreas regularizadas ainda nos anos 1980: a Barragem, ou Tenondé Porã, (antigamente também conhecida como Morro da Saudade) e a aldeia Krukutu. A primeira registrava aproximadamente novecentas pessoas, e a segunda, cerca de trezentas, uma alta concentração demográfica, agravada até 2012 pelo confinamento territorial observado nessas áreas (de 26 hectares cada). A Tenondé Porã, principalmente, é uma aldeia considerada extremamente populosa para os padrões dos Guarani Mbya, e é provavelmente a aldeia mbya com maior população nos dias de hoje. A partir de 2013, depois de muitas décadas de restrições e esbu-

que desenvolvi um convívio mais intenso e com as quais mais apro-fundei minhas observações. Os principais diálogos — alguns aqui transcritos — que me orientaram e serviram de base para as minhas reflexões foram, em sua maioria, conversas com Guarani que vivem ou já viveram nas aldeias dessa TI. Contudo, é importante ressaltar que interlocutores de outras regiões foram cruciais para compor o quadro de informações e vivências que fundamentou este trabalho.

Como os Guarani estão em intensa mobilidade (não é raro encontrar casos de pessoas que já viveram em aldeias de dife-rentes estados e até países), é importante também relativizar recortes muito limitados a determinadas localidades, pois os saberes e práticas, assim como as pessoas, também participam desse intenso trânsito territorial. Trata-se de um processo cujas raízes também comentarei neste livro, mas que de antemão representa uma questão espinhosa: quem são — ou, ao menos, como denominar — esses interlocutores a quem chamo, de modo instável, de Guarani ou Guarani Mbya?

Já adianto que não haverá modo de neutralizar essa insta-bilidade na denominação sem forçar classificações demasiado cristalizadas, pois ela é inerente ao movimento que condensa e desfaz esses grupos, como pretendo explicar brevemente a seguir. Portanto, mais vale tentar incorporá-la que levar suas rasteiras. Assim, creio justificar minimamente a variação que o leitor encon-trará ao longo do livro, ora ampliando a referência e invocando o nome "Guarani", ora reduzindo e atribuindo as descrições aos "Mbya", sem esquecer que estes últimos compõem o grande fluxo vivo de transformações — esse movimento — que há tempos convencionou-se chamar de "Guarani".

lhos na região, que fizeram com que os Guarani abandonassem áreas tradicionais de habitação, novas aldeias começaram a se formar e antigas áreas voltaram a ser habitadas por meio de processos que eles chamaram de "retomadas". A partir desse movimento de redispersão e reocupação do território tradicional, o número total de aldeias habitadas na TI passou de duas em 2012 para treze em 2021. Se-gue uma lista cronológica das novas aldeias até 2021, com seus respectivos anos de reocupação: Guyrapaju (2013), Kalipety (2013), Kuaray Rexakã (2014), Yrexakã (2015), Tape Mirĩ (2017), Tekoa Porã (2018), Nhamandu Mirĩ (2020), Yporã (2020), Ikatu Mirĩ (2020), Yakã Mirĩ (2021), Takua Ju Mirĩ (2021). Comentarei melhor esse processo no capítulo 4.

Denominações
e grupos guarani

O modo de autodenominação empregado entre os Guarani com quem mais convivo se dá por meio dos termos *nhande kuery* (ou *nhande ete'i*[9] *va'e kuery*, em um contexto mais formal), ou *mbya kuery*, forma que encontrei mais frequentemente nas aldeias da região Sul do Brasil, embora também seja utilizada em outras áreas, de acordo com os contextos de enunciação e as preferências de cada um. *Nhande* indica o uso da segunda pessoa do plural inclusivo (*ore* é seu correlato exclusivo, isto é, que exclui o interlocutor da noção de "nós") e *kuery* é algo próximo de um plural coletivizador.[10] Assim como diversos etnônimos ameríndios que têm sua origem em termos de autoidenficação, o modo como os Guarani se autodenominam é menos um substantivo que um pronome[11] — é uma posição relativa de enunciação. *Nhande va'e kuery*: "aqueles que somos nós" ou "os nossos".

Já o termo *mbya* tem modos distintos de utilização. Por um lado, foi cristalizado na literatura antropológica e nas políticas públicas de diversas regiões como forma de designar tanto uma

9. O "i" no final, após o apóstrofo que indica uma parada glotal, serve como um diminutivo que exprime qualidades relacionadas às divindades, assim como a palavra *mirĩ*, indicando a ascendência divina dos Guarani Mbya. O intensificador *ete* (verdadeiro) é mobilizado, nesse caso, para diferenciação mais marcada de outros povos e grupos, inclusive guarani.

10. Ao longo do livro, veremos com mais detalhamento que *kuery*, mais do que um indicador de coletivo, refere-se a uma multiplicidade a partir de um ser ou função de referência. Por exemplo, para se referirem aos meus amigos, aos meus parceiros de trabalho ou simplesmente às pessoas que estão ou foram comigo a uma aldeia, os Guarani podem dizer *Ruka kuery*. *Ruka* é a corruptela guarani mais comum para meu nome, Lucas, já que em guarani não existem fonemas relacionados ao "s" e ao "l".

11. Segundo as formulações do perspectivismo, há uma imbricação entre os modos pronominais de autodenominação dos povos ameríndios e sua alteridade ontológica. Trata-se de um regime de relações que exprime não só diferenças culturais em relação aos brancos mas uma concepção do cosmos em que não há uma uniformidade objetiva (uma só natureza) em relação aos distintos sujeitos, projetando assim a oposição multiculturalismo ocidental/multinaturalismo indígena. (VIVEIROS DE CASTRO, Eduardo. "Os pronomes cosmológicos e o perspectivismo ameríndio", *Mana*, v. 2, n. 2, 1996, p. 116).

variante que compõe a língua guarani contemporânea como o grupo que fala essa variante e possui diversas características culturais distintivas. Entre essas características, há certa dispersão territorial,[12] que vai da região oriental do Paraguai, passando pela província argentina de Misiones, o interior e o litoral da região Sul do Brasil, o estado de São Paulo e o litoral Sudeste, até o Espírito Santo.[13] Trata-se de uma área relativa à porção meridional da Mata Atlântica, ou aos seus resquícios. *Mbya*, assim, é uma expressão que pode ser mobilizada de maneira mais substantivada, analogamente ao que ocorre com o termo amplo "Guarani", com o qual forma o epíteto composto "Guarani Mbya".

Por outro lado, *mbya*, cuja tradução mais comum é "gente" ou "pessoa", além de ser usado pela etnografia desde pelo menos o início do século xx, era também mobilizado entre os próprios Guarani Mbya com um sentido relacional de "gente não aparentada", isto é, um Guarani com quem o referente não tem proximidade de parentesco, conforme demonstram Ladeira (2007, p. 34) e Pierri (2018, p. 30-2), reforçando seu aspecto relativo à posição do enunciador. Contudo, seu uso atual está muito marcado por essa função de diferenciação no que se refere aos demais grupos guarani, como os Kaiowa e os Guarani de Mato Grosso do Sul; os Ava e Nhandeva[14] das regiões Sul e Sudeste; e ainda os Tupi Guarani do estado de São Paulo.

12. O território tradicional é também denominado pelos Guarani Mbya de *yvyrupa* (leito da terra ou plataforma terrestre), conceito que remete ao modo livre pelo qual eles sempre caminharam na terra, sem observar as fronteiras políticas que o Estado impõe. Para mais dados sobre a atual ocupação guarani e sua situação fundiária nas regiões Sul e Sudeste do Brasil, ver Centro de Trabalho Indigenista (2015) e Equipe Mapa Guarani Continental (2016).

13. Há também famílias identificadas como Guarani Mbya vivendo no Pará, na TI Nova Jacundá, que se deslocaram até essa localidade a partir de uma migração feita ainda no século XIX (Ladeira, 2006).

14. Termos que às vezes se referem ao mesmo grupo e outras vezes a grupos tidos como distintos. Para mais reflexões a respeito da transitoriedade entre esses etnônimos, incluindo o Mbya, ver MELLO, Flávia Cristina de. "Mbyá e Chiripá: identidades étnicas, etnônimos e autodenominações entre os Guarani do sul do Brasil", *Tellus*, ano 7, n. 12, p. 49-65, out. 2007.

Entre meus interlocutores na TI Tenondé Porã, não é difícil encontrar situações de inegável confluência entre esses grupos, como o caso de um jovem, amigo e liderança, filho de um Guarani Mbya com uma Tupi Guarani do litoral e casado com uma Nhandeva de Mato Grosso do Sul, embora todos em questão falem entre si guarani mbya. A língua, no caso, serve como fator que ofusca as diferentes ascendências. Em meu contexto de campo, embora a variante do mbya seja falada por todos, e grande parte das práticas artesanais e rituais sejam associadas aos Guarani Mbya, parece-me equivocado ignorar a complexa rede que aproxima (em graus variados) os distintos grupos guarani de diferentes regiões. Tais relações se expressam sobretudo no parentesco, mas também podem ser encontradas, ainda que de forma mais sutil, em diversos outros contextos, como nos rituais.[15]

Há, portanto, um intenso jogo de trocas e aproximações entre os grupos de língua guarani que, por vezes, fica obliterado pelo processo também em curso de diferenciações e afastamentos, realizados de modo mais ou menos explícito. É certo que há diferenças e distâncias evidentes entre os chamados Kaiowa de Mato Grosso do Sul e os Mbya do Sul e Sudeste, e menos marcantes entre estes últimos e os Nhandeva ou Ava-Guarani do oeste do Paraná, por exemplo. O que quero salientar é que, mais do que classificações estanques e essencialistas, as diferenciações entre esses grupos tendem a acontecer de modo mais fluido, contrastadas na experiência concreta e relacional de suas vidas. Como veremos adiante, no capítulo 1, isso remete também à forma guarani de pensar as variações na dança do *xondaro*.

15. Alguns Mbya fazem uso de uma cruz florida em frente ao que os Guarani chamam de *amba'i* (morada sagrada), espaço próximo à face leste dentro da *opy* (casa de reza, principal espaço do xamanismo guarani mbya). Essa prática, por sua vez, é associada aos Guarani Nhandeva. Seu uso entre os Mbya teria sido incorporado por um influente xamã mbya que tinha muita proximidade com um congênere de ascendência nhandeva (ou tupi, como ele preferia dizer).

Há diversos levantamentos populacionais[16] dos grupos de língua guarani na região. Segundo o mais recente deles, os Guarani somam algo próximo a 85 mil pessoas no Brasil, das quais cerca de 20,5 mil residem nas regiões Sul e Sudeste, onde a população guarani mbya compõe o maior grupo. No Paraguai e na Argentina, seriam aproximadamente 116 mil Guarani (61.701 e 54.825, respectivamente).[17]

Creio, no entanto, que esses números devem ser vistos com ressalvas. Não é tarefa fácil realizar o censo dos grupos guarani, marcados por uma intensa dinâmica entre as aldeias. Além disso, a elevada taxa de crescimento demográfico guarani observada atualmente torna esses censos rapidamente desatualizados. Tarefa ainda mais complexa é lidar com as variações nas autodenominações desses coletivos, que têm um forte aspecto circunstancial, sobretudo por seu componente relacional: às vezes, uma pessoa é Mbya apenas em relação a outra, e assim sucessivamente com os demais etnônimos guarani. De qualquer forma, acredito que os números fornecem uma dimensão aproximada da população guarani na atualidade e é importante tê-los em mente ao longo deste trabalho.

16. Grünberg & Melià (2008); Brasil, Ministério da Saúde, Secretaria de Saúde Indígena (2020); Equipe Mapa Guarani Continental (2016). Dados atualizados podem ser encontrados no Mapa Guarani Digital. Disponível em: https://guarani.map.as.

17. Os grupos guarani na Bolívia, hoje com diferenças mais marcantes e mais apartados em termos de parentesco em relação à maioria da população guarani presente no Brasil, somam cerca de 83 mil pessoas (Equipe Mapa Guarani Continental, 2016).

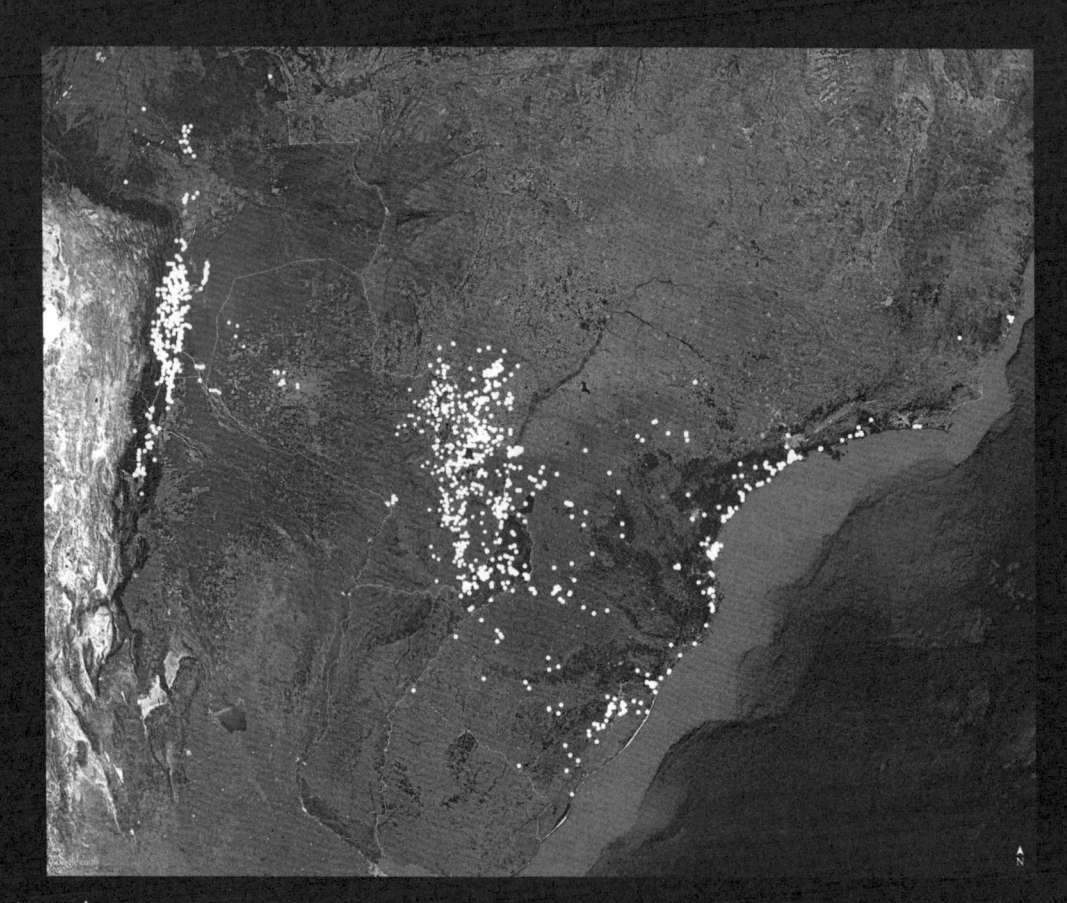

Território guarani: localização das aldeias de grupos de língua guarani na região do Cone Sul. Os Guarani Mbya se localizam principalmente nos estados das regiões Sul e Sudeste do Brasil, na região oriental do Paraguai e na província de Misiones, na Argentina. Há famílias guarani mbya também na região Norte do país, na Terra Indígena Nova Jacundá, no Pará.

Língua, corruptelas e antropologia

Aprender guarani não parece ser tarefa fácil, já que tenho a impressão de haver poucos *jurua kuery* [18] que falam fluentemente o mbya. Quando algum *jurua* faz breves falas de apresentação em mbya, é comum que os Guarani fiquem bem impressionados, elogiando de modo até superlativo o feito. De minha parte, acredito que já percorri um caminho considerável, mas há ainda muito mais para evoluir. Consigo me sair razoavelmente bem em conversações simples, entender boa parte das falas públicas e arriscar traduções de gravações, mas minhas limitações não tardam a aparecer, fazendo-me frequentemente pedir ajuda a algum Guarani.

Acredito que o fato de muitos Guarani falarem português, sobretudo os jovens e adultos de aldeias mais próximas a centros urbanos, dê margem a uma certa indolência *jurua* em não aprender bem o idioma. Não por acaso, desenvolver conversações com crianças e com os mais velhos — que, em geral, comunicam-se apenas em guarani —, assim como permanecer longos períodos em aldeias mais afastadas, são sempre os melhores contextos de aprendizado — ou, ao menos, aqueles em que mais consegui me aprimorar na língua —, embora não sejam os únicos.

Os estudos com base em materiais gravados, vídeos e textos em guarani, muitos dos quais produzidos no contexto da educação bilíngue que vigora nas escolas das aldeias, também proporcionam momentos importantes de aprendizado e reflexão antropológica, realizados por meio do estudo da língua, sobre suas possibilidades de tradução, a relação entre toponímias tupi e expressões guarani, o jogo de corruptelas etc.

---

18. *Jurua* é a expressão mais comum entre os Guarani Mbya para se referir de modo geral aos não indígenas e, historicamente, aos brancos e europeus. Um de seus possíveis sentidos literais é boca (*juru*) peluda (*a*). Há também as expressões mobilizadas principalmente pelos mais velhos e em contextos rituais: *heta va'e kuery* (aqueles que são muitos) e *yvypo* ou *yvyipo kuery* (cujos significados entre meus interlocutores variaram entre "os que foram feitos na terra", "mãos de terra" e "mãos sobre a terra", ou remetiam aos "outros habitantes da terra").

A esse respeito, lembro-me de uma situação, quando eu começava a aprender guarani. Na época, frequentava algumas aulas do professor Jordi Karai e, em uma delas, ele ensinou um vocabulário relativo à alimentação, como as palavras para designar os talheres: *kuxa* (colher), *kuxa rakua* (garfo) e *kyxe* (faca). Por serem instrumentos cuja utilização, nessa configuração, está relacionada à colonização europeia, não foi muito custoso acreditar que *kuxa* era uma corruptela do hispânico *cuchara*. Assim, garfo seria uma espécie de colher pontuda (*rakua*) e faca (*kyxe*) poderia ser uma corruptela de *cuchillo*, conforme aventou o próprio Jordi, um catalão versado em muitas línguas, residente na TI Tenondé Porã há cerca de dez anos. Mas não acredito que seja o caso.

Em conversa com a antropóloga Joana Cabral de Oliveira, cuja pesquisa se deu entre os Wajãpi do Amapá, um povo também de língua da família tupi-guarani, ela me informou que, entre os Wajãpi, havia um termo extremamente similar a *kyxe* para designar faca e que hoje é identificado como uma forma de falar dos antigos.[19] Essa hipótese, que sugere que os termos *kyxe* (guarani) e *kyse* (wajãpi) não seriam formas derivadas de vocábulos europeus, mas palavras de origem tupi-guarani, só foi possível naquela ocasião — marcada pela tendência em ver nas semelhanças com elementos europeus uma forma de empréstimo ou subordinação — devido a essa simples comparação[20] etnográfica entre os Guarani e os Wajãpi.

A antropologia, como indica esse despretensioso exemplo, e como tanto me serviu em diversas ocasiões, pode nos ajudar a pensar de outras formas além das já cristalizadas: não é porque

19. É exatamente esse ponto que Paula (2015, p. 49) registra em sua dissertação entre os Wajãpi: "Se atualmente o termo corrente — ao menos nas aldeias em que estive na TI Wajãpi — para designar faca é *marijã*, algumas pessoas, sobretudo as mais velhas, fazem questão de falar *kyse*, termo que 'os avós' (*tamõ kõ*) usavam".

20. Nesse aspecto, são de suma importância as pesquisas sobre os Guarani que romperam o isolamento a que a esses grupos muitas vezes foram submetidos nas análises etnológicas, inserindo-os em um diálogo conceitual mais extenso — e intenso — entre os povos indígenas da América do Sul. Como faço essas aproximações de modo mais pontual, recomendo ao leitor trabalhos recentes sobre os Guarani Mbya que as fizeram com mais afinco: Macedo (2009), Heurich (2011), Pereira (2014), Testa (2014) e Pierri (2018).

as relações históricas dos Guarani com a colonização e a cultura europeia foram tão extensas e evidentes, contribuindo, sem dúvida, para as transformações em seus modos de agir e pensar, que tais relações têm uma hegemonia causal sobre sua cultura, como se quase tudo que os Guarani são hoje derivasse ou tivesse suas razões de ser inevitavelmente monopolizadas pelas influências do contato com os colonizadores e seus herdeiros.

Recusando um debate estéril entre a pureza de formas ameríndias e a subordinação às influências europeias, o que pretendo fazer ao longo deste trabalho é descrever como as relações de alteridade são operadas pelos Guarani Mbya em seus processos de conformação e dissolução de coletivos; e de que maneira os seus movimentos, como a esquiva e a enganação, constituem-se em modos ativos de conduzir a incorporação do exterior, transformando posições e relações de poder.

Tendo por base a dança do *xondaro*, caberá perguntar: o que é, ou melhor, o que pode ser uma esquiva, esse instante repentino em meio a um movimento de oposição em que distâncias são subitamente reconfiguradas? Podemos, nesse caso, dizer distâncias ou simplesmente diferenças. Em termos de movimento, "distância" é também outro jeito de dizer "diferença", pensando o movimento como um modo de diferenciação no espaço — e, portanto, produção de distância — em função do tempo.

No caso de danças-lutas, como o *xondaro* e a capoeira, o movimento de esquiva é claro ao demonstrar sua eficácia quando consegue se antecipar a um ataque e, assim, incorporá-lo virtualmente. Ou seja, aquele que esquiva consegue desviar justamente porque incorpora de modo controlado o gesto do agressor, usando o ataque neutralizado a seu favor. É nesse sentido que sugiro a esquiva, com base na prática guarani de *-jeavy uka* (fazer com que erre, com que se engane), como um modo de *incorporação do outro* se diferenciando dele, uma incorporação através da reconfiguração das distâncias-diferenças. Desse modo, proponho que o movimento da esquiva opera conceitualmente como um possível mediador nas relações de alteridade, podendo ser extrapolado para além de sua encarnação mais explícita na dança, desdobrando-se em outras práticas guarani.

O movimento da esquiva é tomado primeiramente por meio da dança do *xondaro*, mas vai além, para ajudar a pensar as dinâmicas entre corpos, coletivos e mundos. Nesse percurso, será importante o auxílio teórico de debates conceituais caros à antropologia, como o "dualismo em perpétuo desequilíbrio", cunhado por Lévi-Strauss (1993 [1991]), e as sínteses analíticas sobre o *devir* na concepção da pessoa tupi-guarani (Viveiros de Castro, 1986, 2002), assim como alguns de seus desdobramentos recentes na etnologia. Remetendo ainda às reflexões de Pierre Clastres e Wagner, trata-se de abrir os sentidos à criatividade política dos Guarani e, desse modo, quem sabe, expandir as nossas próprias compreensões do que pode ser política.

BREVE NOTA DE ORTOGRAFIA, PRONÚNCIA E TRADUÇÃO

É importante pontuar algumas questões sobre os padrões ortográficos em guarani utilizados neste livro. Não há norma ortográfica para o guarani mbya: cada região, ou até mesmo cada aldeia, determina a sua. Não acredito que existam grandes prejuízos em uma ausência de unificação ortográfica para os Guarani. Se há compreensão entre os leitores das distintas variantes, parece-me que não há por que instituir hierarquias formais. Eu sigo a grafia usada na TI Tenondé Porã,[21] onde a aprendi: as palavras guarani são, em sua grande maioria, oxítonas, sem acentuação. Tampouco são acentuadas as exceções, como *xondaro*, que se pronuncia "tchondáro". As únicas acentuações que utilizei, do mesmo modo como aprendi com meus professores guarani, são as nasais, como em *porã*.[22]

---

21. Quando o autor se referir à maneira como os Guarani denominam a aldeia Tenonde Porã, o primeiro termo aparecerá sem acento; quando fizer referência à forma como oficialmente ficou registrada a Terra Indígena Tenondé Porã, o primeiro termo aparecerá com acento. [N.E.]

22. Como indicações gerais, adianto que *x* produz som de *tch*, como o "tchê" gaúcho; *v*, um som intermediário entre o nosso *v* e o *w* do inglês; e o *y* é uma vogal gutural, com som próximo do *u* francês. De resto, caberá ao leitor, caso queira se familiarizar com a pronúncia, buscar em sua fonte.

As palavras em guarani, assim como em outros idiomas que não o português, estão em itálico, exceto os nomes próprios e os lugares (aldeias, regiões etc.). As aspas também serão utilizadas, em alguns casos, para destacar um sentido diferencial que os Guarani produzem quando evocam certas palavras em português. As grafias de palavras guarani em citações de outros autores permanecerão como em seus trabalhos. São de minha responsabilidade as traduções de trechos citados de obras em inglês e espanhol, assim como das falas em guarani, ainda que estas últimas tenham sido feitas com a imprescindível ajuda de amigos, principalmente Jera Poty e Jordi Karai.

O caminhar do livro

O presente livro é fruto de pesquisa de mestrado defendida em 2016 no Programa de Pós-graduação em Antropologia Social da USP, com o título A esquiva do xondaro: movimento e ação política entre os Guarani Mbya. Além de se ter realizado uma série de revisões e atualizações, foram incluídas breves análises de ações e movimentos guarani posteriores à defesa da dissertação, ocorridos entre 2017 e 2020, contexto de lutas que mais à frente confluiu na grande jornada nacional de atos indígenas do Levante pela Terra, em 2021, na qual os Guarani tiveram papel marcante. Ainda que não tenha sido possível incluir descrições associadas a essa jornada, acredito que se trata do mesmo espírito que caracterizou o ciclo de lutas aqui analisado. Nesse sentido, o intervalo entre a primeira versão deste texto e a publicação do livro permitiu, em meio a uma convivência mais intensa junto aos Guarani, desdobrar e apurar o argumento que permeia a obra, a qual busca contribuir com novos olhares sobre os movimentos guarani, suas continuidades e transformações.

O trajeto do trabalho começa, no capítulo 1, com uma etnografia da dança do *xondaro*, de seus movimentos, sobretudo a esquiva, e de suas diferenças, levando em consideração as distintas regiões etnográficas entre os Guarani. Nesse contexto, busco demonstrar a relação das variações presentes na dança, assim como nas descrições da cosmologia, com a dinâmica entre a figura do *xondaro ruvixa* e o movimento da esquiva, uma expressão do jogo indígena entre matriz e variante. Por sua vez, essa dinâmica, em que a incorporação do movimento do outro está associada à produção de erro e engano, é um aspecto-chave que aparece em outros âmbitos além da dança, apontando para algumas implicações políticas, conforme descrevo mais minuciosamente nos capítulos posteriores.

Em seguida, no capítulo 2, o texto adentra o campo da mitologia para pensar o conceito do -*mbotavy*, que remete ao ato de enganar, em um movimento que, ao mediar e subverter relações de predação ou com o poder, surge como ação política, relacionando-o à esquiva da dança. A figura do enganador mitológico, atualizado sob a alcunha do *trickster* guarani Peru Rimã, ao lado de outros personagens das histórias denominadas *kaujo*, revela essas narrativas estruturadas como mitos ao mesmo tempo que aponta tal personagem enganador como parte do potencial de "crítica política" dos mitos. A enganação, no entanto, pode usar de sua ambiguidade não só para produzir humor e esquiva mas também para se configurar como sedutoras armadilhas, que engendram capturas e transformações dos corpos, complexificando a dinâmica dos sujeitos que compõem a *cosmopolítica*[23] guarani mbya, assunto que dá início ao capítulo subsequente.

No capítulo 3, a esquiva segue ainda por entre as dinâmicas cosmológicas, contexto em que exerce um papel-chave nas evitações e precipitações dos processos de produção e transformação de corpos e coletivos, por meio de capturas, agressões e diplomacias. Em meio a esse debate, busco demonstrar que a agressão não é um comportamento ruim em si mesmo, podendo ser uma mediação por meio da qual personagens como os *xondaro ruvixa* e os Nhanderu Mirĩ catalisam nos Guarani o ideal de maturação corporal (*aguyje*) relacionado às divindades. Ainda nesse capítulo, verso sobre os movimentos das lideranças guarani, condutoras da formação e dissolução de coletivos, como nas rodas de dança do *xondaro*. Tendo por base a oposição entre modelos analíticos de lideranças e por meio de algumas falas e descrições etnográficas, sugiro o movimento das lideranças guarani estruturado em dois polos, associados às dinâmicas de parentesco e às relações com a exterioridade.

Por fim, no capítulo 4, trato dos modos de resistência guarani ao longo da história, sugerindo como eles estão associados aos

---

23. Trata-se de um conceito que Latour toma emprestado da filósofa Isabelle Stengers, e que se difundiu na antropologia como meio de abarcar uma noção de política que não se restrinja à participação de sujeitos humanos (ver LATOUR, Bruno. "Whose cosmos? Which cosmopolitics? A comment on Ulrich Beck's Peace Proposal" [Qual cosmo? Qual cosmopolítica? Um comentário sobre a proposta de paz de Ulrich Beck], *Common Knowledge*, v. 10, n. 3, p. 450-62, outono 2004). Contudo, é importante lembrar a ressalva de Goldman sobre suas utilizações na antropologia: "Do lado da antropologia, poderíamos evitar o risco de o conceito de cosmopolítica se converter num mero sinônimo mais sofisticado de termos como 'cosmologia', por exemplo. Em outras palavras, imagino que um dos critérios para a qualidade de nossas descrições e análises seja sua capacidade de perturbar os modos dominantes de pensar" (GOLDMAN, Márcio. "Dois ou três platôs de uma antropologia de esquerda", *Cosmos e Contexto: Revista Eletrônica de Cosmologia e Cultura*, v. 24, set. 2014). Ao longo deste trabalho, sobretudo no capítulo 3, tento reunir elementos que justifiquem a utilização desse termo segundo o sentido proposto pelo autor.

movimentos de diferenciação encarnados pelos Guarani Mbya, que produzem esquivas territoriais e cosmológicas, no sentido de incorporações do exterior como maneira de se diferenciar dele, eficazes contra as ofensivas da colonização. Em seguida, descrevo alguns contrastes entre processos de organização e resistência política, distinguindo a luta guarani não só de outros coletivos e conjunturas mas também de suas próprias variações internas.

Tanto no passado como no contexto contemporâneo da luta guarani pelas demarcações, no qual se desdobram atualizações de figuras-chaves da política ameríndia, como o xamã e o guerreiro, busco demonstrar de que modo os movimentos guarani se revelam capazes de reproduzir, de forma concomitante, possibilidades de resistência contrastantes e complementares, expressas, entre outras coisas, nas distintas conformações das *tekoa* (aldeias)[24] guarani mbya e nas suas distâncias relativas ao "mundo dos *jurua*".

Apesar de o território guarani ter sido um dos mais colonizados e devastados da América do Sul, juntamente com a Mata Atlântica, bioma a ele associado, os Guarani não só sobreviveram a essa hecatombe como o fizeram afirmando uma excepcional capacidade de resiliência. O percurso traçado pelo livro tenta entender os modos de existência e resistência guarani que possibilitaram tal feito; modos que se afetam mutuamente em um movimento de caráter variante composto de diferentes ações e posições que, tal qual uma dança, não se deixa cristalizar em nenhuma delas.

Cada capítulo, assim como o próprio livro, tem um quê de roda de *xondaro*: as questões são revisitadas, e a esquiva (-*jeavy uka*) reaparece em variadas encarnações, para cada nova situação e desafio. Comecemos, então, essa roda.

---

24. A tradução mais frequente que os Guarani utilizam para *tekoa* é "aldeia". Além da concepção consagrada na literatura como "o lugar no qual se realiza o modo de ser guarani", é importante ressaltar sua dimensão mais relacional, capaz de atualizar os distintos modos de realização das aldeias guarani e os movimentos relacionados às parentelas que as conformam. Para mais discussões sobre o termo, ver Ladeira (2008), Pissolato (2006) e Testa (2014).

1

A DANÇA
DO XONDARO

Aipake, xandara' i! Aipake, xandaria'i!
Eipe'a
nhanerakẽraka, aexa aguã Nhanderu Mirĩ,
Nhanderu amba

Atenção, *xandara*! Atenção, *xandaria*!
Abra a porta do
pátio de nossa *opy*, para eu ver Nhanderu Mirĩ,
a morada de Nhanderu

Xondaro jeraky

NÃO ERA A PRIMEIRA VEZ QUE eu via a dança; ela era ocasionalmente realizada como uma pequena apresentação em intervalos de reuniões, rezas e encontros entre aldeias. Quase sempre no interior da *opy* (casa de reza), um grupo de rapazes, alguns portando colares[25] cruzados em seu tronco, começa a percorrer circularmente objetos de uso ritual.[26] Seguem no sentido anti-horário, um atrás do outro, com passos acompanhando a cadência de instrumentos musicais, entre os quais se destacam o *mbaraka* — violão de cinco cordas com uma afinação característica em tom maior, executada com mínima ou nenhuma variação harmônica além de fundamental marcação rítmica[27] — e o *rave'i*, uma rabeca que permanece durante toda a dança variando entre poucas frases principais.

Na frente do grupo, vai um dançador mais experiente, portando *yvyraraimbe* (espécie de tacape, borduna), *mbaraka mirĩ* (maracá) ou *popygua* (dois pequenos bastões unidos em um lado das extremidades por um curto fio). Os demais acompanham seus passos, compostos de passadas ritmadas, que podem ser mais largas, ou curtas, se executadas em tempo dobrado. A variação rítmica entre

25. São colares feitos basicamente de duas sementes: uma branca (*kapi'i'a*, conhecida em português como rosário ou lágrima-de-santa-maria) e uma preta (*yvaũ*), bem menor, cuja referência, além do nome em guarani, desconheço. Tais sementes são matéria-prima para a maioria dos colares guarani identificados como mais tradicionais. O modo de usá-los, cada um apoiado em um dos ombros e descendo até a cintura, o que faz com que se cruzem um pouco abaixo do peito, é característico dos *xondaro* guarani. Seu uso está relacionado à proteção e ao fortalecimento. Já ouvi também que, antigamente, apenas os homens mais velhos usavam esse adereço.

26. As *opy* guarani mbya normalmente são construídas em uma orientação leste-
-oeste. As rezas são sempre feitas em direção à face leste, na qual está, além dos instrumentos, o que eles chamam de *amba'i*, que, em alguns casos, assemelha-se a um pequeno altar, com um recipiente em forma de canoa. O termo também denomina as moradas das divindades, como Tupã *amba* e Karai *amba*, e de certa forma faz a conexão entre esse espaço e as moradas divinas. É importante já adiantar que nem sempre a roda de *xondaro* é realizada no interior da *opy*; em algumas aldeias, esse espaço é utilizado de forma mais reservada aos cantos-reza e aos rituais xamânicos de cura.

27. Por vezes, a marcação do ritmo é acompanhada por um *angu'apu*, instrumento de percussão similar a um pequeno tambor ou atabaque, e um *mbaraka mirĩ* (maracá).

os pés e a oscilação do tronco remetem o movimento a uma espécie de ginga. Em cada quarto do círculo percorrido, mas com uma constância um tanto variável, é executada uma meia-volta sobre o próprio eixo, também em sentido anti-horário. Na sequência desse movimento, sobretudo se o *rave'i* estiver executando uma frase específica, é realizado um rápido giro completo sobre o próprio eixo, mas no sentido horário. Nesse momento, os passos adquirem mais aspecto de dança, combinando os ritmos marcados pelos pés com os giros do tronco. Alguns gritos agudos e frases de pergunta do condutor com resposta coletiva são proferidos durante as voltas.

Em dado momento, mas sem qualquer aviso, o condutor inicia "provas" com os *xondaro*, colocando seu *yvyraraimbe* ou o próprio corpo como obstáculo ao movimento dos demais, seja permanecendo parado enquanto os outros seguem os passos, seja indo na direção contrária, aumentando a dificuldade do desafio quanto maior for sua velocidade na contramão. Nessa etapa, aparece uma grande variedade de provas possíveis, obrigando os demais a realizar toda sorte de desvios em uma vasta combinação de movimentos de abaixar, pular, esquivar lateralmente, passar rente ao chão, entre outros.

Como disse, não era a primeira ocasião que via a dança do *xondaro*, mas, dessa vez, algo superou o caráter secundário que marcou as primeiras execuções que presenciei, que pareciam subordinadas a outros eventos ou servir como apresentação cultural para os *jurua*, o que tornava mais árida a tarefa de ver para além das aspas com que os Guarani respondiam a essa demanda de "cultura" indígena.[28]

---

28. Além da referência ao célebre conceito de *cultura com aspas* de Carneiro da Cunha (2009 [1981]), há uma interessante reflexão de Assis sobre a estética dos rituais guarani. Na *opy* mbya, ela nota certa depreciação da visão, pois os "estímulos visuais são ruídos que atrapalham a ativação dos demais sentidos" (ASSIS, Valéria Soares de. "A estética dos objetos Mbyá-Guarani e sua participação nas modalidades de troca", *Anais da 25ª Reunião Brasileira de Antropologia*, Goiânia, 2006, p. 9). Trata-se de uma percepção que parece ter grande rendimento, seja no contexto ritual da escuridão da *opy*, seja no minimalismo estético de seus artesanatos, ou ainda na invisibilidade estratégica que os Guarani por vezes lançaram mão em relação à sociedade dos não indígenas.

Mais precisamente, o que superou esse caráter, em minha observação, foi uma intervenção que irrompeu em algo extraordinário: um já idoso *xondaro ruvixa* (chefe ou líder dos *xondaro*) adentrou a roda e executou um movimento singular, uma súbita cambalhota em direção aos pés de outro *xondaro*, com uma agilidade em perfeito compasso com a música e com notável destreza, encontrando um justo equilíbrio entre induzir a esquiva de seu rival e evitar um choque desnecessário. O movimento foi tão rápido e inesperado que passei alguns segundos questionando a veracidade do que havia visto, rememorando em replays mentais a beleza dos movimentos que acabara de presenciar. Enquanto isso, o experiente *xondaro* seguia no centro da roda, realizando sua dança, mas de modo destacado em comparação aos demais, apurando a plasticidade dos movimentos, com braços, pernas e tronco movendo-se de modo fluido, mantendo a sintonia com a música e a leveza dos gestos.

Essa ocasião em que o ancião *xondaro ruvixa* realizou o movimento que, para mim, foi revelador, ocorreu em meados de 2011, quando eu praticava assiduamente capoeira angola. Não é incomum encontrarmos, em descrições etnográficas[29] do *xondaro*, algumas citações e breves comparações com a capoeira,[30] apontando seme-

---

29. Montardo (2002), Mendes (2006), Pissolato (2006), Silva (2007), Chamorro (2008) e Macedo (2009) são alguns dos autores e autoras que fazem rápidas alusões à comparação entre a dança do *xondaro* e a capoeira.

30. Entre os capoeiristas e pesquisadores da capoeira, há um intenso debate sobre as origens dessa prática; se teria sido formada no continente africano, ou se teria se desenvolvido em solo brasileiro e, nesse caso, se haveria influências de outras culturas, como as indígenas. Nunca pesquisei a fundo o assunto. Em geral, tratando-se de uma manifestação cultural, é prudente suspeitar de hipóteses muito essencialistas, pois o que é distintivo do mundo da cultura são seus movimentos de transformação, em que trocas e incorporações são comuns. Quanto ao nome, parece-me mais fácil afirmar que tem raízes ameríndias. Trata-se de um termo que hoje serve para descrever áreas de mata secundária que, em seus estágios iniciais de regeneração, têm predomínio de herbáceas, e poderia estar relacionado aos locais onde era praticada a capoeira. Há, no entanto, outras hipóteses, como esta interessante e promissora possibilidade revelada por um vocábulo do dicionário de guarani antigo de Montoya (1876, p. 89): "*Capaguera* — Riña" (briga,

lhanças entre essas duas danças que extrapolam seus significados de luta, brincadeira e jogo. Ainda que não pretenda focalizar um exercício comparativo, é oportuno realizar algumas considerações entre princípios presentes na capoeira e no *xondaro*, sobretudo em razão de um elemento central nesta pesquisa: a esquiva.

Mais que um movimento corporal essencial nessas danças--lutas, a esquiva é talvez um dos saberes mais valorizados tanto na capoeira como no *xondaro*. Ela aponta para *um modo de agir politicamente*. Eis a primeira inspiração e elemento para pensar o movimento como forma de ação política entre os Guarani Mbya: a esquiva do *xondaro*. O termo mais frequente que os Guarani Mbya com quem convivo utilizam para designar o movimento de esquiva, como indiquei, é *-jeavy uka*, que literalmente significa "fazer com que erre, com que se engane". Em menor medida, há também o verbo *-mbogua*.[31]

Em geral, parece-me que a palavra "esquiva", na língua portuguesa, é mobilizada com mais frequência para noções negativas, expressando principalmente ideias de furtar-se a algo, fugir, escapar, negligenciar, desviar de uma responsabilidade. Ou seja, trata-se de um uso que contrasta com a expressão positiva do guarani de provocar erro ou engano em outrem por meio do movimento corporal. Na dança do *xondaro* e também na capoeira, os movimentos denominados como esquiva possuem positividade e não podem ser limitados à ideia de fuga ou defesa.

Na capoeira, as esquivas são antecipações precisas de movimentos de ataque, incorporados como modo de desviar ou até subverter seus efeitos, deixando o adversário vulnerável a um contragolpe. Conforme aprendi na capoeira angola, é muito enaltecida a dimensão do segredo relacionada aos saberes e práticas conhecidos por mandinga — espécie de sabedoria astuciosa

---

luta, contenda). Agradeço ao capoeirista e pesquisador Joares Marcelo dos Santos Patines pela informação.

31. *Mbogua* também é um dos termos que designa os espectros dos mortos, também referidos como *ãgue*. Alguns depoimentos dos Guarani relatam que, entre os antigos, tipos específicos de *xondaro* eram levados para treinar entre os *ãgue*. *Mbogua*, além disso, também remete aos verbos "peneirar" e "coar". Há conexões possíveis entre todos esses sentidos.

repleta de truques, gingas variadas e ações para ludibriar —, o que aponta para a grande importância da ação de produzir engano no rival como estratégia de luta. Esses aspectos estão profundamente relacionados à constituição da capoeira dentro de um conjunto de práticas dos povos de matriz africana no contexto de opressão do sistema escravocrata e o que dele foi perpetuado na sociedade brasileira. Ou seja, nos dois casos, dos Guarani e dos povos de matriz africana, o componente de engano que fundamenta o movimento de esquiva está relacionado à resistência contra um rival de poder agressor superlativo.

Desse modo, devemos perturbar o escopo de significados cristalizados em usos mais negativos da palavra "esquiva" para, assim, perceber a perspectiva daqueles que a mobilizam em seu aspecto de incorporação de movimentos e produção de engano, como literalmente fazem os capoeiristas que têm o português, nesse uso diferenciante, como língua nativa. Contudo, apesar dessas considerações sobre o conceito de esquiva para nortear a análise, é provável que ele ainda guarde algumas flutuações de sentido que, no entanto, parecem-me intrínsecas à sua prática, marcada por movimento pendulares, como a ginga, ou a ambigui-dade de sentidos que caracteriza o engano, que não é exatamente — ou não se limita a ser — apenas um movimento de defesa e tampouco de ataque.

Ao longo deste trabalho, será necessário desenvolver o rendi-mento conceitual da esquiva para além do *xondaro jeroky*, a fim de encontrarmos suas modulações em outros âmbitos de movi-mentos realizados pelos Guarani Mbya. Antes, porém, vejamos algumas considerações mais gerais que o conceito de movimento sugere em meio ao contexto teórico que nos acompanhará.

Tujakueve ojeroky — os mais velhos dançam.

Xondaro ruvixa aplica cambalhota lateral.

Roda de *xondaro* durante viagem.

Movimento

"Movimento" é uma expressão que, até mesmo em sua acepção mais genérica, está associada à produção de diferenças. Na física, é um conceito relacional, uma função entre espaço e tempo em que necessariamente há uma relação de variação entre termos. Em contextos políticos, é uma palavra amplamente utilizada para engendrar coletivos, sobretudo em processos de reivindicação, ocupação de espaços, veiculação de denúncias, disputas, revoltas — em movimento político.[32]

No mundo ameríndio, ou mais especificamente no mundo guarani, "movimento" parece ser um operador capaz de articular essas duas dimensões, que, no entanto, aparecem absolutamente intricadas: um modo de vida baseado na produção incessante de variações, que, por sua vez, constitui a forma como a ação política *toma corpo*. Entre os Guarani, o termo parece habitar intensamente descrições de suas formas de agir politicamente. Em pesquisa junto aos Kaiowa e Guarani de Mato Grosso do Sul, Pimentel (2012) anota a preponderância do movimento como idioma nativo da ação política em seu contexto etnográfico, de modo similar ao que busco fazer aqui: "*Mongu'e* (movimentar-se) é outra das traduções que me oferecem para 'política'. E é disso que se trata aqui: o momento de reocupação do *tekoha* é de movimentação, de agitação frenética" (Pimentel, 2012, p. 135). Ou ainda:

> Algo que parece perpassar toda nossa explanação sobre as figuras de uma teoria política kaiowá é o movimento. De fato, como já mencionei, a própria ideia de movimentar (*mongu'e*), como algo que é sinônimo mesmo de política, aparece, na reflexão de alguns indígenas, ocasionalmente. As coisas não vão bem quando "tudo está parado". (Pimentel, 2012, p. 312)

---

32. No *Dicionário de política*, o termo "movimento" é enfatizado por seu caráter anti-institucional no âmbito político: "Uma correta definição de Movimento político tem de levar em conta ambos os elementos da expressão. 'Movimento' se distingue especificamente de partido e indica a não institucionalização de uma ideia, um grupo, uma atividade" (Bobbio, Matteucci & Pasquino, 1998, p. 786).

Perrone-Moisés,[33] assim como Sztutman (2012), atenta para as diferenças políticas em meio aos ameríndios entre cada povo e também no interior de seus próprios desenvolvimentos, evidenciando transformações e movimentos — produção contínua de diferenças. Há lógicas de alternância entre polos, num vaivém de formas políticas de difícil previsão, que complexificam tentativas de classificação.

Desse modo, o princípio de fundo que operaria entre esses povos e que poderia se manifestar em âmbitos distintos — embora relacionados — de suas vidas é esse processo contínuo de diferenciações, que garantem dinamismo e movimento por meio do desequilíbrio entre termos:

> Diferença é o que funda as cosmologias ameríndias, diferir é a "regra de ouro" — o que supõe, antes de tudo, diferir de um "si mesmo" que é ele mesmo diferença. Mundos concebidos na e pela alternância, no eterno desequilíbrio, escapam, não por acaso, a qualquer unificação analítica. Sempre falta a síntese [...] que na filosofia ameríndia equivaleria à morte.[34]

A tradição filosófica ocidental também está marcada por oposições entre o estático e o movimento, o ser e o devir, Parmênides versus Heráclito. É notório que Heráclito tenha servido de contraponto para Pierre Clastres (2003 [1974]) em sua análise das falas dos xamãs guarani, sendo expressão da metafísica do *Um*, signo de tudo que é corruptível e pertence a esse mundo, e do princípio de identidade característico do pensamento ocidental.[35] No entanto, a máxima

---

33. PERRONE-MOISÉS, Beatriz. "Notas sobre uma certa confederação guianense", *Colóquio Guiana Ameríndia: Etnologia e História*, Belém, 2006. Mimeo.

34. *Idem*, p. 8.

35. A qualificação "ocidental", apesar de amplamente utilizada, é um tanto problemática. Suas alternativas, algumas provadas pela antropologia ("euroamericano", "moderno", "greco-romano") tampouco parecem resolver as insuficiências dessa denominação. Latour (1994) aponta a proliferação de híbridos reativos ao processo de purificação no mundo moderno justamente para explicitar que "jamais fomos modernos". Em outra chave, a Escola de Frankfurt (Adorno & Horkheimer, 1985) também já tinha ressaltado o caráter contraditório do "esclarecimento" e das categorias ocidentais de razão e natureza. Um dos sentidos possíveis para a utilização do termo "ocidente" é fazer referência às origens desse pensamento/

atribuída a esse filósofo de que "tudo flui", *panta rei*, pode ser associada a expressões mais recentes das filosofias da diferença, como na obra de Deleuze (Machado, 1990). Ou seja, aponta para tensões que caracterizam alteridades não só exteriores mas também interiores ao pensamento filosófico ocidental.

A referência que Viveiros de Castro (1986) faz a Heráclito também se caracteriza mais por apontar sociedades do devir. Em uma extensa nota em sua etnografia sobre os Araweté, povo tupi da Amazônia, há uma reflexão que pondera sobre os sentidos na utilização do termo "devir":

> utilizo a noção de Devir em dois sentidos, que se recobrem parcialmente. O primeiro é venerável e milenar: a oposição Ser/Devir, fundadora da metafísica ocidental — e o acolho para sugerir que a parte do Devir é bastante mais pesada na filosofia Tupi-Guarani que o foi na história do pensamento ocidental desde *a batalha platônica contra Heráclito*. Pois, se há culturas que traem [trazem?] uma nostalgia do Ser Único e imutável evocadora de Parmênides (como os Fataleka, se bem entendo Guidieri, 1980), outras seriam mais bem heraclíticas — mesmo que também se sujem de sangue para produzir o Devir. (Viveiros de Castro, 1986, p. 123, grifo meu)

O segundo sentido de "devir" a que se refere Viveiros de Castro (1986, p. 123) é o empregado por Deleuze e Guattari para designar processos "aquém da operação metafórico-metonímica que gera identidades pela posição em estrutura de oposições". "Aquém", por ser pré-representacional, em uma cisão realidade/representação. Nessa concepção, ainda que o conceito aponte para e tenha por fim uma alteridade imaginária, o processo do devir é real. Nesse sentido, segundo Viveiros de Castro, seria possível pensar o ser da pessoa tupi-guarani como um devir-outro (devir inimigo, jaguar, deus).

ontologia/civilização. É uma referência geográfica não de onde hoje está esta civilização e seu característico modo de ser — mundialmente difundido e difuso —, mas da oposição espacial (ocidente/oriente) de onde ele surgiu. "Ocidente" é uma metonímia de lugar de origem.

É possível compreender, conforme enunciam Deleuze e Guattari, que a noção de "devir" aprofunda ou mesmo radicaliza o sentido de fluxo, de movimento do *panta rei* heraclitiano. "Se no primeiro sentido 'Devir' se põe (ou não) como anterior e englobante face ao Ser encarado como substância e termo, no segundo ele se opõe ao 'ser' como cópula identitária" (Viveiros de Castro, 1986, p. 124). Não apenas séries de oposição entre termos identitários (ser), em que o movimento é derivado por comparações entre posições resultantes, o devir é, ele mesmo, um processo de diferenciação — uma qualidade do verbo, não um predicado dele. Mais do que no resultado, o movimento está no próprio processo real de diferenciação do devir.

Segundo Goldman (2006, p. 31), em uma descrição da qual tendo a me aproximar neste trabalho,

> *devir* é um movimento pelo qual um sujeito sai de sua própria condição por meio de uma relação de afetos que consegue estabelecer com uma condição outra. Esses afetos não têm absolutamente o sentido de emoções ou sentimentos, mas simplesmente daquilo que afeta, que atinge, modifica.

É certo que o conceito deleuziano de devir tem diversas nuances. Por ora, cabe frisar esse aspecto mais radical no modo como o movimento e seu caráter diferenciante compõem o conceito. Da mesma maneira, é oportuno não excluirmos totalmente a acepção mais genérica de devir, pois ela remete a contrastes relevantes entre tradições de pensamento e modos de vida.

Em relação a Pierre Clastres, vale dizer que a menção a Heráclito estava mais relacionada à concepção, por parte do grego, de que política deve se opor a movimento, a devir. Ou seja, já que a realidade é um rio contínuo de diferenças, é necessário subjugá-la, controlá-la. O *Um*, que para Heráclito seria positivo, é justamente a unidade política (o Estado) que domaria o movimento, a multiplicidade que sempre flui na natureza.[36]

---

36. Prado Jr. (2004 [1980], p. 18), em entrevista publicada após o prefácio de *Arqueologia da violência*, indica as razões dessa contraposição a Heráclito: "O filósofo grego diz, ao contrário, mais ou menos, 'tudo é um e nós devemos homologá-lo' ou

A "revolução copernicana" de Pierre Clastres (2003 [1974]) revelou que havia "algo lá", quando a antropologia de então via, na política dos povos das chamadas terras baixas sul-americanas, apenas ausência: sociedades sem Estado. Clastres fez com que a política deixasse de orbitar exclusivamente o *Um*, a unidade política como coerção da multiplicidade, possibilitando que novas trajetórias e movimentos fossem visualizados.

Desde a publicação de seus célebres ensaios reunidos em *A sociedade contra o Estado* (Clastres, 2003 [1974]), a proposta clastreana ganhou novos desdobramentos por meio do diálogo com a criatividade política ameríndia. Atuais implicações da ideia clastreana de "contraestado" e de seus personagens, tanto aqueles das fontes históricas como os espalhados nas novas etnografias das terras baixas, foram especialmente analisadas no trabalho de Sztutman (2012). Tomando-o por base, podemos refinar o uso de conceitos oriundos da obra de Deleuze e Guattari no campo antropológico, bem como de suas contribuições para pensar a ação política ameríndia como forma de lidar com o poder político. Assim, termos como "movimentos", "vetores", "pulsações", "cristalizações" e "linhas de fuga" surgem nas análises das etnografias, possibilitando o aparecimento de matizes e gradações cuja variabilidade enriquece o quadro das sociedades contra o Estado:

> Os profetas e os guerreiros selvagens, *figuras do exterior e do movimento*, ao assumirem funções políticas, fazem-se figuras-limite da "sociedade primitiva". [...] Entre o devir puro da religião profética e a política pura do aparelho de Estado e do motor colonial revela-se um espaço para matizes e cristalizações que, longe de apontarem uma ressonância capaz de instaurar um poder político substantivo, *indicam um processo dinâmico e povoado por vetores de reversibilidade.*[37]

ainda 'é bom que tudo seja um'. Trata-se de uma tese que é metafísica (o devir, a multiplicidade é reduzida à unidade) e ético-política (as múltiplas vontades devem submeter-se à vontade de um só). São, obviamente, textos de vocação essencialmente antidemocrática, que ligam a hierarquia social à ordem racional do Cosmo".

37. SZTUTMAN, Renato. "Religião nômade ou germe do Estado? Pierre e Hélène Clastres e a vertigem tupi", *Novos Estudos Cebrap*, n. 83, mar. 2009, p. 156-7 (grifos meus).

O que interessa nessa tensão entre o movimento e o estático, portanto, é menos reproduzir novos-velhos marcos do Grande Divisor entre "nós" e "eles", e sim reconhecer alteridades nos modos de vida de outros povos, para então possibilitar, novamente como sugere Wagner (2010), que a criatividade nativa se desdobre em criatividade antropológica, povoando nosso universo conceitual e nossos modos de pensar e agir com novas possibilidades que antes nos eram invisíveis, ou até inexistentes.

Voltemos agora aos Guarani, em uma rápida incursão mitológica às raízes do *xondaro* e de suas esquivas.

Movimento e diferença
no *xondaro jeraky*

XONDARO KUARAY E JAXY

A narrativa dos irmãos Kuaray (Sol) e Jaxy (Lua) é a versão dos Guarani Mbya das narrativas míticas ameríndias estruturadas no estatuto desigual da gemelaridade, tema discutido por Lévi-Strauss (1993 [1991]) e relacionado à formulação do *dualismo em perpétuo desequilíbrio*, modo privilegiado pelos povos ameríndios para pensar a produção de diferença no mundo.

No caso da narrativa mbya, a gemeralidade dos irmãos mitológicos é explicitamente negada, pois, em contraste com outros casos tupi-guarani e ameríndios em geral, em que os irmãos, mesmo tendo pais distintos, compartilham o mesmo útero,[38] é Kuaray, filho de Nhanderu (Nosso Pai, principal divindade guarani mbya),[39] que resolve fazer um irmão para ter companhia (*oirũrã'i*). E o faz como desdobramento de sua própria imperecibilidade (*omarã'eỹgui ombojera*), por meio de uma folha da árvore leiteiro, *kurupika'y* (Cadogan, 1997 [1959], p. 124). Apesar de existirem variações sobre a matéria complementar utilizada por Kuaray para desdobrar Jaxy,[40] o que desejo sublinhar é o fato de que, novamente — como sempre parece ocorrer nessas paragens ameríndias —, a criação se dá com base em algo que já estava lá (*mbojera*, desdobrar, desabrochar). Ou seja, conforme Pierri (2018) atentou, trata-se, antes, de uma transformação.

---

38. Como na versão dos Guarani Apapokuva, coletada por Nimuendaju (1987 [1914]).

39. Nhanderu (Nosso Pai) e Nhandexy (Nossa Mãe) são os termos genéricos que os Guarani Mbya utilizam para se referir a suas múltiplas divindades, que via de regra existem em pares (casais). Por vezes são acrescidos do intensificador *ete* (verdadeiro), algo que os distingue dos pais que cada um tem na terra, estes descritos como *rekoaxy* (que vivem em aflição, condição da vida perecível nesta terra).

40. Cadogan (1997 [1959], p. 140) faz menção a uma versão em que Kuaray utilizou um grão de milho. Ladeira (2007 [1992]) registra uma versão em que Kuaray faz Jaxy a partir dos ossos da mãe.

A seguir, reproduzo uma versão dessa narrativa que me foi contada pelo *xondaro ruvixa* e *xeramoĩ* (sábio ancião)[41] Karai Mirĩ, numa conversa em que ele me explicava sobre como os irmãos, sobretudo Kuaray, haviam enganado e matado as onças originárias. Assim, essa versão será útil para abordarmos dois aspectos da narrativa que serão importantes neste trabalho, quais sejam: os atributos inaugurais do *xondaro* e sua esquiva, conforme eles aparecem em Kuaray (e seu contraste com Jaxy), e a enganação aplicada sobre figuras que encarnam a predação, que veremos com mais atenção no capítulo seguinte.

Como se trata de uma versão reduzida,[42] vou intercalá-la com alguns trechos que redigi com base na versão publicada no livro *A vida do Sol na terra*, dos autores guarani Verá Kanguá e Papa Mirĩ Poty (2003).

A mãe de Kuaray (Nhandexy), já grávida, resolve ir atrás do pai de seu filho, Nhanderu Tenonde, com o intuito de encontrá-lo em sua morada celestial. Para tanto, segue as orientações para o trajeto oferecidas pela pequena divindade ainda em sua barriga. No entanto, após uma bronca da mãe, Kuaray deixa de passar as indicações do caminho e Nhandexy segue na direção errada, terminando na morada das onças originárias. Lá, ela é devorada.

Karai Mirĩ: A mãe foi morta pelos *xivi kuery* (onças). Comeu! Aí, o Kuaray'i foi tirado da barriga da mãe dele. Pensaram que

---

41. Literalmente, *xeramoĩ* significa "meu avô", mas seu uso remete também à posição do xamã. Em contextos mais amplos, como na acepção que utilizei há pouco, é um modo de se referir a um mais velho que se respeita. Seu correlato feminino é *xejaryi* (minha avó). Tais termos remetem à sobreposição comum entre a posição de liderança dentro de um grupo familiar (normalmente exercida por um casal de anciãos que são avós de muitos) e as figuras identificadas como xamãs, responsáveis por conduzir os rituais na *opy* e pelas curas e cuidados exercidos por meio do xamanismo. Há diversos outros termos que reproduzem essa relação de respeito e referência ao xamã guarani, entre eles: *karai* e *kunhã karai*; e *nhanderu* e *nhandexy*, estes últimos, mais comuns em outras regiões.

42. Karai Mirĩ me narrou essa versão em português, mas com alguns trechos em que ele preferiu falar em guarani. Mantive esses trechos na transcrição, seguidos de uma tradução entre parênteses.

era que nem caça. Hoje em dia, quando alguém caça, mata porco *ipuru'a'i va'e* (prenhe), tira *ta'y'i* (o filhotinho), para jogar fora. Então, os *xivi kuery* mataram a mãe dele, e tiraram ele da barriga dela, e pensaram *tatapy onhono okai vy oexy ho'u aguã* (colocar no fogo para assá-lo e depois comer). Mas Kuaray'i, com força e tudo, quando pulou na brasa, apagou elas. Daí a *xivi ijaryi* (avó-onça) pensou em socar no pilão, moer tudo, depois cozinhar e comer. Assim pensou. Mas daí o Kuaray, com força e tudo, nem se moeu. Kuaray pula, pequenino assim, mas filho de Deus! E ele pula, e a onça errou tudo, não tem jeito de matar, não tem jeito de moer. Não sei como vai comer agora. E aí *xivi* pensa: "É, já que não posso matar, não posso comer, não sei como fazer para matar e comer, então vou criar para ser *xerymba'i* (animal de estimação)". Ele pensou assim, que nem bichinho, que nem eu trouxe ontem dois *jagua'i* (filhotes de cachorro) que é *xerymba*. Então, assim *xivi ijaryi* pensou. E aí, de repente, Kuaray já se levantou e pediu para fazer *guyrapa* (arco) para ele: "*Xaryi* (avó), eu quero que faça um *guyrapa* para mim". E aí *xivi* fez, usou uma tira de taquara. *Ixyryguyre ojukague py omboiague py popo ojuka'i, ha'e rire guyra ojuka* (nesse mesmo lugar onde a mãe foi morta e ele foi tirado de sua barriga, Kuaray primeiro começou a caçar borboletas, depois saiu para caçar pássaros).

Kuaray passa a caçar passarinhos e trazê-los para sua avó-onça. Mas, sentindo-se solitário, um dia resolve criar um irmão para si, e, da folha da árvore leiteira, ele cria Jaxy (Lua). Jaxy não possui qualidades tão boas quanto as do seu irmão. Ele é mais desastrado e desobediente.

Karai Mirĩ: Aí, um dia, *ijaryi xivi* (avó-onça) disse: "Naquela montanha você não pode ir". Falou para o Kuaray: "Naquela montanha mais alta você não vá". Sempre falou assim. Aí, depois, Kuaray pensou assim: "Por que será que *xejaryi* não quer que eu vá? Agora eu vou". E aí falou para o Jaxy: "Vamos lá".[43] Foram naquele ponto da montanha. E lá tem papagaio.

43. Em outras versões, é de Jaxy a ideia de ir ao local proibido pela avó.

Papagaio *Marangatu, Nhe'ẽngatu, Marã e'ỹ*,[44] nós dizemos. Aí Kuaray falou para o Jaxy: "Atire!". Jaxy também tem *guyrapa*. E aí, soltou a *hu'y* (flecha) e o papagaio falou: "*Ndexy rere-kovaiare kuery rive reprotege. Peaka ndexy rerekovaiare rive*" (vocês estão protegendo e caçando para os assassinos da tua mãe). E aí não escutou direito: "O que ele está falando?". E falou de novo para o Jaxy: "Atire de novo!". E o papagaio repetiu e Kuaray então entendeu. Aí, Kuaray chorou muito. E Jaxy perguntou: "Por que você está chorando?". "Me lembrei da nossa mãe. Isso que *parakau* (papagaio) falou agora. E aí que eu me lembrei também. É verdade." Ele já tinha matado um cestinho de passarinho para levar para os *xivi* — sempre levava *xivi omongaru aguã* (para alimentar as onças). Aí, quando chegaram perto de onde está *xivi kuery*, lugar deles, casa deles, falou para o Jaxy: "Eu vou soltar tudo *guyra'i* (passarinhos) que nós matamos". Aí, fez assim [jogando a mão para o alto] e soprou! Fuuuuu! Para cada passarinho que ele matou e agora soltou, ele deu um nome: "Esse é *guyra mboropi* (pula-pula-assobiador), esse outro *xijovy* (azulzinho)". Tudo! *Jaku* (jacu), *tukã* (tucano), *havia* (sabiá), tudo os pequenininhos, ele deu nome. Nem eu sei tudo, quase a metade do nome dos pássaros eu sei, o resto não. *Jyry* (beija-flor-da--mata-virgem), *jeruxyi* (pomba do mato), *nambu* (galinha-do--mato). Ele soltou tudo... É pequeno, mas na hora de soltar fica grande, se transforma. Aí, no último, com *imbira* (uma tira, corda) de cipó *imbé*, ele faz assim (e transforma), esse é *jayru* (pavão-do-mato). Não sei se você já ouviu cantar. No mês de novembro que começa a cantar, assim, no meio do mato assim, *jayru*. *Jurua* (não indígena) chama de pavão-do-mato. Esse é o final dos pássaros.

Quando chegou, a *xivi jaryi* (avó-onça) disse: "Por que vocês não trouxeram pássaro? Vocês sempre trouxeram tanto pássaro". Aí, Kuaray ficou quieto, e pensou em terminar com *xivi kuery. Ojukapaxe* (queria matar todos). Aí ele fez um *monde*

---

44. Esses três termos servem para qualificar o papagaio como sagrado, imperecível.

(armadilha) bem pequeno, no poder dele. É sabugo pequeno, que não mataria nada, mas no poder dele, poder de Deus, não é. Fizeram no caminho, *xivi kuery* iam saindo para caçar e viram: "Ah! Coitado, esse *monde* aí não mata nada!". Daí, o Kuaray respondeu: "Então entra para ver se mata!". Daí *xivi* entrou e matou na hora! Aí, chamou o Jaxy para tirar do *monde*, levar arrastando e jogar [no barranco]. E aí, veio outro: "Coitado, esse *monde* aí não mata ninguém!". Aí, o Kuaray fala: "Entra, então, para ver se você não morre!". Entrou e pá, *mbope* (foi esmagado) na hora! Arrastou, jogou fora [o corpo]. De repente, *ijariy kaipora* (a avó-onça) está sabendo que está matando... Aí, falou para o Kuaray: "Chega de matar seus tios! Já matou quase tudo seus tios. Deixa, não mate mais". Daí, ele parou. E pensou de outro jeito: "Como é que eu vou fazer agora?". E aí ficou pensando...

Os irmãos resolvem fazer uma lagoa e, no meio dela, uma ilha. Kuaray, jogando diversas coisas na água, como cascas de árvore, paus e folhas, foi criando seres aquáticos, entre os quais ferozes ariranhas, para mais tarde devorarem as onças.

Karai Mirĩ: Não sei como chama *yvyra* (madeira) que põe em cima d'água para passar para o outro lado. O Guarani fala *yryvovõ* (pinguela), feita só de *yvyra*, derruba por cima d'água e vai atravessando do outro lado. Então pensou de fazer *yryvovõ*. Aí, descascou tudo, fizeram ficar bem liso. De repente, o certo do *xivi* falou para o Kuaray: "Por que você tá fazendo isso?". E ele respondeu: "Porque tem que mudar de lugar, ir por outro lado. Já muito tempo vocês estão aí, não dá mais para morar". E aí o *xivi ruvixa* (chefe das onças) acreditou. "Aí, quando estiver pronto, eu aviso vocês para atravessar para o outro lado. E para o Jaxy, que é burrento, o Kuaray falou: "Quando piscar meu olho, você vira. Quando fechar meu olho da direita só, que você vira (a pinguela)". Aí, avisaram os *xivi kuery* e veio todo mundo. *Xivi kunha* (onça fêmea), *ipuru'a* (grávida), *guamive* (velha), *tujave* (velho), um monte de *xivi* indo naquele *yryvovõ* para ir para o outro lado. E Kuaray de um lado e o Jaxy no outro. E aí, foi. Quando estava no meio de atravessar, o Jaxy olhou

para o Kuaray e pensou assim: "Não, não pode, por enquanto não ainda". E aí, o último *xivi* que veio era *ipuru'a'i* (grávida) e estava saindo do barranco [da margem], mas a água estava um metro de largura ainda [no começo da travessia]. Aí, o Jaxy desgraçado virou! Os outros morreram tudo, caíram no fundo, e morreu tudo, mas a *ipuru'a* (grávida) que estava por último pulou para trás e escapou. E aí, era *ipuru'a* de *ava* (macho). E Kuaray falou: "Já que você escapou, você vai ficar, mas tudo *yakã* (rio) que tem, você vai ficar por aí". Se alguém hoje que vai pescar, para voltar no dia seguinte, sempre o mais velho fala: "Se cuida. Vai lá, faz foguinho, mas não brinca, não. Tem que *japyxaka* (ficarmos atentos) com o que está acontecendo". Tudo isso, sempre falava. E aí, *xivi ipuru'a* escapou e teve *ava* (macho) e continuaram até hoje. É por isso que *xivi* não quer saber se é filho dele, e o *ava*, se é a mãe dele, não quer saber de nada. É assim a vida de *xivi*. E, naquela época, *xivi* tinha corpo de gente, mas a cara, dente, de *xivi*. Ele andava que nem gente. Depois que o Kuaray transformou, ele já andou assim que nem agora, para ser como é agora que ele [Kuaray] transformou. Ele [*xivi*] falava também. Agora não mais.

Na história que virou a ponte, foi Kuaray que planejou. Jaxy é doido, que nem o Peru Rimã.[45] Não era para virar ainda, e ele [Jaxy] já virou. Por isso, *ipuru'a* (grávida) se salvou, desceu no último momento, nem dois metros, pulou para trás e se salvou. Se não, matava tudo. *Ombotavy ete xivi. Ha'e ma oxy re onhevinga, he'i jurua kuery, ojepy oxy ombokovia, he'i nhan-dekuery* (Enganaram mesmo as onças. Estavam se vingando pela sua mãe, como dizem os não indígenas. Nós dizemos que foram "trocados por compensação").[46] Quase que não esca-

45. Ver capítulo 2.

46. Essa mesma lógica é a que impera nas relações dos Guarani com os animais de caça e os "espíritos-donos" que zelam por eles. Se um Guarani caça de maneira inadvertida, seja excessivamente ou incorrendo em outro desrespeito específico, o "dono" do animal morto pode "trocar sua vida" pela de um parente de seu agressor, ou até pela dele próprio. A narrativa, dessa forma, revela um princípio que permeará as relações dos Guarani com seus afins e inimigos, cujo potencial agressivo apon-ta, por tanto, para uma espiral de compensações e vinganças, à maneira do que

param, mas [tinha] *ipuru'a* (grávida). Mas tem que ser esperto. Ele tem poder de Deus mesmo. Nosso Deus que inventou o Kuaray. Kuaray enganou, no poder do pai dele, as *xivi* (onças).

Lucas: Estaria certo falar, então, que *Kuaray ombotavy xivi kuery* (Kuaray enganou as onças)?

Karai Mirĩ: Isso.

Depois de terem sido exterminadas quase todas as onças, Kuaray ficou na nova ilha, e seu irmão, Jaxy, na terra. À distância, Kuaray ensina Jaxy a comer uma variedade de frutas que havia criado, e então pede que seu irmão asse uma semente de *aguaí*. A semente explode e faz com que Jaxy seja lançado até a ilha, ao lado de seu irmão. A ilha será a morada divina, *yvy marã e'ỹ*, e a lagoa, o mar, *para guaxu*.

Os irmãos seguiram caminhando mais um pouco e encontram Xariã (também conhecido como Anhã) pescando, a quem chamam de tio. Kuaray logra entrar na água e rouba várias vezes os peixes que Xariã ia pegar. Jaxy, no entanto, quando tenta imitá-lo, faz errado e termina pescado e devorado por Xariã. Kuaray consegue resgatar seus ossos e ressuscitá-lo.

Depois de algumas peripécias semelhantes a essa, muitas envolvendo Xariã, Kuaray e Jaxy sobem ao céu utilizando diversas flechas atiradas em seu centro, uma sobre a outra, até formar uma cadeia de flechas que eles usam para subir até a morada de Nhanderu Tenonde, deixando suas aventuras na terra como exemplo para seus descendentes, os Guarani.

———

Um dos princípios gerais que permeiam as narrativas de Kuaray e Jaxy é que os acontecimentos e realizações dos personagens tratam, principalmente, de condutas deixadas por eles para orientar a vida dos Guarani na terra. Sendo Sol e Lua seus antepassados divinos, sua vida nesta terra inaugura o modo de vida guarani, o *nhandereko*.

escreveram Carneiro da Cunha e Viveiros de Castro sobre os antigos Tupinambá (CARNEIRO DA CUNHA, Manuela L. & VIVEIROS DE CASTRO, Eduardo. "Vingança e temporalidade: os Tupinambá", *Anuário Antropológico*, v. 85, p. 57-78, 1986).

Dessa forma, os alimentos, os caminhos, os saberes e também os movimentos da dança e o próprio comportamento dos *xondaro* são ensinamentos que eles deixaram para os Guarani.

Vimos como o bebê Kuaray, logo após a morte da mãe, quase acaba morrendo e virando alimento, mas escapa todas as vezes: quando jogado nas brasas, ele pula e as apaga; o pilão não consegue acertá-lo, tampouco um espeto, pois é muito liso. Assim, ele vai esquivando todas as tentativas. É por demais rápido e incansável — é impossível capturá-lo ou vitimá-lo. Suas capacidades de esquiva, isto é, de produzir erro e engano no adversário utilizando seu próprio corpo, são, portanto, superlativas e se constituem como grau máximo de maturação de um *xondaro*.[47] O *xondaro kyre'ỹmba*,[48] segundo me expuseram, é aquele que alcançou atributos semelhantes aos de Kuaray: possuir extrema leveza corporal, podendo esquivar "até de bala", superar qualquer inimigo e não se cansar nunca, mantendo sempre total disposição.

Diante desse ideal, os *xondaro ruvixa* ensinam que se deve dançar "acreditando" e "respeitando profundamente", pois assim o corpo estará no caminho de alcançar esses atributos, e os Nhanderu (as divindades), olhando de suas moradas e reconhecendo a prática do *xondaro*, podem lançar sobre a pessoa que se esforça uma torrente da energia inesgotável (*tata'endy marã e'ỹ*), a mesma com a qual se animam as danças realizadas nos pátios divinos. Tal energia é forte demais para os Guarani que não alcançaram a maturação de seus corpos (*aguyje*),[49] que, assim,

47. Em texto ainda não publicado, Pierri aponta esse momento inaugural de Kuaray como *xondaro*.

48. Esse é também o nome dado pelos Guarani a uma determinada espécie de abelha, cuja atividade frenética remete a tal atributo. Por esse motivo, suas afecções corporais são especialmente desejadas pelos *xondaro*, que buscam transferi-las por meio de picadas em partes determinadas do corpo. Para mais informações sobre *kyre'ymba*, ver seção com esse nome no capítulo 4.

49. Atingir o *aguyje* é, segundo os Guarani Mbya, o momento final do processo de maturação corporal relacionado à modulação de comportamentos e incorporação das afecções das divindades, possibilitando uma ascensão do corpo, agora imperecível, às esferas celestes sem passar pela morte, tema amplamente citado pela bibliografia.

desfalecem nesse ápice da dança.[50] A busca por ser cada vez mais leve e incansável por meio da dança do *xondaro* é, nesse sentido, um devir *kyre'ỹmba*, esse estágio de plenitude do *xondaro*, do qual Kuaray aparece como expressão máxima.

Entre Kuaray e Jaxy, no entanto, como não poderia deixar de ser, há diferenças.[51] Se Kuaray logra fazer tudo de forma impecável, Jaxy fracassa quando tenta imitá-lo. Se Kuaray é hábil em esquivar, fazer armadilhas, enganar e enfrentar os inimigos, Jaxy não é. Seus intentos de imitar o irmão são frustrados e terminam em resultados distintos do que se esperava. Jaxy é um *xondaro* que erra e, por vezes, engana a si próprio. Essa diferença, contudo, não é necessariamente ruim, conforme veremos adiante.

Vejamos agora algumas descrições do *xondaro jeroky* e suas diferenças.

XONDARO JEROKY REGUA (SOBRE O DANÇAR XONDARO)

Em todas as vezes que presenciei a execução do *xondaro jeroky* em aldeias guarani espalhadas pelo Sul e Sudeste do Brasil, e apesar das muitas variações nas características da dança, como o lugar, a preparação, os tipos de movimento, os instrumentos utilizados, gritos etc., um elemento foi constante: a presença e a condução do processo por, no mínimo, um (e, na maioria das vezes, apenas um) *xondaro ruvixa* (líder, condutor dos *xondaro*). Quero reforçar, pois, que sua presença é uma das mais relevantes constâncias que pude perceber no *xondaro jeroky*.[52]

---

50. No filme *Xondaro Mbaraete: a força do xondaro* (2013), há uma fala de um *xondaro ruvixa*, por volta do minuto 35, em que ele enfatiza a importância de se dançar de modo "verdadeiro", e o momento em que o *tata'endy marã e'ỹ* é recebido.

51. Pierri (2018, p. 52-7) faz uma comparação mais aprofundada entre os irmãos, demonstrando que, enquanto Kuaray está relacionado às moradas celestes e ao polo *marã e'ỹ* (imperecível) da existência, Jaxy é associado às limitações e dificuldades da vida nesta terra, o polo *tekoaxy* (perecibilidade).

52. A presença do *xondaro ruvixa* pode ser mais ou menos ressaltada, algo que parece ser diretamente proporcional ao caráter de treinamento e preparação corporal que a

Durante uma Assembleia Geral da Comissão Guarani Yvyrupa (CGY)[53] realizada em abril de 2013, na aldeia Ko'ẽju, em São Miguel das Missões (RS), tive a chance de acompanhar a realização de várias danças do *xondaro*, com participantes das mais diversas regiões, inclusive do Paraguai e da Argentina. Uma delas foi conduzida por um *xondaro ruvixa* de aproximadamente quarenta anos, à época residente na aldeia anfitriã, tendo vivido antes em aldeias no Paraguai.[54] Seu modo de dançar era nitidamente distinto do que eu já havia visto.[55] Nos momentos de desafio, ele intensificava uma curiosa postura, com passos curtos e tronco arqueado, deixando as mãos próximas ao chão, com uma delas estalando continuadamente um *popygua*.[56] Ele usava os braços e os passos curtos para cercar seu rival

dança adquire. Creio que, em contextos nos quais a dança ocorre de modo mais espontâneo e frequente, revelando mais seu aspecto de "brincadeira no pátio" (*nhevanga oka regua*), a intervenção do *xondaro ruvixa* seja mais tímida, e os embates e as esquivas ocorram principalmente entre pares de desafiantes ao longo da dança.

53. Organização política autônoma do povo guarani, que articula as aldeias presentes no Sul e Sudeste brasileiro. Ver capítulos 3 e 4 para mais descrições e considerações sobre a CGY.

54. Seu nome não indígena é Antonio Vogado.

55. Em 2017, durante viagem a aldeias guarani mbya na província de Misiones, tive a oportunidade de presenciar algumas execuções da dança do *xondaro* ou, como eles dizem por lá, *tangara jeroky*. Com movimentos mais curtos e baixos, os corpos mais próximos e cada um buscando os espaços deixados pelo rival, também essa variante "argentina" contrastava com o que eu estava mais acostumado a ver nas aldeias do Sudeste brasileiro. Em comparação com os demais, esse estilo da dança lembrava ainda mais os movimentos da capoeira angola. Em 2019, um *xondaro* que vivia há pouco tempo no Brasil, vindo da Argentina, passou algumas semanas na TI Tenondé Porã, mostrando seu modo de dançar. A maioria dos Guarani locais apreciava muito esse estilo, e vários foram os jovens *xondaro* que se prontificaram a ser seus aprendizes. Conforme veremos mais adiante, essas diferenças na dança (também, mas não só regionais) são constitutivas do modo como os Guarani concebem e praticam a dança do *xondaro*.

56. O *popygua* é um instrumento principalmente xamânico. É composto de duas pequenas varinhas, unidas em uma de suas extremidades por um curto fio. Tem um característico som de estalos, ao qual se atribui a capacidade de espantar seres não humanos agressivos aos Guarani, que é produzido quando manipulado com apenas uma mão. A um só tempo, deve-se segurar o *popygua* com uma única mão e fazer as duas varinhas se chocarem rapidamente uma contra a outra — um movimento que requer habilidade para ser bem realizado. O instrumento tem notada importância no contexto ritual entre os Guarani Mbya, e seu uso no *xondaro* reverbera esses atributos.

e testar suas habilidades de esquiva. Apesar dos movimentos curtos, sua destreza em cercar e surpreender os oponentes era espantosa, principalmente porque ele realizava esse processo sem olhar diretamente para o rival, o que causava um efeito singular. Uma observação pontual e desavisada de seu estilo poderia facilmente nos induzir a classificar sua dança como outra que não o *xondaro jeroky*. As classificações, entretanto, parecem se colocar de outro modo para os Guarani, como veremos mais à frente.

Em outro caso, ocorrido durante a mesma assembleia da CGY, uma dupla de *xondaro* do oeste do Paraná realizou uma demonstração de sua dança aos demais. Nessa região, as aldeias guarani têm preponderância de famílias que se autodenominam como Ava Guarani, grupo relacionado ao dialeto nhandeva. Apesar das variações que ocorrem de aldeia para aldeia, e ainda que essas diferenças não sejam tão profundas, é possível notar distinções linguísticas e também em outras expressões, como na dança do *xondaro*. Foi justamente por causa dessas diferenças que a dupla se motivou a realizar a demonstração, para deixar ver "como é o nosso *xondaro jeroky*".

Um deles portava um maracá e alternava o seu uso mais musical (vibrando-o enquanto dançavam) e um uso como se fosse uma faca (*kyxe*).[57] A transformação ocorria, é claro, nos momentos em que ele subitamente atacava o outro, que simplesmente desviava como podia, muitas vezes se jogando ao chão, tal era a velocidade das investidas.

Uma das explicações sobre as diferenças da dança praticada por eles relacionava essas características a uma forma de preparar e fortalecer os *xondaro* contra agressões externas. Embora seja uma explicação comum, já que esse é um comentário corriqueiro

---

57. Desconheço os detalhes da utilização do maracá no contexto etnográfico dos Ava Guarani. No entanto, chama a atenção essa transformação de instrumento musical em arma, que volta a ser instrumento de novo — uma reversibilidade aplicável também ao papel do *xondaro ruvixa*, que muitas vezes vai de condutor a desafiador (abordarei melhor essa questão mais adiante). Outros interlocutores me disseram que, em algumas danças mais intensas, o *xondaro ruvixa* chega a destruir o maracá no corpo dos desafiantes quando estes não logram esquivar.

fornecido pelos Guarani de qualquer região sobre os movimentos e as finalidades do *xondaro jeroky*, aos demais Guarani tal justificativa foi marcante. No oeste do Paraná, os conflitos por terra estão exacerbados: há uma onda de desrespeito, preconceito e violência contra os Guarani que lá habitam. O agronegócio, setor interessado em negar o direito dos povos indígenas à terra, é o principal promotor desse *apartheid* local,[58] de maneira semelhante ao que ocorre com os grupos guarani em Mato Grosso do Sul.

Cientes desses problemas, os demais Guarani viam nas características da dança praticada no oeste do Paraná uma relação direta com os conflitos constantes vividos por seus parentes.[59] Contudo, embora seja uma relação clara e coerente, essa preponderância de motivos conjunturais para explicar as particularidades da dança praticada na região ainda não esgota a questão sobre suas diferenças.

Quando pude realizar uma breve visita a Guaíra (PR), acompanhei uma dança de *xondaro* na aldeia Y'Hovy e tive a possibilidade de conhecer um pouco das características de sua prática. No contexto do oeste do Paraná, essa aldeia está relativamente mais próxima, em termos de práticas culturais e parentesco, às aldeias mbya da região litorânea. Ainda assim, quando os conheci, algumas diferenças foram marcantes.

Ao adentrar a *opy*, o pequeno grupo do qual eu fazia parte foi recebido com um forte e emocionante canto. Os *xondaro* que nos "escoltavam" durante nossas voltas no interior da *opy* olhavam diretamente em nossos olhos, sobretudo o *xondaro ruvixa*. Durante a execução do *xondaro jeroky*, esse mesmo *xondaro ruvixa* manteve a postura, que ficava entre a intimidação e a cumplicidade, olhando fixamente para os olhos dos demais *xondaro* e para os nossos. Fomos convidados a participar. Depois de algumas voltas da dança conduzida por ele — com princípios similares aos já descritos, em que se desenvolvem a atenção e a agilidade em relação a obstáculos —, o *xondaro ruvixa* começou a

---

58. Ver Packer (2013).

59. "[...] no caso dos *xondaro* de Guaíra, eles dançam e fazem ataques rápidos por causa dos conflitos que acontecem na região do Paraná. O jeito de eles dançarem é diferente, eles não fazem a roda, também não usam *mbaraka* (violão) e *rave'i* (rabeca), só dançam ao som de *mbaraka mirĩ* (chocalho)" (Xondaro Mbaraete, 2013, p. 42).

chamar desafiantes para o meio do espaço em que dançávamos, no interior da *opy*. Nesse momento, a roda se desfez e os demais passaram a aguardar em uma fila lateral, em um dos lados da casa.

Seu modo de atacar na dança me parecia excepcional. Entre os movimentos, havia inúmeros fingimentos caricatos, ameaças que redundavam em falhas, quedas, tropeços em si mesmo e outros do tipo. Contudo, essas ações inesperadamente se desfaziam e os ataques voltavam a demandar esquivas reais, como se fossem, ao mesmo tempo, uma forma de testar a atenção e a habilidade do oponente sem ter de atacá-lo propriamente, e uma estratégia para enganá-lo por meio dessas distrações. Uma espécie de jogo de *nhembotavy*,[60] de enganar se fazendo de bobo, tal qual a mandinga da capoeira angola, quando o capoeirista, numa ginga de bêbado ou se fingindo avariado por um golpe do adversário, apenas o distrai, inebriando o rival de humor ou presunção, deixando-o despreparado para o movimento que virá.

Assim, os olhares lançados pelo *xondaro ruvixa* no início e durante a prática pareciam se encaixar perfeitamente em sua forma de dança: criavam a expectativa e a atenção que o engano prontamente desarmaria. Apesar de extremamente habilidoso, ao produzir movimentos falhos, imitações atrapalhadas de um *xondaro ete* (*xondaro* verdadeiro), esse *xondaro ruvixa* não parecia achar depreciativo modular na dança as falhas do personagem mítico Jaxy (Lua), que, em tudo em que tentava imitar o irmão Kuaray (Sol), de quem era apenas uma variação mais falível, terminava errando. Seus erros, porém, não deixavam de ser fecundos: eles podiam ser cruciais em alguns momentos para produzir movimento, diferença e engano, conforme nos indicam alguns episódios da narrativa mítica e essa variação do *xondaro jeroky*.

Apesar de deter poucos dados e observações sobre o *xondaro* praticado em Guaíra, que, se melhor conhecido, poderia render muitas reflexões, o contato foi suficiente para notar que a variação espacial das *tekoa*, os muitos lugares em que as aldeias guarani floresceram,

---

60. Termo utilizado entre os Kaiowa e Guarani de Mato Grosso do Sul, cujo significado, nesse contexto, é "fazer-se de tonto". É muito utilizado como forma de enganar os brancos. Ver Thomaz de Almeida (2001).

relaciona-se, por sua vez, a variações em outros âmbitos, não só de movimentos mas de concepções e modulações de *xondaro* distintas. Avancemos, então, para um elemento central em nossa análise.

A esquiva, como movimento-chave da dança do *xondaro*, pode ocorrer em resposta a diversos ataques produzidos nos embates entre parceiros, ou nas provas conduzidas por iniciativa do *xondaro ruvixa*. Um dos ataques mais emblemáticos ocorre durante o enfrentamento entre uma dupla, normalmente no centro de uma roda de dança. Enquanto ambos os parceiros executam passos ritmados, giros com os ombros e gestos suaves dos braços, um deles avança em direção ao rival, buscando induzi-lo a uma posição que, em seguida, possibilite acertá-lo com o corpo em um rápido e alongado movimento,[61] lançando sobre o oponente a parte lateral de seu tronco e os ombros, quase virando de costas, em total fluidez com a dança. É um tipo de deslocamento corporal que pode desequilibrar o rival, impelindo seu corpo ao chão, caso ele não consiga produzir a esquiva para que o ataque falhe. Esse jogo de tentativas pode ser repetido diversas vezes de forma alternada entre os *xondaro*, entremeado de esquivas e giros.

Dessa forma, apesar de ser um ataque, exigindo muita atenção e destreza, tal deslocamento corporal privilegia a resposta da esquiva e a continuidade dos movimentos da dança. Ainda que existam movimentos de agarramento, na maioria das vezes esses são apenas simulados, induzindo mais a um desvio do que constituindo uma real tentativa de imobilizar o oponente.[62] Nos poucos contextos de dança em que isso ocorre, o instante inicial em que

61. Movimento demonstrado na animação em *flipbook* presente no canto superior das páginas deste livro. Ela foi feita segundo as imagens de uma dança de *xondaro* do filme de Ariel Ortega, Jorge Morinico e Germano Benites, intitulado *Mokoi tekoa petei jeguata — duas aldeias, uma só caminhada* (2008). Agradeço mais uma vez ao amigo Vitor Flynn pelos talentosos traços.

62. Como na capoeira, o *xondaro* privilegia mais as habilidades que visam à continuidade dos movimentos do que aquelas para imobilizar um rival. Assim, a estratégia é justamente produzir deslocamentos que, um após o outro, criem condições para que a queda do oponente (ou outra forma de superação) se torne inevitável sem ser preciso lançar mão de um apelativo confronto corporal imobilizador.

se consolida a captura (normalmente, agarrando-se as pernas ou o tronco) já é suficiente para o desenlace do desafio, com o agarrado proferindo *"Aguyjevete!"*,[63] sendo respondido e prontamente liberado pelo outro *xondaro*, voltando os dois à dança.

Vejamos o trecho de uma conversa entre um *xondaro ruvixa*[64] e Wera Alexandre, um jovem pesquisador guarani que indagava sobre os desafios e os modos de se realizar a esquiva:

Jovem: Havy merami mbyte py reno'ĩ peteĩ xondaro, ha'e va'e py reikuaa nhia'ã mba'exa pa rea'ã, peixa, mba'exa reiko vy nandejoui rã? Ha'e'i rupi reiko rã tarã mombyry rupi reiko rã pa nandejoui rã? Mba'exa tu jajeavyukakuaave?

Jovem: Quando você chama um *xondaro* para o centro da roda, nesse momento você sabe como testá-lo para que ele não te atinja? Você tem que ficar perto ou longe para que ele não te atinja? Como faz para conseguir esquivar mais?

Xondaro: Ha'e py xe aikuaa ramo peixa mbyte reno'ĩ ha'egui ma rembojaru-jaru'i reiko vy ma, xee aikuaa ramo nhande jeroky ete'i py peixa reiko vy remoanhã aguã rami e'ỹ py reiko rã. Ay'i pa xee heta'i mavi aexa nhaneirũ'i kuery itangara'i va'e kuery joguereko vy nda'evei avi peixa remonhã ratã aguã peixa aiko-iko aiko vy ambojaru-jaru'i aiko vy vy py peixa ajou ete aguã rami e'ỹ aiko, peixa ojei porã'i aguã rami teko xee aiko ha'e va'e py ha'evea rami ajapo. Ha'e rami rive ju gua'u xee aikuaa.

Xondaro: Quando você chama alguém no centro para desafiar, o que sei é que no nosso modo de dança você não pode ficar empurrando, não deve fazer dessa maneira. Até agora eu já vi muita coisa entre nossos companheiros na hora da dança, não pode ficar empurrando com agressividade, por isso, quando eu danço, não faço para derrubar de verdade, faço de maneira que eles consigam se desviar, pelo menos no meu conhecimento é assim.

---

63. Saudação guarani relacionada ao processo de maturação corporal do *aguyje*, pormenorizada no capítulo 4.

64. Trata-se do mesmo *xondaro ruvixa* citado anteriormente (Antonio Vogado), residente na aldeia Ko'ẽju à época da Sexta Assembleia Geral da CGY. Parte dessa fala também pode ser encontrada no filme *Xondaro Mbaraete: a força do xondaro*, por volta do minuto 6.

Jovem: Havy peixa nera'ãa ramo, nembojarua ramo, mba'exa nha mombyry rei nhea'ã reiko nera'ãa rã tarã hexeverei reiko rã nandejoui rã?	Jovem: E quando alguém te desafia, como você faz? Você fica longe ou fica mais perto dele para não ser atingido no momento em que é desafiado?
Xondaro: Ha'e va'e ndee peixa nera'ã va'e oiko rã ja hexeverei ma avi reiko rã, renhentende rã py ou rã varã rejei aguã pono ndejou, ha'e ndee rã ha'e py rejeprocura'i reiko vy renhemboveveui ha'e rami pono ndejou.	*Xondaro*: Se alguém te desafia, no momento dessa prova você deve ficar perto dele, porque você deve entender isso pra conseguir desviar e não ser atingido, e nisso você deve buscar em si a leveza para, dessa forma, não ser atingido.
Jovem: Xevy pe omombe'ua karã nembojarua ramo hexeverei reiko ramo nandejouetei, ha'e rã peixa rejeavy uka vy, mombyry'i reo rã katu, ndejou pojavave, he'i xevy pe.	Jovem: Contaram para mim que, se alguém te chamar para desafiar, se você ficar perto dele, é mais difícil para ele te atingir; mas, se você se afastar muito para esquivar, você será atingido mais rapidamente.
Xondaro: Ha'e rami ae tu'avy.	*Xondaro*: É assim mesmo.

Há, portanto, uma *boa distância*[65] para a realização da esquiva, e estar longe demais pode, inadvertidamente, ser pior para esquivar, algo que demonstra que a esquiva não é simplesmente uma evitação ou uma fuga, e sim uma postura ativa que, ao mesmo tempo que antecipa e incorpora virtualmente o movimento de ataque, leva-o ao erro, apontando para a ação de enganar presente em sua expressão em guarani: *-jeavy uka* (fazer com que erre, com que se engane). Além disso, a fala do *xondaro ruvixa* realça a preferência por produzir a esquiva em detrimento de um choque ou de "empurrar com agressividade".

65. Tema desenvolvido por Lévi-Strauss (2006 [1968]) nas *Mitológicas*. Essa relação de medida para a esquiva será importante para além da dança do *xondaro*. Mais adiante, no capítulo 4, articularei esse motivo com as estratégias de esquivas e de produção de distâncias dos Guarani Mbya em relação ao mundo dos brancos.

Vejamos agora algumas abordagens da dança do *xondaro* presentes na literatura. Embora seja um tema pouco explorado na etnografia guarani, alguns trabalhos abordaram o *xondaro jeroky* e fizeram descrições das danças e dos temas musicais relacionados.

Em Montardo (2002, p. 124), há uma passagem que remete ao mesmo movimento de "ataque" comentado há pouco. Recuperando informação compartilhada por Ivori Garlet, a autora afirma que, quando a dança se configura como um desafio corporal de um contra o outro, "a região a qual objetivam acertar é a dos ilíacos, ossos da bacia".

Em Ladeira (2007 [1992], p. 138), esse movimento é descrito como modulações da *mbyju* (andorinha), em um trecho que associa distintas variações e funções na dança do *xondaro* a espécies de pássaros: "*mainoi* (colibri), para o aquecimento do corpo; *taguato* (gavião), para evitar que o mal entre na *opy*; *mbyju* (andorinha), cuja coreografia é uma espécie de luta, em que um deve 'derrubar' o outro com os ombros ou esquivar-se de um possível tombo".

Sobre a terminologia e as distintas expressões para designar as danças que podemos relacionar ao *xondaro*, Montardo (2002) cita, mas sem descrições detalhadas, o *ñemoichi*,[66] conforme comentado por Cadogan, que seria uma dança associada às divindades da morada de Tupã, constituída de movimentos rápidos e executada fora da *opy*. Cadogan (1971, p. 87) também menciona a dança *tangara*,[67] relacionada aos *karai kuery* (xamãs) e realizada no interior da *opy*, cujo objetivo, segundo a breve descrição, é ir de um lado ao outro cruzando e desviando do corpo dos que vêm na direção contrária.

Na grafia de Cadogan, a descrição em guarani mbya da dança

---

66. "*Ñemoichi*: movimentos rápidos que os homens executam em uma dança em que imitam, dizem, uma dança dos Tupã: *Tupã ra'ykuery oñemoichi, ha'e va'e reko rovái yvyra'ijakue oñemoichi'i avei okuapy* (os filhos de Tupã executam o passo *ñemoichi*, em imitação deles os homens maduros também executam o passo *ñemoichi*)" (Cadogan, 1992, p. 127). "Em imitação deles" é a tradução proposta por Cadogan para a expressão *ha'e va'e reko rovai*, que, nesse contexto e em termos mais literais, poderíamos traduzir por "fazem desse lado o que eles fazem lá". Tal descrição ressalta o componente vertical das danças guarani, que tomam as danças divinas como matrizes para as suas variações.

67. *Tangara*, um dos termos gerais associado à dança do *xondaro* e suas variantes, é também o nome de uma espécie de pássaro, *Chiroxiphia caudata* (tangará), cujos machos realizam uma dança coletiva e circular, repleta de giros e acrobacias.

tangara é: *ojoacha acha'i okwapy*, cuja tradução aproximada seria "passando todos uns entre os outros". Essa descrição, embora vaga, remete à dança *joaça* praticada pelos Guarani Apapokúva (de dialeto nhandeva) e descrita por Nimuendaju (1987 [1914]). Esta, por sua vez, é muito semelhante à dança que os Guarani Mbya, nas aldeias do Sudeste, chamam de *tangara*, em sua variante *joaxa-axa va'e*:

> Os três dançarinos de cada grupo deveriam correr exatamente em linha [...] era preciso considerável destreza para cruzar o outro grupo sem esbarrões; tal só era possível realizando-se uma torção do corpo no momento exato, de um quarto de volta, de modo a passar com o ombro direito por entre dois dançarinos do outro grupo. (Nimuendaju, 1987 [1914], p. 41)

Um jovem guarani do Sudeste afirma ter presenciado a realização da variante *joaxa-axa* de forma bem mais intensa do que hoje em dia, levando frequentemente os participantes à exaustão. Além disso, segundo ele, não havia apenas essa dinâmica das duas fileiras dispostas uma em frente à outra e tendo que se cruzar, mas também a presença de um *xondaro ruvixa* que realizava ataques em meio à dança. Embora a intervenção do *xondaro ruvixa* nessa variante não tenha ficado muito clara para mim, parece-me que a configuração potencializava a exigência de habilidades de desvios e esquivas.

Há outra variante semelhante a esta última, o *tangara oguyro-guyro* (abaixando). Duas linhas paralelas de mulheres ficam bem próximas, uma de costas e outra de frente. O cruzamento ocorre com o recuo conjunto e de braços levantados da linha dianteira, que está de costas para a outra, e o abaixar da que se dirige à frente, que, em seguida, refaz o movimento da primeira, fechando o ciclo. Seus movimentos modulam claramente o bater das asas de pássaros. Essa variedade da dança, mais até do que a *joaxa-axa*, é executada atualmente nas aldeias guarani do Sudeste, preferencialmente por mulheres.

O contraste na dança do *xondaro* praticada dentro ou fora da *opy*, que em Cadogan aparece na oposição *ñemoichi* (dança dos Tupã)/ *tangara* (dança dos Karai), é também observado por Montardo (2002, p. 123) entre os Mbya. De minha parte, o que os Guarani

Mbya mais frequentemente me relataram é que o *xondaro*, em seu modo mais intenso de desafios corporais, era dançado quase que exclusivamente na área externa (*okapy*, pátio) da *opy*, nos fins da tarde, antes de todos entrarem para o ritual noturno, da mesma forma como registrou Ladeira (2007 [1992], p. 138). Entretanto, é muito comum que, atualmente, a realização de *xondaro jeroky* se dê no interior das *opy*.[68] Apesar disso, meus interlocutores mantêm a ressalva de que é fora da *opy* que o *xondaro* pode desenvolver mais intensamente seus atributos de agilidade e esquiva. Uma liderança guarani da TI Tenondé Porã me relatou que se lembra bem de sua infância, nos anos 1980, quando, assistindo aos adultos dançarem no pátio, "a terra tremia" sob seus pés, e os fortes golpes dos *xondaro* uns contra os outros faziam seu coração acelerar.

Ñemoitỹ, segundo Montardo (2002, p. 121), também é o nome de um treino durante a dança dos *yvyra'ija*[69] praticada entre os Guarani Nhandeva de Mato Grosso do Sul, muito similar a alguns momentos do *xondaro jeroky* mbya, quando o condutor desafia os demais participantes, um a um, com movimentos rápidos de ataque com o *mbaraka* (maracá).[70] Entretanto, pela descrição da autora, distingue-se do *xondaro jeroky* mais praticado entre os Mbya pelo uso exclusivo do maracá como instrumento do condutor e pela formação de linhas durante a dança.[71]

---

68. Acredito que, além das condições conjunturais dos pátios, muitas vezes impróprios para as danças, tal prevalência da realização da dança no interior da *opy* nos dias de hoje está relacionada ao fato de ela passar a concentrar, em algumas aldeias guarani do Sudeste, a maioria dos encontros para a realização de práticas tradicionais e reuniões da aldeia, funcionando também como espaço comunitário, além de abrigar as rezas e os rituais realizados à noite. Essa abertura da *opy* para outras práticas que não as mais fortemente relacionadas às rezas e aos rituais do xamanismo mbya, a que eles se referem como *opy reko*, não ocorre em muitas aldeias e pode até mesmo ser vista com muitas ressalvas.

69. "Dono da vara insígnia", na tradução de Cadogan (1997 [1959]).

70. Entre os Guarani de dialeto nhandeva, o *mbaraka mirĩ* dos Mbya (maracá) é designado apenas como *mbaraka*.

71. Essas últimas características, no entanto, assemelham-se à dança do *xondaro* realizada na aldeia Y'hovy, em Guaíra.

Entre os Kaiowa, Montardo destaca que a expressão *yvyra'ija*, além de utilizada para designar o auxiliar do xamã,[72] é também empregada para se referir às canções de andamento rápido relacionadas a coreografias de luta. Tal conformação é extremamente semelhante ao que ocorre no caso mbya em relação ao *xondaro*, que também é sinônimo dos mesmos termos ressaltados pela autora, como *tembiguai* (mensageiro, auxiliar) e mesmo *yvyra'ija*, mais utilizado no contexto ritual da *opy*:

> Um exemplo de polissemia é *yvyra'ija*, palavra que marca e dá unidade a este trabalho. O termo *yvyra'ija*, etimologicamente, quer dizer "dono da madeira pequena" e é usado em várias situações. Uma delas é a designação dos ajudantes do xamã na execução do ritual, bem como dos ajudantes divinos, os mensageiros do herói criador, o *Pa'i Kuara*, *Kuaray*, *nhandejara* ou *ñanderu*. As pessoas têm seus *yvyra'ija* também, seres que as acompanham e as protegem de situações difíceis. [...] *Yvyra'ija* é utilizado também para falar das canções do repertório de *jeroky* que têm o andamento rápido e *são acompanhadas por coreografias de lutas*. (Montardo, 2002, p. 32, grifo meu)

Poderíamos dizer a mesma coisa da polissemia do termo *xondaro* em relação a este trabalho, pelas múltiplas dimensões que suas funções, seus movimentos e suas transformações corporais desempenham no mundo guarani mbya, que teremos a oportunidade de analisar melhor nos capítulos 3 e 4.

Há outros termos que remetem a danças-luta entre os Kaiowa. Um deles é *sambo*.[73] Entretanto, são escassas as fontes etnográ-

---

72. Segundo Montardo (2002), como citado anteriormente, entre os Nhandeva também é utilizado o termo *yvyra'ija* para designar a dança, seu condutor e o principal auxiliar do xamã.

73. Cruz (2012) aponta como sinônimo de *sambo* o termo *javoraka*, enquanto Vinha e Rossato ("Para *alevezar* os Guarani e Kaiowá", *Anais do 12º Simpósio Internacional*

ficas[74] sobre essa dança e sua relação com as demais. Uma das poucas referências encontradas descreve o *sambo* de forma muito similar às variantes que já vimos aqui: "O que chama a atenção nesse jogo/arte Sambo é que ele só tem defesa, não tem ataque. Defendem-se de ataques de animais, de pessoas com armas brancas, armas de fogo e de socos. A defesa consiste em *desviar-se* tomando movimentos de animais".[75]

Em relação a alguns dados etnográficos específicos sobre o *xondaro jeroky*, é possível encontrar a indicação de vários tipos de *xondaro*, como uma espécie de sistema classificatório de suas fases. Seára (2012) obtém de um interlocutor da aldeia Mbiguaçu, em Santa Catarina, uma relação de oito tipos de *xondaro* (*tangará, tupã, djakairá, nhamandu*, dos macacos, *kutchuva*, cobra e *kyre'ỹmba*), que seriam também fases de aprendizado, culminando na última, o *kyre'ỹmba*, expressão já comentada anteriormente. Entretanto, ele não fornece descrições suficientes para derivarmos as diferenças entre cada um desses tipos.

Litaiff (1999, p. 99) também enumera alguns tipos de *xondaro*. Os títulos, no entanto, estão relacionados aos toques no *mbaraka* e aos ritmos produzidos, alguns associados a cantos dos pássaros: *mboapykue, mokoingue, apikaxu, korosire, parakáu daje, pindo vy, yv vera* e *araku pytã*.[76] Os dois primeiros termos indicam o número

Processo Civilizador, Recife: UFPE / Fundação Joaquim Nabuco, 2009) assinalam *Ñemborari*, cuja tradução literal é "fazer-se ágil, não permitir ser pego" (Guarania, 2010). Silvestre (2011, p. 80) também faz uma breve descrição do *sambo*: "Essa prática consiste em movimentos corporais que mesclam atitudes de defesa corporal e ataque ao oponente; é inspirada nos movimentos de animais e demonstra a grande habilidade e preparo físico do lutador. Enquanto prática específica do povo Guarani e Kaiowá, demonstra a percepção que esse povo tem do ambiente".

74. Há um livro, *Ñemborari*, feito em 2010 pelos Kaiowa e Guarani sobre esse tema. Mas, ao que parece, sua circulação foi restringida por eles, o que demonstra uma notável preocupação quanto à difusão entre os não indígenas dos saberes relacionados a essa dança-luta.

75. VINHA, Marina & ROSSATO, Veronice Lovato. "Para *alevezar* os Guarani e Kaiowá", *op. cit.*, 2009, p. 6, grifo meu.

76. Já no âmbito dos movimentos e característica da dança, Litaiff (1999, p. 99) distingue apenas duas modalidades, uma mais "religiosa", dentro da *opy*, e outra mais "profana", realizada do lado de fora, cujas diferenças são semelhantes ao que já apontei: no pátio, é possível uma prática mais intensa do *xondaro jeroky*,

de vezes que a mão faz um toque acentuado sobre o *mbaraka* (respectivamente, três ou duas vezes), e são os modos rítmicos que vejo com mais frequência no *xondaro*.

Durante as minhas observações, não ressaltei a distinção e a variedade dos toques existentes, notando apenas um contraste mais acentuado entre o toque na versão da dança dos homens, em comparação à versão das mulheres (*xondaria jeroky*). Entretanto, é importante enfatizar a relevância dos *mba'epuja kuery* (os músicos; literalmente, os donos dos objetos sonoros) para o *xondaro jeroky*. São eles que definem o ritmo e, portanto, influenciam a velocidade da dança e sua intensidade, dão as indicações para movimentos por meio das frases do *rave'i* e determinam o momento em que a dança termina, mesmo que em todo esse processo sejam também influenciados pela dança, podendo estender ou encurtar sua duração de acordo com o que ocorre ou por indicação do *xondaro ruvixa*. No final, todos os participantes se dirigem em fila aos *mba'epuja kuery*, que normalmente estão sentados lado a lado e próximos à roda de dança, e os saúdam: "*Aguyjevete, mba'epuja kuery!*".

Segundo Montardo (2002, p.159), cuja pesquisa observa aspectos musicais essenciais no contexto do xamanismo guarani, também a produção da esquiva está relacionada à música, demonstrando a importância que o componente musical tem nas danças associadas ao *xondaro*: "os movimentos de esquivar- -se enfatizados pela dança são gerados por uma tensão provocada pela música, que joga com intervalos de terça menor e maior alter- nadamente. O ritmo cheio de contratempos também colabora para a criação da tensão".

Há também, como mencionado anteriormente, uma dança das *xondaria*. Embora a versão em que só dançam as mulheres seja praticada em algumas aldeias guarani do Sudeste, ela não ocorre com a mesma frequência da masculina. Nas ocasiões em que pude observar essa variação, também havia a condução de uma *xondaria ruvixa* — cujo ímpeto parecia ainda mais decisivo para garantir intensidade na dança — e os desafios tinham princípio

já que dentro da *opy* é recomendável evitar riscos de choques e acidentes, o que pode ocorrer em execuções de modo mais livre.

similar ao que ocorre entre os homens, testando as habilidades de esquiva. Em uma dessas variantes, uma diferença marcante é o fato de o desafio entre as mulheres se expressar principalmente pela tentativa de agarrar o cabelo da rival, que deve esquivar continuadamente e também dizer *"Aguyjevete"* quando vencida.[77]

O termo *xondaria*, atualmente, é de uso bem comum entre os Guarani Mbya, que enumeram uma série de funções e características relativas às *xondaria*.[78] De certa forma, esses termos em suas flexões de gênero (*xondaro* e *xondaria*) são utilizados em um processo simétrico de descrição das atribuições e das condutas ideais para os homens e as mulheres, sobretudo para os jovens. Entretanto, segundo uma interlocutora guarani, o uso da variante feminina é mais recente, e as relações entre os Guarani associadas ao conceito de *xondaro* se referem mais, em geral, a atribuições masculinas.

Contudo, acredito que existam diversos aspectos da potência feminina (correlata ao que ocorre entre os *xondaro*) obliterados por essa conformação e pela abordagem limitada e enviesada de meu olhar etnográfico a respeito do tema. Por ora, admite-se aqui essa debilidade e fica a indicação de que, certamente, há muito ainda a se revelar nesse campo.

Vimos algumas constâncias marcantes nas variedades de danças associadas ao *xondaro jeroky*, quais sejam: a presença de um condutor (*xondaro ruvixa*); o princípio da esquiva como organizador dos movimentos e objetivos da dança; e vínculos cosmológicos relacionados às danças tanto em eixos verticais, ao dançar tal qual as divindades, como em eixos horizontais do xamanismo guarani, ao modular características de espécies animais. Entretanto, com exceção desses elementos e princípios, há uma

---

77. Na roda de *xondaria* relativa a essa descrição, realizada na aldeia Tenonde Porã, a *xondaria ruvixa* Kerexu, vinda da aldeia Ribeirão Silveira, tinha força e habilidades notáveis, desafiando diversas vezes um *xondaro* para que ele entrasse na roda e tentasse esquivar suas investidas. Desencorajado, o *xondaro* recusou todos os chamados.

78. No capítulo 3, retomo a referência às *xondaria* no contexto da variedade de possibilidades para a conformação das lideranças guarani.

avalanche de diferenças e variações, que ficam tanto maiores quanto mais detalhados são os dados obtidos.

Além das características mais gerais dos movimentos, se são mais curtos ou espaçados, rápidos ou lentos, com preponderância de giros ou não, dança circular ou em linhas — diferenças que se manifestam inclusive entre pessoas de uma mesma aldeia —, outras distinções se revelam por meio dos instrumentos musicais utilizados (por exemplo, *mbaraka*, *angu'apu*, *mbaraka mirĩ* e *rave'i*) e da própria participação de um grupo de pessoas destacadas como músicos (*mba'epuja kuery*). Há variação também no uso dos objetos da própria dança, sobretudo pelo condutor. Se este utiliza *mbaraka mirĩ*, *popygua* ou *yvyraraimbe*, e de que maneira o utiliza — se apenas como baliza para os movimentos e as esquivas; se em um uso mais específico, que define o toque no corpo do adversário como critério de sucesso ou fracasso no desafio (caso preponderante entre os Nhandeva e Kaiowa); ou ainda ressaltando de modo mais intenso seus aspectos musicais e xamânicos, como no caso do *mbaraka mirĩ* e do *popygua*.

As distintas denominações atribuídas ao *xondaro jeroky* (*yvyra'ija*, *tangara*, *ñemoichi*)[79] envolvem relações também diversas, que podem ser disjuntivas, casos em que se utiliza *tangara* para a dança e *xondaro* apenas para o dançarino-guerreiro,[80] ou conjuntivas — *yvyra'ija*, no contexto guarani de Mato Grosso do Sul, assim como *xondaro*, entre os Mbya do Sudeste, são termos utilizados para designar tanto a dança como a função dos que participam dela. Se, por um lado, tais distinções podem ser associadas a modos específicos pelos quais as danças são concebidas e praticadas em cada aldeia, por outro, tais diferenciações, antes de serem regionais, são fruto de uma concepção específica de como as variações de saberes e práticas surgem no mundo. Tentemos agora pensar o processo de variação de acordo com algumas ponderações dos próprios Guarani sobre o tema.

79. Xondaro Mbaraete (2013) cita ainda os termos *nhevanga okaregua* e *nhombojaru*, ambos associados ao caráter lúdico da dança. Esses dois termos também foram frequentemente citados para mim em aldeias no Rio Grande do Sul e da Argentina.

80. Como ocorre em geral nas aldeias do Rio Grande do Sul.

Xondaro
Guaíra pygua.

Xondaro
Guaíra pygua.

Desafio da
xondaria ruvixa.

Rabeca (*rave'i*) na
roda de *xondaro.*

Roda de *xondaria*.

Ataque
com o tronco
e esquiva.

*Xondaro
ruvixa* Antonio
Vogado desafiando
oponente.

Músicos
(*mba'epuja kuery*).

> *Xondaro ruvixa*
> *joguerovy'a xondaro*
> *ruvixa nhanembovy'a*
> *xondaro ruvixa imbaraete*
> *xondaro ruvixa ipy'a*
> *guaxu*[81]

As reflexões a seguir são derivadas principalmente da fala e da dança de um respeitado *xondaro ruvixa* com quem tive o privilégio de conversar, além de acompanhar suas realizações de *xondaro jeroky*. Foi ele quem fez a cambalhota descrita na introdução e relatou a versão da narrativa dos irmãos Sol e Lua, transcrita anteriormente, assim como algumas outras narrativas que virão no próximo capítulo. Podemos dizer, em uma relação análoga à dança, que ele foi um dos meus principais *xondaro ruvixa* na pesquisa, conduzindo as reflexões que desenvolvo e que resultaram neste trabalho. Seu nome[82] em guarani é Karai Mirĩ.[83]

81. Canção guarani mbya executada em ritmo da dança do *xondaro*. Aparece como trilha sonora em alguns vídeos da CGY e no documentário *Desterro guarani* (2011). Segue uma tradução livre de seus versos: "O *xondaro ruvixa* se alegra conosco/ o *xondaro ruvixa* nos faz feliz/ o *xondaro ruvixa* se fortalece/ o *xondaro ruvixa* possui coragem em seu peito".

82. Cadogan (1997 [1959]) aponta que, entre os Mbya com quem conviveu, era raro e interdito tanto o uso cotidiano como a comunicação aos não indígenas dos nomes guarani associados aos *nhe'ẽ* (princípio vital ou alma-palavra). Ladeira (2007 [1992]) também comenta a questão. Hoje, nas aldeias Guarani Mbya do Sudeste, a posição dos Guarani quanto ao assunto me parece bem diversa. O uso habitual do nome associado ao *nhe'ẽ* varia muito de pessoa para pessoa. É frequentemente conjugado com algum outro apelido ou nome *jurua* registrado nos documentos. Ainda que o uso do nome relativo ao *nhe'ẽ* permaneça mais associado ao contexto da *opy*, sua divulgação pública é frequente e, às vezes, até preferível. Karai Mirĩ é um dos que considera seu nome *jurua* (Pedro Vicente) um mero apelido e prefere, inclusive em discursos públicos proferidos à sociedade dos *jurua*, apresentar-se com seu nome verdadeiro, aquele da morada de seu *nhe'ẽ*.

83. O modo de apresentação de meus interlocutores vai variar. Alguns, principalmente os mais velhos contadores de alguns mitos e outras narrativas, são apresentados com seu nome em guarani, além de algum complemento em português que ajude a identificá-los. No entanto, em outros contextos cujo tema demanda

Apesar de mais velho e respeitado, sempre fez questão de negar a alcunha de "mestre de *xondaro*", concepção de *xondaro ruvixa* que lhe parece equivocada. Prefere antes entender sua função como ensinador (*nhombo'ea*), mostrador (*oexauka va'e*) ou condutor de *xondaro* (*xondaro tenondegua*).

Em um texto escrito em parceria com Joana Cabral de Oliveira,[84] tomando por base o curso de formação de pesquisadores guarani e cujo tema era o *xondaro*, relatamos uma fala de Karai Mirĩ, que acompanhava o processo não só como *xondaro ruvixa* mas também como *xeramoĩ*, na acepção de um "ancião conhecedor" dessas práticas e saberes. Nesse momento, como era frequente, ele contestava alguma enunciação dos *jurua* que lhe parecia desprovida de sentido.

A discussão era sobre a diferença na dança do *xondaro*, e Joana indagava se havia diferença de uma aldeia ou de uma região para outra na maneira de dançar, e por que havia essas diferenças. Karai Mirĩ contestou a formulação. O ponto da discórdia foi justamente a obviedade da existência da diferença, o que transformava a pergunta de Joana em alguma espécie de absurdo:

Karai Mirĩ: Você gosta de dançar forró?
Joana: Gosto.
Karai Mirĩ: E você tem irmã?
Joana: Tenho uma irmã e um irmão.
Karai Mirĩ: E eles gostam de dançar forró?
Joana: Não.
O *xeramoĩ* parou, coçou a cabeça, pensou e ignorou.
Karai Mirĩ: E será que você vai dançar igual a sua irmã?
Joana: Se nós aprendemos com nossa mãe, sim! Se ela teve aula de forró com o mesmo professor que eu, sim...
Karai Mirĩ: Eu estou chateado com você! Você pergunta

discrição, simplesmente indico genericamente o indivíduo, referindo-o como liderança, *xondaro*, *xamoĩ* etc.

84. Nesse texto, analisamos mais detidamente como a dinâmica de diferença na dança do *xondaro* se relaciona ao modo de conceber a circulação de saberes entre os Guarani Mbya. Ver Cabral de Oliveira & Keese dos Santos (2015).

demais... Você acha que sua irmã vai dançar forró igual a você? Não, não vai! Tem um que pode dançar assim [demonstrando, ele balançou o tronco de um lado a outro], outro que vai dançar assim [com um pé na frente e outro atrás, alternava um no chão outro fora, em pulos seguidos], outro assim [e demonstrou movimentos de quem valsa]. Não tem uma pessoa que vai dançar igual a outra, não é porque é irmão que vai dançar igual, cada um sente de um jeito e vai dançar de um jeito! Não existe um que vai dançar igual ao outro! (Cabral de Oliveira & Keese dos Santos, 2015, p. 118)

Em sua exposição, Karai Mirĩ buscou, didaticamente, por meio do exemplo hipotético de duas irmãs que dançam forró, dizer que é inevitável a existência da diferença na maneira como cada um executa a dança. Ao eleger esse exemplo, não por acaso, ele se aproxima do mito de Kuaray (Sol) e Jaxy (Lua), sugerindo que, tal qual as narrativas míticas, mesmo sendo irmãs e possuindo alguma continuidade ou origem comum, haverá necessariamente diferença. Quando Joana tenta contra-argumentar, dizendo que, se as irmãs forem ensinadas pela mesma pessoa — a mãe, por exemplo —, talvez dancem da mesma forma, Karai nega essa possibilidade de identidade na dança e demonstra, ele mesmo, várias formas de dançar forró. Do nosso ponto de vista, esses diferentes modos do forró estavam distantes de configurar algo que poderíamos classificar como uma mesma dança.

Nós, os professores *jurua*, tendíamos a aplicar um sistema de classificação mais embasado em uma lógica fundada no princípio de identidade. Ou seja, para ser forró, é necessário possuir características específicas em relação ao tempo dos passos, à forma de interação dos corpos, ao estilo etc. Caso contrário, não poderia ser identificado como tal. Já para Karai Mirĩ, a dança se configura como se fosse um fluxo contínuo de diferenças, de pessoa para pessoa.

Em uma ocasião em que não estava conduzindo a dança do *xondaro*, Karai Mirĩ, sentado ao meu lado, fez questão de descrever como cada um que estava ali dançando diante de nós o fazia de modo diferente. "Cada um", dizia ele, "tem um jeito diferente de dançar... É só você ver bem para perceber." Ele explicava

também que as diferenças estavam relacionadas a como cada um "sente o *xondaro* dentro de si".

Desse modo, o que define se uma dança é, por exemplo, forró ou não, parece ser mais o contexto concreto, a condução de uma liderança (-*uvixa*) ou outra operação análoga que dirigiria minimamente o fluxo de diferenças, do que um conjunto de características formais pré-definidas. Aqui entra a importância do *xondaro ruvixa*, cuja presença frequente e destacada chama a atenção na variedade de realizações de *xondaro jeroky* que observei. Afinal, se cada um executa o *xondaro* de modo diferente, uma diferença em certo sentido irredutível, como é possível garantir uma inteligibilidade mínima entre os participantes do movimento que constitui a dança? O *xondaro ruvixa*, o que vai à frente puxando os movimentos, bem como realizando os desafios que engendram as esquivas, é quem reivindica o tema sobre o qual os demais poderão *variar suas diferenças.*

O jeito como cada um dança também é expressão dos modos particulares de apreensão e de desenvolvimento dos saberes oriundos das divindades e da experiência que o componente divino da pessoa guarani, o *nhe'ẽ*,[85] teve em sua morada celeste. Há, assim, uma série de referências que os Guarani utilizam para nortear suas ações: desde os saberes que as divindades e os *nhe'ẽ* fornecem a cada um, passando pelos exemplos deixados pelos heróis míticos (como Kuaray e outros ancestrais que atingiram a maturação corporal, o *aguyje*), até os sábios anciãos (os *xeramoĩ* e as *xejaryi*, ou "minhas avós") e lideranças (*uvixa kuery*) com quem convivem na terra e que estão à frente dos movimentos realizados aqui.

Seja no *xondaro jeroky* ou em outras formas de movimentos coletivos entre os Guarani, o papel de qualquer *uvixa* (chefe ou liderança) ou *tenondegua*, cuja tradução remete a algo como "aquele que vai na frente puxando os movimentos", é ser um articulador e depurador de diferenças. Se cada um realiza à sua maneira os movimentos, enfatizando o princípio de que ninguém dança igual,

---

85. Trata-se de um princípio vital de procedência divina que anima os Guarani na terra e lhes fornece linguagem, sua "alma-palavra", segundo a tradução de Cadogan (1997 [1959], p. 42). Ver uma discussão mais aprofundada sobre o *nhe'ẽ* no capítulo 3.

tampouco é possível ignorar a condução e o estilo do *xondaro ruvixa*. Tal jogo é o que mantém aberto o debate sobre as formas de dançar, ao mesmo tempo que impede uma diferenciação excessiva rumo à inexistência de características próprias à dança do *xondaro*.

O contraste mais relevante entre esses distintos modos de conhecer e caracterizar práticas é que, pelo princípio de identidade, a preocupação se concentra em um processo de classificação que cristaliza o conjunto de diferenças, estabelecendo unidades que se relacionam por esse princípio identitário, propondo uma separação entre forró e tango, samba e bolero, e assim por diante. Para Karai Mirĩ e os Guarani, contudo, o mais importante é afirmar o processo de variação baseada em um fluxo contínuo de diferenças, que vai gerando novas danças, entre as quais a fronteira é uma questão em si menos relevante, surgindo apenas em um momento em que as danças possam ser contrastadas na prática.

Tal reflexão me parece relacionada ao que diz Sztutman sobre novas análises a respeito das socialidades indígenas, que apontam para aspectos fractais[86] no fluxo de relações diferenciais que forma a pessoa:

> Não se trata mais de uma "sociedade contra o indivíduo", ou vice-versa, mas de uma socialidade que define um tipo de pessoa "dividual" ou "fractal", ou seja, na qual as relações externas com a alteridade tornam-se internas, integrais, e

---

86. Wagner (1991) toma emprestado o conceito de fractal, desenvolvido na matemática por Benoît Mandelbrot. Trata-se de imagens cujas relações entre os elementos se replicam infinitamente em distintas escalas. Tais imagens relacionais são abundantes na natureza, como na copa de árvores, nas ramificações pulmonares etc. Embora a ideia de replicação seja importante na fractalidade, creio que, tanto nos exemplos da biologia quanto nas relações guarani sobre as quais nos debruçamos, não há repetição idêntica. Um galho de uma árvore nunca é uma replicação perfeita de seu anterior numa escala menor, mas uma variação dentro do mesmo tema relacional. Se na abstração das equações matemáticas é possível produzir imagens com elementos que se replicam de forma idêntica e infinitamente conforme se muda a escala, no mundo sensível a fractalidade é antes um princípio relacional, que não exclui as variações, mas, ao contrário, permite ver entre elas formas de relações comuns.

para a qual a identidade individual não aparece senão como uma arbitrariedade, um momento congelado, uma "instanciação", no fluxo de relações. (Sztutman, 2012, p. 72)

Nesse sentido, a descrição das danças em termos de unidades coreográficas, tal qual a noção de identidade individual, poderia ser entendida como um processo de instanciação nesse fluxo contínuo de diferenças. O procedimento de classificação cristalizante pode soar, para os Guarani, extremamente arbitrário, conforme sugerem as explicações de nosso interlocutor, ainda que a referência a temas específicos, como a realizada pela condução de um *xondaro ruvixa*, seja um processo fundamental como articulador e condensador desse fluxo.

Vejamos como essa dinâmica de variação aparece em outros contextos do mundo guarani para depois voltarmos à dança do *xondaro*, a fim de entendermos melhor o papel da esquiva em contraposição à condução do *xondaro ruvixa*.

Dançando com a cosmologia

Karai Mirĩ, antecipando minhas dificuldades diante da complexa variedade dos Nhanderu Kuery (coletivo de divindades), utilizou como exemplo para minha compreensão uma extensa lista de santos católicos. Menos preocupado com os aspectos redutores que poderia ter essa comparação, em um generoso esforço de utilizar algo que poderia ser familiar para que eu entendesse a multiplicidade das divindades guarani, ele disse que, da mesma forma que existiam todos esses infindáveis santos, assim também ocorria com os Nhanderu.

Em alguns discursos e falas dos Guarani, toda essa multiplicidade fica oculta sob o termo "Nhanderu". Porém, em determinados contextos de interlocução, é possível escutar uma enorme variedade de denominações e distinções entre as divindades. Os Tupã Kuery, Karai Kuery, Nhamandu Kuery, Jakaira Kuery, Jekupe Kuery, além de desdobramentos com diferentes complementos, como Mirĩ, Popygua, Tataendy, Poty, Rete etc., compõem a abundância de nomes de divindades que escutei com grande frequência, mas com poucas sistematizações consensuais. "Kuery", nesse contexto, aparece de modo mais claro como acepção de um indicador de multiplicidade com base em um referente. Isto é, a "matriz Tupã" serve de base para uma multiplicidade de variações, que são os Tupã Kuery, diversas divindades relacionadas a essa morada de Tupã, e que também são seus *xondaro*.[87]

Os Guarani com quem convivo comentam muitas vezes o fato de as divindades dançarem nos pátios de suas moradas, e cada coletivo de divindades teria características próprias de dança. Ao dançar aqui na terra, os Guarani estariam se mostrando às divindades, numa tentativa de afirmar seus laços de consanguinidade com os deuses, buscando a leveza e a maturação dos corpos divinos, e também reproduzindo as diferenças que existem nas esferas celestes. Os diferentes modos de dançar, portanto, relacionam-se com a multiplicidade em que se constituem as moradas celestes e os coletivos de divindades.

87. Voltaremos a essa questão no capítulo 3.

Há um trecho do livro *Xondaro Mbaraete: a força do xondaro* em que os pesquisadores guarani relatam uma explicação fornecida por Karai Mirĩ durante nossas conversas sobre as divindades, as moradas (*amba*) de onde são enviados os *nhe'ẽ*, e suas respectivas características:

> [Segundo Karai Mirĩ], as moradas dos *nhanderu kuery* são: Papa Tenonde Ipo'akapa va'e, Tupã Ruete, Tupã Xondaro, Jepovera Reno'aa Kuery, Jakaira Ruete, Nhamadu Ruete, Karai Ruete e Karai Xondaro'i Kuery.
>
> Aquele que foi enviado por Tupã Ruete é mais ativo, mais brincalhão, inquieto. Aquele que faz mais bagunça, mas tem sua missão aqui na terra que é ser *xeramoĩ*, *xondaro* ou outras coisas. Aqueles que foram enviados pelo Tupã Xondaro são as crianças chamadas de: Tupã Mirĩ e Wera Mirĩ, que são mais medrosas, têm facilidade de se assustar, mas que podem dançar *xondaro*, mas nem todos são assim.
>
> Jekupe e Karai Ruete enviam algumas crianças para ser *xeramoĩ* ou para ser aquele que reza também.
>
> Papa Tenonde é quem envia mais crianças para os *xamõi* descobrirem e revelarem os nomes das crianças Jeguaka Ruete. (Xondaro Mbaraete, 2013, p. 47)

Além das divindades relatadas anteriormente, que comentei serem as mais citadas em minha experiência nas aldeias guarani, destacam-se entre os nomes das moradas, segundo Karai Mirĩ, as relativas a Papa Tenonde Ipo'akapa va'e,[88] Jepovera Reno'ãa e as variantes associadas ao termo *xondaro*. Como se nota na descrição de Karai Mirĩ, além da morada de Nhanderu Tenonde (Papa Tenonde Ipo'akapa va'e), haveria uma destinada a Nhamandu Ru Ete,[89] sugerindo uma distinção entre essas divindades, apesar de também ser comum encontrar descrições que sobrepõem essas duas figuras. Sobre a morada descrita como

88. *Ipo'akapa va'e*: expressão que enfatiza o caráter superlativo das capacidades dessa divindade primeira.

89. O termo *Ru Ete* se refere à designação de pai dos *nhe'ẽ*, que provêm dessa morada.

Jepovera Reno'ãa Kuery, termo que faz alusão à produção de raios e, portanto, associado aos Tupã (embora esse nome não figure aí), não encontrei referência em qualquer outra descrição nas etnografias.

Já as moradas relacionadas aos *xondaro* (Tupã Xondaro e Karai Xondaro'i Kuery) também indicam a conexão entre o papel do *xondaro* e o processo de diferenciação das divindades. O termo *xondaro*, como já mencionado, relaciona-se a diversas funções na socialidade guarani e seu uso por vezes adquire o sinônimo de auxiliar, ajudante (*tembiguai*). É muito comum ouvir dos Guarani comentários relacionando a função de *xondaro* à dinâmica das divindades e a seus processos de desdobramento: Karai, Tupã e Jakaira, por exemplo, são considerados *xondaro* de Nhanderu Tenonde. Eles, por sua vez, também se desdobram em seus respectivos *xondaro*,[90] que possuem características e funções específicas e, em alguns casos, como indicou Karai Mirĩ, até moradas próprias. Dessa forma, o processo de desdobramento em novos seres (*mbojera*) se relaciona com essa variabilidade nas descrições.

Contudo, certamente, há outras razões que se associam a essas variações encontradas nas informações obtidas dos Guarani quando eles adentram os detalhes sobre diversos aspectos de sua cosmologia. O final da explicação de Karai Mirĩ, por exemplo, relativo às características dos *nhe'ẽ* enviados à terra, é matéria para infindáveis considerações, com múltiplas possibilidades e associadas a um conhecimento mais restrito a especialistas (os *xeramoĩ* e as *xejaryi*), que discorrem com maior propriedade

90. Assim, ampliamos a concepção do termo *xondaro*, que aparece aqui como uma figura do desdobramento. Ou seja, ser *xondaro* de alguém, em muitos casos, pode equivaler a ser desdobramento desse sujeito. Macedo (2009, p. 116) comenta esse aspecto na relação entre as diversas lideranças de uma aldeia, como desdobramentos de *xondaro* com base em uma liderança principal: "As lideranças políticas de cada um dos cinco núcleos da Terra Indígena [Ribeirão Silveira] são também chamadas *xondáro* — quando o *tamõi* Samuel era o cacique, me disseram que as lideranças eram os '*xondáro* do *xeramõi*'". Pierri (2019, p. 124) ouve de seus interlocutores que as divindades nunca estão sozinhas, sempre acompanhadas de seus *xondaro*: "Xondaro ou auxiliar aparece como equivalente de imagem, que nesse caso corresponde à noção de duplo". Desenvolverei melhor essa questão no capítulo 3.

sobre a procedência e as características dos diferentes nomes guarani e de suas respectivas moradas celestes.[91]

Nesse aspecto, não se devem subestimar as condições de enunciação de informações entre os Guarani Mbya, sobretudo as relativas às suas divindades. Lembremos que Cadogan (1997 [1959]), por exemplo, demorou anos de intensa convivência até que eles concordassem em lhe transmitir os discursos e cantos sagrados que formaram o *Ayvu Rapyta*,[92] pois tais informações não são reveladas em qualquer contexto ou para qualquer pessoa. Acredito que essa percepção não seja pertinente apenas aos *jurua* antropólogos e demais pesquisadores que buscam aprender sobre esses assuntos, mas também entre os Guarani, pois o acesso às falas dos mais velhos (no caso, os *xeramoĩ* e as *xejaryi*) não é tão simples e requer esforço e habilidade por parte do interessado. Mesmo obtendo a concordância de um xamã, sua fala pode, ainda assim, guardar profundas ressalvas, que se manifestarão em lacunas, tergiversações, imprecisões propositais ou outras estratégias, em graus variáveis, para despistar ou enganar alguém que não lhes parece merecedor de tais saberes — a fala dos *xeramoĩ* é extremamente esquiva. Tudo isso, portanto, surte um efeito considerável sobre os dados obtidos, que podem ter sido propositalmente "distorcidos". Embora seja essa uma preocupação um tanto plausível, creio que há muitas conclusões e análises precipitadas resultantes dessa falta de cuidado em não considerar essas possibilidades.

Entretanto, a variedade e as contradições nos dados colhidos pela etnografia não se relacionam apenas à dificuldade de sua obtenção. A hipótese que proponho é que os Guarani falam sobre as divindades da mesma maneira como dançam *xondaro*. Desse modo, o papel dos xamãs seria como o dos *xondaro ruvixa*, que

91. Cadogan (1997 [1959]) e Ladeira (2007 [1992]) registraram várias considerações a respeito.

92. Célebre compilação de cantos, narrativas míticas e exegeses recolhidas entre os Guarani Mbya no Paraguai. Os cantos principais, que contam o fundamento da palavra humana (*ayvu rapyta*), são proferidos pelos xamãs em uma modalidade de fala específica e dominada por poucos, a *ayvu porã* (belas palavras), intensamente metafórica em suas construções.

conduzem, articulam e depuram as variações durante a dança/ ritual. Os *xeramoĩ*, assim como os *xondaro ruvixa*, lideram movimentos, estabelecem temas e estilos. À medida que enfatizam oposições e aspectos particulares em detrimento de outros na multiplicidade que compõe o cosmos, os passos e gestos de um, assim como as palavras[93] e cantos do outro, são enunciações no debate entre os próprios Guarani sobre os saberes e as práticas que constituem seu modo de vida, o *nhandereko*. O que esses personagens fazem, portanto, surge como ação política, pois atua na conformação e dissolução de movimentos coletivos, definindo grupos e práticas cuja permanência e transformações se relacionam a esse jogo de matriz e variantes.

Nesse sentido, há princípios lógicos e temáticos que aparecem como constâncias, atravessando com pouca diferença o vasto território guarani, mas há também variações, que, mais do que imprecisões, são modificações que fortalecem esses mesmos princípios e, acumuladas em longo prazo, contribuem para precipitar sua transformação.[94] Nesse processo em que se relacionam matrizes e variações, parece haver uma oscilação entre dualismos (oposições enfatizadas pelos que estabelecem os movimentos) e as multiplicidades geradas pelas suas fissões e variações. Tais dualismos não operariam entre os Guarani por meio do princípio de identidade, estabelecendo um ser e um não ser, mas num devir, em que uma coisa está em constante movimento de ser outra.

93. Há um aforismo de Wagner (1991, p. 6) sobre a fractalidade no contexto melanésio que poderia se aplicar ao xamã guarani em relação à fala e também, simetricamente, ao *xondaro* em relação à dança: "É esta a fractalidade da pessoa melanésia: a fala formada por meio da pessoa que é a pessoa formada por meio da fala". Enquanto dança, *xondaro* é aquele que produz movimento e, por sua vez, é produzido por ele.

94. Toda essa discussão também se relaciona com o que Carneiro da Cunha (2009 [1981], p. 59) chama de *terrain vague*, situações etnográficas em que se torna um tanto improdutivo ou até enganoso buscar um consenso sistemático dos indígenas a respeito de determinado tema repleto de versões dissonantes. A análise dessas variações deveria ser feita de acordo com a enunciação ou a gramática subjacente às mesmas, dependendo do material analisado, que, no exemplo das diferentes versões sobre a escatologia krahô, seria relativo a um "núcleo reduzido de relações estruturadas entre a escatologia e a sociedade que a produz" (2009 [1981], p. 60).

A discussão relatada sobre o equívoco entre o princípio de identidade com que nós, professores *jurua*, estávamos operando para classificar e entender as variações no *xondaro jeroky*, e as afirmações de Karai Mirĩ, que apontavam para o caráter intrínseco da diferença na dança, aproximam-se notavelmente de um comentário de Mimica (1988)[95] em sua etnografia dos Iqwaye na Melanésia. Tanto aqui como lá, trata-se de um mundo composto de um fluxo de diferenciação e anti-identitário, que parece imprimir movimento e devir na relação entre os seres, que se desdobram uns nos outros. O trecho a seguir, por exemplo, remete-nos diretamente à comum confusão,[96] na cosmologia guarani, sobre o fato de Nhamandu e Nhanderu Tenonde serem ou não a mesma divindade:

> Um aspecto fundamental desta visão é a conceitualização de meu informante sobre os "homens de barro" não como personagens distintos de Omalyce, mas como instanciações de seu próprio personagem. Assim surge a singularidade do entendimento indígena que vai contra a nossa professa característica cognitiva de compreender as coisas em termos dos princípios da não contradição e identidade. [...] *Omalyce é ele mesmo, mas é também os outros.* (Mimica, 1988, p. 80-1, grifo meu)

95. Vale notar que a ênfase do trabalho de Mimica (1988) é a matemática iqwaye, que deriva a multiplicidade não diretamente do Um, mas do par Um e Dois, únicos algarismos de seu sistema recursivo de contagem. Essa percepção é importante também entre os Guarani na relação entre seus dualismos e a multiplicidade que compõe o mundo.

96. Entre os muitos temas de debate sobre as divindades e as moradas celestes está a relação entre a divindade principal (Nhanderu Tenonde) e a divindade que os Guarani designam por Nhamandu. Cadogan (1997 [1959], p. 29), buscando uma versão canônica da cosmologia mbya, estabelece uma equivalência entre Nhamandu e Nhanderu Tenonde; segundo ele, seriam dois termos para denominar a mesma e principal divindade. Pierri (2018, p. 40) propõe outra interpretação, sugerindo que há uma dualidade na divindade principal que se desdobra nessas duas denominações, pois, segundo as mesmas versões fornecidas por Cadogan (1997 [1959]), antes do início da primeira terra, a única luz que existia no mundo era o "reflexo do coração de Nhanderu Tenonde", que, por sua vez, daria origem a Nhamandu, o termo na linguagem ritual para designar o sol.

A proximidade com o contexto guarani também fica explícita neste trecho de Pierre Clastres, que faz uma reflexão extremamente semelhante à de Mimica, apontando ao final para o devir-deus dos Guarani Mbya:

> Pois dizer que A = A, que isto é isto, e que um homem é um homem, é declarar ao mesmo tempo que A não é não A, que isto não é aquilo, e que os homens não são deuses. Nomear a unidade nas coisas, nomear as coisas segundo a sua unidade, é também lhes assinalar o limite, o finito, o incompleto. É descobrir tragicamente que esse poder de designar o mundo e de determinar seus seres — isto é isto, e não outra coisa, os Guarani são homens, e não outra coisa — não é senão a irrisão da verdadeira potência, da potência secreta que pode silenciosamente enunciar que isto é isto, e ao mesmo tempo aquilo, que os Guarani são homens e ao mesmo tempo deuses. (Clastres, 2003 [1974], p. 190-1)

As relações entre as coisas, parecem nos dizer os Guarani e diversos outros povos indígenas, podem ser outras que não por meio do princípio de identidade e não contradição, o que exige mudanças significativas nos processos de descrição de mundos alheios. Quando nos vemos insistentemente perguntando a nossos amigos indígenas sobre regras, o que se pode ou não fazer, quem manda[97] ou não etc., agimos como se perguntássemos quais são os passos obrigatórios de uma dança que opera de outro modo. As respostas, portanto, vão variar e dar uma falsa impressão, que confundirá certos princípios como se fossem normas rígidas e explícitas.[98] Não se trata, portanto, de procurar uma norma ou

97. A chamada "revolução copernicana" de Pierre Clastres (2003 [1974]) pode ser entendida dentro dessa postura wagneriana de abertura à criatividade nativa: quando a antropologia de então apenas projetava narcisicamente seus pressupostos e via ausência de política entre os ameríndios das chamadas "terras baixas", Clastres pôde vislumbrar uma forma de política outra, cuja criatividade ultrapassava as noções ocidentais de política unicamente como relações de coerção.

98. Morais (2017, p. 311), em diversos momentos de sua pesquisa entre os Kaiowa e os Guarani, manifesta preocupação semelhante: "Novamente, a antropologia tropeça

padrão que deva ser replicado, mas sim as possibilidades de transformação quando se busca seguir, imitar ou mesmo antecipar um movimento, incorporando-o virtualmente como modo de levá-lo ao erro; é o caso da esquiva, por exemplo. Em todos esses casos haverá transformações do movimento matriz, mas cada uma realizada por diferentes propósitos e produzindo diferentes resultados, uns mais inventivos que outros.

CONDUÇÃO, ESQUIVA E VARIAÇÃO

A dança do *xondaro*, como vimos, tem como uma das principais características a presença destacada de um condutor, o *xondaro ruvixa*. Nas descrições anteriores, busquei apontar como é justamente a influência do *xondaro ruvixa*, ao ter seus passos seguidos e seu modo de dançar servindo como tema, que catalisa a formação do movimento coletivo que constitui a dança, bem como proporciona uma inteligibilidade mínima em meio aos modos particulares como cada Guarani sente e executa o *xondaro jeroky*.

Assim, de um lado, há a condução do *xondaro ruvixa*, puxando os movimentos, e, de outro, os demais *xondaro*, que realizarão suas variações com base em matrizes de estilo, que, por sua vez, convergem na figura do *xondaro ruvixa*. Durante a dança, esses dois processos podem ser analiticamente isolados em dois momentos: a condução do *xondaro ruvixa*, quando os demais o seguem e, em certa medida, buscam imitá-lo, e o momento em que o *xondaro ruvixa* passa a provar e a testar (-*a'ã*) os demais, procurando atingir seus corpos com instrumentos ou derrubá-los por meio de rasteiras ou outros movimentos de ataque. Neste último momento, não se deve mais seguir os movimentos do *xondaro ruvixa*, mas, ao contrário, deve-se esquivar.

no seu tributo jurídico, na tendência de descrever normas, buscar padrões, desenhar essas 'recomendações' como um sistema normativo rígido quando o que os indígenas parecem dizer — e isso vale para todos meus argumentos — é que as ações têm consequências, e que 'o certo' pelo certo é sempre o melhor caminho, mas que as circunstâncias às vezes, quase sempre, são administráveis. Às vezes, não".

É nessa ocasião que o princípio da variação fala mais alto, pois não fica explícito qualquer movimento de como esquivar. Algumas vezes, durante as filas que se formam nas danças, os que estão adiante na ordem de serem provados pelo *xondaro ruvixa* podem servir de exemplo aos demais, indicando possibilidades comuns de esquiva. Mas o movimento do desafio que o *xondaro ruvixa* realiza pressupõe a produção de imprevisibilidade, isto é, é necessário obrigar o rival a fazer um movimento outro que lhe possibilite escapar do ataque, transformando esse último em erro e desfazendo seu propósito de captura: *-jeavy uka* (esquivar ou, literalmente, fazer com que erre, com que se engane). Tal processo ocorre também no momento em que diferentes duplas se enfrentam, buscando testar mutuamente suas habilidades de ataque e esquiva.

Toda essa dinâmica entre tema e variação que descrevemos por meio do *xondaro jeroky*, e que opera em diversos âmbitos da vida guarani, é similar à descrita por Wagner (2010) em sua etnografia dos Daribi, da Melanésia, mas aponta também para povos indígenas em geral. Segundo o autor, os mecanismos de controle, que em deter-minados contextos, sobretudo para os não indígenas, aparecem como convenções culturais construídas, regras e códigos para serem obedecidos ou transgredidos, para outros povos, como os Daribi ou, no caso, os Guarani, são como temas que estão dados e devem ser usados para variar seus próprios movimentos. Nesse sentido, dançar *xondaro* é como improvisar um solo de jazz. E o *xondaro ruvixa*, assim como qualquer outro *uvixa* ou *tenondegua* (lideranças), seria como um líder de banda ou maestro de orquestra de jazz.

Se os mecanismos de controle, nos termos wagnerianos, podem ser entendidos no *xondaro jeroky* como a própria atuação do *xondaro ruvixa*, que deve ser seguido ou temido, a esquiva aponta para o polo oposto nessa dialética: o da invenção. Assim, a invenção da esquiva só é possível com o movimento de ataque do rival, no caso, o *xondaro ruvixa*: sem a condução de seus passos, não há dança; sem a incorporação virtual de seu movimento de ataque, não há a sua transformação, que é a esquiva. Do mesmo modo, quem imita e segue o movimento de uma liderança sempre o transforma um pouco, e quem esquiva inventando o novo sempre incorpora, em alguma medida, o movimento do qual escapa.

Creio que o caráter de variação e o discurso guarani sobre o modo particular como cada um dança e sente o *xondaro jeroky* apontam diversas aproximações com danças cujo princípio de variação opera pautado por isso que chamamos também de "tradição", como a capoeira. Não é à toa, portanto, que os processos de aprendizagem convirjam nesses dois casos de danças-lutas.

Por exemplo, no contexto da capoeira angola, com o qual tenho mais familiaridade, há sempre um capoeirista responsável por puxar os treinos. Os demais devem seguir e imitar seus movimentos, ao mesmo tempo que sempre se ressalta que cada um tem seu jeito próprio de jogar capoeira, que ninguém faz os movimentos de forma idêntica. Livros sobre capoeira e codificações abstratas dos movimentos são, em geral, rejeitados enquanto forma de conhecer ou aprender a jogar. Tal processo deve ocorrer no cotidiano em que se vivenciam a capoeira e seus preceitos, por meio da relação entre os corpos e também através do modo pessoalizado como cada um incorpora as lições, que frequentemente não são explicitadas.

Por outro lado, cada grupo de capoeira tem um estilo próprio, referenciado sobretudo pelo mestre que conduz os trabalhos e por sua filiação dentro da genealogia de mestres que o precederam, a cujo trabalho ele dá continuidade. Esse estilo delimita certa inteligibilidade dos movimentos, que funcionam como uma linguagem, que tem sua eficácia e sua estética. Na capoeira, a esquiva é também um momento em que se privilegia a variação inventiva. Lembro-me bem do dito reproduzido em meu grupo de capoeira que, em síntese, ensina que "é melhor escapar feio que morrer bonito". Ou seja, diante de um perigoso e difícil golpe, mais importante do que manter o estilo dos movimentos é fazer o que for possível para superar o ataque, nem que seja por meio de um movimento não referenciado e possivelmente tido como feio. Desse modo, a eficácia em esquivar de um ataque, em anular ou até subverter o efeito prejudicial de uma queda, pode transformar a estética já consolidada, criando novos parâmetros, novas variações: "bonito é saber cair, camará!", diriam os angoleiros.

Assim, se o mundo conforme expressam os Guarani é um processo contínuo de diferenciação, gerando uma multiplicidade de corpos e práticas, em que umas das expressões é o modo como cada pessoa dança o *xondaro jeroky*, marcado por diferenças irredutíveis de uma pessoa para a outra, há também balizas nesses movimentos, que encontramos em figuras como o *xondaro ruvixa*, as lideranças e os xamãs, que enfatizam oposições mais proeminentes, por meio de falas, gestos, caminhos e lugares de referência,[99] servindo de guia para a variação dos demais. As oposições destacadas por meio dessas figuras, por sua vez, não completam qualquer processo de purificação ou redução da multiplicidade, porque elas próprias estão sujeitas ao desequilíbrio, um momento em que a esquiva, conforme demonstra a dança do *xondaro*, tem papel fundamental.

INTENÇÕES E ENGANO

Na já citada narrativa mítica dos irmãos Sol e Lua, Kuaray (Sol) diversas vezes engana seus rivais. Em um desses momentos, quando resolve exterminar as onças originárias, tem-se justamente um evento de criação e diferenciação entre as moradas terrestre (*yvy vai*) e celeste (*yvy marã e'ỹ*).

Há diversos outros casos e narrativas em que está presente a ação de enganar (*-mbotavy*), que parece não apenas precipitar a

---

99. No caso da mobilidade territorial, são os lugares revelados e consolidados por intermédio dos antepassados, lideranças e xamãs em suas práticas do *-guata porã* (caminhada sagrada) que possibilitam que os demais Guarani variem, cada qual ao seu modo, sua dinâmica nas diferentes *tekoa* existentes, produzindo uma mobilidade pessoal no território. Sem a tensão entre esses dois polos, de matriz e variação, não há multilocalidade possível. Ver a narrativa mítica *Oguata Porã*, que demonstra bem esse processo, em Ladeira (2007 [1992]). Também é importante dizer que o caminhar guarani (*-guata*) nada tem a ver com "nomadismo" ou "seminomadismo", em oposição a "sedentarismo". Em que pese a fraqueza conceitual desses termos — amplamente rejeitados pela antropologia contemporânea —, a agricultura sofisticada e a conformação de uma rede estável de suas *tekoa* ao longo do tempo já seriam suficientes para se considerar equivocado classificar os Guarani como algo próximo a "nômades". Defender tais anacronismos conceituais atualmente não é mais que uma das tantas tentativas arbitrárias de lhes negar o direito de viver — habitar, plantar e caminhar — no pouco que sobrou de seu território tradicional.

criação/transformação do mundo, mas um modo de mediar e transformar as relações entre os seres, ou seja, um modo de ação política.

Essas narrativas podem ser protagonizadas por personagens enganadores (*tricksters*), em que o engano pode ser inadvertidamente dirigido contra si mesmo, malogrando intenções de imitação ou superação de outrem e, assim, gerando diferenças no mundo. Há também os casos em que o enganador, ou até o próprio herói-demiurgo, aplica a enganação contra um rival de maior poder, em uma forma de inversão de forças.

Tal qual o humor, como diz Wagner (2010), e a esquiva, como sugeri neste capítulo, enganar parece ser um processo privilegiado na semiótica da invenção, pois a enganação pode se constituir como um movimento análogo à esquiva, só que no plano da palavra. Ou seja, a esquiva (*-jeavy uka*) realiza com o corpo o que a enganação faz com a palavra — mas não só com ela. Essa relação é fortalecida pelo uso da mesma raiz verbal de "errar" (*-avy*), associada a causativos (*mbo* e *uka*). Examinaremos melhor casos etnográficos mais adiante, mas não parece ser uma aproximação descabida, ainda que, às vezes, os resultados de cada movimento possam ser distintos e até opostos, conforme veremos.

Desse modo, parece haver um caminho a ser trilhado, relacionando esquiva, enganação e humor como possíveis pontos para se repensar aspectos da ação política segundo lógicas guarani. Assim, o próximo capítulo expõe algumas narrativas e personagens-chave para pensar a enganação. Depois, retornaremos ao engano corporal da esquiva e à sua potência de incorporação diferenciante, cujo princípio geral de operação talvez nos possibilite pensá-la em relações para além da dança do *xondaro*.

Gêmeos dançando
xondaro.

Seguindo o
xondaro ruvixa.

2

O MOVIMENTO DO ENGANO

Humor e política

ALÉM DAS DANÇAS COMO O *xondaro jeroky*, entre as variadas práticas que levam ao contentamento e à alegria (-*vy'a*), afeto fundamental para permanecer com saúde neste mundo e produzir boas relações e parentes, está o humor guarani. Embora possa passar despercebido sob a formalidade de suas reuniões e cerimônias ou diante da presença de estranhos, os Guarani riem muito. São muito apreciadores de piadas e fazem constantemente pilhéria uns com os outros e consigo mesmos. Apesar de ser um tema pouco desenvolvido na etnografia guarani[100] ou mesmo nas Américas,[101] o humor atravessa seu cotidiano, variando de tirações de sarro com conotações sexuais até o humor mórbido.

Entre os Guarani da TI Tenondé Porã, é comum, ao menos entre parentes próximos, que se façam piadas com aqueles que passaram por situações quase fatais, depois que já não há mais perigo. Em uma dessas ocasiões, depois de confirmar que uma parente estava bem após ter sofrido um acidente de trânsito na cidade, uma Guarani disse à filha da vítima, de apenas oito anos, que estava tudo tranquilo com a mãe, exceto pelo fato de que "a cabeça dela estava rolando pela Marginal Pinheiros". Com a vida fora de risco, pode-se rir fartamente do mais grave infortúnio alheio.

Para além dessa variação temática, há um particular e marcante estilo de humor praticado pelos Guarani com quem convivo: trata-se da imaginação de situações futuras de uma pessoa (alvo do humor) relacionadas ao fato que serve de gatilho para a tiração de sarro (algo que ocorreu à pessoa e que deu início

---

100. Heurich (2011, p. 64) enfatizou a importância do riso e do humor entre os Guarani Mbya da aldeia Cantagalo (RS), sobretudo no contexto dos bailes e festas: "A alegria (*vy'a*), como bem ressaltou Pissolato (2006), é de fundamental importância aqui, ainda que seja preciso explicitar como esta se produzia entre o pessoal do Cantagalo. Refiro-me às piadas que se contam, tanto sobre histórias pessoais, recém-ocorridas ou não, quanto sobre as ocorridas com outros. Rir de si mesmo, das bobagens que já se fez, mas também das gafes que outros cometem". Há também algumas descrições de situações humorísticas na etnografia de Pereira (2014).

101. "[...] por que esse óbvio cultivo do humor entre os índios não tem na reflexão americanista um lugar de honra?" (Perrone-Moisés, 2018, p. 113).

à gozação). De forma colaborativa, o grupo começa a imaginar situações jocosas com a pessoa, narrando diversas cenas relacionadas com o tema inicial e que vão se sobrepondo indefinidamente até que o grupo se canse de rir.

Foram muitas as situações em que presenciei uma profusão de piadas e comentários divertidos que não poupam as vítimas. A jocosidade explícita no trato está associada a relações de proximidade. Entretanto, mesmo os mais velhos, a quem se deve respeitar, e aqueles com quem não se tem intimidade, não estão a salvo. Quando não estão presentes, caciques e lideranças têm seus trejeitos e maneira de falar imitados, assim como alguns xamãs. Os *jurua* também são vítimas preferenciais do humor guarani, inclusive e principalmente os indigenistas, já que aguentar as tirações parece ser parte do processo de avaliação que os Guarani fazem daqueles que trabalham com eles.

Rir junto ou rir separado são marcas da aproximação e da produção do parentesco entre os Guarani. Trata-se de uma certa comensalidade do riso. Como bem atentou Heurich (2011, p. 75), "Alguém é — torna-se — meu parente porque faço piada com ele e não o inverso". Acrescentaria que, grosso modo, pode-se rir e ridicularizar qualquer um. Contudo, se diante da presença da vítima, e com seu riso conjunto, trata-se de uma forma de aproximação e produção de laços, o riso também ocorre na ausência e a despeito do alvo do escárnio, o que aponta para um modo de crítica, ainda que utilizando o humor como forma de *lateralidade*,[102] a fim de se evitar um embate demasiado explícito. Embora seja uma situação pouco comum, é interessante ver algumas hábeis lideranças guarani se utilizarem do humor, durante suas falas em reuniões, como modo extremamente eficaz para seduzir os ouvintes, isolar sutilmente adversários e atenuar posicionamentos sem perder a verve crítica.

Desse modo, o humor e as relações de jocosidade se constituem como forças cujas resultantes são importantes para pensar

---

102. Creio que a maneira como abordo a noção e a prática da esquiva em vários âmbitos da vida guarani dialoga com a figura da lateralidade que Schuler Zea desenvolve para descrever os modos de relação entre os Waiwai, da Amazônia (ver SCHULER ZEA, Evelyn. "Por caminhos laterais: modos de relação entre os Waiwai no Norte Amazônico", *Antropologia em Primeira Mão*, v. 119, p. 1-21, 2010). Possíveis desdobramentos dessa aproximação terão que ficar, por ora, para outra ocasião.

relações com o poder político e figuras associadas a ele, e o são justamente porque não se deixam domesticar pelos objetivos e pela pretensa "seriedade" do poder (Perrone-Moisés, 2018). Quando Pierre Clastres (2003 [1974]) fez a pergunta-título de um de seus ensaios, "De que riem os índios?", pensava neste sentido: as narrativas míticas analisadas no texto tinham como alvo do humor e do escárnio figuras de grande prestígio e poder, como os xamãs. Ou seja, Clastres identificava no humor uma forma de conjurar os processos de centralização do poder. Contudo, poderíamos dizer que essa interpretação dá margem a certa subordinação do humor a essa finalidade política, e a relação talvez seja justamente o inverso: é por ter a potência de não se subordinar a nada além de si mesmo que o humor pode conjurar toda sorte de poderes, como veremos melhor mais adiante.

Ao examinar as formas de humor no contexto das práticas políticas dos Makuxi, povo de língua karib da região das Guianas, Santilli[103] pontua que a análise das relações de jocosidade foi negligenciada na etnografia das terras baixas sul-americanas, salvo poucas exceções. Contudo, de acordo com ele, essas relações são centrais como forma de crítica política. Elas servem tanto no

---

103. SANTILLI, Paulo. "O riso castiga os costumes", *Colóquio Guiana Ameríndia: Etnologia e História*, Belém, 2006. O autor faz uma breve mas interessante revisão bibliográfica sobre o humor e as relações de jocosidade na antropologia, destacando estudos de cunho mais teórico de Victor Turner e Mary Douglas. Desta última, cita a análise da figura do gozador: "A imunidade dos gozadores pode ser derivada filosoficamente de seu suposto acesso a outra realidade que aquela mediada pela estrutura dominante. Tal acesso está implícito no contraste das formas que o gozador maneja. Suas peças expõem a inadequação de uma estruturação realista da experiência e assim dão asas poderosas à imaginação... Talvez o gozador possa ser considerado uma espécie de místico menor" (DOUGLAS, Mary. "The social control of cognition: some factors in joke perception" [O controle social da cognição: alguns fatores na percepção da piada], *Man — New Series*, v. 3, n. 3, set. 1968, p. 373 *apud* Santilli, 2006). Entre os Guarani Mbya, embora a princípio não exista essa posição destacada do "gozador", espécie de "xamã do humor", ouvi certa vez sobre a existência, antigamente, da figura do *tongo* (vocábulo guarani que também é usado para qualificar alguém como tonto, louco ou engraçado). A descrição era próxima à de um palhaço indígena nos moldes do *hotxuá* krahô. O *tongo*, com suas encenações e contações de histórias, era verdadeira alegria das crianças da Tenondé Porã cerca de trinta anos atrás, quando não existia televisão nas aldeias, como destacou o amigo guarani que o descrevia.

âmbito do parentesco — impedindo a cristalização da hierarquia latente na relação de afinidade ou em outros vínculos de reciprocidade — como em um contexto mais amplo da estrutura social, das relações na aldeia e para além dela, abrindo espaço para a autonomia pessoal. Assim, "o riso castiga os costumes",[104] conforme expressa o dito aludido por Santilli como título de seu artigo.

Segundo o autor, entre os Makuxi — cuja ética discursiva que evita a afronta poderia ser atribuída também aos Guarani —, a mordacidade, a ironia e a paródia são estilos valorizados e amplamente utilizados, inclusive no âmbito das reuniões políticas das associações indígenas, nas quais os conselheiros e representantes de associações (*tuxauas*) são caricaturados e têm as pretensões de representação local e regional frequentemente ridicularizadas.

Nesse sentido, acrescentaria que o princípio pervasivo do humor como crítica, nos termos de Santilli, está relacionado a seu caráter ambíguo, criador de múltiplos sentidos, que permitem ao sujeito do humor produzir, por meio da linguagem, um "estar em dois lugares ao mesmo tempo", precavendo-se de retaliações à crítica efetuada. Ou seja, assim, o sujeito do humor pode enganar e esquivar adversários de maior poder.

Uma das formas pelas quais o humor aparece fortemente entre os Guarani é em narrativas nas quais vigoram relações de enganação. São justamente essas narrativas e seus personagens que este capítulo enfoca. Por meio delas, será possível ver mais atentamente o movimento da enganação como forma de ação política que, ao subverter intenções e relações desiguais de poder por meio da linguagem, produz risos e novas possibilidades de existência, novos mundos. Tais narrativas de enganação são protagonizadas principalmente por personagens que a literatura antropológica chama de enganadores[105] ou *tricksters*.

104. Essa formulação é bem similar ao que diz Wagner (2010) quando pensa no humor como processo privilegiado na semiótica da invenção. Isto é, o humor atuaria como uma contracultura, "castigando" os mecanismos de controle e precipitando variações nos modos de ser.

105. Perrone-Moisés, no prefácio de *Mitológicas I: o cru e o cozido*, de Lévi-Strauss, comenta suas opções de tradução para o termo *décepteurs*. Ao argumentar a substituição de "deceptor", que havia utilizado antes, por "enganador", ela enfa-

Antes de seguir para a análise da enganação, no entanto, é importante caracterizar melhor a modalidade de narrativa na qual figuram os personagens enganadores, e que os Guarani Mbya denominam de maneira genérica *kaujo* (ou *kaxo*, dependendo da região).

KAUJO

Ao redor das fogueiras de chão (*tataypy*), expressão da qual deriva o termo que designa também os assentamentos e as aldeias, ou mesmo o território mbya (*tataypy rupa*), os Guarani, principalmente os mais velhos, passam horas se revezando no contar de histórias, em muitas das quais figuram esses personagens geradores de engano e humor.

Kaujo corresponde a um conjunto amplo de narrativas guarani. Contudo, essa designação não costuma ser aplicada às narrativas que tratam especificamente das divindades. Essa diferenciação se dá em termos de conteúdo e, principalmente, pela forma da enunciação, pois as narrativas associadas às divindades, *Nhanderu kuery regua*, estão mais relacionadas ao contexto da *opy* (casa de reza) e são proferidas preferencialmente por xamãs, muitas vezes em uma variação discursiva exclusiva, *ayvu porã* (belas palavras), modulação de fala das divindades, intensamente metafórica e um tanto hermética aos não iniciados.

O *kaujo* inclui narrativas mitológicas guarani e diversas outras histórias e anedotas que os Guarani Mbya podem até associar a outros povos, mas que sempre são contadas em versões no seu próprio idioma, possibilitando que diferentes gêneros, temas e personagens se relacionem. A prática do *kaujo* é um momento de contação de histórias cuja popularidade, abrangência de temas e gêneros, assim como seu caráter cotidiano, configuram um espaço ímpar para a circulação e a transformação de narrativas orais.

tiza aspectos desses personagens com importantes consequências em termos de ação política: "Pois os enganadores dos mitos *podem surpreender positivamente*, ou seja, podem revelar-se 'positivos' *quando se desconfiava de que fossem 'negativos'*; frustram expectativas tanto positivas como negativas" (Perrone-Moisés, 2004, p. 13-4, grifos meus).

Entre os temas que mais tive a chance de escutar estão as histórias de *-jepota*, forma de transformação corporal que pode ocorrer aos Guarani, caso sejam seduzidos por seres da mata (*ka'aguy rupigua*) que, por vezes, aparecem para as suas vítimas como humanos. Alguns outros *kaujo* populares são histórias sobre animais antropomorfizados (na forma ou no comportamento). Eles costumam fazer referência a um tempo mítico, revelado pela narrativa no momento em que se explicita a gênese de algo que existe hoje no mundo: espécies animais, costumes, acidentes geográficos, toponímias etc. Essas histórias são marcadas principalmente por relações de competição e rivalidade, em que frequentemente aparecem a enganação, a trapaça ou alguma forma de subversão da ordem por meio da astúcia de uma das partes. Essas relações possuem, como sentido implícito, e por vezes escancarado, a ameaça da predação. Assim, as artimanhas do engano servem justamente para vencer a força e a agressividade daquele que ocupa o lugar do predador, que, ao ser enganado, comumente gera um efeito humorístico.

Dentre essas narrativas, há um *kaujo* que ouvi de um amigo guarani do Rio Grande do Sul, Kuaray Poty,[106] e que também se encontra em Cadogan (1997 [1959], p. 267), sobre um desafio entre a onça e o tamanduá. O desafio era comparar os excrementos de cada um para verificar em qual havia mais restos de animais, ou seja, para ver quem era "mais predador". O tamanduá, astuto, propõe que os dois fechem os olhos enquanto defecam. Nesse momento, dissimuladamente, ele troca os excrementos de lugar. Assim, ao abrir os olhos, ambos constatam que abaixo da onça havia apenas formigas e, sob o tamanduá, restos de ossos e pelos de animais. O tamanduá vence a disputa, para raiva da onça. A narrativa, então, relaciona-se com o motivo de por que a onça hoje teme o tamanduá e não o preda.

Entre os enganadores da onça, destaca-se o macaco (*ka'i*). Nessas histórias, o personagem, tido como muito esperto e astuto, por estar em extrema desvantagem em termos de força física em comparação ao grande felino, utiliza-se de seu engenho e sabedoria (*inharandu*) para enganar e ridicularizar a onça. O macaco,

---

106. Seu nome não indígena é Ariel Ortega.

assim, é um dos animais que, vez ou outra, aparecem como correlatos de personagens humanos enganadores, enquanto seus antagonistas correspondem normalmente à onça, sugerindo uma relação entre predação e poder político.

O uso da enganação como forma de superar adversários mais fortes é central, como vimos, em uma das principais narrativas mitológicas dos Guarani Mbya, a história dos irmãos Sol e Lua. Durante o episódio de vingança contra as onças originárias, Kuaray (Sol), embora divindade, não supera as onças pela força, mas pelo engenho. Primeiro, desafiando-as a entrar em armadilhas que pareciam inofensivas, mas eram fatais; depois, induzindo-as a atravessar uma ponte apenas para que sucumbissem durante a travessia. É importante dizer, lembrando o movimento da enganação como ação política capaz de reorganizar e subverter posições criando novas possibilidades de existência, que sobrepujar as onças originárias por meio da enganação é um momento crucial para a conformação da terra em que viverá a humanidade.

Uma questão-chave que perpassará as próximas páginas é como o movimento da enganação vai se replicando, transformando-se e atualizando as relações de oposição predatória em diferentes contextos, seja no início da terra, quando os seres estabelecem suas características e posições relativas de predador ou presa, seja no contexto de uma mitologia do contemporâneo, em que os Guarani Mbya se veem sob o jugo opressor do mundo *jurua* e de suas forças. Este último é, enfim, o contexto dos personagens que entrarão em cena, ainda que, como dimensão mitológica, o que pretendo demonstrar no caso das narrativas a seguir, os diferentes tempos do antigo e do atual necessariamente atravessem uns aos outros.

PERU RIMÃ

Um tema de *kaujo* extremamente apreciado entre os Guarani envolve um curioso personagem que eles chamam de Peru Rimã (Peru Rima, Perurima ou simplesmente Peru), insuperável mestre das trapaças e figura do exagero na arte de enganar. Cabe perguntarmos de que modo esse personagem e suas ações estão estruturados nas narrativas guarani, e como ele se associa a outras figuras mitológicas. Apesar de ele praticamente inexistir na bibliografia sobre esse povo, com exceção de poucas e esparsas citações, não encontrei um só Guarani adulto que o desconhecesse ou fosse indiferente à sua menção. Alguns Guarani dizem que os não indígenas no Brasil o conhecem pela alcunha de Pedro Malasartes.[107]

Ainda que essa provável incorporação do personagem do folclore ibérico[108] possa saltar à vista, o que julgo mais relevante é justamente o rendimento de suas histórias entre os Guarani e como isso sugere outra interpretação, não limitada às noções de empréstimo ou difusão para entendê-lo nesse contexto. Se Peru Rimã e suas enganações se estruturam em termos mitológicos entre os Guarani, há que se pensar sobre as implicações de sua presença na mitologia justamente num mundo em que, além de onças e demais sujeitos não humanos hostis, há toda uma civilização exageradamente agressora.

Mas quem ou o que é Peru Rimã, segundo os Guarani?

Ele engana a gente. Engana as pessoas. Se ele estivesse aqui na nossa frente, se ele falar, tudo a gente ia acreditar, mesmo que não fosse verdade, mas íamos acreditar na palavra. Ele tem grande poder pra enganar pessoas tudo. Quase Deus assim, mas

---

107. A versão cinematográfica de *As aventuras de Pedro Malasartes*, realizada por Amácio Mazzaropi nos anos 1960, é ainda hoje lembrada pelos Guarani, que têm grande apreço pelos filmes desse comediante.

108. Pedro de Urdemalas é um famoso personagem da literatura picaresca. Sobre sua origem, há hipóteses que remontam ao início da Idade Média e estão relacionadas a um certo Pedro que teria se sublevado contra o domínio dos godos em Zaragoza, por volta do século VI (Ferreras, 1716, p. 114). Entre as suas muitas aparições literárias, figura uma versão de suas aventuras publicada por Miguel de Cervantes. Ao que parece, sua proliferação em narrativas orais na América Latina fez dele um personagem hoje mais presente no imaginário do subcontinente latino-americano que na Europa. Aguilera (2010, n.p.) citou uma porção de suas alcunhas latino-americanas: "Na Argentina o chamam de Pedro Ordimán ou Pedro Urdimal; na Bolívia, Pedro Urdemalis; no Brasil, Pedro Malasartes ou Pedro Malazarte; no Chile, Pedro Undemales, Pedro Undimales, Pedro Mal Urde, Pedro Malas Artes, Pedro Urdimalis, Pedro Urdimale, Pedro Ulimán, Pedro Ulimali, Pedro de Urdemales, Pedro Undimale, Pedro Urdemales; na Guatemala, Pedro Animal; em Honduras, Pedro Urdimales; no México, Pedro Animales; no Paraguai, Perurimá, Perú; no Peru, Pedro de Urdmarís; na Venezuela, Pedro Rimales".

perdeu para Deus. Ele ensina para alguém que sabe só enganar. Esse é Peru. Ele sabe mentir, falar mentira, para ele não acaba. Engana até padre, todo mundo. Dele, ninguém escapa.

Assim me explicou Karai Mirĩ sobre esse sujeito, antes que começasse a contar algumas de suas histórias. A origem de Peru Rimã até pode possuir certa variação nos *kaujo* que os Guarani me contaram, mas sua caracterização como mentiroso e como o maior enganador (*ombotavy va'e*, *okore va'e*) que já existiu é uníssona. A seguir, apresentarei algumas versões que me foram narradas e resumirei algumas outras, trazidas de diferentes contextos, para assim vislumbrarmos um pequeno panorama comparativo dos *kaujo* associados a esse personagem.

Peru Rimã nhombotavya ryru regua (Peru Rimã e o saco de enganos)[109]

Aỹ ma xeayvu ta avi ainy ma Peru Rimã regua. Peikuaa nhe'ã ha'e va'e, Peru Rimã?	Agora vou falar sobre Peru Rimã. Vocês o conhecem? Vocês sabem quem é Peru Rimã?
Tujakueve ma peikuaa 'rã. Peikuaa ha'e javi rupi, pendekuai'i, amoguemogue ma peikuaa 'rã. Kunumigue ramo xee, xee rive aexa'ã ramo ndapeikuaai.	Com certeza, os mais velhos entre vocês devem conhecer. Mas eu imagino que os mais novos não conheçam.

---

109. Karai Mirĩ (Pedro Vicente), que me narrou esse *kaujo*, já estava acostumado a gravar comigo alguns vídeos que ele sabia que circulariam em diversas aldeias. Entretanto, mesmo depois de ter lhe explicado que, neste caso específico, gravaria apenas o áudio para utilizar a história em minha pesquisa, ele manteve seu estilo de incluir na narração marcadores caraterísticos de quem se dirige a um coletivo de ouvintes guarani, algo que veio bem a calhar em termos de apresentação desse personagem, e serviu como um incentivo para que essas versões transcritas e seus áudios eventualmente também alcancem o público por ele pretendido.

Ha'e va'e ma anhete... anheteguare ae avi.

Ele existiu de verdade.

Nhanderu ramo, Nhanderu Ete rami inharandu, ndoiko axyi. Ha'e va'e re ma xeramoĩ kuery, xejaryi kuery ima'endu'a vy Nhanderu ryke'y ae he'i. Xee ma ndaikuaai, va'e ri porami xejaryi kuery omombe'u, Nhanderu ryke'y ae ma Peru Rimã.

Como ele é um Nhanderu, ele tem muito conhecimento e não passa aflição, assim como Nhanderu Ete. Os meus avôs e avós, ao lembrar dele, diziam que era o irmão mais velho de Nhanderu. Eu não sei, mas assim contavam minhas avós, que Peru Rimã é o irmão mais velho de Nhanderu.

Nhande ma Peru Rimã ma ja'e. Va'eri nda'ipoi nhande'i va'e kuery, heta va'e kuery re, ojapo e'ỹ va'e. Nhanderu rami ae avi, nda'ipoi ixupe ndojapo kuaai va'e.

Nós o chamamos de Peru Rimã. Não tem nada que ele não consiga fazer, nem a nós, nem aos não indígenas. Ele é como Nhanderu mesmo, não tem nada que não saiba fazer.

Ha'e rami vy, jurua, opy'a py. oguereko, "ko, aỹ, kova'e ara ma aa ta, aexaxe Peru Rima", he'i. Va'e ri xee ma, heta va'e kuery ijayvua ndaxeayvui, nhande py xeayvu. "Aexa ramo ha'eve." Opy'a py rive ha'e ae'i he'i, opy'a py onhemboayvu oikovy.

Assim, um dia, um *jurua* pensou: "Hoje vou sair procurar Peru Rimã, quero conhecer ele". Bom, ele falava em português mesmo, eu que estou dizendo isso em guarani. E pensou: "Será bom conhecê-lo".

Ha'e ramo oguereko kavaju, ha'e, heta va'e regua ri vy, heta va'e... nhande kuery aipo ja'ea rami, tamoĩ kuery ymave oiko Peru Rimã oiko jave, ja heta va'e kuery ramoĩ kuery ypy vy ja ikuai ae.

Ele tinha cavalo, porque ele era um antepassado dos não indígenas. Quando Peru Rimã vivia aqui, os antepassados dos não indígenas já existiam.

Ha'e rami vy aipo e'i: "Kova'e ara ma aexa ramo ha'eve", he'i. Ha'e ramia ja Peru Rimã ja oikuaa ae ma, pee mombyry rupi oiko rã. Apy e'ỹ, ha'e'i py e'ỹ oiko, jaa oikuaa mavoi. Oo oiny tape rupi.

Assim, ele disse: "Hoje eu vou conhecê-lo!". Enquanto isso, Peru Rimã já sabia o que ele queria. Mesmo que ele estivesse longe, ele já sabia. Ele, então, foi pelo caminho.

Kavaju oimba, kavaju ojopy, ombokupe 'aryguapa, jave omoimba, ha'e kuery aipo e'ia rami, pelego vexa'i pirekue omopytãmba va'ekue omoĩmba. Igravatapa, imboatapa, ha'e gui onhemonde porã, já oo ma kavaju ary.

O *jurua* tinha colocado em cima do cavalo tudo o que precisava. Ele tinha colocado até uma linda pele de ovelha pintada. E ele mesmo estava arrumado, bem vestido, com gravata e botas.

Oo puku vyve ovaexĩ Peru Rimã ae ou oiny yvy rupi, tuja'i rami ipopoka'i ha'e rami vy opyta. Ha'e py ovaexĩ, opyta heta va'e kuery ma ha'e rami ae, aỹ teĩ, ijypy'i ovaexĩ, mba'emo oikuaa, mba'emo oexa, ja ha'e va'e re mavoi ijayvu, oporandu ta rei vy, ja ha'e va'e re mavoi oporandu.

Depois de andar um bom tempo, encontrou-se com Peru Rimã, que vinha pelo caminho, era um velhinho com uma bengala, e quando se encontraram, ele parou. Os não indígenas são assim até hoje: quando encontram alguém, logo perguntam o que querem saber.

Ha'e rami vy kavaju ary oo va'ekue yvy rupi ou va'e pe oxarura, ha'e gui ja ha'e va'e re mavoi: "Ndereikuaai nhe'ã mamo pa Peru Rimã oiko va'e?".

Assim, ele, que estava no cavalo, cumprimentou o velhinho e logo disse: "O senhor sabe onde Peru Rimã mora?".

Ha'e ramo, ha'e ramo ojapyxka ranhe, oma'ẽ : "Ndaikuaai", ja ha'e va'e ayvu py ha'e va'e ja ombotavy, ndaikuaai ha'e ae hi'aĩ ha'epy. Ha'e ramo oporandu ju: "Mamo aa vy nda'vy ha'e va'e ajou 'rã?".

Então, o velhinho ficou olhando para ele, até que disse: "Não sei". Dizendo isso, já estava enganando. O *jurua* perguntou: "Por onde posso ir para encontrá-lo?".

Ha'e ramo Peru Rimã oporandu ju ma: "mba'ere tu reikuaaxe?", he'i. Oikuaa rei ae va'eri imarã va'e'ỹ avi rive ja oikuaa rei ae ri ha'e ramo oexaxe va'e aipo e'i: "Ha'e teĩ aexaxe, mba'e ta ha'e ma je jokorepa va'e. ha'e ramigua ramo rima xee aexaxe, joavyky rei va'e ma je ha'e, ha'e ramo aexaxe, xembotavy pa ra'e ja aexaxe anhembotavy uka pa ra'e", he'i, "ha'e rami aexaxe.

Então, Peru Rimã perguntou: "Por que você quer conhecê-lo?". Perguntou isso, mesmo que já soubesse a resposta, porque ele é uma divindade (um imortal). O *jurua* respondeu: "Quero conhecê-lo porque ele engana todo mundo, e eu quero ver como ele faz isso. Dizem que ele maltrata todo mundo, por isso quero conhecê-lo. Quero ver se ele também consegue me enganar. Quero ver se me deixo enganar por ele, por isso quero conhecê-lo".

He'i ma ramo ma Peru Rimã oikuaa ae opy'apy py, ja oexapa ae ma, vy ri ma aipoe e'i: "Xee ae tu ha'e", he'i. Ha'e rami rã jurua aipo e'i: "Ndee ae tu ha'e? Jaexa xee pa xembotavy ta ra'e", he'i.

Peru Rimã já sabia que era isso o que ele queria, e disse: "Sou eu mesmo". O *jurua* disse: "O senhor é mesmo ele? Vamos ver se você consegue me enganar!".

Ha'e ramo ma je Peru Rimã aipo e'i: "Rombotavy 'rãgue, rombotavya ryru, nhombotavya ryru ndarui vy ma nda'evei rombotavy aguã", ja ke ojopy ae ma heravy. Ha'e ramo ma je jurua aipo e'i: "Tereo eru!", he'i, "tereo eru aỹ'i reeja ague!". Ha'e ja ojejopy uka ae ma.

Então Peru Rimã disse: "Eu enganaria você, mas eu não trouxe meu saco de enganos, e então agora não dá para te enganar". Nisso, já estava enganando. Aí, o *jurua* disse: "Então vá pegar ele, vá agora e traz aqui o que você deixou". Ele já estava se deixando enganar.

Ha'e vy ma Peru Rimã aipo e'i: "Apy gui mombyry vai ete, ndaa reguai". Ha'e ramo ma je, jurua aipo e'i: "Taiporu uka xerymba reru haguã", he'i. "Nee ha'vy!"

Então, Peru Rimã disse: "É muito longe daqui, não posso caminhar tanto". E o *jurua* respondeu: "Te empresto meu cavalo para você trazer esse saco. Já pode ir!".

Peru Rimã onhemonde vaikue rei'i merami, nda'ipyrui merami, ava vaikue'i merami ojexauka vy.

Peru Rimã estava muito malvestido e sem sapatos, tinha um aspecto bem feio.

Kavaju ary opo rã, kavaju ogueraa ta rã, ndooxei merami, haguã rami ha'e ae ojapo ha'e vy aipo e'i: "Oja reve'ỹ ndoo reguai. Emboi ndechapeu", he'i.

Ele pulou em cima do cavalo e, quando ia sair com ele, fez como se o cavalo não quisesse ir. Então disse: "Sem o dono, ele não quer ir. Tire o seu chapéu".

Omboi. Oakã re omoĩ vy opo hi'ary, ogueraa ta rã, ndooi. "Ndoo reguai, ndooi rã nda'evei aru aguã". Ha'e gui aipo e'i Peru Rimã: "Ndepyru ju emboi". Ha'e rã tu onha xapy'a rei, omboi. Omoĩmba vy, kavaju ary oĩ ju rã, ogueraa ta rã, ndooi.

Ele tirou. Peru Rimã colocou na cabeça e subiu no cavalo para ir embora, mas o cavalo não foi. "Ele não quer ir e, se não quer ir, não vou poder trazer o saco". Então, disse: "Agora tire os seus sapatos". Ele tirou logo os sapatos. Peru Rimã colocou os sapatos, subiu de novo, e, quando ia sair com ele, o cavalo não foi.

"Ndoo reguai tu, aỹ mba'exa jajapo?" Ja ojopy ae ma, ombotavy ae ma. Ha'e gui aipo e'i: emboi nekamixa ju. Omboi.	"Não quer ir! E agora, como vamos fazer?" Assim já tinha "pegado" o *jurua*, já o enganava realmente. Então, disse: "Agora tire sua camisa". Ele tirou.
Opo ju kavaju ary, ha'e gui ogueraa ta rã, ndooi ha'e ramo ma je: "Ndooi 'rãe!" Ha'e vy: "Nekaxõ ju 'rã emboi! Oja e'ỹa oikuaa vy tu ndooi 'rãe vy", ja ojopy ae! Ombotavy ae ramo omboi. Ipire reipa. Ja chapeu, kamixa, kaxõ, pyru, ja omboipa. Heta va'e kuery aipo e'ia rami ja kaxõ ijapu'a'i reve rive oeja oiny.	Pulou de novo em cima do cavalo e, quando ia sair com ele, o cavalo não foi. Então disse: "O cavalo não vai mesmo! Agora tire sua calça! Como ele sabe que não sou o dono dele, não quer sair!". E continuava enganando o *jurua*! Ele tirou a calça e ficou pelado, depois de ter tirado o chapéu, a camisa, os sapatos e a calça, ficando só de cueca.
Ha'e vy omoĩmba, kavaju nupãa oguereko va'ekue gui ojopypa ma vy oinupã ramo kavaju opo. Ha'e ramo Peru Rimã jurua ypy pe aipo e'i: "Exapa rejekore va'e!".	Então, ele vestiu a calça, pegou o chicote e, quando deu a chicotada no cavalo, ele galopou. Aí, Peru Rimã disse ao antepassado dos *jurua*: "Olha, te enganei, trouxa!".
"Eru ju xerymba...!"	"Traz meu cavalo aqui...!"

Nesse primeiro *kaujo* de Peru Rimã já aparecem alguns elementos marcantes de como esse grande enganador é caracterizado entre os Guarani. Ao mesmo tempo que sua permanência na terra é associada à presença dos não indígenas e, portanto, a uma época posterior à criação do mundo, ele também é apresentado como irmão mais velho de Nhanderu Tenonde. Como o irmão, é sábio (*inharandu*) e não passa por aflição ou sofrimento (*ndoiko axyi*), sendo, portanto, uma espécie de Nhanderu (divindade). Em dado momento, para explicar como ele sabia antecipadamente das intenções do *jurua*, aparece o termo *imarã va'e'ỹ*, utilizado para qualificar as divindades e o que pertence às suas moradas. A narrativa ressalta também que não há limite para as ações de engano de Peru, sejam as vítimas *jurua* ou Guarani.

O mote do "saco de enganos" parece ser popular e também surge em outras versões. Em uma delas,[110] a vítima é um padre — que, como o rei e o fazendeiro, é um alvo clássico de Peru Rimã. Na versão transcrita, no entanto, o alvo é um genérico antepassado dos *jurua*, o que também possibilita ao narrador acrescentar alguns comentários críticos que fazem referência às inoportunas e presunçosas abordagens que os não indígenas fazem nas aldeias: "Os não indígenas são assim até hoje: quando encontram alguém, logo perguntam o que querem saber". Além dessa ansiedade desrespeitosa, a antiga arrogância dos *jurua* se expressa também na tentativa de desafiar Peru Rimã, em duvidar da sua esperteza superior. Essa mesma ganância afoita possibilitará que Peru o engane tão facilmente, invertendo suas posições em relação à posse de bens: Peru não possuía nada de valor, exceto seu "saco de enganos", que, existindo apenas por meio da ambição do *jurua*, constituiu o logro que terminou equivalente a todos os bens materiais do último.

Nesse *kaujo*, o engano de Peru aparece em seus traços mais elementares, ou seja, o logro da troca do tudo por nada, em que nem sequer há aparências que sirvam de anteparo para a projeção imagética do engano. Apenas a soberba da disputa é seu motor: "Vamos ver se você consegue me enganar!", dizia o rico *jurua* diante de um pobre velhinho. Esse princípio, no entanto, adquire mais contornos conforme avançamos para outros episódios.

Uma das mais populares peripécias, comum também nas versões de Pedro Malasartes, é a do "Pássaro escondido sob o chapéu".[111] Nesse caso, o logro, que era um tanto mais abstrato no caso do saco de enganos, aparece agora na ilusão que Peru Rimã cria sobre um pássaro que estaria debaixo de seu chapéu.

110. Nessa outra versão, não há a parte mais desenvolvida do roubo das roupas e apenas o cavalo é oferecido para que se busque o "saco de enganos". Trata-se de uma versão coletada há algumas décadas em aldeias guarani no Paraná pelo grupo de Robert Dooley (2016).

111. Além da versão registrada por Cadogan (1998 [1948]), em que a vítima de Peru é um padre, a Associação Cultural dos Realizadores Indígenas (Ascuri) produziu um vídeo chamado *As Aventuras de Perurimã* (2013), filmado na aldeia Pirakuá (MS), em que um dos atores indígenas interpreta um rico fazendeiro que aparece na estrada com um grande utilitário 4x4, apenas para ser enganado por Peru.

Peru, que chega a um determinado local antes da vítima, coloca seu chapéu sobre um monte de excrementos frescos (seus ou de vaca, dependendo da versão). Ao chegar a vítima, que pode ser o rei, o padre, o fazendeiro ou um *jurua* qualquer, Peru diz que ali há um pássaro valoroso, seja por seu canto, suas cores, por ser uma perdiz apetitosa ou, em outras versões, por botar ovos de ouro. Assim, ele prontamente atiça a cobiça de seu alvo. Nesse momento, com seu chapéu, que, além de esconder a realidade, providencialmente impediria que o precioso e inexistente pássaro escapasse, Peru realiza a façanha de dar aos excrementos um significativo valor de troca.

Depois de estimular no rival o desejo de levar vantagem sobre Peru, que aparenta ser apenas um ignorante andarilho, torna-se fácil a realização de qualquer troca que dê à vítima a posse do chapéu e de seu valorizado conteúdo, deixando para Peru um ostentoso meio de transporte (um cavalo ou até uma caminhonete 4x4), que recebe o bem sob o pretexto de ir buscar uma gaiola, ou simplesmente pela permuta. Assim, o enganador já está longe quando a vítima do engano, vencida pelo cansaço ou pela ansiedade, resolve tentar agarrar o suposto pássaro e termina com a mão suja de excrementos. Algumas versões enfatizam que a cobiça pelo pássaro era tanta que o ludibriado sequer prestava atenção na fisionomia do pobre sujeito que o enganava, comprometendo qualquer chance de retaliação.

"A panela mágica"[112] é também um *kaujo* popular de Peru Rimã. O protagonista, quando vai cozinhar, ou quando está prestes a terminar de fazê-lo, bola um jeito de esconder o fogo, seja utilizando de apoio uma grande pedra com um buraco, ou simplesmente apagando a fogueira e escondendo suas brasas debaixo da panela. Seu intento é criar, para os que chegam, a ilusão de que a panela cozinha sem a necessidade de fogo. Novamente, o que ocorre é que todos querem para si esse "valioso" artefato e se oferecem para comprá-lo de Peru. Para dar realismo à cena, ele simula dúvida, diz que se trata de algo

---

112. A versão que registrei faz parte de uma narração que articula vários episódios e ficou demasiado simplificada para que fosse transcrita aqui. Ver uma versão coletada por Cadogan (1998 [1948]).

raro, de que gosta muito, mas termina por aceitar as propostas e se retira do local o mais rápido possível.

O episódio "O urubu adivinho"[113] me foi narrado como parte de uma série e, portanto, seu início estava articulado ao final de um episódio anterior, terminando com Peru e um urubu. Em posse do animal, Peru chega à fazenda de um rico, em busca de trabalho. Depois de combinar com o rico alguns serviços que não tem a menor intenção de realizar, ele dá um jeito de descobrir o conteúdo de alguns baús que guardavam comida. Quando indagado pelo fazendeiro sobre a razão de andar com o urubu, ele justifica que se trata de um pássaro adivinho e, encenando uma conversa com o animal, revela ao fazendeiro em detalhes o conteúdo do baú. O fazendeiro, que desconhecia o fato, fica surpreso quando abre o baú e confirma a adivinhação da ave carniceira. Nesse momento do logro, em que o urubu vira uma mercadoria preciosa aos olhos do fazendeiro, o *kaujo* poderia se encaminhar para o desfecho, com a simples compra do urubu e a posterior descoberta do engodo, como de fato ocorre em algumas versões.

Há, no entanto, um adendo mais elaborado na trama da versão que me foi narrada e que inclui uma relação extraconjugal da mulher do fazendeiro. Ela fazia comida para o amante que vinha à casa durante os longos intervalos de ausência do marido. Trata-se justamente da comida que ficava escondida do fazendeiro, e que Peru Rimã descobre. A mulher, temerosa de que o urubu adivinho contasse ao marido sobre seu caso, pergunta a Peru como seria o melhor modo de matar o bicho,

---

113. Também presente em Cadogan (1998 [1948]) em uma versão reduzida. A variante que me foi narrada se relaciona aos dados de Câmara Cascudo (2005 [1954], p. 536-7) sobre o folclore ibérico; segundo o autor, trata-se de um episódio dos mais tradicionais, "a venda de uma pele de cavalo, urubu ou outro pássaro vivo, tido como adivinho, por anunciar o jantar escondido pela adúltera e expor o amante como sendo um demônio. É fusão de dois temas espalhadíssimos na Europa. O primeiro, *magi cowhide* [couro mágico] (K114, K1231, na sistemática de Stith Thompson), é elemento de um conto muito conhecido, 'The rich and the poor peasant' [O rico e o camponês pobre], Mt-1535 de Arne Thompson, n. 61 dos irmãos Grimm, divulgado por Andersen, Afanasiev, Gonzenbach. O segundo tema, identificação do amante como diabo e aproveitamento do jantar oculto, deu assunto a Cervantes para o entremez "La cueva de Salamanca" [A caverna de Salamanca] (1610 ou 1611)". Segundo Câmara Cascudo, há pesquisas que inventariaram cerca de 318 variantes de histórias relacionadas a Pedro Malasartes/Peru Rimã.

ao que ele responde ser quase impossível: a única maneira seria urinar sobre sua cabeça. À noite, a mulher e o amante, ao tentarem fazer isso, são ambos mordidos pelo urubu em seus órgãos genitais e, urrando de dor, são descobertos pelo marido.

Em todos os *kaujo* que acabamos de ver, um dos principais aspectos dos enganos de Peru Rimã é que seu combustível é a ambição das vítimas. Suas tramas não são complicadas; ao contrário, são sempre marcadas pela simplicidade. O engenho de Peru está em perceber de antemão o que motiva os demais: "Peru já sabia o que ele queria", nos adverte o narrador do primeiro *kaujo*. Não é, portanto, a complexidade do engano que garante sua eficácia, mas o desejo afoito e desmedido daquele que será enganado. O movimento decisivo parte dos enganados; Peru apenas prepara a armadilha e suas iscas. Desse modo, atua como um mediador entre termos antitéticos (como o par excremento/riqueza) que, por meio do engano, são colocados em relação, passando de um a outro.

Esse movimento entre opostos é o que caracteriza a figura do enganador na mitologia ameríndia. Conforme demonstrou Lévi--Strauss (1993 [1991], p. 54), o enganador está em contraste com a figura do demiurgo, já que este

> dissocia aspectos positivos e negativos do real e os coloca em categorias separadas. O outro age em sentido contrário, reunindo o bom e o ruim. O demiurgo mudou as criaturas animadas e inanimadas, daquilo que eram no tempo dos mitos, para aquilo que seriam a partir de então. O deceptor [enganador] insiste em imitar as criaturas como eram nos tempos míticos, mas não podem continuar sendo. Faz como se privilégios, exceções ou anomalias pudessem tornar-se regra, ao passo que o papel do demiurgo é colocar um fim nas singularidades e promulgar as regras aplicáveis universalmente a cada espécie e a cada categoria. Isso explica a importância metafísica que os mitos dão ao deceptor; ele sempre está no seu papel, tanto quando extrai o menos bom do melhor como quando nele introduz o pior.

Para complementar a descrição, vejamos também esse comentário de Perrone-Moisés (2004, p. 14) sobre a figura do enganador:

> Caracterizados pela ambiguidade, nunca se pode prever se são sinceros ou mentirosos, se seus gestos correspondem a suas intenções, se essas intenções são boas ou más... o que eles operam é justamente a coexistência de sinais contraditórios, o emparelhamento de distinções, posto que são mediadores, por excelência, entre opostos lógicos. Diante deles, uma única certeza: eles zombam de todos, confundem a todos, enganam sempre. Enganadores são gozadores, malandros, imprevisíveis e espertos.

Além de sua óbvia caracterização como burlador, mentiroso e dissimulado, Peru Rimã aparece como um sujeito ambíguo, um protagonista com traço de justiceiro, punindo a ganância dos *jurua kuery* e de suas figuras de poder coercitivo (rei, padre, fazendeiro), e, simultaneamente, alguém dado a fazer maldades com qualquer um que cruze seu caminho.[114] Outro elemento de sua ambiguidade é que ele está sempre em movimento, nunca se estabelece em um lugar, sucessivamente impelido a sair de cena e não pertencer a qualquer espaço ou grupo. Por fim, Peru parece também realizar esse processo de confusão entre privilégios e regras, entre animais dos tempos míticos e animais como são hoje.

Podemos encontrar essa confusão nos quatro *kaujo* apresentados. Em "O urubu adivinho", Peru diz possuir um animal que, além de falar, pode desvendar aspectos encobertos aos demais. Em "A panela mágica", ele revela a existência de um artefato que prepara a comida sozinho, sem fogo, isto é, o mítico alimento obtido sem trabalho. Já no "Pássaro escondido sob o chapéu", o bom e o ruim estão reunidos de modo exemplar na equivalência entre excremento e dinheiro, por meio de uma especulação valorativa feita por Peru com o que havia sob o chapéu. Finalmente, com o "saco de enganos", Peru desfaz a superioridade material de

---

114. Já ouvi alguns outros *kaujo* e comentários que caracterizam Peru Rimã como um sujeito perverso, principalmente como alguém que engana mulheres para delas abusar sexualmente e que, por vezes, faz maldades aos outros simplesmente por sadismo.

seu antagonista ao desnudar o abastado *jurua* que quer desafiá-lo, invertendo suas posições iniciais de rico e pobre.

A fim de acrescentar outros elementos a esta análise, vejamos mais dois episódios de Peru Rimã que me foram narrados em guarani pelo *xeramoĩ* Elias Vera Mirĩ. Apesar de a citação ser um tanto longa, deixarei os episódios juntos, em um só bloco, pois foram narrados de modo articulado, e separá-los comprometeria seu sentido.

Oo ju tape rupi, oo. Ha'e rire ma je peteĩ, ja, peteĩ oo vaikue'i py ovaẽ . *Já não era mais fazenda, não era mais nada*, oo vaikue'i py ovaẽ.

Foi indo de novo pelo caminho. Então, ele [Peru Rimã] chegou a uma casa ruinzinha. Já não era mais fazenda, não era mais nada, uma casa ruinzinha.

Ha'e rã py je aipo e'i: xee apy ae tu aexy ta ma xo'o, ja pytũ ae ma. Ha'e rã je tata omoendy, oo vaikue oĩ rã, oo ma je anhete ae, inhymague ae.

Aí, pensou: "Eu vou assar aqui mesmo a carne, já é de noite". Então, quando estava nessa casa, acendeu o fogo. Era uma casa ruim, mas uma casa de verdade, bem antiga.

Ha'e py je, ha'e py oexy ma xo'o, ha'e py oguapy, ha'e ae'i, oguapy oiny, xo'o ombojere jepi oiny. Ha'e vy ma je oendu kurive rã kii rami, sobrado'i ma je oĩ, oo ojapo va'ekue ramo, oguata nhendu ko oguy rupi, oguata nhendu rã je oendu peteĩ kunha rami. "*Acho que* kunha va'e ke oĩ", ha'e rire py je aipo e'i: kunha ri ramo, ha'e py opensa amboae rami.

Lá ele assou carne, sentou-se sozinho, ficou sentado, girando várias vezes a carne. Mais tarde, ele ouviu algo na casa, que era um sobrado, ouviu alguém caminhar pelo quarto. Ouvindo os passos, pareciam ser de uma mulher. "Acho que tem uma mulher aqui." E daí ele já pensou com outras intenções.

Ha'e rã py ja ipy'a re oĩ, ha'e rire je ha'e py xo'o oexy, kurive'i kunha oguejy, ke kunha porã rai, onhemonde porã ko mbo'y, inhakã regua, iporã rai, kunha.

Então, ele já estava com essa intenção e ficou assando a carne, e pouco depois a mulher desceu. Nossa, era uma mulher muito bonita e muito bem vestida, com colar, enfeite na cabeça, era muito linda!

Ha'e rã py je oguejy, kunha mbegue'i oguejy je ha'e, oguapy ma je oiny, xo'o ma je oexy, ha'e rire aipo e'i: "Eguapy katu", ha'e rã je kunha oguapy, va'eri mombyry'i ae ma je oĩ, novaẽi ma je joe.

Ela desceu devagar, e ele, sentado, assando a carne, disse: "Sente-se", e a mulher sentou, mas a uma certa distância, não chegaram perto um do outro.

Ha'e rã je merami oguapy, ijayvu katu, oporandu-randu: "Apy ae pa ndero jepi ra'e?, ndoroexai ri ty ra'e, avaẽ rã jipoai rei merami kuri va'ekue reju", he'i. Ha'e rã je kunha: "anyĩ, xee tu apy ae ri ma xero", he'i. Ha'e rami py ma je ijayvu heravy, *e foi conquistando*, merami ju ne, hoa'ea gua'u omombe'u kunha.

Assim, ficaram sentados, e conversando, perguntando: "Aqui mesmo que é sua casa? Eu não vi você. Quando eu cheguei, parecia que não tinha ninguém, mas você veio", disse. Então, a mulher respondeu: "Aqui mesmo que é minha casa". Assim, ficaram conversando, e ele a foi conquistando, e mostraram que se gostavam.

Ha'e rire py ja ha'e py xo'o oexy okuapy rire ma je okuaruxe ma je ha'e voi ne, ha'e rã je aipo e'i: "Embojere ri xo'o'i ta'vy, aa ta ranhe akuaru aguã", he'i rã je opu'ã, oo, jai katy oo.

Depois de ficarem assando a carne, ele já estava com fome e disse: "Dá a volta na carne, vou um momento fazer xixi". Então levantou-se e foi na direção do mato.

Ha'e rã py je oma'ẽ, ha'e katy, kunha oĩa katy oma'ẽ rã je, ndoexa porãi rei, ne, kii ramigua, mba'e xagua porei okanhy-kanhy ma je, ha'e rã py je oma'ẽ porã ta teĩ nda'evei, kurive'i oma'ẽ porã ramo ma je, ja kunha e'ỹ ju oexa, nami, *esqueleto* rei oexa, hova re oma'ẽ vy ma je hexa nda'ipovei ae ma, ko hete ha'e javi só ikãgue anho.

Então, ele olhou para onde tinha a mulher e, quando olhou, não estava vendo-a direito, ela como que sumia. Mesmo tentando olhar bem, não conseguia vê-la, e quando pouco depois olhou bem, já não viu mais a mulher, viu um esqueleto. Quando olhou para a cara dela, não tinha mais olhos, o corpo dela eram só ossos.

Ha'e rami ma je oexa rire ma, ja ha'e py ovaẽ rã oma'ẽ porã rire ma, ha'e vy ma je aipo e'i, "*Acho que* kunha porã e'ỹ teve ri ma", he'i py ma je, opensa ma voi.

Depois de ver isso, quando chegou lá, depois de olhar bem, pensou: "Acho que não é uma mulher bonita".

Aikuaa pota ju ta, he'i. Ha'e rã je aipo e'i: "Embojere xo'o", he'i, "aa ta akuaru ju", he'i ma je. Kunha va'ea katy oma'ẽ rã, ha'e rami ae ma je, kunha e'ỹ ae ma je oexa, ikãguepa rive ma je oexa.

"Vou ver isso direito de novo", pensou. Então, disse: "Dá a volta na carne, eu vou fazer xixi de novo". Quando tentou averiguar e olhou para a mulher, foi do mesmo jeito, não era uma mulher, viu só o esqueleto.

Ha'e rire py je opensa: "E agora, aỹ ri ma aĩ axy teve ri ma! mas teĩ ke akore ju!", he'i ojerovia py ne, okorea re. Ha'e rire py je aipo e'i: "Aỹ ma teĩ ke akore, teĩ ke ajava".

Então, pensou: "E agora? Acho que estou em uma situação ruim! Mas tenho que enganar de novo!", disse, acreditando nos seus enganos. Então pensou: "Agora vou enganá-la e assim fugir".

Rire ma je aipo e'i: aỹ ma aipota repu'ã, xo'o reexy porãve'i aguã, he'i, xee aa ju ta jai py ainy, he'i ma je, aa ju ta, he'i. Ha'e rã je kunha anhete, opu'ã ete ae ma, ikupe rei ma je oiny.

Disse para ela: "Agora, quero que você se levante, para você assar melhor a carne. Eu vou de novo no matinho". Aí, a mulher fez isso mesmo, levantou-se e ficou de costas.

Ha'e ramo ma je oo, ojora kavaju, ojora mbegue'i, ojora vy kavaju ary opo, opo kavaju ary, oinupã kavaju. Oo oiny, tape ndojavyi gua'u oiny kavaju pee, hexa pyxo, ne, pytũ, pytũ py je hexa pyxo ramo ndojavyi tape.

Então, ele foi, desamarrou o cavalo sem fazer barulho e depois pulou em cima do cavalo e bateu nele [para que andasse]. Foi indo, sem errar o caminho, porque o cavalo enxerga à noite, e não errava o caminho.

Kurive'i kunha ojapukai: "Ô, moço, a carne tá assada!", he'i rã je, ishh!, oinupãve kavaju.

Pouco depois, a mulher gritou: "Ô, moço, a carne tá assada!", e, quando ela falou, ele bateu mais no cavalo.

Ha'e rã je oo mombyry rire ojapukai nhendu: "Ô, moço, a carne tá assada, moço!".

Depois de ir bem longe, ouviu-a gritar: "Ô, moço, a carne tá assada, moço!".

Ha'e rã je kurive'i ma je, oinupãve ra'aga rã je, kurive'i ijapyxa'i py ijayvu: "*Ô, moço, a carne tá assada!*", he'i ju rã, ramove oinupã, hare ma kavaju ikane'õ ma avi, teĩ py, onha rive py je, *não tinha como escapar dali*. Ha'e rã je ja kavaju ja nonhavei ma je, ho'a avi, ikane'õ vy. Ha'e ramia py ma ija aipo e'i: "*Puxa vida*, aỹ ma ja xereraa ta ae ma, ja nda'eveipa rupi"

Pouco depois, mesmo que ele batesse, ouvia de novo a fala dela no seu ouvido: "Ô, moço, a carne tá assada!", e logo depois ele bateu, mas o cavalo depois de tanto tempo estava cansado também, corria sem garra, não tinha como escapar dali. Aí, o cavalo já não corria mais, até caiu de cansaço. Assim, Peru disse: "Puxa vida, agora [a mulher morta] vai me levar mesmo, infelizmente".

Ha'e rire je anhete, ja ko'ẽmba rai ma avi ae. Ha'e rã je oikuaa pota, oikuaa pota rã je, ha'e va'e oo merami va'ekue ma je anyĩ ae ma, ha'e va'ekue'i py je ae oĩ ra'e, oma'ẽ vy! Ha'e rire je aipo e'i: "*Puxa vida*, aỹ ri ma mba'exa porei ma aiko ta?", he'i.

Depois, aconteceu que já estava amanhecendo. Então, ele olhou, procurou e aquilo que parecia que ia [atrás dele] não estava mais. Mas quando ele se deu conta, ele estava no mesmo lugar! Então, disse: "Puxa vida, e agora, que vida eu vou levar?".

Rire py je anhete, oo oiny, opensa rei ma je ovy, ha'e ojapo va'e, ha'e mba'emo ojapo va'ekue-'ekue re: "*Puxa vida*, ndajapoi 'rãgue tu ha'e rami!", rã je tape rupi oo oiny, rire ma je oexa peteĩ, ou jekuaa oiny, tuja'i, hendyva va'e. Ha'e ma je ipopygua'i reve ma je ou oiny, ha'e. Ha'e rã je oma'ẽ oiny, ha'e va'e tuja'i re oma'ẽ. Ha'e rire ma je nhovaexĩ, ha'e py je ma tuja'i oporandu ixupe, oxarura ma je ha'e: Ha'e rire, mba'exa tu reiko? he'i. Ko Nhanderu ijayvu va'ekue rejapo?, he'i je.

Assim, ficou pensando muito nas coisas que tinha feito na vida: "Puxa, não deveria agir desse jeito!", e foi indo pelo caminho. Depois, viu uma pessoa que vinha de longe, um velhinho de barba, vinha com uma bengala. Ele ficou olhando para o velhinho. Então, se encontraram, e o velhinho o cumprimentou: "Como você está? Você faz como Nhanderu falou [ensinou]?".

Ha'e rã je aipo e'i: "Ajapo ae tu", he'i. Okore ta gua'u, Nhanderu! Ha'e vy ma je tuja'i ma je, anhete, Nhanderu Ete ae ma je ha'e oiny. Ixupe ma tuja'i rive py je ha'e.

"Faço, sim!", ele respondeu. Ia enganar Nhanderu! O velhinho, na verdade, era Nhanderu Ete mesmo. Ele não sabia que era Nhanderu, para ele era só um velhinho.

Ha'e rã je ixupe aipo e'i: "Anyĩ, ndeapu ri", he'i. "Xee py ha'e rami ndevy pe xeayvu va'ekue ri. Apy rejua py xeayvuague rami e'ỹ rejapo", he'i.

Então, ele disse para Peru: "Não, você mente. Eu falei assim para você, mas você não fez. Aqui na sua vinda [na terra], você não faz as coisas como eu falei".

"Va'e ri aỹ ma rogueraa ta peteĩ tape rupi, aexa aguã mba'exa pa ha'e va'e re py reaxa, rejapopa katuĩ'i ramo ma, ko xeayvu va'ekue rupi ju rã, rejapo, he'i, reiko", he'i.

"Mas agora vou te levar por um caminho, para ver como você passa por isso, se você faz tudo como eu falei."

Jogueraa! Hare ma je okaruxe. Ja nda'evei ae ma akaru aguã, *porque* Nhanderu reve ma aiko, ne? Ha'e rã py je Nhanderu voi ha'e rami ojapo só pra ver se ipy'a guaxu pa, tarã ipo'akaa py pa oikuaaxe.

E foram embora. Bem depois, ele estava com fome. Já não podia comer, porque estava com Nhanderu. E Nhanderu fazia isso só para ver se ele tinha coragem, ou queria saber se ele resistia.

Ha'e ramia py je noguentavei. Ixupe oporandu: Xee tu naguentavei ma ri tu, he'i. Tekoaxy py aiko ramo akaruxe, he'i. Nhanderu aipo e'i: "Japyta ranhe, he'i. Ha'e rã je peteĩ yakã o..., yakã oaxa oiny. Japyta ranhe, jay'u ranhe". Rã je anhete, opyta. Rã je aipo e'i ixupe: "Ha'e gui ma, xee ma ajopy ita, he'i, ha'e gui aipota ndee voi rejopy aguã".

E nisso ele não aguentava mais. Pediu para ele: "Eu não aguento mais, como vivo na terra (*tekoaxy py*), estou com fome", disse. Nhanderu respondeu: "Vamos descansar primeiro". Lá, passava um rio. "Vamos parar aqui agora e beber." Então, disse para ele: "Eu vou pegar uma pedra, e depois quero que você pegue uma também".

Nhanderu ma ojopy, ita'i *normal*, koo rupigua ojopy, ita. Rã je omboyru voxa'i py. "Ndee remboyru avi", he'i. Ha'e rã py je Peru Rima, ne, inharandu'i ma je ha'e voi, ne. "Xee ma ita rive ndaraa reguai", he'i py je *opy'apy py*. Ita kyrĩ'i ojopy, koo rupigua'i ita. Rire ma je omboyru voxa py.

Nhanderu pegou uma pedrinha normal e guardou na sacola. "Você guarde uma também", disse. Então, Peru Rimã, que era inteligente, pensou: "Eu não estou a fim de levar uma pedra". E pegou uma pedra pequenininha e colocou na sacola.

Ha'e rã py je, pee mombyry'i oo jave ma, aipo e'i: "Ai naguentavei teve. Karuai ja xereraa ma. Akaruxe". Ha'e rã je Nhanderu ixupe aipo e'i: "Tajapytu'u ha'vy", he'i.

Quando já tinham caminhado bastante, disse: "Ai, acho que não aguento mais. Quero comer". Então, Nhanderu disse: "Então, vamos descansar".

Ha'e rã py je aipo e'i: "Xee ranhe apo'ẽ ta xevoxy (xevoxa), ita'i amoĩ va'ekue", he'i. Rã je opo'ẽ, oguenoẽ rã voxy (voxa) gui, bolsa gui oguenoẽ ma je, mbojape'i ma. Ja Nhanderu ho'u. Ha'e vy je: "Ndee ju ejopy", he'i. Rã je opo'ẽ rã mbojape'i kyrĩ'i va'e. Teĩgue'i pyve omombo ojuru py ja omokõ tema rive.

"Eu, primeiro, vou enfiar a mão na minha sacola para pegar a pedra que eu coloquei." Então, enfiou a mão e tirou um pãozinho. E Nhanderu comeu o pão. "Agora, pegue você", disse. Peru Rimã enfiou a mão e tirou um pãozinho pequeninho. De uma vez, jogou na boca e já engoliu.

Ha'e rami py jogueraa, kurive rã je ja noaguentavei ta ma avi, ndokarui ae tu je, pão'i kyrĩ'i ojeapo rã. "Japytu'u ju avi!", rã je yakã'i ju oaxa, ha'e rã py je aipo e'i: "Aỹ ma ajopy ju ta ita", he'i.

Assim, foram embora, e mais tarde ele já não aguentava mais de novo, que não tinha comido bem, porque só um pão pequeninho se fez. "Vamos descansar!" E passava um rio de novo, e então [Nhanderu] disse: "Agora vou pegar de novo uma pedra".

Ha'e rire py je ha'e py ovaẽ vy je Nhanderu ojopy ju ita, ha'ekue'i rami ae ojopy, ha'ekue- 'ekue'i ramigua ju ojopy ju, omoĩ ju ovoxa py.

E Nhanderu foi e pegou de novo uma pedra, uma igualzinha à anterior, e colocou de novo na sacola.

"Aỹ ma ndee ju ejopy", he'i. Rã je aipo e'i: *então vou pegar* ita tuvixa! Okaruxe raxa py ja ne. [Mbojape'i re] ojeapo ta ramo, tuvixa [va'e re] ojeapo va'ea py je omoĩ. Ha'e ojexavai, ah, ogureaa ita, hare ma je ombotyryry rive ma, ha'e rã py je noaguentavei ri ma.

"Agora, pegue você", disse para Peru. "Agora, vou pegar pedra grande!" Ele estava com muita fome, como ia se tornar pão, pegou uma que se tornasse um grande. Ele sofreu levando a pedra. Mais tarde, só conseguia arrastar ela, porque não aguentava mais.

Ha'e rã je aipo e'i: *então*, "Japytu'u ju *então*", rã py je ovoxy py opo'ẽ vy, oguenoẽ pão'i ju oguenoẽ, Nhanderu voi. "Ha'vy ndee"?, he'i ma je, oma'ẽ voxa re, ha'ekue ae ma, ita ae py je oĩ, ndojeviravei.

Aí, disse: "Vamos descansar novamente". Então, Nhanderu enfiou de novo a mão na sacola e tirou um pãozinho de novo. "E você?" [Peru Rimã] olhou na sacola e estava igual, tinha uma pedra mesmo, não se tornou um pão.

Ha'e rire py je, *então*, ha'e ma, ja, namombe'upai, mbyte-mbyte rupi rive amombe'u heravy, jurua kuery ijayvu rã *estou resumindo*, he'ia rami.

E depois, já não estou contando tudo, só estou contando pela metade, como falam os *jurua*: estou resumindo.

Então ha'e ramia py je aipo e'i: "*Então*, aỹ merami, ha'e rami vy ri ma, xeayvu va'ekue nderejapoi, ha'e ramive ma koo roma... xee amanda va'ekue py nderejapoi, *então* ha'e ramia py orevy pe rejavy'i ta avi. Aỹ ma xee aa ju ta, ndee ma, ndaikuaai mba'exa ndereve 'rã oiko", he'i.

Nisso, [Nhanderu] disse: "Então, agora, já que é assim, já que você não faz o que eu falei e, além do mais, não faz o que eu mandei, para nós, você não agiu bem. Agora, eu vou embora, e você, não sei o que acontecerá com você", disse Nhanderu para ele.

Rire py je Nhanderu omoatã merami, yvate gui omoatã, ramo ma je *escadaria* omboguejy yvy rami, omoxã kova'e rupi.

Então, Nhanderu puxou, de cima, puxou, e aí baixou uma escadaria, e amarrou por aqui.

Rã py je: "Xerarõ! Xee aa ta avi!", he'i. Nhanderu: "Nda'evei, apy gui ma nda'evevei reo aguã", he'i.

"Me espere! Eu vou também!", disse Peru. E Nhanderu respondeu: "Você não pode, você não pode ir embora daqui".

Teĩ ae ma je onhea'ã. Ha'e rã py je aipo e'i: "Aỹ gui ma nda'evei apoko aguã ndere", rã py je oo oiny, Nhanderu oo rami, [Peru Rima] oo avi hakykue'i re.

Mesmo assim, ele insistiu. Então, [Nhanderu] disse: "Agora não posso tocar em você", e ele foi indo. E assim que Nhanderu ia, ele ia também atrás.

Rã py je okẽ'i merami oĩ, ojepe'a'i ma. Ha'e va'e rupi ma Nhanderu oike vy, oo. Ha'e rã py je ha'e oike avi, iku'a peve ma oike. Ha'e gui ma ja nda'evevei oaxa aguã.

E chegaram a uma pequena porta, que estava meio aberta. Nhanderu entrou por ali e foi embora. Então, [Peru] entrou também, entrou até a cintura. Ele não podia passar.

Ha'e rã py je Nhanderu aipo e'i: "Nda'evei reike aguã", he'i. Nda'evei, ha'e gui, ha'e py je ngora'i ma je oguereko avi, Peru Rima. Ha'e rã je ngora omombo, oguy katy, Nhanderu roguy py omombo. Ha'e rã py je Nhanderu aipo e'i: "Nda'evei rojopy aguã ndengora", he'i. Ha'e rã py je oike ovy, oikea ramive je noẽxevei.

E Nhanderu disse: "Você não pode entrar". Não podia, mas Peru Rimã tinha um chapéu. Então, ele jogou o chapéu para dentro e Nhanderu disse: "Nós não podemos pegar seu chapéu". Então, [Peru] foi entrando e, assim que entrou, não quis sair mais.

Ha'e ramia py aipo e'i ixupe: "*Então*, ja que merami reike, ha'e ramo ma reĩ ta peteĩ *castigo* py reĩ ta", he'i. "Peteĩ-teĩ voxa gui, peteĩ-teĩ'i ra'yĩ'i avaxi ma, reipapa 'rã orevy pe", he'i py je Nhanderu ixupe rã ja: "Ajapo 'rã", he'i.

Assim, [Nhanderu] disse para ele: "Então, já que você entrou, você vai ficar com um castigo. Você vai contar cada grão de milho que tem em cada umas destas sacolas para nós". E ele respondeu: "Vou fazer!".

Rire ma je aỹ peve ae ma je ha'e py oĩ, ndoipapapai. Oo, mbyte peve oo rire ma je omokanhymba, ndoikuaavei ma. Ha'e vy py je ijypy'i gui ju oipapa heravy ju.

Depois disso, [Peru] ficou lá até agora, não contou todos os grãos. Vai contando e, quando chega na metade, perde a conta, não sabe mais. E, então, tem que ir contando de novo desde o começo.

Ha'e rami py ae ma aỹ nhande'ara amogue py nda'eve porãi, amogue py oĩ porã'i, oĩ, tão *sempre* ha'e ojavya'i py oĩ.

Por isso, agora o clima às vezes não está bem, às vezes é bom, sempre depende de quando ele faz errado.

Ojavya py ovaẽa py ma ara noĩ porãi, ara onheama guive, mba'emo oiko aguã, xapy'a rã. *Então sempre* ha'e py ojavy ramo.

Quando chega o momento de ele fazer errado, o dia não é bom, e também fica com halo, quando algo pode acontecer de repente. Dessa forma acontece sempre que ele faz coisa errada.

Então, ha'e rami py oĩ. Ipuku rai ta'vy, neĩ namombe'ui, neĩ, *começo gui ae acomeça ae va'e ri*, shee!, heta ma oĩ. Ha'e ramigua nhaendu rã neĩ nhaneko'ẽmba, *tem muito pra contar*, he'ia rami! *Muita coisa!*	Então, é assim. É muito comprido! Nem estou contando [tudo], comecei do começo, mas... xi, tem muitas coisas. Para ouvir todas essas coisas, a gente amanhece e nem acaba, tem muito para contar! Muita coisa!
Va'e ri iporã ta'vy ne! Iporãa ramive, va'e ri *tem muitas coisas que* xee aipo a'ea rami, ivaikuea rupi oĩ avi. Ha'e va'e ramigua py oĩ.	Mas é muito lindo! Tem mais coisa boa, mas tem muitas coisas que, como digo, tem coisa ruim também. Tem esse tipo de coisa.
Va'e ri namombe'upai py ne, ipuku rai. *Acho que, acho que* ha'eve nho teve ri ma, ne, reikuaa avi 'rãe, reendu kuaa avi 'rãe py.	Mas não estou contando tudo, né, é muito comprido. Acho que já está bem, você vai saber, vai entender [o que contei].

Esses dois episódios são um tanto atípicos, pois são casos em que Peru Rimã não consegue aplicar propriamente suas enganações e chega a ser ele mesmo o enganado.

No primeiro episódio, é Peru quem se torna vítima das aparências, quando tenta seduzir o que de início lhe parecia ser uma linda mulher, mas que se revelou um corpo feito apenas de ossos, possível expressão de um espectro dos mortos (*ãgue*), pronto a levá-lo consigo ("vai me levar mesmo"). Em seguida, ao se dar conta do perigo que corria, seu único ato de enganar foi simplesmente disfarçar uma fuga, que terminou por lançá-lo em uma espécie de "partida impossível": por mais que ele tentasse se afastar, ainda conseguia ouvir o sugestivo chamado da carne que já estava assada. Diante da oposição entre vida e morte, conforme a narrativa expõe, a carne aparece como um elemento mediador. É ela que é girada no espeto, gatilho da transformação da mulher entre viva e morta. Também o qualificativo de já estar assada exprime tanto uma boa condição para comer (e, portanto, viver) como para morrer, metáfora do próprio Peru Rimã, que estaria "no ponto" para ser levado pela mulher morta, com quem estabeleceria uma relação de comensalidade.

Quando finalmente amanhece, com o cavalo já estafado de correr, Peru se dá conta de que, apesar de ter cavalgado toda a noite, ainda está no mesmo lugar. "Partida impossível" é o nome que Lévi-Strauss (1993 [1991], p. 130) dá a um motivo presente em mitos da América do Norte em que Coiote (a principal figura do *trickster* naquele contexto) tenta escapar da casa de Sol ou Lua. Depois de horas empreendendo a fuga, Coiote ainda se vê diante do local do qual pretendia se afastar. A impossibilidade da partida, segundo a explicação que Lévi-Strauss encontra nos mitos, relaciona-se com a presença/ausência dos astros durante as viagens, que podem ver o fugitivo e persegui-lo, tornando a viagem impraticável, ou deixá-lo nas trevas, girando em círculos.

Se nesses mitos norte-americanos é sugerida uma impossibilidade de escapar do ciclo dos astros, assim também ocorre em relação à morte no caso que analisamos. Por mais que Peru Rimã tente enganá-la, ela permanece em seu encalço e ele não consegue se afastar.[115] Depois de amanhecer sem ter saído do lugar, diante do fim de sua vida, Peru começa a questionar suas ações anteriores. Em seguida, e não por acaso, encontra Nhanderu, que lhe faz uma espécie de provação.

Nhanderu engana Peru Rimã com uma caricatura de seu próprio estratagema do logro sobre a ganância fácil, que ele tanto utilizava contra suas vítimas. Primeiro, Peru quer ser mais esperto e carregar a menor pedra que encontra, em contraste com a pedra de tamanho médio escolhida por Nhanderu. Assim, quando Nhanderu transforma as duas em pão, a de Peru vira um minúsculo pãozinho, para infortúnio de sua fome. Depois, ele vai ao extremo oposto e escolhe uma pedra enorme, achando que assim teria o maior pão. Peru sofre para carregá-la, mas Nhanderu faz com que ela não se transforme em nada.

A parte da história que vem em seguida, a entrada de Peru Rimã no céu (que poderíamos classificar como um terceiro episódio nessa narrativa), é um tema muito comum nos *kaujo* sobre Peru Rimã e em suas variantes não indígenas.

---

115. Esse motivo de tentar escapar da morte também evoca, no xamanismo mbya, a busca do *aguyje* como uma forma de superação da morte com o próprio corpo, que se torna divinizado.

Apesar de conseguir enganar Nhanderu para entrar em sua morada, utilizando-se do subterfúgio de jogar seu chapéu pela fresta da porta, sabendo que o objeto não poderia ser buscado pelos Nhanderu, por ser algo terreno (*tekoaxy*), Peru é punido com uma espécie de trabalho de Sísifo. A ele é dada a tarefa de contar uma enormidade de grãos de milho, que, invariavelmente, são misturados, fazendo com que ele tenha de recomeçar do início, sem nunca conseguir concluir a conta.

Mesmo que Peru Rimã esteja preso na morada de Nhanderu, a ele ainda são atribuídas ações que têm consequências na vida dos Guarani na terra. O próprio final da narração dá como exemplo algumas condições meteorológicas que podem ser influenciadas por ele. Outro comentário que ouvi muito a respeito da influência de Peru Rimã diz que as pessoas que mentem em demasia o fazem porque estão "pegando conhecimento" com ele, o que, no limite, pode se tornar um vício incontrolável. Outra intervenção sua, positiva, é enganar os *nhe'ẽ* que se afastam dos que estão doentes, quase morrendo, fazendo com que retornem à pessoa, garantindo assim sua recuperação.

Voltemos agora à questão sobre as origens desse personagem entre os Guarani, que foi apontada no primeiro *kaujo* apresentado. Karai Mirĩ, narrador desse *kaujo*, indica que Peru Rimã seria irmão mais velho (-*ryke'y*) de Nhanderu. Essa classificação o sobrepõe a outro personagem mítico, Xariã, também classificado como irmão mais velho de Nhanderu Tenonde (principal divindade) e descrito pelos Guarani como seu rival, com quem busca sempre disputar, fazendo versões exageradas ou agressivas dos seres criados por Nhanderu.

De forma similar, um *xeramoĩ* de Santa Catarina, Karai Tataendy, também situa Peru Rimã entre os irmãos de Nhanderu, mas como uma espécie de variação de Xariã:

> Esse mundo em que nós estamos pisando hoje já é o segundo mundo. Mil anos tinha o primeiro mundo que foi feito. Veio a água e tampou tudo. Depois, Nhanderu Tenonde mandou o filho dele, Papa'i. Mas ele não veio sozinho; já vieram também Xariã e Peru Rima. Dizem que Peru Rima é do céu também, mas

é meio louco. Ele e Xariã são mais velhos que Nhanderu. Então, Xariã mandava mais nas coisas, e Nhanderu não discutia: "então tá, vamos fazer assim", dizia. Por isso que essa Terra aqui já está durando muito, porque Nhanderu pensou em botar só um papelãozinho para colocar a Terra em cima. Mas, então, o Xariã falou: "Mas assim não dá. O seu filho tem que viver muitos e muitos anos. Esse papelão vai apodrecer logo. Nós temos que botar as pedras e, por cima, temos que botar arame. Assim, vai durar muito tempo". Por isso que está passando de dois mil anos e ainda não destruíram esta Terra. Este pedaço de mundo aqui, Nhanderu Papa'i fez. [...] Tudo que é animal, ele foi botando na Terra. Nhanderu ia deixar todas as coisas fáceis pra nós. Quando a gente quisesse, estaria ali na hora. Mas Xariã falou: "Ah, mas tudo fácil demais também não dá. Eles vão ter que procurar bastante, têm que trabalhar, pra depois achar alguma coisa que eles precisem". Por isso que tudo é difícil pra nós. A gente pensa em fazer, comprar, trazer, achar; não acha, tem que procurar muito pra dar certo. O Peru Rima já faz coisas de outro tipo. Ele mente muito, engana. Xariã já não; algumas coisas ele faz bem e algumas coisas ele faz mal. Por isso que está tudo ruim. (Ramo y Affonso & Pesquisadores Guarani de Aldeias de Santa Catarina e Paraná, 2015, p. 15)

"Meio louco", "mente muito, engana": assim Peru Rimã é descrito em contraposição a seus outros irmãos, incluindo Xariã, que, embora rival de Nhanderu, aparece nesse relato como quem "algumas coisas [...] faz bem e algumas coisas [...] faz mal", mas sempre disputando e subvertendo criações. "Meio doido" ou "burrento" são adjetivos associados a Jaxy (Lua), conforme vimos no capítulo anterior. Assim como Peru Rimã, Jaxy também é relacionado ao mau comportamento com as mulheres, tentando dormir com sua tia paterna, que, em retaliação, suja seu rosto (Cadogan, 1997 [1959], p. 131) — eis a razão das manchas nesse astro. Esse mau comportamento também é associado ao ciclo lunar da menstruação, quando se diz que "as mulheres estão sendo visitadas por Lua".

Também entre os Krahô, povo timbira do cerrado setentrional brasileiro, há uma associação entre Lua (Pudluré) e, no caso, Pedro Malasartes. Em alguns mitos recolhidos por Melatti, mais

de uma vez a sobreposição é sugerida, inclusive com a descrição de um episódio relacionado a Peru Rimã e muito comum também entre os Guarani: "Put foi adiante, já subiu, Pudluré foi atrás. Foi enganando *kupe*[116] [talvez o narrador esteja identificando Lua com Pedro Malasartes]. Pudluré foi atrás procurando" (Melatti, 2010, p. 13, comentários dele). E mais à frente:

> De noite Penon contou-me episódios da história de Put e Pudluré. Também ele confunde Pudluré com Pedro Malasartes e contou o episódio da *panela que cozinhava sem fogo* e da raposa que caçava caititu. Contou ainda como Pudluré provocou o aparecimento do muruim (*pram're*), da cobra, da morte. O episódio do chapéu do pica-pau, do incêndio, das duas capivaras, da enchente, do buriti. Quando perguntei por que, sendo Pudluré ruim, Put não acabava com ele, Penon respondeu que ele não podia, pois era seu companheiro e andavam apenas os dois. [...] [E conversando com outro interlocutor] quando eu perguntei por que Put não liquidava com Pudluré, Basílio respondeu-me com uma outra pergunta, mais ou menos assim: "Você gostaria que a noite fosse completamente escura, sem nada para iluminar?" (Melatti, 2010, p. 17, grifo meu)

Assim, Peru Rimã é compreendido pelos Guarani (e não só por eles, como demonstra o exemplo dos Krahô) de forma homóloga a esses *tricksters* mitológicos, e às vezes até de modo explícito, quando compõe essas séries de irmãos desiguais entre as divindades. Contudo, mesmo em versões em que Peru Rimã não aparece como irmão de Nhanderu, ele está em oposição a algum outro personagem, que exerce papel de seu irmão[117] e que possibilita colocá-lo na posição de enganador.

---

116. Brancos.

117. No folclore paraguaio, Peru Rimã geralmente possui um irmão, chamado de Vyro Rima, que é mais tonto e burro, e com quem o primeiro mantém uma relação de rivalidade, tornando-o frequentemente alvo de seus enganos. No entanto, em Guarania (2012), a oposição entre os dois remete mais fortemente a lógicas ameríndias: quando Peru, com um pouco de argila, cria uma bonita pomba, Vyro tenta imitá-lo e assim surge o feioso sapo.

Encenação de
"Peru Rimã e o
pássaro escondido
sob o chapéu",
extraída do filme
*As Aventuras de
Perurimã* (2013).

Um desses outros possíveis irmãos de Peru é Pyxaĩ, personagem que, na maioria das vezes, protagoniza suas próprias narrativas e é também muito popular entre os Guarani, embora não tanto quanto Peru Rimã. Seu nome faz referência ao pé cheio de feridas, principalmente causadas pelo bicho-do-pé.[118] Em geral, Pyxaĩ é descrito em seus *kaujo* como um desfavorecido finalmente afortunado. Tal personagem também é de grande importância no folclore paraguaio (Pychãi)[119] e parece ainda hoje ter presença marcante no imaginário popular, sobretudo das populações rurais. Mais uma vez, a questão do empréstimo aparece. Entretanto, vejamos antes algumas caraterísticas dos *kaujo* desse personagem contados pelos Guarani.

Encontrei basicamente dois tipos de narrativas protagonizadas por Pyxaĩ. Um deles[120] tem como motivo principal o enfrentamento com um antagonista rico (rei, fazendeiro etc.), para quem Pyxaĩ trabalha. O rei-fazendeiro estabelece um contrato em que nenhum dos dois pode achar nada ruim ou se zangar; quem o fizer poderá ser morto pelo outro. Dessa forma, o patrão, no intuito de exterminá-lo, pede tarefas cuja extrema dificuldade tenderiam a deixá-lo irritado, mas Pyxaĩ, sem se zangar, sempre logra se safar das armadilhas. O patrão ordena, por exemplo, que Pyxaĩ faça um cercado utilizando como postes apenas troncos retos e totalmente lisos, sem um único nó — algo extremamente difícil. Pyxaĩ acata a ordem, interpretando-a de modo literal e limitado, e faz o

---

118. *Tunga penetrans*, espécie de pulga nativa da América do Sul. Sua incidência está associada à grande presença de cachorros nas aldeias guarani.

119. Embora eu não tenha pesquisado a fundo as variantes nesse contexto, creio que suas principais características são similares às apresentadas pelos Guarani, ainda que as narrativas possam se estruturar de forma distinta.

120. Ver "Pychãi Kaso", em Cadogan (1998 [1948]). Essa narrativa, com algumas relevantes diferenças, também é atribuída a Pedro Malasartes (Câmara Cascudo, 2005 [1954]). Contudo, existem divergências suficientes entre essas versões, que permitem opor as características dos personagens: Malasartes vai embora no fim, ao contrário de Pyxaĩ, que, além disso, parece sempre enganar de um jeito um tanto involuntário.

cercado com troncos de bananeiras, bem retos e lisos, como pedia o enunciado da tarefa, mas totalmente inadequados quando se leva em conta a finalidade subentendida de uma cerca, que deve ser firme e razoavelmente durável.

Há muitas variantes desse episódio, mas todas parecem terminar com a última tentativa do patrão de deixar Pyxaĩ nervoso e contrariado, voltando-se novamente contra ele. Cheio de cólera, ele é morto por Pyxaĩ, que ironicamente nada mais faz que seguir uma das ordens combinadas, o tal do contrato, tomando assim o lugar do rei-fazendeiro.

O segundo tipo de *kaujo* de Pyxaĩ[121] de que tomei conhecimento tem como trama básica a superação de uma série de desafios, e o principal deles seria uma prova para se casar com uma princesa. Em cada desafio, normalmente engendrado por parentes invejosos diante de seu improvável sucesso (irmãos, primos etc.), Pyxaĩ é auxiliado por alguns animais, que o transformam, cobrindo-lhe de roupas de rei ou lhe fornecendo habilidades mágicas, como forma de retribuir os favores que Pyxaĩ lhes fez no início da narrativa. Ao final, Pyxaĩ se vinga de seus algozes e passa a viver como herdeiro e genro do rei.

Uma característica que marca as narrativas de Pyxaĩ entre os Guarani é que, em contraste com Peru, ele parece enganar quase sem querer. Seu êxito e ascensão aparecem como consequência direta ou indireta de ele fazer o que lhe pedem. Se quem pede o faz sem más intenções, a colaboração de Pyxaĩ é depois recompensada pelos aliados que outrora ele ajudou. Entretanto, se aquele que demanda algo o faz com intuito de enganá-lo, ele devolve a enganação por meio de uma aparentemente ingênua compreensão literal do pedido, tal qual personagens de desenho animado e comédias, que desviam sem querer das investidas de seus algozes, gerando situações cômicas com o infortúnio dos agressores. Sendo Pyxaĩ, de antemão, um desafortunado, com os pés carcomidos de feridas, de família muito pobre e tendo de se submeter a trabalhos subalternos, sua sorte tem um princípio

---

121. Como exemplo desses *kaujo*, há uma versão em guarani coletada por Dooley (2016) e também duas coletadas por Pereira (2014, p. 279-80).

compensatório, que termina por dar às suas narrativas a aparência de histórias de ascensão.

Vejamos agora um trecho da narrativa que apresenta Pyxaĩ e Peru Rimã como irmãos. Embora isso me pareça pouco consensual entre os Guarani, há um contraste nessa composição que não deixa de replicar, de algum modo, as oposições apresentadas anteriormente, e que situam Peru como o irmão ou um dos irmãos enganadores do demiurgo Nhanderu Tenonde.

O trecho a seguir é justamente o início da série de episódios narrados por Elias Vera Mirĩ, que termina com "a partida impossível" e a entrada clandestina de Peru Rimã na morada de Nhanderu, como vimos anteriormente.

Ijypyrã ma, oiko raka'e, Peru Rimã oiko raka'e. Ha'e py jojou, nhovaexĩ, Pyxaĩ reve, va'eri ha'e py ndoikuaai tyvya [...]	Tempos atrás, vivia uma pessoa chamada Peru Rimã. Ele se encontrou com Pyxaĩ, mas não sabia que ele era seu irmão mais novo. [...]

Inharandu py je mokoĩve, ne, *tanto* Pyxaĩ, *tanto ele*, Peru Rima, inharandu ma je ha'e kuery.	Os dois são espertos, né. Tanto Pyxaĩ, como ele, Peru Rimã, eram sabidos.

Ha'e vy py je tyke'y oporandu ityvy pe: "Ha'vy, mba'e tu ndee rejapo jepi ra'e, mba'e xagua rupi pa Nhanderu nembou?", he'i.	Então, o irmão mais velho perguntou para o seu irmão mais novo: "E o que você faz geralmente? Para que tipo de coisas Nhanderu te mandou a esta terra?".

"Xee, aipoa'ea rami, xee ma ajoapo porãa rupi ma xee aiko", he'i, "va'eri *o que* xeakã re va'e rei aikuaa avi". Ha'e vy je oporandu ityke'y pe: "ha'vy ndee?".	"Como eu digo, eu vivo fazendo o bem para os outros", disse [Pyxaĩ]. "Mas o que vier na minha cabeça, eu sei como lidar." Então, perguntou para o seu irmão mais velho: "E você?".

"Xee ma, xee ma ajokore va'ety ae, nanhomi mo'aĩ. Xee ma ha'e rami rive py aiko", he'i.	"Eu sou um enganador, não vou esconder isso. Eu só vivo desse jeito", disse.
"Ha'e rire je anhete", aipo e'i, "então ma xexy omombe'u xevy pe ke peteĩ xeryke'y oiko", he'i, "va'e ri xee ma aikuaa mava'e pa xeryke'y".	"Então, é verdade: minha mãe me disse que tenho um irmão mais velho, mas eu sei quem é esse meu irmão."
Ha'e rã je oporandu: "Mava'e tu?", he'i rã: "Ndee!", he'i Peru Rimã pe. "Ndee py xeryke'y reiko", he'i	Então, [Peru Rimã] perguntou: "Quem?", e ele respondeu a Peru Rimã: "Você! Você é meu irmão mais velho".

Em seguida,[122] os irmãos vão à casa de Pyxaĩ, onde está a mãe de ambos, já velhinha. Lá, Pyxaĩ deixa Peru Rimã encarregado de cuidar dela, banhá-la e alimentá-la, enquanto sai para trabalhar. Peru Rimã esquenta água para o banho em um panelão, mas não espera a água esfriar e coloca a mãe dentro, o que faz com que ela morra na mesma hora.[123]

Quando o irmão retorna, Peru Rimã tenta enganá-lo, deixando a mãe na cama, como se estivesse viva. No entanto, Pyxaĩ rapidamente descobre que ela está morta e, sem se zangar com o irmão, resolve fazer a partilha dos bens. Nesse momento, cada um segue seu caminho e a narração passa a se concentrar em Peru Rimã.

Embora a história comece descrevendo-os pela semelhança, já que ambos são espertos e conseguem se dar bem diante dos problemas, no diálogo em que se apresentam há uma clara oposição. Interpretando as respectivas apresentações à luz dos demais *kaujo*, ao passo que Pyxaĩ "faz o bem sem olhar a quem", Peru Rimã "faz

---

122. Tendo demonstrado o contraste inicial entre os dois personagens, resumirei essa parte final do trecho, a fim de não alongar demais a citação.

123. Por não saber esperar e, com isso, matar de modo desastrado a mãe, novamente Peru Rimã se aproxima de Jaxy (Lua), que, de forma também estabanada e afoita por mamar, destrói o corpo da mãe que estava sendo recriado por seu irmão Kuaray (Sol).

o mal sem olhar a qual". As consequências, no entanto, podem se inverter em relação às intenções iniciais. As ações reprováveis de Peru podem ter resultados positivos, assim como o bem que Pyxaĩ faz pode redundar em agressões fatais. Ou seja, dado que são personagens marcados pela ambiguidade, é necessário que sejam postos em relação para que suas diferenças apareçam de forma mais acentuada. Creio que a principal diferença entre Peru Rimã e Pyxaĩ está no fato de que o segundo faz essa passagem do herói desfavorecido ao privilegiado, derrotando seus antagonistas e se consolidando como um chefe (ou genro do chefe) na ordem política. Peru Rimã, ao que parece, jamais se consolida nessa ordem; é antes um conjurador de ordens, desestabilizador de poderes. Essa é sua ação política, esse é seu movimento. No fim de cada engano, ele retorna à sua condição inicial de andarilho, e assim vai enganando novamente. Seu ciclo de enganação é interrompido apenas pela punição divina, que o mantém ocupado contando grãos que jamais terminam.

Desse modo, se, em oposição ao demiurgo Nhanderu Tenonde, há um irmão enganador, talvez Pyxaĩ, enquanto aquele que "faz o bem", em vez de se situar como uma variação do enganador Peru Rimã, aponte para algumas características de personagens demiurgos.

Pyxaĩ, de fato, está longe de ser um deus, um grande feiticeiro transformador etc., como os demiurgos clássicos. Contudo, a maioria de suas narrativas possui uma estrutura sugestiva: homem feio e deformado (*pyxaĩ*), casa-se com uma mulher notável (princesa), vive na abundância (casa do rei), é alvo da inveja de parentes (irmãos mais velhos ou filhos do padrinho), supera os adversários (provas em que é ajudado por animais) e se vinga (morte dos adversários). Tal estrutura remete, ainda que de modo não explícito, às histórias de Lince, conforme as analisou Lévi-Strauss (1993 [1991]).

Segundo demonstra o velho mestre, os demiurgos Lince, na América do Norte, e Maíra-Pochy, entre os antigos Tupinambá da América do Sul, possuem trajetória similar. Este último, por exemplo, inicia seu percurso no mito como um escravo ou servo, feio e deformado. Possui, entretanto, poderes mágicos. Certa feita, ao dar um peixe para a filha de seu senhor, ela fica grávida e dá à luz. Todos os homens são reunidos para que se descubra quem é o pai. Observando de quem a criança aceita os arcos e as flechas, verificam que o pai é Maíra-Pochy. Contrariados, todos se afastam do casal, que, porém, vive em um lugar de abundância, ao passo que os demais vivem na penúria. Mesmo convidados para compartilhar da boa situação em que os dois vivem, os outros permanecem invejosos e tentam pilhar as roças do anfitrião. Maíra-Pochy os transforma em animais e, desgostoso da vida, abandona tudo e vai para o céu.

Para uma comparação melhor, vejamos rapidamente mais um *kaujo* de Pyxaĩ, coletado por Pereira (2014, p. 279-80) em uma aldeia guarani fluminense e que se enquadra em um dos dois tipos cujo resumo da trama expus anteriormente. Embora seja uma variante reduzida, tem aspectos notáveis para a aproximação agora desenvolvida.

O pobre Pyxaĩ trabalha recolhendo lenha. Durante a tarefa, ele encontra uma cobra, que lhe pede que levante sua cabeça com um graveto. Em agradecimento, ela lhe dá esse graveto, dizendo que ele é mágico. Usando-o, a lenha se junta sozinha, e Pyxaĩ a leva voando para casa. Enquanto isso, o rei realiza uma competição para ver quem consegue fazer sua filha rir, já que ela nunca o faz, prometendo que o vencedor se casaria com ela. A princesa, então, vê Pyxaĩ passar voando junto com a lenha, acha engraçado e ri, pois jamais havia visto algo assim. Depois de rir, ela fica grávida e logo tem um filho, que nasce com os dedos grudados. Todos os homens[124] são chamados para se descobrir quem é o pai. Aquele que fizesse os dedos da criança se descolarem quando pusesse a mão nela seria o pai. Apenas Pyxaĩ consegue fazê-lo, sendo declarado pai da criança e passando a viver na casa do rei.

Além das aproximações gerais já levantadas, as semelhanças mais surpreendentes com a história de Maíra-Pochy que despontam nessa versão são o modo mágico como a princesa engravida[125] e

---

124. Os irmãos de Pyxaĩ são citados brevemente nessa versão, mas não possuem função específica além de compor o grupo genérico de homens que não conseguem fazer a princesa rir e tampouco são reconhecidos pela criança como pai.

125. Esse modo quase instantâneo de produzir a gravidez ocorre nas narrativas de

o motivo da revelação da paternidade. Além disso, se seguirmos outras variantes desse *kaujo*, veremos também que os irmãos invejosos tentam prejudicar o herói, que já está casado (remetendo à pilhagem que sofre Maíra-Pochy), e são em seguida punidos por ele. Já os animais que são seus auxiliares cumprem também o papel de fornecer a Pyxaĩ poderes mágicos. Assim, embora ele não transforme ninguém em animal, é transformado por eles, adquirindo esses poderes que permitem superar os desafios e as agressões lançados contra Pyxaĩ.

Desse modo, as outras variantes complementam essas aproximações, que situam Pyxaĩ nas proximidades desses personagens demiurgos das mitologias ameríndias, enquanto Peru Rimã, como vimos, está sobreposto, implícita ou explicitamente, à figura de uma divindade enganadora. No entanto, há ainda mais um comentário sobre as relações entre esses dois pares de irmãos: Kuaray/Jaxy e Peru Rimã/Pyxaĩ.

Ainda que a aproximação entre Peru Rimã e Jaxy tenha sido ressaltada — a exemplo do que disse Karai Mirĩ ao narrar a história de Kuaray e Jaxy, no capítulo 1, relacionando explicitamente Jaxy a Peru Rimã —, algumas interessantes inversões também podem ser observadas. Kuaray (Sol), demiurgo central na cosmologia guarani, aproxima-se de Peru Rimã, uma vez que ambos são artífices conscientes de suas ações, nas quais quase sempre têm sucesso; são, digamos, o polo mais forte em relação ao outro irmão. Jaxy e Pyxaĩ, entretanto, fazem as coisas quase sem querer, com pouco domínio sobre os resultados de seus atos. Nesse sentido, nem Pyxaĩ é naturalmente identificado como um demiurgo, nem Jaxy (ao menos entre os Guarani Mbya) pode ser facilmente classificado como um enganador,[126] no sentido estrito do termo.

dois importantes demiurgos guarani: Kuaray (Sol) e Tupã Ra'y (Jesus), e aponta para uma forma assexuada de reprodução entre as divindades. Ver Pierri (2018).

126. Razão pela qual Pierri (2018, p. 52) prefere usar o termo *trickster* para se referir a Jaxy, e não "enganador", pois o primeiro mantém um dos sentidos do termo original *decepteur*, referente à frustração de expectativas, algo que a substituição por "enganador" — no caso específico de Jaxy — terminaria por obliterar, ao contrário de Peru Rimã, em que o epíteto de "enganador" exprime plenamente suas características.

Dessa forma, é possível estabelecer uma relação entre esses pares, como se Peru Rimã e Pyxaĩ fossem versões historicamente atualizadas de Kuaray e Jaxy, revelando algumas implicações políticas nesse movimento. A figura do demiurgo, que no modelo mítico é o modificador e instaurador de novas ordens políticas por excelência, é atualizada para uma posição fraca, que menos modifica a ordem do que adere a ela por acaso, a despeito de suas intenções. Já o *trickster*, na atualização de Jaxy para Peru Rimã, deixa de ser quem apenas frustra por inabilidade, para se tornar um insuperável gênio da enganação. Essas inversões, portanto, parecem-me reflexões que os Guarani fazem por meio de suas narrativas, que expressam as diferentes possibilidades e eficácias de se agir politicamente no mundo de hoje. Assim, do ponto de vista guarani, um demiurgo fraco e dependente da sorte indica a atual dificuldade de confronto e instauração de uma nova ordem política. Já o maior investimento na figura do enganador sugere um modo mais eficaz para lidar com o poder nos dias de hoje, mas se abrindo mão de reformar essa ordem ou instaurar uma nova em seu lugar, fazendo do engano uma insubordinação contínua.

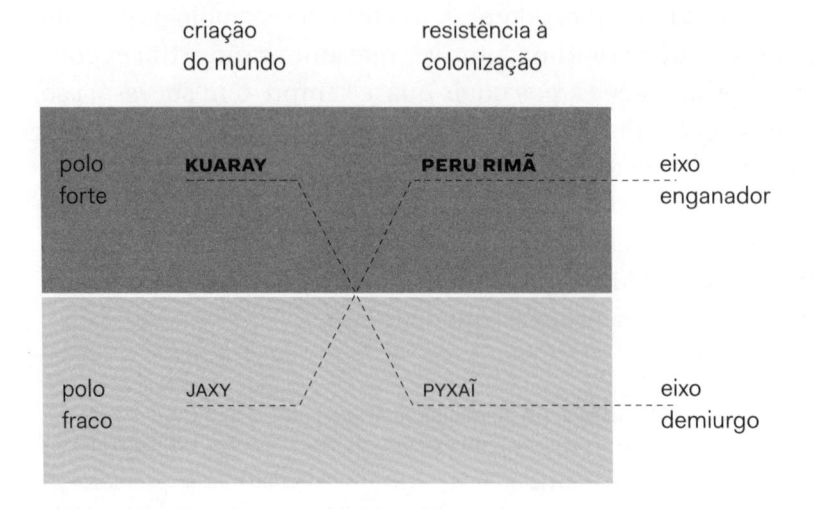

Diagrama das relações de oposição e transformação entre personagens míticos.

Alcançamos condições de afirmar que esses personagens, Peru Rima e Pyxaĩ, que à primeira vista poderiam ser lidos como meras influências de tradições folclóricas exteriores ao mundo ameríndio, estão inegavelmente articulados à lógica da mitologia indígena e, mais especificamente, guarani. Resta, no entanto, analisarmos melhor algumas características dessa articulação lógica, bem como a potência crítica que essas atualizações fornecem às narrativas mitológicas guarani. Iniciemos com mais considerações sobre a figura do enganador, retomando a oposição entre Peru Rimã e Pyxaĩ.

O modo claro e mais explícito em que ocorre a identificação de Peru Rimã com o papel de enganador, assim como sua associação a uma divindade *trickster*, contrasta com a forma um tanto mais escamoteada e nebulosa com que se pode chegar à relação de Pyxaĩ com as narrativas de demiurgos. Este último nem sequer efetua bem tal papel, já que suas únicas ações relevantes como demiurgo são produzir uma gravidez mágica e a punição de seus maléficos adversários (em geral, seus próprios parentes) depois que ascende ao poder.

Essa percepção da função do *trickster* é acentuada quando lembramos do caso krahô, em que Lua (Pudluré) é facilmente associado a Pedro Malasartes. Outro personagem da mitologia ameríndia que poderia muito bem ser sobreposto à figura de Peru Rimã é Kone'wo, cuja série de aventuras, composta quase unicamente de enganações, foi colhida pelo etnólogo alemão Koch-Grümberg (1924, p. 140-8) entre os Pemon, próximos à região das Guianas.

Algumas das burlas de Kone'wo, enganador por excelência da onça, podem ser encontradas como episódios de variantes de Peru Rimã. Entre eles estão a história do sujeito que finge comer os próprios testículos, incorporada por Mário de Andrade em *Macunaíma*,[127] e o episódio em que o enganador simula segurar

---

127. Os Guarani para quem mostrei a versão cinematográfica da obra, dirigida por Joaquim Pedro de Andrade (1969), apreciaram intensamente, aos risos, a história

uma enorme pedra inclinada, cuja versão contemporânea ouvi atualizada sob a forma de um muro supostamente prestes a cair, que o enganado se vê impelido a segurar quando o *trickster* inventa uma desculpa para ir embora e nunca mais voltar.

A razão dessa fácil identificação da figura do enganador e também de sua potência multiplicadora, capaz de relacionar, derivar e sobrepor uma miríade de personagens e episódios, parece-me relacionada ao que Lévi-Strauss aponta em relação à importância metafísica que os mitos dão ao enganador. Para relembrarmos, cito-o novamente: "ele [o enganador] sempre está no seu papel, tanto quando extrai o menos bom do melhor, como quando nele introduz o pior" (1993 [1991], p. 54). Assim, o enganador possui uma função, digamos, mais facilmente identificável, e seus motivos e variações se multiplicam amplamente. Trata-se de uma conformação que, por um lado, tende a perder estabilidade estrutural em outros aspectos da narrativa que não a função do personagem enganador (são muitos episódios, motivos etc.), mas, por outro, aponta para uma grande capacidade de atualização de termos. São justamente essa capacidade atualizadora e as formas lógicas que constituem seu mecanismo de operação que possibilitam ao enganador funcionar como uma singular arma de crítica. Mas, antes de desenvolver tal conclusão, é necessário que abordemos de modo mais direto a questão do empréstimo e da incorporação de elementos europeus no contexto da mitologia ameríndia.

No início deste capítulo, ao apresentar o personagem Peru Rimã, citei em nota suas origens, segundo os estudos do folclore ibérico, que o relacionam ao nome do pícaro Pedro de Urdemalas. Além dele, há uma porção de epítetos de *tricksters* não ameríndios que se espalham do Brasil até a Europa, passando principalmente pelos pícaros ibéricos, e até a África, e que poderíamos também associar a Peru Rimã: João Grilo, João Ratão, Lazarillo de Tormes,

do herói sem nenhum caráter, cuja trama é repleta de episódios de enganação, engodos e situações cômicas que lhes pareceram extremamente familiares.

Gusmán de Alfarache, El Buscón, Estebanillo González, Till Eulenspiegel, Uhlakaniana.

Também Koch-Grümberg (1924, p. 297-301) vê nas histórias do enganador Kone'wo elementos que considera de provável origem/influência europeia ou africana. No entanto, segundo o autor, as histórias de animais com características muito diferentes entre si, nas quais o fraco vence o forte por meio da astúcia, têm distribuição universal.

Em *História de Lince*, Lévi-Strauss (1993 [1991]) dedica um capítulo — intitulado "Mitos indígenas e contos franceses" — para a discussão da presença de elementos de contos franco-canadenses na mitologia indígena da América do Norte. A argumentação de Lévi-Strauss se concentra em demonstrar que nem todas as semelhanças com os contos europeus são oriundas das influências pós-conquista. Elas de fato existem, mas, assim como a hipótese levantada por Koch-Grümberg sobre a universalidade do motivo do fraco que usa da astúcia para superar o forte, as semelhanças entre tradições díspares seriam fruto não apenas de uma difusão muito antiga — de itinerário e cronologia irrecuperáveis — mas também das "propriedades inerentes ao pensamento mítico, dos constrangimentos que limitam e orientam seu poder criativo"[128] (Lévi-Strauss, 1993 [1991], p. 171). Além disso, e em articulação com esta última formulação, ele evidencia como a incorporação nos

---

128. Uma das formas pelas quais Lévi-Strauss aborda a lógica de transformação dos mitos é a "fórmula canônica do mito". Ainda que, nos termos das narrativas aqui apresentadas, nos escape um enfoque tão preciso, creio que é importante apontar o alcance assombroso de sua aplicação. Almeida (2008, p. 180), ao analisar pormenorizadamente o debate relacionado a essa ideia de Lévi-Strauss, demonstra o modo admirável como a fórmula descreve as transformações das narrativas mitológicas, articulando as passagens entre estrutura e história: "Na fórmula canônica, o 'último membro', aquele no qual ocorre uma 'dupla torção', conecta narrativas relacionadas entre si na temporalidade real. As transformações no tempo histórico não se reduzem à mera diacronia simbólica das estruturas de pensamento. Isso porque — da mesma maneira como uma máquina pode ser vista formalmente como pura estrutura reversível em um tempo abstrato, mas é sujeita às leis da termodinâmica e é condenada ao aumento de entropia ao ser considerada no tempo real da história —, as formas da lógica mítica são sujeitas às injunções da infraestrutura e à capacidade revolucionária da mente humana, que consiste em poder transpor as fronteiras da experiência sensível e se projetar rumo ao desconhecido".

mitos de elementos claramente provenientes da cultura europeia — constituindo uma prática preexistente de intercâmbio entre os diversos povos ameríndios — nada tem de fortuito:

[os empréstimos] situam-se numa longa história de inter-câmbios entre as tribos, ao longo da qual as transformações que o pensamento mítico realiza espontaneamente já tinham produzido muitos de seus efeitos. Os índios adotaram contos de origem europeia porque estes completavam ou reforçavam tais efeitos. (Lévi-Strauss, 1993 [1991], p. 171)

Como conclui em seguida o autor, as incorporações de temas e personagens ocorrem de forma mais intensa em determinados domínios mitológicos, ao passo que outros permanecem relati-vamente mais protegidos. Desse modo, as narrativas protagoni-zadas pelos enganadores[129] parecem constituir exatamente um desses domínios em que a potência de incorporar e atualizar elementos, "que sob aspectos variados já estavam ou poderiam estar presentes" (Lévi-Strauss, 1993 [1991], p. 177), permite ao mito enfatizar e complementar movimentos e princípios subjacentes.

Nesse sentido, a "confusão" que Melatti (2010) atribuiu a seus interlocutores krahô, que associavam características e histórias de Pedro Malasartes ao *trickster* Lua (Pudluré), nada tem de arbitrária. Pelo contrário, trata-se da percepção de que os motivos e predicados de Malasartes reforçavam os atributos já existentes de Lua — ele, assim, pode "se fazer mais Lua" por meio de sua atualização mala-sartiana, que fornece elementos cuja necessidade já se fazia sentir no processo de reprodução do mito nos novos contextos de sua existência.

O enganador não atua apenas nos tempos da criação mítica do mundo. Suas funções de desfazer ações, misturar o "bom" e o "ruim" e conjurar ordens políticas — em vez de aderir a elas ou

---

129. Lévi-Strauss (1993 [1991], p. 183), no diagrama final de *História de Lince*, aponta que um dos lados desse esquema gráfico se refere justamente às narrativas do *trickster* Coiote e dos mitos da captura dos ventos, como uma série mítica cuja construção "oferece uma espécie de decalque da cadeia sintagmática dos contos franco-canadenses".

fundá-las — são tarefas que se fazem necessárias justamente na duração deste mundo de domínios e seres apartados em que vive a humanidade, no qual a morada das divindades está separada da dos humanos. Portanto, o enganador deve seguir atuando mesmo depois da criação mítica da terra, até seu momento avesso: esse fim de mundo contínuo que é a América pós-conquista, em que vigoram os desmandos dos brancos. Aliás, segundo os Guarani, os brancos também tiveram seu demiurgo (Tupã Ra'y ou Jesus), mas o perseguiram e tentaram matá-lo (Pierri, 2018).

As tarefas do enganador, portanto, requerem dele contínua atualização de seus elementos de atuação, acrescentando na crítica mitológica à "predação da onça" a crítica à "predação do *jurua*". Os alvos do enganador passam a ser não apenas as poderosas figuras presentes na cosmopolítica ameríndia, o xamã, a onça,[130] o sogro, o espectro dos mortos, os "espíritos-donos",[131] mas também aquelas oriundas do mundo *jurua* — rei, padre, fazendeiro, juiz, político (a lista poderia ir longe) — e suas relações de dominação expressas na religião, no trabalho compulsório, nos contratos, nas negociatas e em tantos *kuaxia* (papéis).[132]

Ao se perpetuar nas narrativas míticas, a enganação demonstra sua eficácia como tema que explicita uma conjuração do poder político por meio da linguagem e também em seu próprio movimento

130. A onça, o temível e mais forte predador, é um alvo constante da enganação dos *tricksters*, como nos tantos mitos do Kune'wo dos Pemon e do Ka'i (macaco) guarani.

131. Os Guarani dizem *ija kuery*, expressão traduzida por eles como "os donos", sujeitos não humanos, senhores específicos de determinados lugares ou coletivos de animais, vegetais, artefatos ou mesmo humores, como a raiva e a preguiça. Seu papel é zelar por seus protegidos e animar sua existência. A importância desses "donos" na cosmologia guarani é imensa. Eles mantêm relações de agressividade ou não com os Guarani, que podem utilizar suas agências na caça e na produção de seus corpos por meio de afecções presentes entre os seres nos quais se constituem seus domínios. Ao logo do texto, essa categoria aparecerá diversas vezes; me referirei a ela mobilizando o termo em guarani *ija kuery* ou suas traduções, como "donos" ou "espíritos-donos", com a ressalva de que algumas acepções desses termos em português não se aplicam bem aqui, tanto a de propriedade como a da imaterialidade de um espírito. No capítulo 3, discutiremos de modo mais detalhado essa categoria de seres e as chamadas "relações de maestria" entre os Guarani.

132. *Kuaxia* é como os Guarani denominam o papel em geral e os tantos documentos que regem o modo de vida dos não indígenas.

de transformação. Os múltiplos nomes e embustes incorporados ao longo do tempo e do espaço pelo enganador fazem dele a mais esquiva das figuras. A enganação, assim como o humor a ela associado, cria um espaço de ambiguidades que permite ao sujeito agir e se deslocar diante do jugo de forças coercitivas, atuando como uma potente arma crítica capaz de lidar com as transformações históricas operadas pelo poder político. Como me contou uma liderança guarani, o que mais a atraía nas histórias de Peru Rimã era esse mundo possível que elas inspiravam, em que um Guarani, por meio da astúcia, superava o poderio *jurua*, talvez não como um habitual guerreiro, mas com o engenho do *-mbotavy*, o engano.

Ao longo deste capítulo, a enganação, encarnada principalmente na figura de Peru Rimã, revelou-se um processo destacado de mediação entre os sujeitos que habitam o cosmos. Não é fortuito, portanto, que muitos Guarani concebam Peru Rimã como uma divindade *trickster*, irmão rival de Nhanderu Tenonde, pois seu papel é necessário desde a gênese do mundo. No entanto, para além do processo de criação e diferenciação do cosmos, a enganação também é atualizada enquanto ação política capaz de operar no mundo já habitado majoritariamente pelos brancos, também chamados pelos Guarani Mbya de *heta va'e kuery* (aqueles que são muitos). Sua eficácia está na capacidade de relacionar termos opostos e gerar duplicidades de sentido, que terminam por solapar o poder político em seu movimento de coerção. Desse modo, a enganação funciona como esquiva (*jeavy uka*), utilizando o movimento prévio de ataque contra ele mesmo.

Poderíamos dizer que, para os Guarani, se a esquiva é um modo particular de produzir engano com o corpo, enganar, em geral, é uma forma eficaz de enfrentar o poder político enquanto coerção. A figura do enganador forte, então, demonstra ser esta uma das principais armas dos Guarani para lidar com o poder atualmente: na impossibilidade de criar uma nova ordem, como fez Kuaray no início do mundo, a ação política guarani se centra na potência do engano e da esquiva como processos de *insubordinação contínua contra as forças da colonização.*

Contudo, a disputa de poder que permeia os enganos operados por Peru Rimã não possui o único efeito de não se deixar submeter.

A enganação pode, em diferentes graus, resultar também em coerção, e é isso o que sugerem alguns dos episódios em que a face amoral de Peru fica mais evidente. O que ocorrerá com as vítimas de seus enganos pouco lhe importa; às vezes, ele se coloca até mesmo na posição de subjugá-las. Assim, a enganação também se constitui como uma armadilha, um movimento que possui a potência da captura.

Essa variação entre o caráter libertário da enganação e o seu caráter de armadilha será importante para as próximas questões, discutidas em outros âmbitos de narrativas em que aparece a disputa de poder, em contextos nos quais a enganação também pode ser posta em prática pelo polo mais forte da relação, compondo a dinâmica de produção e transformação de corpos e coletivos que marca a cosmopolítica guarani.

Imitação e sedução

Ao analisar algumas narrativas guarani de criação do mundo, Pierri (2018) destacou o contexto de disputa de poder que existia entre os irmãos rivais Nhanderu Tenonde e Xariã. Ao último é atribuída a criação de diversos seres, que seriam variantes de outros, gerados por Nhanderu Tenonde, seu irmão mais novo e com quem queria competir durante a criação da primeira terra (Yvy Tenonde), imitando algumas de suas criações. Contudo, imitar, como ressalta o autor, não é outra coisa senão uma forma de transformar, o que também é válido para todos os casos de imitação aqui comentados. Vejamos este trecho em que Ladeira (2007 [1992], p. 169) descreve algumas dessas criações de Xariã:

> Conforme explicação de alguns Mbya, Anhã quis ser mais criativo que Nhanderu, inventar mais coisas. Para tanto, baseou-se nas criações de Nhanderu, exagerando suas formas e cores. Entre as plantas, Anhã "inventou" as raízes coloridas como a beterraba, a cenoura. As verduras como a couve, o repolho, e outras folhas são a imitação das plantas e ervas dos matos usadas como remédio. [...] Entre os animais de Anhã, estão sobretudo os ferozes, entre os quais as cobras venenosas, diversas aves e felinos.

Nesse sentido, eu acrescentaria que o pano de fundo da disputa de poder que envolve esse processo de imitação/transformação propicia uma variação entre intenções e resultados, em que a enganação aparece também como um mediador-chave.

As imitações descritas anteriormente são enganosas, portanto, em dois sentidos. Primeiro, porque suas diferenças podem enganar, ou seja, produzir engano em outrem. Por exemplo, uma cobra venenosa (criação de Xariã) que imita uma não venenosa (criação anterior de Nhanderu Tenonde) produz um engano que pode ser fatal. Em segundo lugar, como se pode depreender das irredutíveis diferenças nesse processo de imitação, não se trata de imitações propriamente ditas. Ou seja, elas simples e necessariamente fracassam como imitações, assim como também fracassam

os irmãos *tricksters* ao tentarem imitar o outro: Jaxy fracassa em relação a Kuaray, e Xariã, em relação a Nhanderu Tenonde. As imitações são em si mesmas — e só podem ser — um *engano*.

Assim, creio ser importante enfatizar que a disputa de poder, pano de fundo que parece operar nessas transformações, funciona como condição ideal, ainda que não necessária, da enganação. Como busquei apontar anteriormente por meio de narrativas de Peru Rimã, o engano se alimenta da ganância. Tal qual na esquiva (*-jeavy uka*), e aqui sua raiz comum (*avy*) novamente as aproxima, são a pretensão e o desejo de submeter — ou ser submetido, como ocorre na sedução do *-jepota* — que funcionam como combustível desses processos. Portanto, a produção do "erro" (um dos significados do radical *-avy*) é alimentada pelo movimento já iniciado pela vítima da esquiva ou do engano.

É importante lembrar também que, independentemente das variações relativas às perspectivas em jogo, isto é, se o resultado da enganação subjuga (funcionando em seu caráter de armadilha) ou liberta (como uma esquiva), há sempre ao menos uma positividade garantida: a enganação é produtora de novas variantes no mundo.

Vejamos mais alguns casos de enganação relacionados à criação de uma imitação, uma imagem ou, mais especificamente, um duplo. Em Pierri (2018), há uma narrativa guarani sobre um demiurgo enviado para ensinar os brancos, conhecido por Tupã Ra'y (correlato de Jesus). Em meio à história, há um comentário do narrador sobre o engano que um duplo de Tupã Ra'y, uma espécie de *xondaro* e auxiliar que o acompanhava, produziu nos brancos que tentavam assassiná-lo. Eles o confundiram com sua imagem, seu duplo: "*Oãga ri ma ojapo raka'e, ombotavy aguã jurua kuery* / Fez apenas uma imagem dele, para enganar os brancos" (Pierri, 2018, p. 79).

Trata-se de um processo em tudo similar ao que um *xeramoĩ* do filme *Desterro guarani* (2011) diz sobre a morte do herói de guerra Sepé Tiaraju. A coalizão ibérica que expulsava os Guarani de suas terras, na margem oriental do Rio Uruguai, em meados do século XVIII, acreditava haver matado seu líder, quando, segundo o ancião, Sepé havia enganado (*ombotavy*) a todos: "*Ojuka merami rive, jurua kuery ombotavy rive aguã* / Apenas parecia que o mataram, foi só para enganar [os brancos]". A *kunhã karai* (xamã) ao seu lado complementa a fala, indicando o destino celeste de Sepé: *"ogueraa raka'e orejekupe* / [os Nhanderu] levaram nosso guerreiro protetor". Além disso, esse comentário sugere uma relação entre o engano produzido por Sepé Tiaraju contra o exército ibérico e a migração às moradas celestes, genericamente identificadas como *yvy marã e'ỹ* (Terra Sem Males). Ou seja, há aqui uma relação possível entre o movimento de migração cosmológica e a produção de engano no inimigo por meio desse deslocamento ao mesmo tempo corporal (a maturação do *aguyje*) e espacial, algo análogo ao *-jeavy uka* (esquiva) na dança do *xondaro*. Tentarei analisar melhor essa possibilidade no capítulo 4.

No entanto, como apontei antes, a enganação não serve apenas para evitar capturas, mas também para proporcioná-las. Assim, é comum ouvir também dos Guarani que os brancos os enganaram, seja no passado, com os inúmeros esbulhos territoriais em nome da catequese cristã, seja por meio de outras cínicas propostas, tais como as variadas obras de infraestrutura que ignoram seus direitos constitucionais atualmente. Além disso, o engano como captura aparece também nas relações entre os Guarani e os diversos seres que habitam as matas (*ka'aguy rupigua kuery*), questão que veremos a seguir.

OJEPOTA E ENGANO

Se o neoevolucionismo afirmou sua originalidade, é em parte em relação a esses fenômenos nos quais a evolução não vai de um menos diferenciado a um mais diferenciado, e cessa de ser uma evolução filiativa hereditária para tornar-se antes comunicativa ou contagiosa. [...] o movimento não se faz mais apenas ou sobretudo por produções filiativas, mas por comunicações transversais entre populações heterogêneas. [...] O devir é sempre de uma ordem outra que a da filiação. Ele é da ordem da aliança. Se a evolução comporta verdadeiros devires, é no vasto domínio das simbioses que coloca em jogo seres de escalas e reinos inteiramente diferentes, sem qualquer filiação possível. (Deleuze & Guattari, 1997a [1980], p. 15)

As simbioses e as transformações que a transversalidade gené-
tica do neoevolucionismo descreve e cujos dados empíricos
não cessam de admirar a ciência moderna[133] são há muito
consideradas pelos Guarani um modo no processo de especiação.[134] Na etnografia guarani, desde ao menos Cadogan (1997
[1959]),[135] já é possível atestarmos uma quantidade significa-
tiva de narrativas relacionadas a transformações em diferentes
animais e seres.

Nos contos coletados pelo etnólogo paraguaio, há histórias
sobre indivíduos transformando-se em porco-do-mato (*koxí*) por
terem desobedecido ordens paternas, brigas com monstros antropomorfos, casamentos com espíritos-dono, sereias etc. Trata-se de
uma parte considerável da obra de Cadogan e que está dedicada
a esse aspecto horizontal da cosmologia guarani, cujo mote principal se relaciona justamente com as formas de aliança intensiva
de que falam Deleuze e Guattari e que Viveiros de Castro também
vai chamar de "aliança demoníaca", que funciona na contramão
da aliança dita clássica do estruturalismo:

133. A recente descoberta de um pulgão que realiza fotossíntese tem como
principal hipótese a transposição de genes de uma espécie vegetal que, de algum
modo, foram incorporados pelo pulgão (transferência lateral durante a evolução).
Ver VALMALETTE, Jean Christophe *et. al.* "Light-induced electron transfer and ATP
synthesis in a carotene synthesizing insect" [Transferência de elétrons fotoinduzida
e síntese de ATP em um inseto sintetizador de caroteno], *Scientific Reports*, v. 2, n.
579, 16 ago. 2012. Disponível em: https://www.nature.com/articles/srep00579.

134. "De todas as espécies animais, dizem que há um exemplar monstruoso, fantástico,
a maioria dos quais vivem sós, em lugares solitários, *e não se procriam*" (Cadogan, 1997
[1959], p. 174, grifo meu). Como o grifo busca atentar, a reprodução aqui não é filiativa.

135. Também Nimuendaju (1987 [1914], p. 109), embora não as transcreva, cita a
profusão dessas narrativas: "As lendas aqui transcritas não esgotam em absoluto
a mitologia dos Apapocúva. Não me detive, deliberadamente, nas lendas dos de-
mônios da natureza que correspondem ao *Caipóra* e *Ujára* dos Tupi. Poder-se-ia
compor vários volumes com as narrativas de animais e homens-animais, mais ou
menos fabulosos. Aí aparecem o *teju-jaguá*, o lagarto-jaguar, e o *tatú-jaguá*, o tatu-
-jaguar; e ainda um monstro fabuloso, humanoide, com longas garras afiadas que
cortam tudo o que tocam [creio ser o *ava poapê*], além de dois irmãos ogros antro-
pófagos. O mito ainda fala de anões, *taguató-rembiuí*, 'comida de gavião', por serem
tão pequenos que caem presa das aves de rapina; de uma horda de mulheres que
vivem sós (*cunã-teviry*) e de homens disformes, que vivem sem esposas (*avá-teviry*)".

Há a aliança extensiva, cultural e sociopolítica, e há a aliança intensiva, antinatural e cosmopolítica. Se a primeira distingue filiações, a segunda confunde espécies, ou melhor, contraefetua por síntese implicativa as diferenças contínuas que são atualizadas, no outro sentido (o caminho não é o mesmo nos dois sentidos), pela síntese limitativa da especiação descontínua.[136]

Há, entre os Guarani com quem convivo, uma profusão de narrativas sobre *-jepota*,[137] um processo de aliança com seres outros que culmina em uma transformação corporal. Não são apenas narrativas circunscritas a um tempo longínquo, um passado mítico. Pelo contrário, muitas delas se referem a casos que ocorrem no presente ou em um passado recente. Há inclusive fotografias que circulam entre os celulares dos Guarani de corpos de parentes que estariam em processo de *ojepota*. Ouvi histórias de *ojepota* em sapo, cobra-cega, seres monstruosos e, principalmente, em onça.

Tais processos ocorrem, segundo me dizem os Guarani, quando o corpo está vulnerável e em seguida é alvo do desejo de algum espírito ou ser da mata. Os *ojepota* são normalmente gerados por alianças conjugais com outros seres. Quer dizer, os seres veem a vítima do *ojepota* como seu cônjuge potencial e, se a vítima incorpora tal perspectiva, o processo se inicia.

Karai Mirĩ certa vez me contava sobre pessoas que eram capturadas por seres antropomorfos monstruosos, conhecidos por *ava poapẽ*, pois possuem garras com unhas imensas. Indaguei sobre a razão da captura, e a resposta foi explícita: "Muitas vezes é um *ava poapẽ* mulher, e ela quer levar para casar!".

Em uma narrativa de *ojepota* contada por Karai Mirĩ e que adaptamos para curta-metragem[138] em uma oficina de formação

136. VIVEIROS DE CASTRO, Eduardo. "Filiação intensiva e aliança demoníaca", *Novos Estudos Cebrap*, n. 77, 2007, p. 119.

137. Outro termo também utilizado para se referir a esse processo é *-jeko me'ẽ*, que pode ser traduzido como "entregar a própria vida". Para mais considerações e narrativas a respeito do *-jepota*, ver MACEDO, Valéria. "*Jepota* e *aguyje* entre os Guarani: o desejo da carne e da palavra", *Anais do 35º Encontro Anual da Anpocs*, Caxambu: Associação Nacional de Pesquisa em Ciências Sociais, 2011.

138. *Ojepota rai va'e regua: sobre aquele que quase se transformou* (2012).

audiovisual, o que ocorria era mais ou menos o seguinte: um jovem recém-casado andava muito pela mata, olhando as armadilhas que havia feito. Certa vez, durante uma caminhada, é surpreendido por sua cunhada, irmã mais nova de sua mulher e ainda solteira. Ela tenta agarrá-lo de forma estranha, mas ele consegue se desvencilhar e seguir seu caminho. A cunhada desaparece na mata.

O jovem se dirige à casa onde mora com os sogros e conta o ocorrido, perguntando se a cunhada havia saído da casa em algum momento. Os sogros dizem que não, que ela havia permanecido todo o tempo ali. O jovem, então, resolve retornar à mata para conferir mais armadilhas e pede enfaticamente para que eles prestem atenção em sua cunhada e não a deixem sair.

A situação se repete, no mesmo lugar, com a cunhada aparecendo, tentando agarrá-lo, ele se desvencilhando e seguindo seu caminho. Ao voltar para casa, ele comenta que ela novamente apareceu ali.

O sogro, então, esclarecendo que ela não havia se ausentado da casa, afirma que não é a cunhada que ele encontra em suas caminhadas. "É um ser da mata", diz. O sogro inicia uma fala de aconselhamento, em que descreve os três momentos na vida em que os Guarani estão com os corpos vulneráveis: quando começa a puberdade, quando nascem irmãos mais novos e no início dos casamentos.[139] Nesses períodos, deve-se evitar caminhar nas matas e deve-se cuidar da dieta, entre outras coisas, para diminuir o risco de ser levado por seres da mata.

Em seguida, o sogro combina com os *xondaro* da aldeia uma emboscada no lugar em que a suposta cunhada normalmente aparece. Se isso não for feito logo, adverte o sogro, seu genro corre o risco de ser levado e nunca mais voltar a viver com os humanos. Usando o protagonista como isca, assim que a suposta cunhada aparece, os *xondaro* disparam suas flechas, matando o ser, que revela ali seu corpo de onça.

São bem comuns os momentos em que os mais velhos aconselham um jovem, dizendo que se fizer tal coisa ou tiver

---

139. Parece-me que todos esses momentos têm em comum a fertilidade sexual enfatizada: puberdade, início de casamento e gravidez/nascimento.

determinados comportamentos, "*rejepotata!*" (você irá se transformar!). Também são frequentes os comentários jocosos diante de carnes malcozidas ou cruas,[140] como nos casos em que lhes são oferecidas algumas "comidas de *jurua*", tais como sushi: "*ajepotata!*" (me transformarei!), eles dizem, rindo.

O *-jepota* é, portanto, um acontecimento extraordinário e indesejado na socialidade guarani, pois, se o processo se concluir, trata-se da perda de um parente, sua morte social do ponto de vista dos Guarani.[141]

Caracterizar esse processo como indesejado da perspectiva dos que "perdem" a pessoa aponta, ironicamente, para possibilidades de traduções mais literais do termo *-jepota*, que o ligam a "desejo". O radical *-pota* está relacionado a querer, ter apego a algo, desejar, ao passo que *je* é um pronome que indica função reflexiva do verbo. É possível traduzirmos *-jepota* para algo como "apegar-se", "apaixonar-se",[142] o que deixa claro o aspecto central e contraditório que desejo e aliança têm nesse processo. Trata-se, pois, de uma troca de perspectivas em que uma aliança é desfeita (aquela com os parentes guarani) e uma nova é construída. Durante o *ojepota*, um novo movimento de desejo é alavancado, a despeito das negativas e evitações que os conselhos dos mais velhos sugerem quando descrevem os comportamentos indesejados no âmbito da socialidade humana e os riscos aí envolvidos. O que vemos aqui é uma contraposição entre os movimentos de esquiva e enganação,

140. O próximo capítulo abordará com mais detalhe a questão da comensalidade e da transformação.

141. Vale acrescentar que um dos receios mais comuns dos Guarani de *-jepota* hoje é quando o *ojepota* se inicia sem que alguém perceba, completando-se apenas após a morte da vítima. O túmulo rachado e o cadáver incomum são os indícios definidores (nesse caso, é preciso queimá-lo). Ou seja, pode haver um intervalo de tempo considerável entre o início do processo e sua conclusão. Nesse ínterim, a vítima alterna entre os dois contextos sociais, o de seus parentes guarani e o de seu cônjuge da mata, até quando for possível.

142. Cadogan (1997 [1959]) traduz *ojepota* pela expressão em espanhol *prendarse*, que mantém uma boa amplitude de significados para o caso: "Prendar: 1. Tomar una prenda como garantía de una deuda o como pago de un daño recibido. 2. Ganar la voluntad y agrado de alguien. 3. Aficionarse, enamorarse de alguien o algo. Se prendó de aquel compañero suyo" (Real Academia Española, 2019).

pois a modalidade de engano que está em operação não serve à libertação, mas sim à captura.

Os seres da mata e demais sujeitos não humanos da plataforma terrestre com os quais se estabelece relações de alteridade usam do engano para efetivar o processo de transformação que fará a vítima passar de um coletivo de corpos/parentes para outro. A enganação pode se concentrar em algum sentido da percepção, o visual (como no caso anteriormente descrito, em que a onça/ser da mata aparece[143] como a cunhada), ou sonoro/verbal, expresso em cantos e chamados proferidos na mata. Segundo os Guarani, ouvir vozes durante caminhadas na mata é extremamente perigoso. A finalidade do ser que simula a voz ou canto humano[144] pode ser incerta: fazer da vítima sua comida ou seu parente (sexo e predação aparecem como processos equivalentes nessas transformações radicais). O certo é que sucumbir ao chamado redundará em abandonar o convívio com os parentes. Já os aconselhamentos dos mais velhos em relação aos preceitos comportamentais, ao que deve ser evitado e mesmo à atitude de concentração durante caminhadas na mata apontam para uma disposição para lidar com esses perigos. Ou seja, em situações de maior vulnerabilidade, é necessário se desviar de determinados caminhos e comportamentos, e estar atento a ataques inesperados. Para isso, os *xondaro* também treinam a esquiva em suas rodas de dança, para superar tais ataques quando eles ocorrem.

Em um dos artigos-síntese sobre o perspectivismo ameríndio, Viveiros de Castro discorre sobre os pronomes cosmológicos e a posição da sobrenatureza como sujeito: "Quem responde a um 'tu'

---

143. "*Hovaja rami ae ojeexauka*." Uma tradução literal dessa expressão que descreve os encontros da onça-cunhada com o jovem guarani poderia ser: "Ela se fazia ver como sua cunhada".

144. As onças, segundo me contam os Guarani, são capazes de imitar sons de diversos animais, inclusive a voz humana. Esse é um de seus principais artifícios para enganar as presas. Ao ouvir tais sons, os Guarani dizem com uma leve preocupação ou mesmo atemorizados: "*nhandejaryi ikuai ma ko'i rupi*" ("nossa avó está por aqui"). Chamar a onça de avó serve para evitar pronunciar diretamente seu nome e atraí-la ainda mais, e é também uma forma de respeito a esse ser que, segundo as narrativas de início do mundo, foi avó dos irmãos Kuaray e Jaxy (Sol e Lua).

dito por um não humano aceita a condição de ser sua 'segunda pessoa', e ao assumir por sua vez a posição de 'eu' já o fará como um não humano".[145] Enfrentar a alteridade que te chama não é outra coisa senão aceitar a posição de segunda pessoa, pois, ainda que seja em disposição agressiva, responder corresponde necessariamente à acolhida do chamado, mesmo que seja para a "guerra".[146] Portanto, é a esquiva que, constituindo-se como uma incorporação parcial e controlada da perspectiva do outro, pode evitar tal sujeição. Diante do bote da onça, fruto do desejo de seu estômago ou de seu sexo, resta esquivar. Nesses casos, a esquiva domina a transformação, enquanto a enganação — meio pelo qual a captura se efetiva — a precipita. Aquele que consegue esquivar mantém sua perspectiva anterior; contudo, aquele que deixa o movimento de seu desejo ser capturado pelo engano de um sujeito outro (afim potencial) tem a perspectiva e, portanto, seu próprio corpo transformados na nova aliança aí conformada.

É importante lembrar, no âmbito desta discussão, que a principal forma de caça dos Guarani Mbya é por meio da confecção de armadilhas, que são dispostas em lugares estratégicos na mata. Tal uso possibilita uma forma menos agressiva e mais negociada de predação, evitando animosidades com os espíritos-donos (*ija kuery*) das espécies predadas. Também é dito pelos Guarani que os animais que caem nas armadilhas o fazem porque os espíritos--donos já os deram, em um processo de negociação que pode ter

---

145. "O contexto 'sobrenatural' típico no mundo ameríndio é o encontro, na floresta, entre um homem — sempre sozinho — e um ser que, visto primeiramente como um mero animal ou uma pessoa, revela-se como um espírito ou um morto, e fala com o homem [...]. Esses encontros podem ser letais para o interlocutor, que, subjugado pela subjetividade não humana, passa para o lado dela, transformando-se em um ser da mesma espécie que o 'locutor': morto, espírito ou animal" (VIVEIROS DE CASTRO, Eduardo. "Os pronomes cosmológicos e o perspectivismo ameríndio", *Mana*, v. 2, n. 2, out. 1996, p. 135). A narrativa de *ojepota* que resumi se aproxima de várias das condições descritas nesse trecho e que sublinham o processo de captura e transformação na relação entre sujeitos de perspectivas distintas.

146. Assim, relações de agressão redundam também nesse princípio de compartilhamento de afecções corporais e perspectivas, algo que aponta para semelhança e simetria entre inimigos nos ciclos de vingança.

sido previamente intermediado, principalmente pelas divindades. Entretanto, creio que o caráter imprescindível da armadilha para que essa negociação se efetive é sua operação como enganação, algo que capturará o movimento/desejo do animal, que pode já ter sido anteriormente liberado pelo seu protetor, mas que, sem o dispositivo do engano, jamais seria capturado.

Além de esse modo de caça se relacionar fortemente com os modos de incorporação do exterior entre os Guarani Mbya[147] que temos visto aqui, também é notável que o uso de armadilhas seja considerado uma forma de captura tolerada, em geral, pelos espíritos-donos que zelam pelos animais de caça. O que quero apontar é justamente o reconhecimento da enganação como mediação e processo, senão legítimo, ao menos consentido, na captura e transformação de corpos e, consequentemente, na formação de coletivos. Ou seja, assim como a sua expressão corporal por meio da esquiva, a enganação figura como um idioma privilegiado na cosmopolítica guarani.

147. Macedo (2019) também busca pensar essa questão central sobre os modos específicos de incorporações do exterior efetuados pelos Guarani e utiliza as armadilhas de caça como mote conceitual. Trata-se, tanto lá como aqui, de mostrar como os Guarani afirmam ser possível se transformar, incorporando o outro, o exterior, sem se sujeitar a ele, realizando um deslocamento (esquiva) que não se estabiliza nem como presa nem como predador.

3

COSMOPOLÍTICA GUARANI MBYA E SEUS PERSONAGENS

Corpos e dualismos

ALÉM DE DESIGNAR A DANÇA, *xondaro* também se refere a variadas funções exercidas pelos que encarnam essa alcunha, o que aponta para um modo de relação, como pretendo demonstrar ao longo deste capítulo. Essas funções, por sua vez, estão associadas a diferentes processos de produção corporal. Em algumas falas dos Guarani sobre a formação do *xondaro*, podemos encontrar diversos procedimentos que pretendem atingir determinados comportamentos e também preparar os *xondaro*, por meio da modificação de seus corpos, para variadas situações, de modo a serem leves e eficazes na esquiva. Algumas modificações e transformações, no entanto, devem ser controladas para que não se completem a ponto de se cair em uma forma de *-jepota* (transformação em um corpo de outro ser).

"Corpo", no contexto em que os Guarani pensam e fazem essas transformações, tem uma acepção um tanto distinta do que entende o senso comum ocidental. Creio, como já sugeriram várias etnografias,[148] que as formulações amplas de Viveiros de Castro para os povos indígenas da Amazônia também servem aos Guarani: "'corpo' não é sinônimo de fisiologia distintiva ou de morfologia fixa; é um conjunto de afecções[149] ou modos de ser que constituem um *habitus*".[150] Todo ser tem um corpo, mas o que difere um ser de outro é sobretudo o que pode fazer o corpo que ele tem; se é, por exemplo, o corpo de uma divindade (Nhanderu e Nhandexy *kuery*), que nunca perece, ou de um ser *rekoaxy* (que vive nesta terra, onde se adoece), que pouco a pouco definha.

A produção corporal entre os Guarani está muito associada ao uso de substâncias conhecidas por *moã*,[151] termo normalmente

---

148. Ver, por exemplo, Montardo (2002), Macedo (2009), Seraguza (2013), Pereira (2014), Testa (2014) e Pierri (2018).

149. As afecções se referem ao que pode um corpo em termos de afetar e ser afetado, às "capacidades que singularizam cada espécie de corpo: o que ele come, como se move, como se comunica, onde vive, se é gregário ou solitário" (VIVEIROS DE CASTRO, Eduardo. "Os pronomes cosmológicos e o perspectivismo ameríndio", *Mana*, v. 2, n. 2, out. 1996, p. 128).

150. *Ibidem.*

151. Para mais reflexões sobre o tema do *moã* entre os Guarani, ver Montardo

traduzido por eles como "remédios tradicionais", que agem em uma lógica de transmissão de afecções. Trata-se de substâncias e processos relacionados a fungos, plantas e animais da mata, via de regra guardados por espíritos-donos (*ija kuery*), que garantirão ou não a eficácia do *moã*. O conhecimento sobre essas substâncias e o modo correto de utilizá-las pode ser um tanto restrito aos mais velhos, normalmente ciosos de passar adiante tais saberes. Para tanto, como em muitos outros casos de circulação de saberes, é necessário "querer de verdade".[152] Levando em conta esse contexto mais reservado de saberes, passaremos apenas por alguns exemplos,[153] sobretudo para enfatizar as relações de transformação corporal que eles sugerem.

A tartaruga pequena do rio (*karumbe pytã*) tem seu coração engolido ainda batendo, para aumentar a resistência do *xondaro* durante uma luta. Uma abelha conhecida por *kyre'ymba*[154] ajuda na agilidade e rapidez; dizem que é necessário deixar que ela pique uma parte do corpo, como o joelho, por exemplo, para que essa afecção seja absorvida. O esquilo e o pássaro tangará (já citado) são remédios associados a habilidades de movimentação corporal — deve-se usar a banha desses dois animais nas pálpebras. Também na pálpebra se usa a gordura dos olhos do gavião, para aperfeiçoar a visão (Xondaro Mbaraete, 2013, p. 24).

Os Guarani dizem também que a gordura do quati pode ser utilizada para fazer crescer o cabelo, podendo até mesmo reverter

---

(2002), Mello (2006), Testa (2014) e também LADEIRA, Maria Inês. "Notas etnográficas sobre o uso dos adornos corporais Guarani-mbya na infância", *7ª Reunião de Antropologia do Mercosul*. Porto Alegre, 2007. Mimeo.

152. Conforme discutido no capítulo 1, mostrar-se merecedor desses conhecimentos passa sobretudo por demonstrar respeito, ter paciência e perseverança; mais ouvir e ver do que falar. Essa postura, portanto, não corresponde a "perguntar demais" sobre as coisas. Ver Cabral de Oliveira & Keese dos Santos (2015) para uma discussão sobre os modos de conhecer e a circulação de saberes entre os Guarani Mbya, tema também abordado de forma pormenorizada em Testa (2014).

153. Registrados em parceria com jovens pesquisadores guarani que investigavam o universo do *xondaro*, resultando no livro e no documentário homônimos, *Xondaro Mbaraete: a força do xondaro* (2013).

154. É também um dos nomes do grau máximo alcançado por um *xondaro*, conforme comentei no capítulo 1. Voltarei a essa importante expressão no capítulo 4.

a calvície (incomum entre eles). Já a gordura da capivara tem o efeito contrário: onde ela é passada, não nasce mais pelo. O peixe mussum[155] não é escamoso e seu couro está coberto por uma substância lubrificante, que o torna extraordinariamente escorregadio. Além disso, ele tem uma musculatura forte, o que o torna especialmente difícil de agarrar. Suas características são muito cobiçadas pelos *xondaro*, que almejam incorporá-las. Aprendi que isso é possível comendo-se o peixe e fazendo-se um cinto com seu couro.

Alguns alimentos, suas partes e os distintos modos de consumi--los também influem consideravelmente na produção corporal dos Guarani e em seus comportamentos. Certos alimentos são restringidos de acordo com a idade e o sexo, sendo preferencial ou unicamente servidos aos mais velhos. As mulheres, por exemplo, não devem comer farinha de milho (*avaxi ku'i*), pois podem ficar com os seios ressecados, prejudicando a amamentação. Os jovens não devem ingerir o cérebro (*inhapytu'ũ*) dos animais, pois ficarão com os cabelos brancos mais cedo. Já as crianças mais novas não devem comer pés de galinha; se o fizerem, andarão pelo mundo de forma exagerada e desgovernada.

Vale a pena também voltarmos rapidamente ao modo de transformação do *-jepota*, visto no capítulo anterior, para observarmos mais algumas questões em relação à alimentação e à transformação corporal. Uma das características que marcam o *-jepota* é a comensalidade: a vítima adota os modos e os hábitos alimentares do ser com quem fará aliança. Um dos exemplos que se sobressaem é o consumo de carne crua: além de se associar à predação da onça, é tida como dominada por um espírito que, segundo Cadogan (1997 [1959], p. 174), também produziria o *-jepota*, conhecido por *tupixua*.[156]

---

155. *Synbranchus marmoratus*. Sua ocorrência é comum às margens da represa Billings, nas adjacências da TI Tenondé Porã.

156. A questão do *tupixua* sugere uma compreensão para a divergência que alguns Guarani Mbya da província de Misiones, na Argentina, relataram ao ver o filme que resumi no capítulo anterior, *Ojepota rai va'e regua* (2012). Segundo eles comentaram após a exibição do filme na aldeia Katupyry, o *-jepota* é promovido por um espírito-dono ou ser que não vemos, e não pela onça propriamente dita.

Outra relação entre *-jepota* e prática alimentar aparece em um comentário que, certa vez, uma liderança guarani fez para mim. Para ela, não ocorria mais *ojepota* como no passado, em razão da má alimentação atual dos Guarani, proveniente sobretudo dos mercados das cidades. Esses alimentos (*tembi'u vai*) fazem com que os corpos guarani fiquem repulsivos aos sujeitos não humanos e animais que poderiam tê-los como objeto de desejo. Embora isso possa, à primeira vista, soar positivo, já que os tornaria mais protegidos, apenas expressa a deterioração atual de seus corpos, que nem sequer para *-jepota* serviriam, que dirá para atingir maturações em corpos divinos, como o *aguyje*. Segundo a liderança, essa má alimentação torna seus corpos cada vez mais como os dos *jurua*, que, aparentemente, também não são vítimas de processos de transformação como *-jepota*.

Outro procedimento de produção corporal extremamente difundido entre os Guarani com quem convivo é a prática da modelagem de partes do corpo de crianças recém-nascidas.[157] Trata-se de um processo realizado nos casos em que, segundo eles, essas partes estão disformes e, portanto, podem e devem ser corrigidas. Eles afirmam que o corpo dos recém-nascidos, por ainda estar bem flexível, pode ser facilmente modelado com as mãos por meio de massagens contínuas, com as quais é possível corrigir deformações no crânio, no nariz, na orelha etc. Ou seja, é um procedimento que também reforça essa percepção que os Guarani têm dos corpos como passíveis de serem ativamente produzidos, alterados e transformados parcial ou totalmente.

Os corpos também são preparados para realizar ações específicas, como retirar mel de colmeias. Aqueles que produziram em seus corpos as aptidões necessárias por meio do uso de *moã* ou outros procedimentos xamânicos simplesmente não levam picadas ou são imunes às investidas das abelhas mais agressivas.[158]

---

157. Pereira (2014, p. 63) registra a mesma prática em uma aldeia guarani fluminense.

158. Devo confessar que essa é uma aptidão que me pareceu extremamente útil quando acompanhei um grupo de amigos guarani para coletar mel na mata. A agressividade

Da mesma ordem é o caso de os rapazes em fase de preparação para o *xondaro* passarem a mão no couro de uma caça recém--capturada: fazendo isso, serão bons caçadores.

Há diversos outros procedimentos que não terei condições de enumerar e muitos mais que desconheço, mas vale realçar que a formação do *xondaro* se relaciona fortemente ao tema da utilização de *moã* e da transformação corporal. Contudo, em meio a esses processos de transformação, os Guarani enfatizam intensamente alguns pares de oposição que regulam a proliferação e a multiplicidade de variações de corpos e práticas que compõem o cosmos, movimento que opera também no *xondaro reko*, o modo de ser e agir dos *xondaro*.

Entre as diferentes funções relacionadas aos *xondaro*, estão as designações[159] *xondaro opyregua* e *xondaro okaregua*. As atribuições de um *xondaro opyregua* estão relacionadas a ser um auxiliar dos rezadores (xamãs) e cuidar da parte interna da *opy* (buscar lenha, servir chimarrão, cuidar da porta para que não entrem "espíritos agressores"). É comum também chamar alguns desses *xondaro* de *yvyra'ija* (ver capítulo 1), como também são conhecidos os auxiliares dos xamãs guarani, quando não os próprios, que podem ser entendidos como auxiliares das divindades na terra. Já o *xondaro okaregua* (ou *okaygua*), cuja designação é referente ao pátio (*oka*), está incumbido de tomar conta da parte externa da *opy* e das áreas coletivas da aldeia (cuidado de roças, busca de água e outros recursos), o que o deixa mais exposto a perigos e tendo que lidar com conflitos relacionados à dinâmica comunitária.

---

das abelhas pode tornar tal empreitada incrivelmente dolorosa, mas também — já que quase nenhum caso resulta em fatalidade — produzir diversas situações cômicas.

159. Há também, por exemplo, os *xondaro okẽja* ("donos da porta", responsáveis por cuidar da entrada da *opy*) e os *xondaro pyrague* (espécie de mensageiros que se antecipam nas visitas interaldeias e na comunicação de incidentes). Ver Xondaro Mbaraete (2013). Certamente, há ainda outros termos, muitos dos quais não conheci. Não acredito que exista um conjunto definido e limitado de qualificações para caracterizar as distintas funções dos *xondaro*. A existência do *xondaro* como relação permite justamente que novas atribuições sempre possam ser derivadas.

A oposição *xondaro opy regua/oka regua*, por sua vez, é um desdobramento do *xondaro porã*,[160] que tem como contraste o *xondaro vai* (ou *poxy*),[161] oposição em que as diferenças estão radicalizadas em relação ao par anterior. Se o *xondaro porã* é um auxiliar das lideranças e de sua comunidade, que se relaciona bem com todos e mantém proximidade com os *xeramoĩ* e a *opy*, o *xondaro vai* ou *poxy* é destinado a lidar com todos os tipos de conflitos, internos ou externos à comunidade. Suas atribuições fazem com que tenha ensinamentos e produção corporal específicos, com destaque para a utilização de *moã* que tragam afecções corporais relacionadas a potências agressivas, úteis a suas funções de *xondaro vai*. Tal formação faz com que o *xondaro vai* seja mais recluso, mais afastado do convívio social. Macedo registra um comentário de um Guarani que descreve o *xondaro vai* para além de suas restrições ao contexto ritual da *opy* e explicita as relações desse tipo de *xondaro* com outros seres não humanos que habitam a plataforma terrestre, como os *ija kuery*:

> Mas os *xondáro* [*vaí*] que cuidam de fora da aldeia não podem entrar na *opy*, porque já foram para a guerra, são autorizados a matar, são eles que cuidam da parte feia da aldeia. Então não são autorizados a entrar na *opy*. Eles são protegidos por vários espíritos, têm a habilidade e a inteligência própria para isso. Desde criança são treinados pra isso. Geralmente são protegidos por *itaja* e *kaguyja*, porque *itaja* dá a eles o poder da proteção e *kaguyja* o poder de camuflar na floresta.[162]

160. Em termos genéricos, *porã* designa aquilo que é bom e belo, e serve para também qualificar o estado de alguém, como no cumprimento "*Reiko porã pa?*" ("Você está [vive] bem?"). No entanto, conforme veremos adiante, sua aplicação se estende a outros contrastes mobilizados pelos Guarani.

161. *Poxy* pode ser traduzido como "estar muito bravo", "ter raiva", "cólera". Já *vai* é um termo mais complexo. Além do uso adverbial para expressar excesso, é também utilizado como sinônimo pouco mais ameno que *poxy*. Como adjetivo, também qualifica aquilo que é ruim, mortal e pertence a este mundo: *yvy vai* em oposição a *yvy marã e'ỹ* (a terra das moradas celestes onde nada morre ou se estraga).

162. MACEDO, Valéria. "Vetores *porã* e *vai* na cosmopolítica Guarani", *Tellus*, ano 1, n. 21, jul.-dez. 2011, p. 38.

Muitos Guarani me disseram que apenas os *xondaro vai* se utilizam de *moã* e incorporam afecções e saberes relacionados a sujeitos não humanos que habitam o mesmo patamar ou patamares bem próximos à terra: os donos (*ija kuery*) e demais seres que não se vê, *jaexa va'e'ÿ kuery*, incluindo aí os espectros dos mortos (*ãgue* ou *mbogua*). Ainda que a utilização mais amena de tipos específicos de *moã* não me pareça totalmente negada aos *xondaro porã*, até porque o uso dessas substâncias é extremamente difundido e praticado por todos nas *tekoa* (aldeias) que conheci, o que meus interlocutores parecem enfatizar é que há — como para quase tudo — dois caminhos para transformar o corpo e se fortalecer como *xondaro*. Um deles é por meio das potências emanadas dos Nhanderu Kuery; o outro, por meio das forças oriundas dos seres que habitam a plataforma terrestre. O conceito de caminho (*tape*) é muito operado pelos Guarani em sua lógica dualista: há o *tape kirĩ*, estreito, de andar dificultoso e relacionado às divindades, e, em contraste, o *tape guaxu*, largo e de fácil caminhar, associado a sujeitos não humanos que habitam este mundo. Tais caminhos, segundo a maioria dos que me comentaram sobre o assunto, implicariam escolhas com importantes consequências para os Guarani.

Vejamos um trecho da fala de um cacique e *xondaro* do Vale do Ribeira, proferida na ocasião em que pesquisadores guarani faziam perguntas sobre os modos de ser dos *xondaro*:

Va'eri oĩ avi ta'vy, xee aexa ramo... Nhepoanonoã he'ia rami, peixa nhanderexapyxo aguã, ndevevui aguã, ha'e va'e raĩgua-ĩgua py nepoano avi, ha'e va'e ma ta'vy nderu gui ju rã. Xee aexa karamboa'e. [...]

Porém, tem também, pelo menos como eu vejo, utilizarmos remédios da mata para termos boa visão, para termos leveza no corpo; para essas coisas te cuidam com os remédios da mata, mas esses vão ser dados pelos seus pais. Eu vi acontecer. [...]

Nhaneramoĩ kuery ijayvu, ha'e va'e jave voi aendu ramo, aipoe'ia rami. Peixa opita va'e rami ae avi py, xapy'arã Nhanderu kuery ete nembo'e rã py, ndee nekyre'ỹta, ndee ndevevui ta, nekyre'ỹmba ete revaẽ ta avi, va'eri Nhanderu rupi, ha'e oĩ avi. Ha'e va'e ma anhete, ha'e ma anheteguaete rã nhambovare rã avi. *Opamba'e py ijoyvy va'e meme*, ha'e rami ramo py oiko raka'e yma ramo nhande kuery onhepoãno gua'u, mba'exa pa porei ma ja'erã, mba'e porei ma oguereko rã. Ha'e ramigua ri oiko rã ivevui va'e, va'eri ha'e va'e ma ja Nhanderu gui e'ỹ ju ma, ha'e ramigua ejavi py oĩ, xee aexa ramo ta'vy. [...]

Os *nhaneramoĩ* [avós e xamãs] falavam, naquela época mesmo eu já ouvia falar disso, era como também se diz, os *opita va'e* [aqueles que fumam, os xamãs]. Se os Nhanderu te ensinassem, você poderia alcançar o *kyre'ymba*, poderia ter a leveza completa, porém seria por meio dos Nhanderu, tinha isso também. E isso é muito verdade, por isso devemos acreditar e valorizar. *Pois tudo tem os seus dois lados*, por isso os Guarani usavam antigamente os remédios da mata, como a gente se refere a isso, pois com isso se conseguia ter o corpo leve também, porém isso não era de Nhanderu, tem tudo isso, pelo menos do meu ponto de vista. [grifo meu]

Ha'e pe jajerovia, jerovia ma ko yvy rupi e'ỹ avi, jajerovia peixa Nhanderu kuery re. Amonguepy jajerokyta vy nhanemandu'a'i ha'e va'e rupi avei ou rã nhandevy pe, jajeroky aguã, ha'e rami ma yma, xee aikuaa peixa he'ia rami, tembiguai reko, okaygua reko nhandeayvu ta ramo ha'e rami oĩ.

E tem sobre a valentia, isso não deve ser da terra, a valentia, a coragem, deve ser dos Nhanderu Kuery também. Às vezes, quando a gente vai dançar, devemos nos lembrar das divindades, dessa forma virá para nós, para dançarmos. Era assim antigamente. E sobre o *tembiguai* (auxiliar) e o *okaygua* (*xondaro* do pátio), se a gente for falar, seria assim também.

O relato de um jovem pesquisador guarani, Wera Alexandre, aproxima-se muito da fala transcrita anteriormente e enfatiza uma das consequências ao se utilizar de potências relacionadas aos sujeitos não humanos da plataforma terrestre — a soberba:

Hoje conversei com meus avós, Bonifácio Ferreira Karai Nhe'ery e Miguela Escobar Ara Poty, sobre um pouco de tudo. Contaram que o *nheovanga oka regua* [brincadeira no pátio, um dos nomes da dança do *xondaro*], foi Nhanderu que deu esse conhecimento para dançar e praticar. E aquele que chamamos de *xondaro jerovia* (*xondaro* soberbo) não é que não tenha conhecimento, mas não é um conhecimento de *nhanderu kuery*, mas sim de *yvy regua kuery* (dos habitantes da terra). Mas aquele que é *xondaro oka regua* não precisa se tratar para ser valente, ele adquiria todo o conhecimento que ele precisa, que vem do Nhanderu e não do *moã*. (Xondaro Mbaraete, 2013, p. 38)

Essa temática de escolhas e restrições, portanto, relaciona-se com diferentes processos de transformações corporais. De um lado, estão as práticas e os saberes oriundos dos Nhanderu Kuery (divindades), que apontam, por meio do esforço contínuo e intenso daqueles que os seguem, à maturação corporal, à afecção-imortalidade do *aguyje*; de outro, a incorporação de afecções corporais e saberes de sujeitos não humanos ligados à *yvy vai* (a plataforma terrestre), sejam eles *jurua*, animais, "espíritos-dono" ou demais seres que não podem ser vistos, capazes de trazer força e até riquezas, mas cujas consequências nem sempre podem ser positivamente administradas, causando infortúnios e rupturas irremediáveis.[163]

---

163. Certa vez, um *xeramõi* me contou um sonho relacionado a uma situação que vivera na juventude, quando andava muito pela mata. Passando por dificuldades na vida, chegou algumas vezes a cavoucar um riacho cheio de pedras, no meio da selva, acreditando que ali havia ouro. Depois de voltar de uma dessas tentativas, teve um sonho em que uma linda mulher lhe aparecia no local e o levava para falar com seu pai, entrando pelas águas. Lá, em uma casa que, no início, parecia simples, mas depois se revelava feita de ouro e até diamantes, o pai da moça lhe ofereceu a filha em casamento. Caso aceitasse, todas aquelas riquezas seriam suas. Tentado por um momento, logo lembrou de sua família e da pequena filha que acabara de nascer. Desistiu da oferta, percebendo principalmente o risco que corria. O pai da moça então lhe advertiu que nunca mais procurasse ouro nem mexesse nas pedras dos rios. Ao lembrar desse sonho, o *xeramõi* enfatizou uma das consequências da aceitação do acordo: um destino de vida breve. "Já pensou, se eu tivesse aceitado? Não sei o que ia acontecer comigo, podia estar rico, *mas não ia durar muito tempo também, não*. Essas coisas nos levam embora, nos transformam. Nós, nhandekuery [guarani], não devemos mexer com essas coisas [ouro, pedras preciosas]. Mesmo que a gente saiba, mesmo que a gente veja. O dinheiro é a mesma coisa, como ouro" (grifo meu). Essa narrativa, que associa à morte o ganho fácil oferecido por um espírito-dono, em contraposição à negação desse

Assim, a incorporação de substâncias e saberes oriundos desta terra (*yvy rupigua*), embora praticada pelos Guarani como importante via de transformação parcial de seus corpos e habilidades, tem suas medidas. Ela não deve ser feita sem orientação de conhecedores e, caso utilizada com fins mais ousados, como a aquisição de potências agressivas, deve-se levar em conta os riscos envolvidos. Eis o caminho do *xondaro vai*. Sua agressividade é tolerada — e, em certo sentido, valorizada — pela função necessária que desempenha em momentos de conflitos internos e externos em relação à *tekoa*.[164]

Mas não só as demais pessoas correm risco diante da agressividade incorporada pelos *xondaro vai*: eles próprios podem perder o controle de sua transformação parcial. A proximidade exacerbada com seres da mata e demais sujeitos não humanos que habitam a terra pode afastá-los completamente do convívio com os parentes. Eles podem ser, ao final, enganados pelos mesmos seres que lhes forneceram força e habilidade, também chamados de *imbotavya kuery* (aqueles que enganam), caindo em uma espécie de *-jepota* (transformação em outro), em sua agressividade desmedida.

Por sua vez, o modo de vida relacionado às práticas e aconselhamentos da *opy*, do estreitamento de laços com as divindades, que se expressa em seus rituais, danças, cantos, alimentação e

caminho como a possibilidade de viver mais, dialoga com as reflexões desenvolvidas por Pierri (2018, p. 274-9) com base na fala de um xamã que conecta o fazer-se humilde (*nhemomboriau*) às afecções corporais e comportamentos necessários para alcançar o *aguyje*, a imortalidade dos Nhanderu Mirĩ. Como o autor destaca, são reflexões que atualizam um tema-chave nas mitologias ameríndias, a associação de uma escolha à vida breve. No caso guarani, o caminho fácil das riquezas desta terra, que os *jurua* possuem tanto, é justamente o que leva mais rápido à morte, em oposição à vida "humilde" que os Guarani devem privilegiar, um dos comportamentos necessários para o *aguyje*.

164. É necessário apontar que, ainda que as descrições sobre os *xondaro vai* sejam comuns entre meus interlocutores, essa formalização da função não aparece de modo claro na maioria das aldeias hoje. Essa classificação surge mais com uma referência de comportamento agressivo e perigoso, bem como das relações envolvidas. Contudo, embora a função possa ter sido mais comum no passado, sua encarnação no presente, mesmo que pontual ou em novas figuras atualizadas na dinâmica guarani (conforme veremos adiante), demonstra sua pertinência no quadro de oposições entre as diferentes funções dos *xondaro*.

nas figuras dos *karai*, das *kunhã karai*, de seus auxiliares, *xondaro* e *xondaria kuery*, proporciona o desenvolvimento de corpos mais saudáveis e leves que, no limite, apontam para a imortalidade do *aguyje*. Como indicam as falas anteriores, por essa via é possível alcançar grande disposição corporal, nunca se cansar e ter comportamentos que valorizam a reciprocidade entre os parentes. No caso do *xondaro*, esse seria o caminho traçado pelos *xondaro porã*, cujas atividades estão associadas a auxiliar as lideranças e os xamãs, assim como ser zelador dos espaços comuns, dentro e fora da *opy*.

Aqui, como em muitos outros casos, os Guarani não expressam todos a mesma opinião. Alguns dizem ser possível combinar esses saberes (dos Nhanderu e "da terra"), mesmo que, para isso, seja necessário enganar. Entretanto, parece-me importante ressaltar que importa mais apontar as consequências do que buscar um consenso normativo em relação à manipulação dessas potências.

Nas práticas xamânicas dos Guarani Mbya, uma das oposições mais marcadas se dá entre os procedimentos de cura e os de agressão, conhecidos como feitiços (*mba'evyky* ou *paje* e, em casos específicos, *ka'avo*).[165] Como uma amiga guarani me explicou, uma das formas sintéticas de contrastar esse par é observar o fato de que a cura xamânica é o saber referente ao ato de tirar o malefício do corpo, ao passo que o feitiço é o saber para colocá-lo. Enquanto o conhecimento para realizar o primeiro procedimento vem diretamente dos Nhanderu Kuery, algo prestigiado e enaltecido publicamente, a prática do feitiço, nunca assumida e geradora de frequentes acusações e conflitos, é um saber que vem de "seres que vivem na sombra". Um dos nomes que já ouvi em referência a esses seres relacionados à plataforma terrestre é *araiguyry regua kuery*, "aqueles que vivem abaixo das nuvens". Segundo um interlocutor guarani, esses seres seriam os sujeitos responsáveis por dar poder aos que realizam os feitiços. Além disso, tais sujeitos, que poderíamos entender como próximos à classe conhecida como espíritos-donos (*ija kuery*), comportam-se muitas vezes como "rivais das divindades". Entre esses seres

---

165. *Ka'avo* é um termo associado aos feitiços tidos como mais leves e que têm por intuito realizar "amarrações" de cunho amoroso.

há, por exemplo, os donos do arco-íris (*karuguaja*), que gostam de disputar poder com as divindades da morada dos Tupã, pois também produzem chuva e tempestades.

O conhecimento para fazer feitiços pode ser revelado em um sonho, de forma simétrica ao que ocorre em relação a quem vira um *opita'i va'e* ("aquele que fuma", um dos nomes para designar o xamã guarani mbya). A diferença é que, no caso dos conhecimentos vindos de Nhanderu e exclusivamente para produzir "coisas boas", proteger e curar (tirar as doenças), apenas um único instrumento é oferecido em sonho ao futuro xamã; no sonho de revelação por parte dos *araiguyry regua kuery*, são dois os instrumentos oferecidos.[166] Esses instrumentos exprimem as potências xamânicas. No caso da revelação por parte dos "seres que vivem nas sombras", um dos instrumentos representa as potências de colocar e o outro, de remover os malefícios do corpo afetado, que aparecem sob a forma concreta de objetos patogênicos (normalmente pequenos insetos, pedaços de madeira ou metal etc.).[167] Ao receber os dois instrumentos, aquele que passa a saber como colocar feitiços, saberá também tirá-los. Essa dupla potência pode até mesmo proporcionar alguma vantagem em termos de eficácia — e, portanto, prestígio — nos processos de cura xamânica.

Poderíamos continuar caracterizando essa oposição, na qual os Guarani com quem convivo investem intensamente, já que a ela são reputadas consequências cruciais em sua dinâmica social. Por ora, vale apenas ressaltar mais alguns aspectos que chamam a atenção na descrição desses sonhos, entre eles, a assimetria dos instrumentos oferecidos. Isso se relaciona a um tema amplamente comentado na

166. Os relatos que envolvem sonhos como meio de os Nhanderu transformarem alguém em xamã são mais frequentes, contados inclusive por aqueles que foram escolhidos e aceitaram o que lhes foi oferecido, ao passo que o único meio de conhecer o sonho na versão do feiticeiro é por meio daqueles que relatam terem recusado os instrumentos, justamente por saberem que apenas os "seres que vivem nas sombras" oferecem dois objetos como manifestação de poderes xamânicos. Quanto àqueles que aceitaram, intui-se que mentirão para esconder a real origem de suas potências de xamã.

167. Em Testa (2014, p. 84), há uma descrição mais detida sobre os objetos patogênicos e a relação com a sua origem cosmopolítica: se foram enviados por espíritos-donos de determinados domínios ou por feiticeiros humanos etc.

etnologia, a "ascese e medida" (Viveiros de Castro, 1986, p. 596), que caracteriza os ideais do xamã guarani. As restrições, sejam alimentares ou relacionadas a várias outras práticas associadas à depreciação do "excesso", estão descritas, ainda que com variações, de modo onipresente nas etnografias sobre esse povo.[168]

O que esses sonhos e os Guarani nos dizem, em consonância com outras descrições etnográficas, é que é preferível ter apenas metade do poder relacionado ao xamanismo, contanto que seja oriundo dos consanguíneos divinos e, portanto, *porã*, do que tê-lo por completo e ceder ao excesso e ao ponto de vista agressivo *vai*. Não por acaso, os que aceitam o que é oferecido pelos *araiguyry regua kuery*, contou-me o mesmo Guarani que me falou sobre esses seres, tornam-se caprichosos, soberbos, não aceitam ter seus desejos recusados nem ser desagradados. Comumente, são vingativos, *ivaija* (dono da raiva, da braveza), dizem os Guarani.

Já podemos entender melhor uma das acepções contextuais do termo *vai*. Além de "feio", "ruim", "mau" ou "perecível", seu uso aponta também para o que, em contraposição aos comportamentos ideais entre parentes, denota "agressividade" ou "excesso". Segundo os Guarani, a terra em que vivemos, além de marcada pela corruptibilidade e pelo definhamento, seria também a terra do excesso desmedido das relações de agressividade e predação.

A oposição *vai/porã*, tão presente nos discursos xamânicos e nas falas de aconselhamento (*nhemongueta*), é traiçoeira, em suas diferentes acepções, pois pode derivar em interpretações que a

---

168. Cadogan (1997 [1959]), Hélène Clastres (1978), Schaden (1974), Litaiff (1999), Ladeira (2007 [1992]), Pissolato (2006), Macedo (2009) e Testa (2014) são alguns autores que trabalham especialmente essas questões. Ver também ASSIS, Valéria Soares de. "A estética dos objetos Mbyá-Guarani e sua participação nas modalidades de trocas", *op. cit.* Pierri (2018, p. 255), por sua vez, faz uma importante ressalva sobre "a insuficiência da proposição da ascese vegetariana para caracterizar o regime alimentar desses grandes xamãs. O maior problema dessa formulação me parece ser o de sublinhar excessivamente o aspecto negativo desse regime alimentar, quando sua positividade é extremamente relevante. É pelo fato de modularem a dieta dos *nhanderu mirῖ* [que inclusive comem carne de queixada] que xamãs guarani conseguem tornar seus corpos como os deles. As restrições aqui se referem antes de mais nada ao 'movimento de desfiliação e de diferenciação' em relação ao regime alimentar de outros sujeitos que não as divindades".

cristalizam segundo termos morais, o que me parece aprofundar uma equivocação. Em determinados contextos, explorados sobretudo no trabalho de Pierri (2018), tal oposição exprime relações de contraste entre, de um lado, o que é associado às divindades e tudo o que existe em suas moradas celestes, que são imperecíveis (descritos como *marã e'ỹ* ou *porã*), e, de outro, a plataforma terrestre, que é constituída de versões perecíveis (descritas como *marã*, *rekoaxy* ou *vai*) daquilo que existe nas moradas divinas. Ou seja, segundo o argumento do autor, é uma oposição operada pela percepção das qualidades sensíveis que distingue o que perece em comparação com o que é imperecível.

Em outros contextos, interessantes para se pensar as relações no âmbito da ação política guarani, *vai/porã* é uma oposição relacional que contrapõe, segundo determinada perspectiva, relações de agressividade a relações de proteção e cuidado, a animosidade à amizade. Em termos de parentesco, as primeiras situam relações com afins, marcadas por um fundo virtual de agressão, e as últimas expressam a produção da consanguinidade, em que a generosidade (*mborayvu*) e a compaixão (*mboaxy*) vigoram na relação. Assim, *vai* é atribuído aos que se comportam como adversários em relação aos Guarani e às suas divindades, ponto de vista ao qual eles procuram se ligar. Dessa forma, o personagem Xariã, que apareceu na narrativa de Kuaray e Jaxy, assim como as onças originárias na mesma narrativa e alguns espíritos-donos (*ija kuery*), seriam *vai* em contraposição à relação de consanguinidade que os Guarani buscam enfatizar com os Nhanderu Kuery (literalmente, nossos pais), ainda que tanto Xariã como os *ija kuery* possam também ser considerados imperecíveis (*marã e'ỹ*), pois "eles são os adversários das divindades" (*ha'e kuery ma Nhanderu kuery rovaigua*), como certa vez me explicou um jovem guarani. Ou seja, eles seriam algo como seus "rivais simétricos".[169]

169. Parece-me que o contexto em que esse jovem guarani (Wera Alexandre) utilizou o termo *rovaigua* se relaciona também a essa reflexão de Pierri (2018, p. 53): "É notável que a expressão *hovaigua* possa ser empregada para designar a equivalência comportamental entre dois seres ou pessoas distintas, mas também como sinônimo de 'inimigo' ou 'contrário'. Pode-se dizer que ambos os sentidos são

As relações agressivas das disputas de poder e da predação com inimigos e afins produzem, entre os Guarani, expressões que poderíamos traduzir também em um âmbito estético,[170] pois se caracterizam formalmente pelo excesso, pelo descontrole colérico etc., em contraposição à "ascese e medida", às formas minimalistas e moderadas que aparecem nas relações ideais entre parentes. No caso da dança do *xondaro*, as características mais apreciadas são a leveza e a fluidez dos gestos, assim como a habilidade em esquivar e o fôlego incansável.

Os diferentes grafismos presentes na cestaria guarani mbya (*ajaka para*) também são um exemplo dessa expressão estética. As variantes de grafismos mais rebuscados criadas por Xariã em uma disputa de poder com seu irmão mais novo, Nhanderu Tenonde, que havia criado um grafismo mais simples, não são, contudo, *vai* em si mesmas, como demonstra a fala de um *xeramoĩ* presente no filme *Orereko Mbaraeterã* (2011).[171]A descrição em sua fala não qualifica tais variantes dessa maneira (*vai*); diz apenas que Xariã, com seu novo trançado de cobra, havia superado seu irmão. Ou seja, é necessário que os termos *vai/porã* estejam contrapostos em um contexto de enunciação que opõe relações de agressão a relações de generosidade (*mborayvu*) e proteção, para podermos mobilizar tal oposição nessa acepção, que se distingue daquela

mobilizados nesse caso, já que essas feras foram geradas para devorar as onças originárias, e são, portanto, inimigas destas últimas. De todo modo, se há sempre diferença a extrair-se de gêmeos, como ficará claro aqui, haverá também identidade entre inimigos, como já mostravam os Tupinambá". Assim, alguns *ija kuery*, ao mesmo tempo que são inimigos dos Nhanderu, podem compartilhar com eles o atributo *marã e'ỹ* da imperecibilidade, conforme buscava me explicar Wera.

170. Cabral de Oliveira (2012, p. 141) mostra que, para os Wajãpi do Amapá, a oposição estética entre diferentes categorias de alteridades não humanas, diferindo-as pela beleza ou monstruosidade, varia "conforme o contexto e quem as percebe. Tais categorias marcam antes manifestações que seres personificados; enfatizam posições ao invés de uma condição inerente ao sujeito". Essa questão da "posição relacional" me parece fundamental também entre os Guarani, para pensar suas oposições lógicas.

171. "Então, o irmão mais velho dele ficou olhando ele fazer. O Xariã. E foi ele que fez dessa outra forma. Ele que deixou o trançado de cobra. E ele superou./ *Ha'e gui ha'e rami. Ha'e va'e oexa oiko raka'e tyke'y. Xariã. Ha'e ma ha'e merami ju ombopara. Mboi para meme oeja. Oganave'i ju nguau*" (Pierri, 2018, p. 45).

que sobrepõe *vai/porã* à oposição perecível/imperecível (*marã/marã e'ÿ*), comentada anteriormente.

Há que se ter atenção, contudo, a algumas ressalvas. Do ponto de vista guarani, conforme vimos nos exemplos anteriores, essas categorias que tendemos a separar, como estética e política, estão, em geral, sobrepostas (*porã* pode ser tanto algo considerado bonito como algo referente a uma relação de aliança e proteção) e são operadas em uma lógica relacional, isto é, dependem das posições relativas entre os termos da relação e do contexto em que ela é mobilizada. Tudo depende de com quem e com qual intensidade se quer fazer um movimento de afiliação e de identificação, ou o inverso, de desafiliação e de diferenciação, nos termos de Taylor e Viveiros de Castro.[172] Além disso, como vimos no capítulo 1, a variedade de possibilidades para mobilizar essas oposições é organizada por figuras, os *xeramoĩ* e *kunhã karai* (xamãs), que destacam determinadas preferências e interdições nas relações, mas estarão sempre passíveis de serem seguidas ou não em sua condução, mantendo em movimento o jogo entre matriz e variante.

As falas transcritas anteriormente, que enfatizam um dualismo na origem dos saberes e das afecções corporais na formação do *xondaro*, explicitaram uma preferência por aquelas oriundas do eixo vertical do xamanismo guarani (a relação com as divindades), como evidencia este trecho: "E tem sobre a valentia, *isso não deve ser da terra*, a valentia, a coragem, deve ser dos Nhanderu também" (grifo meu). Contudo, quando contrapostas ao vasto conhecimento e à ampla utilização, entre os Guarani, dos "remédios da mata", possivelmente relacionados a sujeitos não humanos desta terra, algumas questões aparecem. Por exemplo, acredito que falas que positivam o uso de potências relacionadas a sujeitos não humanos que habitam a plataforma terrestre e com quem se estabelecem relações de alteridade sejam mais raras porque, entre outros motivos, eventualmente suscitam desconfiança em relação a quem as profere, já que a incorporação de saberes e de potências que não as oriundas das divindades pode levar a comportamentos hostis

---

172. TAYLOR, Anne Christine & VIVEIROS DE CASTRO, Eduardo. "Um corpo feito de olhares (Amazônia)", *Revista de Antropologia*, v. 62, n. 3, 2019, p. 795.

e a agressões xamânicas do tipo feitiçaria (*mba'evyky*), conforme descrevi. Parece-me uma preocupação em que podemos destacar um claro componente associado à ação política.

Tanto o *xondaro vai* como o xamã-feiticeiro têm potencial para se tornarem "tiranos" entre seus corresidentes de aldeia e até de região. Trata-se de pessoas cuja incorporação excessiva do ponto de vista do inimigo e de suas afecções pode causar muito dano aos demais. Não por acaso, principalmente os xamã-feiticeiros, quando identificados como autores ou apenas suspeitos desse tipo de agressão, podem sofrer severas retaliações, incluindo a imediata expulsão da aldeia.[173] Isso também ocorre com aqueles que se envolvem constantemente em brigas, situação relacionada com frequência à ingestão habitual de bebidas alcoólicas. Os bêbados habituais são chamados pelos Guarani de *oka'uxe va'e* (aquele que quer se embriagar). A embriaguez alcoólica, como apontou Heurich (2011), está fortemente associada à incorporação de pontos de vista inimigos, como os espectros dos mortos e os espíritos-donos de humores agressivos (raiva, ciúme etc.).

Desse modo, os discursos guarani que enfatizam um uso mais exclusivo de afecções divinas em detrimento daquelas oriundas da terra e as fortes retaliações às agressões praticadas por xamãs-feiticeiros sugerem que as posições que flertam com pontos de vista inimigos são possíveis lugares de irrupção de violência e forças coercitivas no seio da socialidade guarani. Por isso, deve-se produzir mecanismos que as controlem. É isso, creio, o que vemos nesses discursos e em práticas da política comunitária, tais como a regulação da quantidade de bailes e forrós (nos quais se consome muita bebida) e a expulsão dos que são demasiado violentos com seus corpos ou que usam do xamanismo para agressões.

Comportamentos agressivos não são, no entanto, necessariamente repudiados, como vimos no caso do *xondaro vai*. Tudo depende das relações em jogo: quem é agressivo, como é, e contra quem o faz. Assim, nem todos os sujeitos não humanos que perambulam pela plataforma terrestre serão vistos sob a ótica exclusiva de afins

173. Voltarei à questão da expulsão da aldeia no capítulo 4.

potencialmente agressores, como também alguns Nhanderu poderão exibir comportamentos agressivos quando necessário, relacionado também às diferentes características que marcam os múltiplos coletivos divinos. Trata-se de questões que abordaremos brevemente agora, nessa complexa dinâmica de alianças e agressões que caracteriza as relações entre os sujeitos que habitam o cosmos.

AGRESSÕES, ESQUIVAS E PROVAÇÕES

No capítulo 1, comentei o processo de desdobramento (*mbojera*, "desabrochar, florescer") das divindades, registrado sobretudo em *Ayvu Rapyta* (Cadogan, 1997 [1959]). As belas palavras contam como, a partir de Nhanderu Tenonde, que desdobrou a si mesmo, vão surgindo as demais divindades: Nhamandu Py'a Guaxu, Karai Ru Ete, Jakaira Ru Ete e Tupã Ru Ete.

Ao resumir o capítulo que descreve a criação da primeira terra (Yvy Tenonde), Cadogan utiliza a palavra *lugarteniente* para caracterizar essas divindades desdobradas de Nhanderu Tenonde: "Creación de la Primera Tierra y los siete Paraísos. Ñande Ru entrega la Primera Tierra a sus *lugartenientes* y se retira a las profundidades del Paraíso" (1997 [1959], p. 319, grifo meu). *Lugarteniente*, a tradução escolhida por Cadogan para *pyrõnga*, "aquel en que pone el pie" (1997 [1959], p. 171), aponta justamente para a ideia de auxiliar, enviado, representante, alguém que realiza função análoga a outrem em diferente contexto. Além disso, a tradução mais literal de *pyrõnga* (aquele em que põe o pé) remete a uma imagem triangular, em que cada divindade dá origem a outras que estão abaixo de si, "pisadas por elas". Voltaremos a essa imagem mais adiante.

O desdobramento de divindades resulta em uma ampla variedade de novos Nhanderu. Suas designações são formadas com segundos nomes em composições com os primeiros: Nhamandu, Karai, Jakaira, Tupã. Entre eles, estão variações como Py'a Guaxu, Avaete, Rekoe, Mirĩ, Aguyjei, Nhe'engija, Kuchivi.[174]Além dos já

---

174. Pierri registra também o coletivo dos Tupã Kuxu'i, relacionados a um próximo cataclisma nesta terra; ver PIERRI; Daniel Calazans. "Como acabará esta terra?

citados por Cadogan (1997 [1959]), meus interlocutores adicionaram também as alcunhas Xondaro e Jekupe. Cada uma dessas designações remete a um coletivo distinto e relativo a um dos pais e mães principais (Ru Ete e Xy Ete), aqueles que, conforme me explicou *xeramoĩ rãgue'i* [175] Dionísio Duarte na aldeia Tamanduá, na Argentina, não possuem umbigo (*ipuru'ã e'ỹ va'e*). Todos os demais a partir deles já nasceriam e, por isso, possuem essa marca. Essas novas designações complementares também acrescentam um conjunto de atributos específicos (modo de agir, temperamento, responsabilidades etc.) às funções principais expressas no primeiro nome. Alguns seriam mais agressivos, outros pacíficos, com função de mensageiros, entre outras.[176]

Cada coletivo de divindades tem uma morada celeste associada, como apontado no capítulo 1. Sua localização é, no entanto, assunto de muitos comentários entre os Guarani, compondo um quadro incerto, repleto de variações. É muito comum os Guarani utilizarem os pontos cardeais como referência para explicar a localização de algumas moradas celestes. Um dos casos pouco claros tem a ver com a morada de Jakaira: alguns já apontaram o zênite como sua localização, embora outros discordem. Ladeira (2007 [1992], p. 113), por exemplo, registra-a como o Norte (*nhandekerovai*).[177]

Reflexões sobre a cataclismologia Guarani-Mbya à luz da obra de Nimuendaju", *Tellus*, ano 13, n. 24, p. 158-88, 2013.

175. Termo que indica que a pessoa já faleceu, cujo uso os Guarani dizem ser necessário todas as vezes que se referem a um parente já falecido.

176. "Além desses 'filhos de bom coração', os deuses têm outros executores de sua vontade: Nhamandu Avaete, Nhamandu Kuchuvi, Nhamandu Rekoe. São agentes de destruição, sendo o significado de *avaete*: feroz; *kuchuvi*: sacudir, agitar; *rekoe*: de natureza diferente ou maligna. Além do acima mencionado, Tupã Ru Ete (e quase certamente os outros deuses) têm os Tupã Aguyjei e Tupã Nhe'engija, 'mensageiros mansos', 'benevolentes'" (Cadogan, 1997 [1959], p. 62). Ver também a relação de moradas divinas, relatadas por Karai Mirĩ no capítulo 1.

177. Tendo como referência o sol nascente (*nhanerenondere*), que é para onde os Guarani devem se voltar, ficar de frente para, Ladeira (2007 [1992], p. 113) fez a seguinte descrição da localização das moradas celestes: "A cada região corresponde um Nhe'ẽ Ru Ete. Assim, *nhandekupére* é comandada por Tupã Ru Ete; *nhandekerovái* por Jakaira Ru Ete; *nhandekére* por Karai Ru Ete; *ara mbyte* por Kuaray Ru Ete. Nhanderu 'criou esses quatro seres', como diz Cadogan, para enviar almas à terra,

Os Guarani reiteram, em aparente consenso, a oposição entre a morada dos Tupã, na direção do poente, e a dos Karai, no nascente.[178] Isso é frequentemente explicitado em cada final de *xondaro jeroky* realizado no interior da *opy*: dispostos lateralmente e diante da face leste da casa, o *xondaro ruvixa* puxa a saudação às divindades, logo repetida pelos demais: "Porã ete, aguyjevete, Karai xondaro kuery!".[179] Em seguida, eles dão meia-volta, virando-se a oeste e, novamente: "Porã ete, aguyjevete, Tupã xondaro kuery!".

Mais do que tentar descrever a complexa e múltipla cosmografia guarani (há, ademais, diversos trabalhos que se aprofundam nessa questão),[180] o que me interessa para darmos continuidade à discussão é apontar a divisão de tarefas e certas características marcantes em termos de comportamentos que distinguem alguns dos coletivos de divindades mbya.

Um critério de distinção que parece também sobressair nas etnografias e nos comentários que alguns Guarani me fizeram sobre a cosmografia é a proximidade das moradas em relação ao plano terrestre. Alguns coletivos estariam mais distantes, como os de Jakaira e Nhamandu, e outros, mais próximos, como os Tupã, devido a sua atual responsabilidade para com o que ocorre neste plano.[181] Associados aos Tupã ou a outros coletivos estão também aqueles caracterizados por Xondaro e Jekupe, cuja função de protetores

para as criaturas que irão nascer. Entretanto, é o próprio Nhanderu o responsável pelas almas de *nhanerenondére*, região do nascimento de Kuaray".

178. Pierri (2018, p. 127-8), no entanto, remetendo a explicações de interlocutores, sugere que as referências horizontais dos pontos cardeais são muletas explicativas para se referir à localização das esferas celestes que, na verdade, espalham-se também em um eixo vertical.

179. *Porã ete* pode ser traduzido como "verdadeiramente bom" ou "verdadeiramente belo", apontando para características divinas, assim como a saudação *aguyjevete*, já comentada.

180. Para mais reflexões sobre as divindades e a cosmografia guarani mbya, além de Cadogan (1997 [1959]), ver Ladeira (2007 [1992]), Litaiff (1999), Mello (2006), Pradella (2009) e Pierri (2018).

181. A alusão mais frequente aos Tupã, tanto pelos meus interlocutores como em minha experiência ao observar rituais na *opy*, sugere uma maior preponderância no diálogo com esse coletivo de divindades.

e auxiliares faz com que suas moradas se localizem entre a plataforma terrestre e as moradas mais afastadas.

Estar mais próximo ou mais afastado aponta para o grau de relação que esses coletivos mantêm com os seres da plataforma terrestre, que, no entanto, podem ser de natureza distinta. Em contraste com os coletivos de Tupã que, segundo os comentários dos Guarani, vêm à terra sobretudo para aplicar retaliações (veremos melhor mais adiante), há o caso dos Nhanderu Mirĩ, heróis guarani do passado que, ao seguirem condutas estritas e emularem os comportamentos das divindades, alcançaram o *aguyje*, tornando seus corpos imperecíveis. Esses heróis divinizados possuem moradas situadas próximas à plataforma terrestre ou mesmo nela, em ilhas ou no alto de montanhas, mas invisíveis aos humanos.

Nessa posição intermediária, os Nhanderu Mirĩ exercem um papel de mediação entre a humanidade guarani e suas divindades, ajudando e orientando outros Guarani que estejam no caminho de alcançar o *aguyje*. É assim nos casos de Kuaraxy Ete (Cadogan, 1997 [1959], p. 229-37), sogro de Capitán Chikú, cuja orientação ajudaria o genro a também se tornar um Nhanderu Mirĩ, e de um interlocutor de Pierri (2018, p. 266-74), que narra um diálogo com um Nhanderu Mirĩ que tentava auxiliá-lo em sua busca. Também na história sobre Karai Xapa (ou Karai Rexapári, aquele que tudo vê) ocorre processo similar. Tido como um dos primeiros Nhanderu Mirĩ, ele deixou exemplos àqueles que o seguiram.

A orientação aos seus potenciais pares, no entanto, não se constitui apenas de aconselhamentos, mas sobretudo de provas (*-a'ã, -eko a'ã*).[182] Os Nhanderu Mirĩ, assim, provam o comportamento dos que querem alcançar o *aguyje* por meio de enganos e agressões. Vejamos um trecho do relato sobre a história de Xapa,[183] feito por um *xeramoĩ* de Santa Catarina a pesquisadores

---

182. O radical *-a'ã*, para o qual "provação", "teste" ou "tentação" são traduções comuns nesse contexto, é, não por acaso, o mesmo utilizado em imagem (*a'ãgaa*) e imitar (*-a'ã*).

183. É notável que no livro *Guata Porã: belo caminhar* (Ramo y Affonso & Pesquisadores Guarani de Aldeias de Santa Catarina e Paraná, 2015) apareça uma narrativa desse mesmo personagem, Xapa, mais de meio século depois e a setecentos quilômetros de distância daquela registrada por Cadogan (1997 [1959], p. 230). Mais completa que a versão publicada pelo estudioso paraguaio, esta atribui a Xapa o feito

guarani que perguntavam sobre *guata porã* (caminhadas sagradas) e os Nhanderu Mirĩ:

> Ele [Xapa] estava passando o mar e, quando chegou do outro lado, alguém trouxe para ele um pedaço de cipó imbé. Nhanderu ia testar aquele que seria o primeiro Nhanderu Mirim nesta Terra, Xapa, pra ver se ele estava sabendo mesmo; fez mais um teste. Xapa entendeu e pegou o cipó imbé sabendo que não foi entregue à toa pra ele; ele teria que usá-lo para algo. Sabia que devia se preparar para o que vinha pela frente. Então, quando ia botar o pé em Yvy marã e'ỹ (Terra que nunca vai terminar), vieram em sua direção dois leões-marinhos gigantes. Vinha cada um de um lado, querendo atacar ele. Então, ele falou pra Nhanderu: "eh, xeru'i, meu pai, eu sei que isto é uma prova, uma *teko a'ã*. Eu não tenho medo". Ele disse que acreditava mesmo em Nhanderu, por isso, não tinha medo. Como ele já sabia, ele pegou aquele cipó imbé e laçou os dois leões-marinhos pelo pescoço e foi levando. Ele terminou de fazer a travessia, depois soltou os dois leões-marinhos e mandou eles voltarem ao mar, que é a casa deles.[184] Nhanderu Xapa foi o primeiro Nhanderu Mirim. (Ramo y Affonso & Pesquisadores Guarani de Aldeias de Santa Catarina e Paraná, 2015, p. 29, grifo meu)

Também o sogro de Chikú, depois de alcançar o *aguyje*, retornava continuamente de sua morada de Nhanderu Mirĩ para vigiar os exercícios de seu genro e "pôr à prova seu coração" (*oipy'ara'ã*). Na versão em Cadogan (1997 [1959]), p. 234), ele não apenas proporciona situações para que Chikú ceda a desejos sexuais como também faz com que seu neto, filho de Chikú, sofra uma espécie de -*jepota*: "*omopyrõ Kuarachy Ete aguara ñe'e guaminóre*" (Kuarachy Ete fez

---

de ser o primeiro Nhanderu Mirĩ. Nas narrativas transcritas por Cadogan, esse posto parece pertencer a Karai Ru Ete Mirĩ, o principal dono do porco-do-mato ou queixada (*koxi*), algo também atribuído por extensão a todos os Nhanderu Mirĩ.

184. É importante notar a maneira encontrada por Nhanderu Xapa para lidar com a prova lançada contra ele, os dois leões-marinhos gigantes: em vez de enfrentar e derrotar as grandes feras, ele controlou sua agressividade e sagazmente as utilizou para realizar a travessia, liberando-as no final.

encarnar um *nhe'ẽ* de onça em seu neto). A situação é solucionada por meio das súplicas dirigidas por sua filha, esposa de Chikú, aos Tupã, que desfazem o processo.

Kuarachy Ete, ao emular a ação agressiva de um sujeito não humano que habita a terra, fazendo com que o *nhe'ẽ* de uma onça se apossasse do corpo de seu neto, tinha como real intenção criar as provações necessárias para que seu genro também atingisse a maturação corporal divina, o *aguyje*. Não é outra coisa o que fazem os *xondaro ruvixa* durante grande parte do tempo nas rodas de dança: criam toda sorte de desafios, obstáculos e testes para fortalecer o corpo dos que buscam seguir seus passos. Emulam agressões, capturas e sustos, tal qual fariam inimigos verdadeiros. Em alguns casos de danças mais intensas, o risco de a agressão se efetivar pode ser real, conforme constatei ao ver os hematomas de alguns *xondaro*. É muito comum também escutar os Guarani dizerem que, ao dançar intensamente *xondaro*, seus corpos são purificados, tornam-se leves (*vevui*). A boa prática da dança (seja no *xondaro*, seja durante um canto xamânico *tarova*) é aquela que o condutor torna tão extenuante que permite aos Guarani expurgarem da melhor maneira, transpirando, as afecções que fazem com que seus corpos pereçam.

O que mais podemos dizer das provas (*teko a'ã*) dos deuses? Pereira (2014, p. 202) sugere uma aproximação entre provação e predação, ao comparar diferentes narrativas na relação entre os Guarani e suas divindades: "não é o herói que é alimentado por uma divindade quem passa à condição de imortal, mas justamente aquele que efetua uma passagem através das ações mortíferas e predatórias do sogro".

Dessa forma, assim como o *xondaro ruvixa* — que durante a dança alterna entre ser a figura que os demais devem seguir e ser quem emula as agressões e capturas efetuadas por possíveis inimigos (onças, seres da mata, brancos etc.) —, o Nhanderu Mirĩ alterna entre ser o pai (consanguíneo) que ajuda, protege e indica caminhos, e o sogro (afim) que agride no intuito de exigir os comportamentos que produzem a maturação corporal do *aguyje*. São, portanto, casos que demonstram funções reversíveis nessas figuras, assim como a importância que têm as agressões, sob a forma de provas, na constituição do corpo e da pessoa guarani. Sem o ataque do *xondaro ruvixa*, não há esquiva e, portanto, não há leveza (*vevui*), afecção corporal necessária para o *aguyje*.

Além disso, creio que essa aproximação entre predação e provação se relaciona com a vizinhança semântica dos verbos "comer" (*-'u*) e "provar, experimentar, testar" (*a'ã* ou *a'anga*). Esses radicais apontam também para os sentidos de sombra, projeção, encenação, fazer algo de forma simulada ou à imagem de outra coisa.[185]

No contexto da etnografia guarani, pode soar um tanto inusitado que a provação agressiva, como um modo de maturação corporal à condição divina, expresse uma atitude predatória dos deuses. Ou seja, é possível ver aí uma relação que ecoa, ao menos sutilmente, os *deuses canibais* dos Arawete, assim como a antropofagia nas guerras de vingança como morte ideal para os antigos Tupinambá; em ambos os casos, a agressão predatória efetuada por sujeitos na posição de inimigos é um processo necessário para atingir o destino pós-morte ideal (Viveiros de Castro, 1986, 2002).

Entretanto, em relação aos Guarani contemporâneos, uma das variações cruciais em comparação aos povos citados anteriormente é que a predação não se concretiza propriamente como modo de maturação, mas permanece como uma mediação que ocorre apenas virtualmente, assim como "provar" se aproxima do caráter pleno do "comer", mas não o alcança. E há também uma inversão que aponta para a posição ativa de quem é ameaçado pela predação: a superação das provas agressivas e potencialmente predatórias, eventualmente engendradas pelos *xondaro ruvixa* e pelos Nhanderu Mirĩ, ocorre por meio da *incorporação virtual por parte da vítima desses movimentos de ataque*, que "faz com que errem" (*-jeavy uka*), controlando sua agressividade.

185. É evidente que, assim como outras traduções mais ou menos equivocadas dos conceitos guarani, o termo "provação" ressoa aspectos da teologia cristã. Embora me pareça mais importante, em vez de determinar "origens", analisar seu funcionamento entre os Guarani, creio que as noções amplas de "testar", "provar", "experimentar", relacionadas também aos sentidos de "simulação", "projeção de situações" etc., são noções que ultrapassam essa de "provação culpabilizante" da tradição cristã, inclusive no Ocidente, como no caso da mitologia grega.

A superação dessas provas é justamente a conceituação que estamos fazendo da esquiva. Assim, a esquiva aparece como uma resposta às agressões predatórias, mas é também ela mesma uma transformação da própria predação, possibilitando operar uma incorporação virtual e mais controlada da alteridade. Desse modo, chegamos à hipótese da relação de transformação entre predação e esquiva como variações nos modos de incorporação da alteridade e, portanto, modos de se transformar. A esquiva, enquanto modo ativo de produzir engano, só funciona porque logra incorporar antecipadamente o movimento de agressão. Lembremos do caso dos personagens enganadores do capítulo 2: seus enganos funcionavam à medida que incorporavam a ganância agressiva de seus algozes contra eles mesmos, subvertendo as relações de poder.

Tal hipótese, que relaciona predação e esquiva, e que reverbera em diversos momentos e descrições presentes neste livro, aponta, assim, para uma possível contribuição da especificidade do conceito de esquiva no contexto teórico da chamada economia simbólica da alteridade. Contudo, o percurso de nossa reflexão ainda não está completo.

Segundo Cadogan (1997 [1959], p. 62), alguns coletivos específicos dos Tupã, como os Rekoe,[186] seriam particularmente agressivos e, por isso, responsáveis por retaliações contra sujeitos não humanos inimigos dos Guarani (como no caso citado do *nhe'ẽ* de onça que se apossou de um jovem). Isso se relaciona com minha experiência de campo: no que diz respeito aos coletivos divinos, nos contextos de cura xamânica, ouvi quase exclusivamente invocações aos Tupã.

As punições dos Tupã, no entanto, não seriam restritas aos inimigos. Já ouvi de muitos interlocutores guarani que algumas

---

186. A partícula "e", segundo Cadogan (1997 [1959], p. 100), atua negativamente no sentido da palavra, como se fosse o prefixo "in" em "inumano". Assim, *rekoe* e *avae* (ou *ijavaete*) são, respectivamente, versões negativadas de *teko* (modo de ser, agir, cuidar) e *ava* (homem, humano), e expressam algo extremamente perigoso, difícil, horrendo.

atitudes poderiam zangar os Tupã Kuery.[187] Usar adereços de metal ou fazer barulho e brincadeiras em uma tempestade, momento em que esses coletivos de Tupã estão caminhando e cuidando da terra, e durante o qual os Guarani devem ficar recolhidos em casa, são comportamentos que poderiam provocar a ira das divindades.

Entretanto, há também quem afirme que nenhum coletivo divino causaria danos intencionalmente aos Guarani, pois isso não faria parte de sua conduta. O que ocorreria, na verdade, é que as divindades não atenderiam aos pedidos dos Guarani em função dos erros de comportamento desses últimos, ou simplesmente por eles não estarem atentos e se precaverem quando os Tupã fazem sua "ronda",[188] ficando inadvertidamente no caminho da divindade (digamos, na linha de fogo) durante esse período de retaliações contra inimigos do plano terrestre. É necessária também uma forma de proteção, mesmo quando a agressão não é necessariamente dirigida contra si.

Independentemente das intenções e razões dos Tupã Kuery para causar ou não danos aos Guarani, o que sobressai é o caráter distintivamente agressivo que alguns coletivos divinos podem ter. Já ouvi relatos de que entre os coletivos de Tupã haveria também uma divisão geracional. Os Tupã anciãos seriam cuidadosos durante a aplicação de suas sanções de justiça, e os adultos, mais austeros, até se chegar aos grupos mais jovens, os "adolescentes", que seriam um tanto inconsequentes durante a execução de suas funções.

É possível ver aqui um paralelo com os próprios modos de conduta dos coletivos guarani, em espelhamento aos das divindades, conforme eles mesmos enfatizam nos mais diversos âmbitos ("dançamos porque assim fazem as divindades em seus pátios;

---

187. Um interlocutor de Assis, que explicava sobre uma doença que deixou seus olhos extremamente sensíveis à luz, contou-lhe que "aquela era uma doença que os deuses haviam mandado para ele, para que aprendesse que estava se afastando da verdadeira sabedoria ao se iludir com a visão das coisas do mundo dos *jurua*" (ASSIS, Valéria Soares de. "A estética dos objetos Mbyá-Guarani e sua participação nas modalidades de trocas", *op. cit.*, p. 132).

188. Há, por exemplo, alguns Guarani que, durante tempestades intensas, deixam dois facões cruzados no chão próximos à porta, ao que parece, como forma de marcar sua casa e proteger os que estão nela.

temos *xondaro* pra proteger aldeias, da mesma forma como as divindades têm os seus" etc.). Assim, o comportamento dos jovens guarani ou a própria divisão de tarefas que existe em uma *tekoa* seriam modulações do que já ocorre com as divindades em seus coletivos. Por exemplo, em ambos, morada celeste e *tekoa*, estão os mais velhos, como os sábios *xeramoĩ* e *xejaryi*, que ficariam mais afastados, distantes dos conflitos, acompanhados apenas por seus auxiliares; e também estão os *xondaro* responsáveis precisamente por lidar com conflitos e, portanto, portadores de potências agressivas e mais próximos das regiões de tensão, das bordas.

Como sugeri anteriormente, há, entre as divindades, segundo os comentários de meus interlocutores e a etnografia, comportamentos que podemos descrever como agressivos e marcados pelo exagero, como no caso dos jovens Tupã. Outro indício da presença dessas disposições entre as divindades é um episódio da saga de Kuaray e Jaxy recolhido por Cadogan, que narra o momento em que Xariã (ou Anhã) é incinerado por meio de uma artimanha de Kuaray (Sol). Depois de Xariã ser incendiado pelo chapéu que Kuaray havia lhe dado de presente, suas cinzas se convertem em numerosos mosquitos, borrachudos e outros insetos inoportunos.[189] Kuaray transforma suas tripas na perdiz *tataupa*,[190] dona do fogo, e converte seu *nhe'ẽ* para ser pai de um coletivo dos Tupã, os Tupã Rekoe, agentes de destruição:

> A alma de Chariã foi convertida por Nhanderu no verdadeiro pai dos Tupã Rekoe. Uma filha de Nhanderu Pa'i queria olhar. "Não olhe", disse Nhanderu. No entanto, ela olhou, e consequentemente morreu. Ela foi a primeira a ser derrubada pelo *Mbogua*. Ele a enterrou. Estabelecendo precedentes para nossa conduta futura, não a ressuscitou. (Cadogan, 1997 [1959], p. 137)

Esse trecho, além de apontar a associação entre Xariã e um coletivo agressivo dos Tupã, expande ainda a relação ao coletivo dos espectros

---

189. Essa parte da narrativa eu mesmo já ouvi algumas vezes dos Guarani. Os inconvenientes pernilongos e borrachudos só poderiam ser origem de Xariã, dizem eles.

190. *Crypturellus tataupa.*

mortais, porção da pessoa guarani que permanece na terra após sua morte, conhecida, conforme apontei, por *ãgue* ou *mbogua*.

Xariã, como vimos no capítulo 2 e em outras passagens já neste capítulo, é o personagem associado ao que existe de agressivo e exagerado no mundo, incluindo a predação, os espectros mortais e... os brancos![191] Ao contrário do coletivo divino dos Tupã Rekoe, que poderiam ser entendidos como uma espécie de aliados agressivos dos Guarani — tal qual os *xondaro vai* —, a categoria dos *anhã kuery*, associados às doenças, aos espectros dos mortos, à raiva e à agressividade, aparece como um conjunto de seres que replicam e modulam os atributos de Xariã, constituindo figuras genéricas de alteridades inimigas.[192]

Esses sujeitos perigosos também podem ser denominados *jaexa va'e'ỹ kuery* (aqueles que não vemos), *imbotavya kuery* (aqueles que enganam), *araiguyry regua kuery* (aqueles que estão abaixo das nuvens), *yro'yxã va'e kuery* (aqueles que são gélidos) ou ainda *yvy rupigua kuery* (aqueles que vivem na terra). Vários desses sujeitos são relacionados à função de donos (*ija kuery*) de territórios, animais, vegetais ou mesmo comportamentos e humores. Em geral, alguns sujeitos não humanos que vivem na terra são descritos pelos Guarani, em virtude de sua posição de inimigos e em contraste aos Nhanderu Kuery, como seres *vai*. Entretanto, a existência de donos classificados pelos Guarani como *porã* reforça o caráter relacional dessa oposição.

Esse complexo jogo de comportamentos e transformações, disposições agressivas e alianças sugere algumas reflexões. Uma delas é que o cosmos é movimentado por transformações constantes da natureza dos corpos que o habitam, mediadas por relações de agressão, empatia, alianças, proteção, esquiva etc. Mais do que apenas uma política que relaciona humanos e não humanos, é

191. Anhã é às vezes caracterizado como um chefe dos brancos ou até o "pai das almas" dos *jurua*. Ver Macedo (2009) e Pierri (2018).

192. Cabral de Oliveira (2012, p. 130) faz uma comparação dessa categoria em diversos povos tupi-guarani.

isso que nos permite chamar esse jogo de *cosmopolítica*. A natureza dos corpos e do mundo deve ser constantemente construída, mantida ou transformada por meio da relação entre os distintos sujeitos que habitam o cosmos. Não se faz política, então, como uma construção cultural sobre uma natureza que está *dada*,[193] mas ela é o próprio jogo entre os sujeitos no processo de construção e transformação da natureza dos corpos, estabelecendo assim distâncias e proximidades entre eles, conformando e dissolvendo coletivos.[194] Assim, a produção corporal é sempre uma prática coletiva, seja pelo cruzamento de perspectivas que incidem sobre o corpo, seja no sentido de que são o esforço e os cuidados engendrados por relações entre pessoas que produzem corpos de parentes, ou ainda pela composição de diferentes sujeitos que podem habitar um corpo, como veremos melhor adiante.

Outra questão que essa cosmopolítica guarani parece sugerir é a vulnerabilidade[195] como estado latente da experiência neste mundo, repleto de esquivas, enganos, provações e predações. Invulneráveis são apenas as divindades, dirão os Guarani. Algo que sugere esse par (vulnerável/invulnerável) como um correlato político mais ou menos próximo do par *marã/marã e'ÿ* (perecível/imperecível). O que os Guarani enfatizam, portanto, enquanto vulneráveis, são suas habilidades de esquivar e "fazer com que errem" os inúmeros sujeitos agressores com quem compartilham a plataforma terrestre, incluindo os próprios corresidentes de aldeia que, de parentes, podem se converter em inimigos, mudando de corpos e perspectivas. A "sociabilidade insegura" dos Guarani (Pissolato, 2006) é, nesse sentido, cosmológica. Na terra em que vigora o idioma da predação, os Guarani aparecem em uma paradoxal posição, para usar a formulação de Pereira (2014),

---

193. Aparece aqui o contraste marcado por Wagner (2010) entre a concepção "ocidental", que, grosso modo, entende a natureza como o que está "dado" e a cultura como algo "construído", e o inverso, concebido por diversos povos indígenas.

194. A definição de Latour e Weibel (2005) para política como "a arte de fazer e desfazer coletivos" não poderia estar mais em sintonia com o modo como estamos descrevendo a ação política guarani.

195. Essa questão foi desenvolvida por Sztutman (2013) no âmbito da cosmopolítica ameríndia.

de *presas impresáveis*. Acrescentaria, no entanto, que esse ideal é menos o de se estabilizar na posição de um *mymba* (animal de estimação) das divindades do que o de buscar as afecções divinas: um devir do pequeno *xondaro* Kuaray (ver capítulo 1), o qual, não importava o quanto as onças originárias tentassem, era impossível predar. Além disso, o que as práticas da esquiva e do engano sugerem é a possibilidade de se transformar ao se relacionar com alteridades — muitas vezes agressivas — sem aderir à posição de predador e tampouco à de presa.

Passemos ao tema conhecido no debate antropológico por maestria, especialmente mobilizado no contexto amazônico, mas com grande rendimento também entre os Guarani. Desse modo, buscaremos possibilidades de ver essas relações de maestria e domínio para além das descritas pelas categorias de *-ja* (dono) e *mymba* (animal de estimação).

XONDARO E MAESTRIA

No cotidiano guarani, é extremamente frequente a relação com os sujeitos que eles classificam como *ija kuery*, cuja tradução mais comum, como vimos, é "donos" ou "espíritos-donos", responsáveis por animar e zelar pela existência de diferentes espécies, territórios e até objetos e humores (raiva, preguiça etc.). Assim, sua função está associada a algumas negociações necessárias para a caça, o uso de determinados territórios, a extração de ervas medicinais, e outras relações de aliança e agressão relativas ao compartilhamento da plataforma terrestre com esses sujeitos.

Os próprios Guarani também podem se colocar como *-ja* de seus animais domésticos (*mymba*), como galinhas, cachorros, porcos-do-mato e outros. Um comportamento distintivo nessa relação é que muitos Guarani se negam a comer seus *mymba*, mesmo no caso de espécies que comumente servem a esse intuito, como as galinhas.[196] Em caso de necessidade, preferem vendê-las

---

196. Ouvi relatos de que alguns chegam ao ponto, por exemplo, de se recusar a comer até os ovos de suas galinhas.

Ataque do

Grupo de *xondaro* preparados para pressionar autoridades *jurua*.

ou trocá-las por outro possível alimento. Isso é similar ao que fazem os seres protetores dos animais de caça: não os predam e "deixam" seus *mymba* caírem nas armadilhas[197] dos Guarani para que sejam predados por eles.

Há, nesse caso, uma oposição disjuntiva entre *xerymba* (meu animal doméstico) e *xerembi'u* (meu alimento). Evita-se uma sobreposição entre as duas relações. Tal oposição, por sua vez, remete a outra, o par compaixão/predação.[198] O radical em guarani mbya para compaixão é *mboaxy*, que exprime a ideia de uma relação de empatia[199] com o sofrimento de outrem. Literalmente, a tradução é "provocar a dor", mas ela é provocada de modo reflexivo, como "compadecer". Vou exemplificar a questão com o relato de um caso.

Certa vez, acompanhei a captura de um animal em uma armadilha. Ele estava imobilizado ainda vivo no laço (*nhuã*) em que caíra. Ao ver a cena, fui enfaticamente advertido para não ter compaixão (*"Eromboaxy eme!"*), pois isso retardaria sua morte e aumentaria seu sofrimento. Ou seja, a relação que eu estabeleceria com o animal teria impacto sobre seu corpo. Explicaram-me que ele seria nosso alimento e, portanto, não era adequado nutrir essa relação com ele.

Neste ponto, já é possível percebermos diversas implicações na relação de maestria e os distintos, às vezes opostos, processos na composição dos sujeitos. Em oposição à predação, por exemplo, há a relação que

197. Como já comentei, a principal forma de caça dos Guarani é por meio da confecção de armadilhas dispostas em lugares estratégicos na mata. O uso de armadilhas possibilita uma forma menos agressiva e mais negociada de predação, evitando animosidades com os donos (*ija*) das espécies de caça. Ver capítulo 2.

198. Pierri (2018) constrói o terceiro capítulo de seu livro justamente com base nessa oposição, mostrando a articulação entre os eixos horizontais e verticais do xamanismo guarani com as relações de predação e piedade (em sua acepção rousseauniana), respectivamente.

199. Embora próximos, os termos "compaixão", "empatia" e "piedade" não são exatamente sinônimos. Entretanto, acredito que é válido acrescentar o conceito de empatia nesse contexto, por duas razões: primeiro, porque a noção de empatia diz respeito à capacidade de compartilhar o ponto de vista alheio, isto é, incorporar a perspectiva de um outro em termos emocionais e cognitivos, processo-chave na teoria antropológica recente; segundo, porque ao mobilizá-lo se evita equivocações com outros possíveis sentidos da palavra "compaixão" e, ainda mais, da palavra "piedade", que podem remeter a um sentimento de pena culpabilizante, o que não é o caso aqui, quando pensamos mais em uma noção de identificação entre sujeitos.

podemos descrever como uma "associação empática", relacionada ao sentimento de compaixão entre diferentes que parece marcar a relação do *-ja* (dono) para com seu *mymba* (animal doméstico). Entretanto, adentremos mais nas descrições, antes de voltarmos à análise. Transcrevo a seguir algumas explicações de Karai e Kerexu, um casal guarani[200] da TI Tenondé Porã que me falou sobre os *-ja*, conectando esse tema ao que vimos anteriormente sobre os Nhanderu Mirĩ, que seriam também uma classe de donos.

Cada coisa oguereko inhe'ẽ, ha'e rami ae tu. Ija ja'ea rami. Cada coisa oguereko ija. Como ita ja, ka'aguy, yvyra ja, ixi, opamba'e oiko! [...]

Cada coisa tem um princípio vital, tudo tem seu dono, assim mesmo que é. "Dono" é como dizemos. Cada coisa tem seu dono. Dono das pedras, dono das matas, dono das árvores... Ixi, tudo tem seu dono! [...]

Como ali no Kalipety tem água, tem dono. E esse dono já está ficando bravo, porque yy iporã va'e ma ija va'e, ha'e rã yy ivaikue'i va'e ma ija va'e'ỹ.

Como ali no Kalipety[201] tem água, tem dono. E esse dono já está ficando bravo, porque aquela água é boa, que tem dono, e água ruim não tem.

Ha'e rami vy ma peteĩ nhaneramoĩ opita va'e, teĩ ke oporai, oguerojapyxa, ija oguerova aguã, ha'e rami va'e ae avi tu. Ha'e rã amongue va'e ma ija ha'e oguerova ae avi, ha'e va'e ma oiko ae avi.

Dessa forma, cada um de nossos xamãs tem que cantar, concentrar-se, para fazer com que os donos se mudem, é assim, dessa forma. Algumas vezes o dono mesmo faz com que mudem, isso também existe.

---

200. Marcílio e Marisa são, respectivamente, seus nomes em português. As falas dos dois se sobrepunham, com a mulher falando quase exclusivamente em guarani, e o homem, em português.

201. Aldeia dentro da TI Tenondé Porã à qual os Guarani retornaram em 2013, no contexto de luta pela regularização de seu território. Em contraste com a maior aldeia da TI, Tenondé Porã, a Kalipety está localizada em uma área próxima a muita mata e nascentes de rios limpos.

Do *koxi* (queixada), já que você estava perguntando do dono do *koxi'i*, aquele lá já é *nhande'i va'e* (um dos nossos parentes), aquele já não é mau. *Nhande va'e ete'i raka'e* (nosso parente antigo). Ele foi e se salvou perto da praia. Porque, antigamente, eles ficavam com sua família, moravam bem no mato mesmo, nem se misturavam com ninguém. Só ficavam na casinha deles, já não comem sal, não comem arroz, não comem nada... Só vivem com as plantas deles mesmos, com *avaxi ete'i* (milho), *jety'i* (batata guarani), que eles plantavam. Ali, que Nhanderu levou eles com a vida, inteiros, nem morreu nem nada, se salvaram com corpo inteiro.

Nhanderu Mirĩ. É um *jekupe'i* (protetor), que é nosso parente! Guarani... *nhande'i va'e*. Por isso que, se você pede para eles, não vai demorar nada. Naquele momento em que você pedir, ele ajuda você. Ele se salvou! Não morreu, passou, atravessou. Ele que é dono do *koxi* (queixada). Agora, *ta'ytetu* (caititu) é diferente, é outro dono, e já não é muito bom. Agora *koxi* é bichinho sagrado. Porque às vezes você vai para o mato, assim, aí você vê que eles passaram, parece que fizeram um caminho ali, só passou uma vez, não três, quatro vezes, uma vez só. É o dono que estava passando ali, levando. É o dono do *koxi*. Por isso que o *koxi*, se matar... Tem que pedir muito, não pode matar assim à toa. *Ta'ytetu* parece que está fazendo tiro, corre atrás de você. Tem um *ava* (macho) que é bravo para caramba. Agora *koxi* não é bravo, não...

Ta'ytetu *mamãe* oguereko va'ekue rei minha'ã guaĩ ombota rã apy onhendu porã rei. Xo'o porã avi maje ha'e.	O caititu que mamãe tinha, quando batia o queixo, a gente ouvia bem bonito aqui. Dizem que a carne é boa também.
Ha'e vy ma nhande kuery ete'i, mbya kuery ete'i ma ha'enunga nda'evei ojuka riae aguã, ha'e rã je ojuka riae rã je rekovia. Ha'e rã je jurua kuery ipo'he'ia rami otroca ju nhandevida re ju. Teĩ ke jarespeita.	Então, o [Nhanderu Mirĩ] é um de nós mesmo, é um Mbya verdadeiro, e por isso não pode simplesmente matar [o *koxi*], e diz que, se matar à toa, você é trocado. Como dizem os não indígenas, eles trocam nossa vida [por um desses que foi morto]. Temos que respeitar.

Até japesca aguã rei *minha* teĩ ke nhavaẽ yakã py teĩ ke reporandu ju ranhe, ija py oĩ yy py, ha'e vy pa repesca aguã teĩ ke rejerure. *O dono é* piragui. Ha'e ome'ẽramo renoẽ rã pinda py, ha'e nome'ẽ'i ramo nerenoẽi rã.	Até para pescar, tem que chegar ao rio, tem que perguntar primeiro para o dono que está na água, para estar tudo bem, para pescar ali, você tem que pedir. O dono é *piragui.*[202] Ele dando a permissão, você vai tirar na vara; agora, se não der, você não tira.
Que nem esse yvyra'i aqui, ija va'e meme inhe'ẽ ma ha'e kuery, ha'e vy ae ma ha'e kuery iporã, ha'e vy *minha* xapy'arei rã, *assim um remédio*, moã'i re, moã'i oĩ ramo, reo tarivy rejopy vy, vy *você não pode chegar lá e já ir quebrando e trazendo, porque* inhe'ẽ va'e py ha'e kuery, teĩ ke revaẽ, rejerure ixupe, *né, permissão* re reporandu. Ha'e rami he'ỹ rã nofuncionai rã, remboi aguã teĩ ke reporandu *permissão, aí que o remédio vai funcionar.* Opamba'ema ija va'e meme, jagua re minha'ã ija porã va'e ma, *São Jorge* maje jagua ja, kavaju are ikuai va' e.	Que nem essa arvorezinha aqui, o dono mesmo é seu espírito, então eles são bons, e se talvez for usar para remédio, você vai pegando… Mas você não pode chegar lá e já ir quebrando e trazendo, porque eles são seres, têm espírito, você tem que chegar, pedir para ele, né, permissão. Se não for dessa forma, não vai funcionar [o remédio], para você tirar, tem que pedir permissão, aí que o remédio vai funcionar. Tudo tem seu dono, o cachorro mesmo tem um dono bom. Dizem que é São Jorge, o dono do cachorro, aquele que está sobre o cavalo.

"Tudo tem seu dono": esse é um comentário que invariavelmente acompanha as reflexões dos Guarani, assim como de diversos outros povos ameríndios, sobre relações de maestria. A variedade desses donos, no entanto, é imensa. A fala indica que nessa categoria de *ija kuery* estão reunidas múltiplas classes de donos, por exemplo: os donos de um curso d'água, que guardam seu território; os donos de plantas que podem servir de remédio e cuja eficácia deve ser animada por eles; a dona dos peixes, *piragui*; os donos dos queixadas, ancestrais guarani que adquiriram estatuto corporal das divindades; e até um ser identificado como São Jorge, o "dono" *porã* do cachorro.

202. Ser de corpo semelhante a uma sereia. Ver uma narrativa a respeito em Ladeira (2007 [1992]).

Além de inusitado em sua referência, o dono São Jorge carrega outro diferencial: o qualitativo *porã*, que apareceu em relação a outros donos, como no caso dos Nhanderu Mirĩ. Esses são *porã* em oposição a outros, que seriam mais agressivos com os Guarani, ou seja, há nessa categoria também uma diferenciação na relação de animosidade de cada um deles com os Guarani em geral e com algumas pessoas em particular. Porém, independentemente da animosidade presente na relação, os processos de negociação e respeito são marcantes com todos os *ija kuery*. Reparemos que, logo depois de meus interlocutores comentarem que os Nhanderu Mirĩ são os *ija* do *koxi* (queixada),[203] eles frisam que matar um animal à toa pode fazer com que o *-ja* exerça uma retaliação, trocando a vida do autor da transgressão, ou a de seu filho, para compensar a do animal morto indevidamente.

É exatamente esse o tema do documentário *Guairaka'i Ja: o dono da lontra* (2012), realizado por um amigo guarani (Wera Alexandre), aluno meu de audiovisual, e produzido por mim. Ao chegar a uma aldeia no Paraná para realizar o registro de um ritual, o jovem documentarista se deparou com um inusitado acontecimento: uma lontra caíra indevidamente na armadilha de um rapaz da aldeia. O filme mostra a extrema apreensão do rapaz em relação a uma possível retaliação, e o processo de negociação e apaziguamento com o *ija* da lontra, realizado por uma *kunhã karai* (xamã).

Há também outro aspecto para ressaltarmos na fala do casal guarani: a referência à presença dos *ija kuery*, com o uso do termo *nhe'ẽ* flexionado a um pronome possessivo (*i-nhe'ẽ*), para caracterizar que tais seres, como as plantas, possuem um princípio vital que os anima, cuida, protege.

Além de zelar por certas espécies animais e vegetais, o *ija* também pode se referir a um domínio territorial, como a fala

---

203. É curioso que, nos comentários, o queixada apareça como um animal calmo, em contraposição ao caititu, que seria muito mais agressivo, quando, nas descrições correntes dos biólogos, a agressividade recai mais sobre os queixadas. Esse contraste pode estar relacionado ao comportamento dos "donos": enquanto os do queixada seriam os parentes *porã* dos Guarani (os Nhanderu Mirĩ), os dos caititu seriam sujeitos agressivos na posição de inimigos. Além disso, o fato de os queixadas já estarem domesticados por um parente dos Guarani poderia estender seu comportamento domesticado e pacífico a eles também.

revela a respeito das proximidades de um curso d'água limpo, cuja qualidade é indicativo de que alguém cuida dali: "porque aquela água é boa, que tem dono, e água ruim não tem". Ou seja, não se trata de exclusivamente exercer posse sobre determinada área, mas de cuidar dela, assim como os demais *ija* cuidam de seus seres protegidos, aos quais se referem como *mymba* (animal doméstico). Quando os Guarani dizem *xerymba* (meu animal doméstico), automaticamente se presume que o autor da fala é *ija* do referido animal. Da mesma forma, quando perguntam, apontando para um cachorro ou uma galinha, "*Mava'e tu ija?*" (quem é o dono dele?), diz-se que aqueles animais são *mymba* de alguém. Ou seja, *mymba* e *-ja* são opostos simétricos.[204]

Testa (2014, p. 121), ao questionar a possibilidade de os Guarani se colocarem na posição de "dono" (*-ja*) de algum ser, diz que nunca ouvira, entre seus interlocutores, alguém ser *rymba ja*. Ora, parece-me que tal expressão não se utiliza muito justamente por ser uma redundância relacional, como "filho do pai". Nesse sentido, a possibilidade de os Guarani se colocarem na posição de donos (*-ja*) está dada justamente em razão do caráter relacional dessa categoria. Ou seja, como a mesma autora diz:

> A tradução do termo *-ja* como "dono" não é completamente satisfatória, pois o que é central para o entendimento desta categoria não é uma relação de posse, mas as relações de cuidado e controle que os *-ja* desenvolvem em relação às criaturas sob sua responsabilidade. [...] sempre se é dono em relação a algo e não simplesmente um dono abstrato. (Testa, 2014, p. 121)

Ser um *-ja*, portanto, é tão relacional como ser um *xondaro*, um guardião: se é em relação a algo ou a alguém, e não em termos absolutos.

---

204. Cabral de Oliveira (2012, p. 124) descreve de forma bem semelhante a relação de maestria entre os Wajãpi do Amapá: "-*Jarã* é um dos termos de uma relação, cujo outro polo é designado como -*reima*, que vem sendo traduzido como 'criação', que equivale ao termo xerimbabo, de origem Tupi, do português. A relação entre -*jarã* e -*reima* é marcada pelo cuidado do primeiro em relação ao segundo e pela dependência em seu sentido oposto".

A aspiração dos Guarani de viver em uma área eventualmente já habitada por coletivos de sujeitos não humanos da plataforma terrestre e, sobretudo, cuidada por *ija kuery*, faz com que seja necessário um esforço diplomático para convencê-los a se mudaram dali, evitando prováveis conflitos. Vejamos este trecho da fala do *xeramoĩ rãgue'i* Vera Mirĩ,[205] em que ele conta sobre os acontecimentos que antecederam a mudança de seu grupo:

> *Nhe'ẽ* esclarece onde é que deve ser feita a aldeia, por onde e pra onde tem que ir. Tudo isso eles esclarecem. Através dos *nhe'ẽ* eu estava sabendo onde ia fazer a aldeia.
>
> *Aexa ra'u, ha'e rire ma aju; ojapura* (nos sonhos, os nhe'ẽ me contaram onde deveria ir). De lá de Paranaguá [PR], vim até aqui, em Brakui [RJ], pra ver. Na hora que cheguei de volta a Paranaguá, meus filhos e parentes próximos já estavam querendo vir até Brakui também. Os meus parentes, filhos e netos queriam vir naquela mesma hora, mas eu disse que não, que devíamos esperar mais um pouco. Os próprios *nhe'ẽ* que me disseram que devia esperar mais um pouco. Tínhamos que esperar que os *xondaro* de Nhanderu clareassem mais toda aquela região, o que é que tem lá, quais os espíritos ruins das montanhas, da água. Os *xondaro* de Nhanderu vão lá para conversar primeiro, para explicar que ali os Guarani iam fazer uma aldeia: "vão vir os meus parentes", dizem [aos espíritos]. E eles pediram para esperarmos mais um pouco. Eu mesmo pedi a Nhanderu Tupã para fazer isso antes de nos mudarmos para Brakui desde Paranaguá. (Ramo y Affonso & Pesquisadores Guarani de Aldeias de Santa Catarina e Paraná, 2015, p. 49)

Assim, intercedem pelos Guarani aqueles a quem o autor da fala chama de *nhe'ẽ* e também os "*xondaro* de Nhanderu". Os primeiros revelam e aconselham, enquanto aos últimos é atribuída a tarefa de preparar a área para os Guarani, de quem são

---

205. João da Silva, antigo cacique da aldeia Brakui, em Angra dos Reis (RJ).

aparentados, apaziguando ou fazendo com que se mudem os sujeitos não humanos potencialmente agressivos que ali habitam.

Aqui, mais uma vez, o termo *xondaro* surge em sua acepção de "auxiliar", "ajudante" — "os *xondaro* de Nhanderu", que poderíamos descrever como "aqueles que são ramificações de Nhanderu". Já o uso do temo *nhe'ẽ* indica a complexidade com que os Guarani o mobilizam.[206] Os nomes dos Guarani, como vimos no capítulo 1, são expressões do coletivo divino e da região dos quais provém o *nhe'ẽ* de cada pessoa.[207] "Alma palavra", "palavra-habitante", "linguagem-afeto"[208] são traduções possíveis para denominar esse princípio vital que encarna (*omopyrõ*) nos corpos. Os termos compostos nessas propostas de tradução de *nhe'ẽ* demonstram, no entanto, que se trata de algo mais que almas que encarnam. Ao mesmo tempo que o *nhe'ẽ* é o *eu*, ele é também um *outro*, cuja relação com o eu parece similar à do *-ja* com seu *mymba*, conforme sugerem os comentários do casal guarani transcritos anteriormente. Vejamos melhor essa possibilidade.

Na conversa já referida com o casal da TI Tenondé Porã, perguntei se os humanos guarani teriam um "dono". Eu esperava como possível resposta que o "dono" dos humanos guarani era a principal divindade,[209] Nhanderu Ete, o Pai Verdadeiro, criador

206. Pierri (2018, p. 201) aponta em nota essa variação no modo com que os Guarani utilizam o termo *nhe'ẽ*: "A expressão *nhe'e kuery* é utilizada para designar as almas-palavras que vêm à terra para formar as pessoas guarani, *mas também para designar a coletividade genérica dos espíritos, das populações celestes, que habitam as distintas moradas das divindades*" (grifo meu). Contudo, como veremos a seguir, podemos complexificar ainda mais a aplicação desse termo.

207. "De que parte você faz parte", segundo Carlos Papa Mirĩ (Macedo, 2009, p. 241). Trata-se de uma formulação que sugere uma possível conformação fractal do cosmos guarani. A respeito dos modos guarani de individuação e divinação, ver também MACEDO, Valéria & SZTUTMAN, Renato. "A parte de que se é parte: notas sobre individuação e divinização (a partir dos Guarani)", *Cadernos de Campo*, v. 23, n. 23, p. 287-302, dez. 2014.

208. Além da primeira e mais célebre tradução de Cadogan, há também "palavra-habitante", proposta por Pierre Clastres (1990 [1974]), e o termo "linguagem-afeto", de que Macedo (2009) lança mão para explicitar as capacidades agentivas do *nhe'ẽ*.

209. Há, por exemplo, a expressão *nhandejara* (nosso dono), que é mais comum em outros grupos guarani e povos tupi. O demiurgo wajãpi, por exemplo, denomina-se com o cognato *janejarã* (Gallois, 1988). É possível encontrar esse termo

das demais divindades e principal ascendente dos Guarani Mbya. Entretanto, embora essa seja sempre uma possível resposta de fundo, dado o poder hiperbólico atribuído à divindade, uma outra interlocutora guarani já havia me prevenido dessa solução. Para ela, a relação de filiação não poderia ser como a de *-ja*. Seja em relação aos *nhanderu* e às *nhandexy ete* (os pais celestes dos *nhe'ẽ*), seja em relação aos progenitores nesta terra (*nhanderu* e *nhandexy rekoaxy*), cuida-se dos filhos para que um dia eles sejam livres e independentes, enquanto a relação de maestria dos *-ja* com seus *mymba* está marcada por uma dependência que perdura indefinidamente.

Contudo, a resposta que o casal guarani forneceu apontou outra possibilidade de reflexão, que nos permite retomar as comparações entre *nhe'ẽ* e *-ja*:

Casal: Tem Nhanderu e depois vem o *nhe'ẽ 'i*, que está tomando conta de você, *nhe'ẽ 'i*, seu anjo. Eles que mandam ali. Ele está andando com você, ele cuida de você. Aí, se você estiver em perigo, ele que salva tudo. Ele está sempre junto, só que você não sabe.

Ha'e ae ma omanda nhandere. Anjo *peva'e ma, nhande-kuery, xamoĩ kuery, opoano nhe'ẽ kuery,* anjo, *nhe'ẽ kuery oma'ẽ nhande re. "Tove toma'e ndeapytere, tove tonhangareko",* anjo *pe porami py ijayvu nhaneramoi kuery.* [Eles mesmos que mandam na gente. São anjos, cuidam da gente. "Que olhem, que cuidem de vocês", assim os xamãs dizem que falam aos nossos *nhe'ẽ* .]

Já que você quer mesmo, vou explicar um pouco para você entender como que é. A gente pessoa tem duas *nhe'ẽ*. Tem outro que é igual a nós, pecadinho, coitado, bem pecado, bem sujinho, o anjo. Tem outro que está lá em cima, olhando você. Ele não anda com você, mas está tomando conta de você lá em cima, está vendo tudo que você está fazendo, te acompanha, e

---

em menor medida no guarani mbya como sinônimo de Nhanderu. Essa correspondência, no entanto, não parece resolver a questão sobre a categoria de "dono" dos humanos para os Guarani Mbya.

tem outro que é *yvyrekoaxy reguare ha'e ma yvyre oiko ndereve* [desta terra, ele vive com você nesta terra], e está junto com você. Daí, já anda em qualquer lugar, você vai lá para lá, ele vai junto. *Ha'e ma tekoaxy kova'e* [este já é *tekoaxy*]. Ele é já meio como a gente. *Nhande rami*, pecador *oiko* [como nós, vive como pecador], bem sujinho.

Lucas: Esse que está em cima é o *nhe'ẽ porã*?

Casal: Sim, *ha'e nhe'ẽ porã*. Aquele lá já não desce aqui na terra. *Ha'e novaẽ i ndere* [Ele não chega até você].

Lucas: *Havy apygua?* [E o daqui?] De baixo, como é que chama?

Casal: *Nhe'ẽ* também. *Yvyre oiko ma nhe'ẽ, nhanenhe'ẽ rekoaxy* [Sobre a terra vive esse *nhe'ẽ*, nosso *nhe'ẽ* perecível]. A gente tem dois, por isso que às vezes a gente fica bem doente, ele *nembaraete* [te fortalece], ele toma conta e você fica forte, porque ele está junto com você.

Lucas: O *nhe'ẽ porã*?

Casal: Não, o que está junto com você, o *nhe'ẽ rekoaxy'i*. Igual você. Ele cuida de você. *Amboae oma'e ae avi. Nhe'ẽ porã ma onhangareko ae avi ndere.* [O outro também está em cima, olhando, *nhe'ẽ porã* também cuida de você.] São os dois que cuidam para você não ficar doente. [...] *Pave nhe'ẽ kuery, pave* anjo *ijavi ikuai pe nhandere onhangareko aguã*, anjo *kuery, ndere onhangareko aguã, nhe'ẽ kuery heta pe penhoeno'ã penhanga-reko penhoeno'ã penhangareko neretarã kuery, ndera'y apy rei, nderajy apy rei py.* [Todos os *nhe'ẽ*, todos os anjos que existem estão para cuidar de você. Muitos *nhe'ẽ*. Que fazem com que se levantem, com que cuidem de seus parentes, de seus filhos e filhas que estão na terra.] [...] Por isso, quando você pega o cachimbo, você fala assim: *"xenhe'e xemombaraete, xembopy'a guaxu"* [meu *nhe'ẽ*, me fortaleça e me dê coragem]. Porque eles cuidam, estão junto com você. Ele fica ali, por isso que é importante você entrar na casa de reza (*opy*).

A resposta que obtive sobre quem seria o *ija* da humanidade guarani, embora não muito conclusiva sobre a possibilidade dessa categoria, apontou para dois diferentes *nhe'ẽ*, um celeste e outro terreno, ambos responsáveis por cuidar da pessoa.[210] Esse foco no cuidado em relação ao protegido aparece na escolha da tradução de *nhe'ẽ* por "anjo", algo também registrado por Macedo (2009) em sua etnografia na TI Ribeirão Silveira, no litoral norte de São Paulo. As expressões em guarani para esse cuidado aparecem na fala por meio dos verbos *-nhangareko* e *-ma'ẽ*. Testa (2014) demonstra que tanto o verbo *-reko*, normalmente traduzido como "ter", quanto *-ma'ẽ* (olhar) expressam antes uma relação de cuidado. Aqueles que têm ou olham para algo ou alguém sobretudo "cuidam, protegem, zelam por".[211] Entretanto, os *nhe'ẽ* não apenas cuidam e zelam, mas também fazem com que se levantem (*-nhoeno'ã*), animam os corpos guarani. A relação de dependência dos humanos não se dá, portanto, com os pais (terrestres ou celestes), que também exercem cuidado, mas com os *nhe'ẽ*. Há doenças que são um processo de afastamento ou abandono do *nhe'ẽ*, e os esforços do xamã guarani são por fazê-lo retornar, pois a morte é justamente o abandono definitivo de um *nhe'ẽ* em relação ao corpo (*tete*).

210. A teoria da alma bipartite é abundante na etnologia tupi-guarani (Viveiros de Castro, 1986, p. 512-71) e, entre os Guarani em especial, adquiriu contornos ainda mais marcantes. Nimuendaju (1987 [1914]) cita a oposição fundamental entre *ayvucué* (alma celeste) e *acyiguá* (alma animal), sendo ambas os componentes que formam a pessoa guarani apapocúva. Outros autores clássicos que pesquisaram sobre os Guarani, como Cadogan (1997 [1959]) e Hélène Clastres (1978), também registraram expressões desse dualismo espiritual, marcado em especial pela oposição entre uma alma celeste e outra terrena.

211. Testa faz duas interessantes observações sobre os verbos *-ma'ẽ* e *-reko*: "O uso frequente deste verbo [*-ma'ẽ*] para expressar a relação entre os humanos e as divindades nos traz pistas para entender que não se trata apenas de ver os humanos, mas também de ajudar e cuidar deles, uma vez que *-ma'ẽ* significa olhar, cuidar e ajudar alguém" (2014, p. 136). "Embora a frase *xee areko peteĩ memby* poderia ser traduzida como 'eu tenho uma filha', ao conversar com os Mbya em diversas ocasiões, fui informada de que não se trata exatamente de uma relação de posse, mas sim de cuidado e convivência. Do mesmo modo, chamavam minha atenção para o que ocorre com a mesma ação, quando é acrescentado o sufixo *-kuaa* (saber), como no caso de '*kyrĩgue arekokuaa*', que os Mbya traduzem como 'eu sei cuidar de crianças'. É possível perceber o quanto seria sem sentido a tradução: 'Eu sei possuir crianças'. Do mesmo modo, a frase acima *Xee areko peteĩ memby* pode ser melhor entendida como: 'eu cuido de uma filha', onde o enfatizado não é a condição de possuir uma filha, mas a relação de convivência que envolve cuidar" (2014, p. 114). *-Nhangareko* é um verbo derivado de *-reko*, que justamente ressalta e dirige seu sentido à ação de cuidar.

Embora não tenha obtido qualquer dado etnográfico que explicite a correspondência entre *nhe'ẽ* e *-ja*, creio que, entre as variadas descrições colhidas, é possível perceber que ambos têm como função primordial animar e compor a existência de um ser. O cuidado e a proteção que marcam essas relações são superlativos, a ponto de gerarem dependência, algo que não ocorre na relação de filiação, como vimos anteriormente. Sem *nhe'ẽ* ou sem *-ja*, a vida se esvai.

É evidente que se trata de um tema complexo, já que as relações descritas pelos Guarani e operadas pelo termo *-ja* abarcam desde a relação de domesticação até a associação com um princípio vital que anima um vivente ou mesmo um território — que, conforme observamos no exemplo da água boa, também possui uma vitalidade a ser mantida. As variações se concentram, portanto, nos distintos modos de aproximação e assimetria entre os sujeitos na composição do ser. Contudo, tanto um animal domesticado em relação a um *ija* como um humano em relação a um *nhe'ẽ* dependem dessa relação para viver.

Heurich (2011, p. 41-7) também propõe uma compreensão semelhante,[212] dizendo que *-ja* e *nhe'ẽ* são análogos relacionais e operadores de perspectiva. Alguns de seus interlocutores afirmam que só os Guarani possuem *nhe'ẽ*,[213] apesar de o próprio autor identificar o uso do termo *nhe'ẽ* para se referir a alguns *ija*, como o da árvore (*yvyra nhe'ẽ*), algo que também vimos aqui. Essa suposta exclusividade dos Guarani como portadores de *nhe'ẽ* o conduz para sugerir que o uso de *-ja* está relacionado à conotação de alteridade. Ainda que, segundo minha experiência de campo, o uso da palavra *nhẽ'e* não ocorra para expressar um atributo exclusivo dos humanos guarani, parece-me acertada a percepção de que a utilização do termo *-ja* aponta para relações de alteridade e assimetria. Trata-se

---

212. Pereira (2014) é outro trabalho que desenvolve formulações semelhantes na relação entre *nhe'ẽ* e *-ja*.

213. Parece-me que o que há a ressaltar é a distinção radical do *nhẽ'e* guarani em relação aos demais, devido a sua filiação e procedência divina. Vale lembrar também do caso recém-citado registrado por Cadogan em torno do *nhẽ'e* de uma onça que encarna no corpo de um jovem, fazendo com que ele deixe de ser um *nhande'i va'e* (um Mbya).

de uma boa hipótese para a ausência explícita de uma categoria de "donos dos humanos (guarani)". Essas reflexões sugerem, portanto, que o termo *-ja* é usado preferencialmente para caracterizar *relações vitais de composição e dependência entre diferentes*.[214]

Isso fica claro principalmente no contraste entre um *-ja* e seu *mymba*. Segundo os casos de que tomei conhecimento, em geral, o *ija* de um animal nunca é da mesma espécie que seu protegido; é sempre um outro. Uma assimetria bem mais marcada que no caso do *nhê'e* dos Guarani como "duplo", que apareceu na fala anterior e que comentarei melhor adiante.

Essa assimetria entre *-ja* e *mymba* aponta para a questão da origem dos donos. Obtive poucas respostas detalhadas a respeito. Normalmente, elas simplesmente sugeriam que foi Nhanderu que criou tanto os animais como aqueles a quem foi destinada a função de donos protetores. Contudo, dois jovens guarani me sugeriram que, na primeira terra (Yvy Tenonde), os *ija kuery* eram humanos que foram punidos pelas divindades, destinados a permanecer no plano terrestre com essa função. A punição estaria relacionada a seus comportamentos desrespeitosos e excessivos, o que explicaria a disputa de poder entre alguns coletivos desses seres e os Nhanderu Kuery. Outro aspecto associado a essa hipótese é a posição de mediação dos *-ja*, situados entre os humanos e as divindades: ao mesmo tempo que podem compartilhar com as divindades o atributo

---

214. Dessa forma, a conclusão de Pereira (2014) de que os Nhanderu são os donos dos Guarani, embora faça sentido em uma lógica perspectivista e sobretudo nesse contexto de cosmologias marcadas pelo movimento, com tantos "deslizamentos conceituais" (Gallois, 1988), não resolve completamente essa problemática categorial. Não me parece fortuito o fato de o termo *-ja* ser tão pouco explicitado na relação entre os Guarani Mbya e as divindades, que preferem acentuadamente termos que enfatizam consanguinidade: *nhanderu ete'i* (nosso pai verdadeiro), *nhandexy ete'i* (nossa mãe verdadeira), *nhanderyke'y* (nosso irmão mais velho). Ao contrário da alteridade que marca o uso dos termos *-ja/mymba*, conforme mobilizados pelos Guarani Mbya, o ideal do *aguyje* é a concretização dos Guarani como congêneres dos Nhanderu. Isso não significa, porém, que as divindades estão seguramente fixadas num polo da consanguinidade para os Guarani. É necessário, como bem atentou o mesmo autor, que a relação seja constantemente produzida. A preferência pelas categorias consanguíneas de parentesco para designar as divindades é apenas uma das formas, embora não menos importante, de produzir essa aproximação. Afinal, discursos e palavras também produzem corpos e relações.

da imperecibilidade, eles habitam regiões próximas à plataforma terrestre, cuja localização possui descrições de uma cosmografia intermediária, como o "alto de montanhas" e as regiões "abaixo das nuvens" (*araiguyry*). Tal caracterização também se encaixa com o estatuto dos Nhanderu Mirĩ, isto é, sua descrição como seres humanos que foram divinizados em vida, tornados imortais, que agora habitam regiões intermediárias entre a terra e as moradas das divindades, e, finalmente, por serem eles também uma classe de donos, os *koxi ja* (donos dos queixadas).

Por último, e para apoiar essa hipótese, cito uma nota de Cadogan em que ele brevemente descreve uma origem para o caso do "dono" dos veados (*guaxu ja*, também chamado de *omimby va'e*, "aquele que assobia")[215] compatível com aquela que me foi relatada pelos dois amigos guarani: "Uma mulher adentrou uma roça alheia e roubou feijões; o bebê de peito que levava nos braços foi convertido no *Guaxu Ja Ete*, e ela, em veado" (1997 [1959], p. 173).

Voltemos à explicação que me foi oferecida no último trecho da fala do casal guarani sobre a existência de dois *nhe'ẽ* para cada pessoa. Segundo a explicação, a ação de cuidar é exercida de forma complementar pelos dois *nhe'ẽ*, só que um o faz de cima, das esferas celestes, e o outro está conosco todo o tempo na terra. O primeiro, denominado por meus interlocutores *nhe'ẽ porã*, "já não desce aqui na terra. *Ha'e novaẽi ndere* [não chega em você]".[216] E o segundo, enfaticamente qualificado de "sujinho, pecadinho, igual a nós (*nhande rami ae*)", é o *nhe'ẽ rekoaxy*, ou seja, o *nhe'ẽ* que compartilha conosco a vida nesta terra de aflição e perecimento. Apesar de todos esses qualificativos pejorativos atribuídos

215. Essa mesma figura do dono do veado já me foi descrita por um xamã da aldeia Tenonde Porã, com as mesmas características registradas por Cadogan, incluindo algumas outras que parecem remeter à figura do saci. Jaxy Jateré é também um personagem presente na cosmologia guarani, que se sobrepõe mais ou menos ao saci do folclore brasileiro e está relacionado aos irmãos Kuaray e Jaxy. Creio que, no contexto das populações guarani de Mato Grosso do Sul, esse personagem *trickster* tenha traços mais contrastantes com o popular saci. Ver Seraguza (2013).

216. Um *xeramoĩ* de Santa Catarina (Karai Aristides da Silva) realiza uma descrição semelhante a respeito do fato de *nhe'ẽ porã* não descer à terra. Ver Ramo y Affonso & Pesquisadores Guarani de Aldeias de Santa Catarina e Paraná (2015, p. 23).

ao *nhe'ẽ rekoaxy*, é bastante salientado seu papel de protetor e o fato de que está sempre junto, ainda que não se perceba.

Macedo (2009, p. 223) registra as denominações *nhe'ẽ mirĩ* (ou *porã*) e *nhe'ẽ guaxu* (ou *vai*), cuja oposição é próxima a essa que analisamos. Entretanto, nas descrições obtidas pela autora, essa dicotomia apresenta uma oposição exclusiva sobre os efeitos causados por cada *nhe'ẽ*, sendo um o responsável pelas coisas ruins que acontecem às pessoas, e o outro, pelas boas, em contraste com o *nhe'ẽ rekoaxy* descrito na fala do casal, que realmente ajuda e protege, atuando como um duplo da pessoa, apesar de compartilhar sua existência *rekoaxy* (em relação aos erros de conduta e ao perecimento).

De modo geral, o que mais escutei entre os Guarani era que tanto a origem como o destino dos *nhe'ẽ* seriam as moradas divinas. No entanto, eles não qualificavam qual *nhe'ẽ* seria, de modo que sempre presumi que se tratava do *nhe'ẽ porã*, algo que também contrasta com a explicação dada pelo casal, no ponto em que deixa claro que o *nhe'ẽ porã* não desce plenamente à terra, atuando à distância.[217]

Na ocasião daquela conversa, não tive tempo de perguntar mais a respeito das origens e destinos do *nhe'ẽ rekoaxy*, que compõe a pessoa guarani e que atua como seu protetor e duplo, mas suas características me parecem similares às da categoria dos *nhe'ẽ mbyte* (alma do meio), que, como assinala Pierri (2018, p. 209),

---

217. Também Pereira (2014, p. 207) obtém dados similares a essa concepção de um *nhe'ẽ* que atua à distância, e propõe uma interpretação que ajuda a superar um pouco essas contradições nas descrições do *nhe'ẽ*, argumentando que "estar no alto" tem que ver menos com um lugar, e mais com um ponto de vista: "Por outro lado, se colocarmos lado a lado a noção apresentada por Lidia, de que a *nhe'ẽ* ficaria no 'alto', sob a guarda de Nhanderu, e a ideia de que o afastamento da alma é prejudicial, permitindo a aproximação de outros tipos de 'almas' (dos mortos, dos 'donos', de animais etc.), então poderia-se pensar que, talvez, 'alto' (*yvate*) não seja tanto um lugar quanto um ponto de vista singularizado, o dos deuses, do qual os Mbya se querem, de alguma forma, próximos. Talvez seja neste sentido que os interlocutores de Cadogan (1959) [e de Chase-Sardi (1992)] se refiram às 'almas' (ou aos deuses) como 'aqueles que estão em cima de [ou sobre] nós' (*nhande* árygua *kuéry*)".

[ficariam] fora do corpo, como duplos deles, e afastariam-se com facilidade, seriam "mais sensíveis". A ausência prolongada de algum dos *nhe'ẽ mbyte* levaria os outros *nhe'ẽ*, inclusive o *nhe'ẽ porã*, a abandonar o corpo, causando a morte. Por isso, algumas doenças devem ser tratadas com o fito de fazer voltar esses componentes da pessoa.

Tal descrição se aproxima do que meus interlocutores pontuaram, sobretudo dessa noção de duplo,[218] que remete ao *nhe'ẽ* como anjo que acompanha o movimento da pessoa para qualquer lugar e que zela por ela. Também aparece nessa citação a relação de dependência vital com o *nhe'ẽ mbyte*, pois seu afastamento pode ocasionar a morte.

Macedo, por sua vez, ao seguir indagando sobre as almas que habitam os corpos guarani, registrou uma fala que afirma a existência de múltiplos sujeitos que compõem a pessoa, além do *nhe'ẽ porã*. O relato descreve brevemente, mas com interessantes detalhes, algumas dinâmicas desses diferentes *nhe'ẽ*:

Conforme a gente vai crescendo, a gente vai juntando espíritos. Meu pai disse, quando eu era criança, que quando a gente fica diretamente perto da luz aparecem quatro sombras. Uma que é preta, outra mais clarinha, outra mais clarinha e a clara. Essas sombras que se desprendem quando a gente morre, e cada espírito vai pegando espaço. Um vai ser o lamento, que na nossa língua diz *jaje'oi'va'e*. A gente escuta ele chorando, passando. Um vai ser *yro'yxãva'e*, que é o do frio. E outro que a gente chama *kejiopã*,[219] paralisia, que dá

---

218. Nesse aspecto, o *nhe'ẽ rekoaxy* pode ser entendido também como guardião e *xondaro*, e aparece como hipótese para explicar tanto o duplo de Tupã Ra'y, registrado por Pierri (2018), como o duplo de Sepé Tiaraju, já comentado no capítulo 2. Ambos atuam enganando os brancos, que julgam ter assassinado seus respectivos protegidos.

219. Acredito que a grafia correta seja *kejopy* (junção dos verbos "dormir" e "pegar, agarrar"). É o espírito que imobiliza durante o sono. Mesmo depois de acordar e tomar consciência da situação, não é possível se mover, o corpo fica paralisado. Já ouvi muitos Guarani falarem disso; é uma condição que eles temem bastante, e é bem comum entre algumas pessoas.

à noite. Sonha ruim e não consegue acordar nem mexer o corpo. Eu mesmo passo muito por isso, tenho pesadelo e não consigo acordar nem mexer o corpo. Por isso Guarani quando acorda, logo pega o cachimbo. Fala com espírito que não quer nada mal para ele, quer cuidar dos filhos só, precisa levantar. E tem outro que chama *petun*, é o escuro. Ele sozinho não faz mal, só passeia. Mas traz espírito mau pra casa. É o mais negro. Essas quatro sombras já fazem parte da gente. Quando a gente morre, eles saem. Eles que dão o caráter da gente. Se a pessoa é malvada, ou se é boazinha, se tem um pouco de inveja. A gente não é perfeito, tem falhas, e é nessas falhas que as sombras dominam. *Nhe'e porã* protege dos espíritos maus. Já as sombras podem trazer os espíritos da rua pra casa. Você pode adoecer, ficar com dor de cabeça, pesadelo. Por isso às vezes você sonha e começa a se contorcer, se virar, *nhe'e porã* não está deixando o espírito mau entrar. *Nhe'e porã* sai também, mas deixa um guardião dentro de casa, é um *xondaro marã e'ỹ*. Quando a pessoa morre, essas sombras saem, e *nhe'e porã* vai de volta. E as sombras ficam chorando com espírito mau, que dá paralisia, ou que dá frio, e um vulto. Quando a gente lembra de alguém que morreu, vem o vulto e vem tudo, você já fica doente, se sentindo mal. (Macedo, 2009, p. 225-6)

Schaden (1974, p. 115-7) apresenta informações parecidas às fornecidas pelo casal guarani. Segundo os Mbya de então, da aldeia Rio Branco, de uma oposição entre corpo (*tete*) e "alma" (*nhe'ẽ*), derivam-se três "almas", duas boas e uma ruim. Esta última, após a morte, será o *mbogua* ou *ãgue*, "aquilo que foi corpo" ou espectro dos mortos.[220] Estão presentes também a noção de cuidado e proteção, e a correlata dependência do humano em relação a esses componentes. Em seguida, Schaden reconhece que interlocutores

---

220. A questão do espectro dos mortos, sua relação com o corpo, o território e a oposição aos demais *nhe'ẽ* é por demais complexa para ser esmiuçada com a devida atenção aqui. Tal empreitada foi felizmente levada a cabo por Morais (2017), abordando o contexto geral guarani, mas enfocando a análise entre os Kaiowa e os Guarani de Mato Grosso do Sul.

mbya de outra aldeia lhe explicaram o processo de forma distinta: seriam quatro almas, uma situada na cabeça, outra no coração e duas do lado de fora, cuidando da pessoa.

Creio que está claro que, apesar das equivalências, é possível encontrarmos muitas divergências, não apenas com os dados obtidos em outras etnografias mas também em conversas com diferentes interlocutores num mesmo contexto etnográfico. Há, de fato, muitas variações nas falas dos Guarani sobre a temática da composição da pessoa por meio da conjunção de diferentes *nhe'ẽ*, assim como ocorre também em relação às descrições das divindades e à localização de suas moradas, como já comentei anteriormente.

Mais uma vez, vale dizer que, tal qual o *xondaro jeroky*, as variações são intrínsecas ao modo como os Guarani dançam com sua própria cosmologia, mas isso não significa que não existam princípios lógicos em operação e modos de agir destacados, depurados por quem vai adiante, como um *xondaro ruvixa*.

Esse componente da pessoa descrito aqui como *nhe'ẽ rekoaxy* — atuante como "duplo" ou "anjo" que, ao mesmo tempo que constitui a pessoa, atua sobre ela —, bem como as tantas sombras, donos e seres não humanos que agem sobre alguém, expressam, em meio a sua diversidade de descrições, um aspecto fundamental para entendermos a ação política guarani (e ameríndia): a composição múltipla da pessoa. Aqui há justamente um princípio, como ressalta Sztutman (2012, p. 314), que ajuda a descrever o processo pelo qual sujeitos contêm outros sujeitos, pessoas "contêm outras pessoas", que "integram relações" (Wagner, 1991). Voltemos um pouco ao debate sobre maestria, antes de continuar o argumento.

Em seu artigo-síntese sobre as relações de maestria e domínio na Amazônia, Fausto enumera uma série de características dessa relação, que podemos encontrar entre os Guarani. Entre elas, sua aplicabilidade à posse (no sentido de proteção e cuidado) de certos bens materiais e imateriais, animais de estimação e territórios.

No caso dos Guarani Mbya, entretanto, são necessárias algumas ponderações. Uma delas, como já comentou Heurich (2011), é que a invocação do termo *-ja* sugere uma relação de alteridade e não é muito utilizada para descrever relações entre os humanos. Outra questão é que a relação entre *-ja* e *mymba* parece sugerir menos uma lógica de filiação que uma de dependência vital, mas ainda assim assimétrica, entre alteridades.

Ao fazer essa ressalva sobre o idioma da filiação, não estou ignorando o rendimento de sua derivação em *filiação adotiva*, na formulação de Fausto, ao descrever as relações de domínio e maestria. Entre outras coisas, essa proposta ajuda a explicar o comportamento necessariamente oscilante no trato com os animais domésticos, muito presente também entre os Guarani:

> Há um último ponto que gostaria de marcar: a adoção é, por assim dizer, uma filiação *incompleta*. Ela não produz uma identidade plena, senão uma relação ambivalente, em que o substrato da inimizade é obviado, mas não inteiramente neutralizado. Daí a minha insistência na permanência da perspectiva do outro no caso da relação xamã-auxiliares ou matador-vítima; daí também por que cativos de guerra e animais familiares frequentemente recebem um tratamento oscilante entre o cuidado e a crueldade. À dupla-face do mestre corresponde a face-dupla do xerimbabo: ele é um outro e jamais deixará de sê-lo completamente. [...] Ao dispositivo alterante da maestria (o fato de o mestre ser necessariamente afetado por seu xerimbabo) soma-se a pluralidade das relações internas às pessoas magnificadas, o que produz a sua dispersão relacional.[221]

Ou seja, na relação de maestria, deve-se evitar, de um lado, a completa identificação com o outro, pois isso aponta para a transformação da perspectiva, como vimos no caso do *-jepota*, e, de outro, a sujeição completa da alteridade por meio da predação. Portanto, para manter a incompletude nos processos de transformação e contágio entre *-ja* e *mymba*, faz-se necessário, como já vimos, não coincidir *xerymba* (meu animal de estimação) com *xerembi'u*, que, além do sentido literal de "minha comida", é frequentemente usado entre os Guarani Mbya como sinônimo jocoso de parceiro sexual.

221. FAUSTO, Carlos. "Donos demais: maestria e domínio na Amazônia", *Mana*, v. 14, n. 2, out. 2008, p. 343, 352.

Contudo, ao passarmos à relação da pessoa guarani com seu *nhe'ẽ*, que mostra que a relação *-ja/mymba* é apenas um caso específico do processo de composição plural das subjetividades, é possível deixar mais clara a ressalva quanto à lógica da filiação para descrever as relações de dependência vital. O *nhe'ẽ* não se estabiliza facilmente à descrição de pai adotivo, muito menos de genro ou cunhado. Ele é a pessoa e também um *outro*. No próprio texto de Fausto, há um trecho que aponta para a questão da composição múltipla da pessoa ameríndia e que pode nos auxiliar a prosseguir: "O caráter múltiplo e fractal das relações de domínio requer pessoas internamente compósitas, 'diferentes de si mesmas'".[222]

"Duplos" ou "anjos" — que, ao mesmo tempo que acompanham a pessoa e se diferenciam dela, também a constituem — são descrições que tentam abarcar justamente esse complexo aspecto da pessoa guarani (e ameríndia), composta de distintos sujeitos que fazem dela "diferente de si mesma". Como diz Rodgers: "O xamã é um ser múltiplo, uma micropopulação de agências xamânicas abrigada em um corpo: portanto, nem suas 'intenções' são jamais exclusivamente 'suas', nem ele está nunca certo de suas próprias intenções".[223] Muitas foram as vezes em que o *xondaro ruvixa* Karai Mirĩ interrompeu uma explicação durante nossas conversas para dizer: "Não sei por que estou te contando isso. Não sou eu que estou falando! Estou sentindo em meu coração essas palavras, mas são os Nhanderu Kuery que me fazem falar".[224]

Em meio a esse complexo jogo de subjetividades, tais reflexões nos devolvem àquelas feitas no capítulo 1 sobre o aspecto fractal dos processos de diferenciação das divindades e das variações nos modos como os Guarani dançam o *xondaro*. Cada um tem um jeito diferente de dançar, porque cada um também é diferente

---

222. FAUSTO, Carlos. "Donos demais: maestria e domínio na Amazônia", *op. cit.*, p. 341.

223. RODGERS, David. "A soma anômala: a questão do suplemento no xamanismo e menstruação ikpeng", *Mana*, v. 8, n. 2, p. 91-125, *apud* FAUSTO, Carlos. "Donos demais: maestria e domínio na Amazônia", *op. cit.*, p. 343.

224. Pierre Clastres (1990 [1974]) descreve situação semelhante em relação ao xamã mbya Soria. Quando aquele *karai* proferia seus discursos de reflexão metafísica, eram as divindades que estavam ali falando as belas palavras, diz ele.

de si mesmo. Assim, do mesmo modo como as divindades e os *nhe'ẽ* falam por meio dos Guarani, eles também dançam por meio dos *xondaro*: a dança formada por meio da pessoa que é a pessoa formada por meio da dança, parafraseando Wagner (1991).

Mas que idioma relacional poderia exprimir melhor essa fractalidade entre os Guarani? Se a relação *-ja/mymba* é apenas um caso específico na descrição da pessoa compósita, pois esse vocabulário não dá conta das implicações do *nhe'ẽ* e tampouco das dinâmicas relacionais das divindades e de seu processo de diferenciação por meio do *mbojera*[225] (fazer desabrochar, desdobrar), o uso do termo *xondaro* alcança, em contrapartida, uma generalidade notável. Vejamos uma rápida exposição de casos, muitos deles já comentados neste trabalho.

São ditas *xondaro* de Nhanderu Tenonde as divindades criadas por ele por meio do *mbojera*. Por sua vez, em cada morada conduzida por essas divindades, estão seus respectivos *xondaro*. Os xamãs podem ser chamados de *xondaro* das divindades, os *lugartenientes* de Jakaira, como diz Cadogan (1997 [1959]). E também eles, os xamãs guarani (os *karai* e as *kunhã karai*), têm seus próprios auxiliares, que igualmente podem ser designados *xondaro* (os *yvyra'ija* e os *xondaro opyregua*). As lideranças políticas, caciques etc., da mesma maneira que também podem ser *xondaro* dos *xeramoĩ*, têm os seus próprios *xondaro*, que podem se dividir em diversos grupos, cada qual com seu *xondaro ruvixa*. Os *ija* e seus coletivos também podem ser vistos como grupos de *xondaro*, assim como atuam como guardiões-*xondaro* de seus protegidos (Testa, 2014, p. 114-5). Por fim, mesmo os duplos e os anjos que caracterizam os *nhe'ẽ* das pessoas podem ser descritos como *xondaro*.[226]

---

225. O que a cosmologia guarani descreve por meio desse verbo é algo de outra ordem que não a filiação, como já destaquei, pois o *mbojera* pode desdobrar um filho, um irmão, uma alteridade radical, como uma fera inimiga, ou até objetos inanimados.

226. Em um curto comentário, Pierri (2018, p. 124) sintetiza como o uso de *xondaro* vai da noção de auxiliar, como entre as divindades, até duplo e imagem, como ocorre no caso de Tupã Ra'y e na relação com o *nhe'ẽ rekoaxy* descrita anteriormente: "Nesse diálogo, eu estava perguntando a esse senhor a respeito de uma comparação que outro Guarani me havia feito, dizendo que os Pais das Almas seriam como

A expressão "Tupã *kuery*", por exemplo, pode ser entendida também como "os *xondaro* de Tupã", revelando que o aspecto de multiplicidade com base em um referente indicado pelo termo *kuery*, que comentei ainda no capítulo 1, aproxima-se muito dessa concepção do *xondaro* como relação.

Para ilustrar melhor um desses casos e permanecendo no último assunto desenvolvido, isto é, o da relação de maestria, vejamos este verbete do dicionário de Cadogan, que demonstra como o idioma dos *xondaro* opera também entre os *ija kuery*: "Andyra: ave de la familia 'Cuculida' considerado *Guachu Ja Ete pyrõnga*, lugarteniente de *Guachu Ja Ete* [dono verdadeiro do veado]" (1992, p. 26).

Lugarteniente, como vimos, é uma tradução para o termo *pyrõnga* (enviado por, inspirado por, representante de). Literalmente, "aquele em que põe o pé". Embora esteja há muito em desuso nas aldeias que frequento, a antiga aplicação desse termo parece exprimir algo bem próximo da acepção que se faz hoje de *xondaro*, como aponta esta nota explicativa de Martínez Gamba no livro *El canto resplandeciente — Ayvu Rendy Vera: plegarias de los mbyá-guaraní de Misiones* [O canto resplandecente — *Avyu Rendy Vera*: canções dos Guarani Mbya de Misiones], sobre um trecho que menciona o envio dos *xondaro* de Tupã:

> *Tupã sondárope*: Aos soldados dos deuses Tupã. *Sontáro* (às vezes *chontáro*) é um hispanismo que está muito arraigado na

---

xondaro [auxiliares] de Nhanderu Tenonde, e que cada um deles, por sua vez, tinha seus próprios auxiliares. É notável que no primeiro capítulo tenhamos visto a reflexão de um jovem guarani de que Tupãra'y tinha seu *xondaro*, que seria o equivalente ao seu irmão, e uma senhora expressou a mesma reflexão dizendo que Tupã tinha deixado para ser morto apenas uma imagem de seu filho, enganando os brancos. *Xondaro* ou auxiliar aparece como equivalente de imagem, que nesse caso corresponde à noção de duplo". Mais adiante, há outro trecho que associa os donos à lógica relacional dos *xondaro*: "Eu acrescentaria, porém, que cada classe de seres desse tipo (donos das pedras, donos das montanhas etc.) conforma um coletivo, dotado de um principal. Portanto, remeter-se a *ita ja*, por exemplo, pode ser uma forma de designar o espírito de uma pedra em específico, como ao espírito-dono que rege o coletivo dos donos das pedras" (Pierri, 2018, p. 222).

língua dos Mbyá, apesar da existência do vocábulo *pyronga*,[227] enviado dos deuses. Mas aqui o informante não teve dúvida alguma em utilizar o hispanismo. (Ramos *et al.*, 1991 [1984], p. 40)

A ideia do "pé sobre outrem", que aludiria a seu auxiliar, seu representante em outro lugar (*lugarteniente*), remete ao conceito do *xondaro* como função e a seu caráter relacional. Se as divindades possuem *xondaro* e, por sua vez, também são *xondaro* de divindades maiores, cada um exercendo diferentes papéis, o que *pyrõga* (ou *pyronga*) descreve é uma imagem que multiplica ramificações. Uma série de sujeitos corporalmente conectados e reproduzindo relações em diferentes escalas.

Entre os Guarani Mbya, portanto, o "caráter múltiplo e fractal das relações de domínio"[228] tem no idioma relacional do *xondaro* seu meio mais geral de expressão. Creio que, mais do que apenas uma imagem triangular, conforme falamos anteriormente a respeito da série dos *pyrõga*, uns sobre os outros, é mais oportuno resgatarmos a imagem clastreana das "ramagens floridas" sobre o desdobrar de Nhanderu (Clastres, 1990 [1974]). Por isso, uma possibilidade poética para explicar os *xondaro* e sua função relacional é a tradução "aqueles que são ramificações de", expressão de um movimento em que sujeitos se diferenciam e se compõem ao mesmo tempo.

---

227. Um dos termos que os Guarani também utilizam hoje com significado próximo é *tembiguai* (auxiliar, emissário). Outro termo, *mboya*, associado a fontes dos séculos XVI e XVII, parece ter significado próximo ao uso atual de *xondaro*: "O termo *mboya*, anteriormente entre os Guarani, significava seguidor; os *ava eté* chamavam *mboya* aos jovens que se aproximavam deles, vindos dos *tey'i* ou *teko'a*, e que permaneciam como ajudantes e seguidores dos mesmos. Os espanhóis, ao chegarem em Assunção, proclamaram aos Guarani vassalos livres do rei e usaram o termo *mboya* para eles. Por sua parte, os jesuítas, quando queriam expressar que o Guarani era um vassalo de Deus, os chamavam de Tupã *mboya*; de modo que esse termo foi mais tarde usado pelos próprios conquistadores, mas sua verdadeira conotação original era a de um seguidor guerreiro, protetor e sob as ordens de um cacique guarani" (Susnik, 1980, p. 20-5). Não consegui encontrar mais dados que iluminem a etimologia desse termo, mas suspeito que sua grafia pudesse variar para *mboja*, cujo significado está relacionado a "juntar, unir, emendar, colar", e que ainda aponta a proximidade com o vocábulo *-ja*, associado à relação de maestria ("dono").

228. FAUSTO, Carlos. "Donos demais: maestria e domínio na Amazônia", *op. cit.*, p. 341.

Dessa forma, o *xondaro* faz a ponte entre as dinâmicas ressaltadas na cosmologia e as praticadas no cotidiano das *tekoa* guarani, revelando que se constituem da mesma lógica:

> Toda essa maestria não é senão uma noção cosmológica que inflete sobre o plano sociopolítico, remetendo, em termos muito gerais, a essa capacidade de "conter" — apropriar-se ou dispor de — pessoas, coisas, propriedades, e de constituir domínios, nichos, coletivos. Reencontramos aqui o sentido do *iwa yudjá*: algo responsável por "fundar um dos modos da socialidade e articular os processos da vida social a uma função-Eu, razão da existência das unidades e dos processos da vida social' (Lima, 2005, p. 94). *Iwa* como ideia e como relação seria, para os Yudjá, a condição da vida social em seu desenrolar. (Sztutman, 2012, p. 320)

É claro que há limitações no uso de *xondaro* — todo termo tem sua circunscrição. É provável que, em algumas relações de maestria, o mais lógico seja lançar mão de outros termos, como de fato fazem os Guarani. Mas a grande probabilidade da fácil substituição desses outros termos por *xondaro* é um dos traços mais evidentes de sua generalidade nas relações de aliança, conforme as concebem os Guarani Mbya para a composição de pessoas e coletivos.

Xondaro durante
ato de bloqueio
da Rodovia
Bandeirantes (SP).

Tenondegua regua: sobre lideranças e seus movimentos

XARURA

A FILA ERA LONGA E SEGUIA seu caminho lentamente, com curtos passos ritmados. À frente, conduzindo os demais, ia um *xondaro* que se destacava pelos passos levemente mais dançados, com a varinha dupla que constitui o *popygua* crepitando freneticamente em sua mão. Logo atrás, um *xondaro mba'epu ja* (músico, literalmente "dono do objeto sonoro") tocava um *mbaraka*, com o qual ditava o ritmo da fila.

Cerca de cem metros depois do local em que desceram de seus ônibus, os visitantes chegaram a um pequeno portal, feito de folhas da palmeira *pindo* (jerivá). O portal não estava disposto na continuidade de uma cerca ou qualquer outra divisória. Ao lado das folhas que conformavam a porta, havia outras laterais que se prolongavam por apenas um metro, de modo que, para "entrar", era possível simplesmente passar pelo lado. Essa configuração deixava claro que o portal estava ali exclusivamente para servir ao ritual de chegada, o que não o tornava menos importante, ao contrário.

Diante do portal (*okēroka*), o *xondaro* que conduzia a fila se defrontou com outros três *xondaro*, que permaneciam do outro lado da passagem. Dois estavam dispostos nas laterais, portando cada qual um *yvyraraimbe* (borduna), que cruzaram diante da entrada, impedindo a passagem no momento em que a fila se aproximou. O terceiro *xondaro*, mais velho, dançava em frente ao portal, realizando movimentos de desafio àquele que queria entrar.

Os dois *xondaro ruvixa*, o da fila e o do portal, confrontaram-se por alguns poucos minutos em seus movimentos de dança, agora bem mais intensos do que durante o percurso da caminhada. Até que o *xondaro* da fila, depois de esquivar uma última vez dos movimentos de seu rival, gritou, erguendo levemente os braços: "*Aguyjevete!*". A palavra foi em seguida repetida pelo oponente e por seus dois auxiliares, que imediatamente levantaram suas bordunas, abrindo passagem. A disposição do portal parecia, assim, simbolizar uma fronteira política que só poderia ser atravessada com a saudação do *aguyjevete*, uma forma de reconhecer o compartilhamento mútuo desse ideal de maturação corporal.

Assim, todos os demais da fila, mas de modo bem mais simplificado se comparados à passagem de seu condutor, foram dizendo e recebendo de volta a saudação *aguyjevete*, e, em seguida, atravessaram o portal.

Do lado de dentro do pátio, havia outra fila com as pessoas dispostas lateralmente, formando quase um semicírculo, com a abertura voltada para os que vinham do portal. Os recém-chegados se viraram de frente para os demais, de modo que cada um se posicionava para ficar exatamente diante de alguém do grupo que os recebia. Embora os grupos estivessem próximos, a cerca de dois palmos de distância um do outro, não havia contato corporal. Depois do aviso de seu condutor, que gritava "*Aguyjevete!*", os recém-chegados proferiam juntos a saudação e depois a recebiam de volta, com o levantar característico dos braços. Desse modo, a fila foi andando lateralmente até que tivesse passado por todo o semicírculo, e tudo isso mantendo o mesmo passo ritmado, ao som do *mbaraka*.

Tal ritual de boas-vindas, que os Guarani Mbya costumam designar de *xarura*,[229] é normalmente realizado em contextos de visitações e encontros interaldeias, com os anfitriões conduzindo o movimento. O caso que serviu de base para essa descrição ocorreu na Sexta Assembleia Geral da CGY, organização autônoma dos Guarani que articula suas aldeias do Sul e Sudeste do Brasil, como já mencionamos. A assembleia, brevemente comentada no capítulo 1, foi realizada em abril de 2013, na aldeia Ko'ẽju, em São Miguel das

---

229. O termo *xarura* também é usado para designar o cumprimento ritual composto de perguntas e respostas, normalmente conduzidos pelos *xeramoĩ* e pelas *xejaryi* em uma modulação de fala distinta da cotidiana. As perguntas e as respostas tendem a se sobrepor, o que significa que, antes de terminar ou sequer se iniciar a pergunta, a resposta já é dada, indicando que a comunicação verbal não é o que mais importa nesse caso.

Missões. Esse encontro reuniu mais de trezentas lideranças do Brasil e incluiu também uma comitiva de participantes da região argentina de Misiones. Dessa forma, para cada leva de delegações que chegava, era organizado um *xarura* e, assim, crescia o grupo que recepcionava os recém-chegados, de modo que todos sempre participassem do ritual.

Inicio as reflexões sobre as lideranças guarani e seus movimentos com a descrição desse ritual justamente porque ele, sobretudo no contexto de realização de uma assembleia da CGY, congrega e apresenta aspectos centrais do modo de agir e das relações nas quais se constituem as lideranças, em que a figura do *xondaro* também aparece como uma forma de relação preponderante nesses processos. Um desses aspectos aparece na própria imagem da fila, forma que opera não só no *xarura*, mas é o princípio organizador de diversas danças na *opy* e também da própria dança dos *xondaro*, que formam filas em sua preparação, dançam em uma fila circular e terminam se perfilando lateralmente para a saudação final. Comecemos, então, com a fila:

> Os Kaiowá que conheci são muito ciosos a respeito de quem inicia uma ação, de quem vai "tomar a frente", a iniciativa para realizar algo, seja no âmbito familiar ou no grupo local. Estamos falando de ações que vão desde uma roça, uma caçada, uma festa até o diálogo com um prefeito, chefe da Funai [Fundação Nacional do Índio] ou procurador do Ministério Público, um protesto, uma ocupação de terras etc.
>
> Assim, a primeira figura que surge nessa reflexão política é a figura do *tendotá*. Esse é o termo kaiowá que designa a pessoa que vai à frente, que inicia uma ação. Encontrei mesmo quem me traduzisse política por *tendotá puakapy*, ou seja, assunto de *tendotá*.
>
> Evoca-se, portanto, a figura da fila. Significativamente, segundo indicam os dicionários etimológicos, o termo "fila indiana" pode ser considerado uma corruptela, uma tradução equivocada de "indian file". A expressão norte-americana tem origem na observação dos colonos brancos, generalizada e levada ao senso comum, de que os indígenas (e não

os habitantes da Índia) vão à guerra andando em fila (todos pisando no rastro de quem vai à frente, "para dar a impressão de que, por ali, passou um único homem"). (Pimentel, 2012, p. 128)

Pimentel utiliza a imagem da fila para pensar tanto a gênese da figura do *tendotá* entre os Guarani e os Kaiowa de Mato Grosso do Sul como as relações que ele estabelece com os demais. O *tendotá* não é apenas o que vai na frente mas aquele que constitui o movimento que gera a fila. Sem ele, portanto, nem sequer haveria uma fila ou mesmo um grupo. No entanto, os demais podem abandoná-lo a qualquer momento, podem deixar de seguir seu caminho até o limite de dissolver o grupo que forma o movimento. E, sem movimento, o *tendotá* perde sua posição.

Essa reflexão se aproxima muito da dinâmica política entre os Guarani Mbya. Também entre eles cabe perfeitamente bem a impressão de serem "muito ciosos a respeito de quem inicia uma ação". Há esse aspecto muitíssimo imanente das relações entre quem vai na frente e quem segue, postulando uma instabilidade sempre ancorada nas conjunturas de cada movimento e que marcará a imensa variedade de sujeitos que os Guarani qualificam como lideranças. Formadores de grupos e dependentes da vontade dos demais em continuar seguindo seus passos — assim é a vida dos *tenondegua* e dos *uvixa kuery*,[230] termos que apontam convergência com formas de liderança entre outros grupos da família linguística tupi-guarani.

Além do *tendotá* e do *mburuvicha* guarani e kaiowa, há também o *tenotamõ* arawete (Viveiros de Castro, 1986) e o *tenotara* parakanã (Fausto, 2001), exemplos de cognatos para o termo *tenondegua* dos Mbya, todos expressando a ideia daquele que vai adiante, que irradia uma ação, que faz surgir tanto o movimento como o grupo.

---

230. Como vimos anteriormente, *uvixa* pode ser traduzido como "chefe", "líder", "principal". Em termos literais, aponta para "maior" ou "grande". Já *tenondegua* é literalmente "o que está adiante" ou o "primeiro": Nhanderu Tenonde (o pai primeiro), ou *nhaneramoĩ tenondegua'i*, como cantam as crianças em homenagem a um importante xamã mbya.

Uvixa e *tenondegua* são termos usados amplamente no âmbito das lideranças guarani mbya. Há a preferência pelo uso de *uvixa* para designar genericamente as lideranças políticas, sobretudo o cacique. *Tenondegua* parece ter um uso menos substantivo e mais qualificador de uma posição que alguém ou algum grupo está exercendo, como aqueles que estão tomando a frente da aldeia ou de um movimento. Por exemplo, o cacique pode ser considerado o *uvixa tenondegua* (a liderança que está à frente das demais lideranças). Alguém que está conduzindo um projeto em realização na aldeia também será chamado de *tenondegua* de um processo específico. Já o *xondaro ruvixa*, disseram-me, é como uma liderança para seu grupo de *xondaro*. De qualquer forma, *uvixa* e *tenondegua* me parecem atuar de forma mais complementar do que no caso dos Kaiowa, que, segundo Pimentel (2012, p. 130), opõem a liderança mais conjuntural do condutor *tendotá* à representação um tanto mais estável do *mburuvixa* na posição de chefia de um grupo local. Contudo, mesmo entre os Mbya, como veremos mais adiante, não parece ser fortuito o fato de diferentes funções e sujeitos serem generalizados por meio de poucos ou mesmo de um único termo, como "liderança".

"Liderança" é a palavra que aparece muitas vezes como o caso mais geral para tradução de *uvixa* e *tenondegua*, e pode ser usada tanto para designar os auxiliares e representantes do cacique, seus *xondaro* no trabalho político, como os que exercem um trabalho de articulação supralocal, compondo diferentes fóruns de participação indígena devido a sua experiência prévia e, de forma mais ou menos independente das relações políticas locais de sua aldeia de residência, uma função que comentarei melhor mais adiante.

Voltemos ao *xarura* na assembleia da CGY. Além do *xondaro ruxiva* que conduzia o ritual, reuniam-se ali centenas de *uvixa kuery* oriundos de diversas aldeias espalhadas pelo território guarani no continente. Jovens, professores, caciques, xamãs e muitos *xondaro* — auxiliares de variadas funções. Na verdade, com raras exceções, poucos ali responderiam negativamente se lhes fosse perguntado se seriam eles *xondaro*. Além dos *xondaro* e *xondaria* da aldeia anfitriã, responsáveis pela recepção e acomodação dos visitantes, pela organização da cozinha, pelo fornecimento de lenha e uma variedade de outras tarefas relativas à organização do encontro, estavam também os muitos *xondaro* e *xondaria* que acompanharam seus caciques e os *xamoĩ kuery* (os anciãos e xamãs). E mesmo um cacique junto a seu grupo de *xondaro* muito provavelmente também responderia positivamente à pergunta, pois diria que é um *xondaro* de sua aldeia, de seu povo.[231]

Enfim, novamente a lógica de ramificações presente nas relações de maestria que vimos anteriormente, possivelmente generalizada por meio da "relação de *xondaro*", aplica-se também nesse contexto de articulação política interaldeias. A generalidade do uso do *xondaro* como forma de relação não aparece novamente de modo fortuito: contextos de reuniões políticas parecem exacerbar esse atributo relacional. Se a articulação política interaldeias é assunto de lideranças (*uvixa regua*), é o *xondaro* que se multiplica como possibilidade virtual de todos que tomam parte nesses encontros, não à toa concebidos também como encontros para organizar a luta pelos direitos e pela terra, evidenciando a concepção do *xondaro* como guerreiro e guardião. Entretanto, embora a generalidade relacional do *xondaro* seja central neste trabalho, é necessário ir além dela para pensarmos as características das lideranças guarani mbya.

231. Assim se expressou certa vez um dos coordenadores da CGY, que se considerava um *xondaro* de seu povo quando atuava politicamente na luta pelos direitos dos Guarani.

Sétima
Assembleia-geral
da Comissão
Guarani Yvyrupa.

Desafios diante do portal (*okẽroka*).

Xondáru guardando o pátio da *opy* na aldeia Potrero Guasú (Paraguai), 1973.

Aguyjevete para a entrada.

Quem são, portanto, os *tenondegua* e os *uvixa* guarani mbya? Antes, vejamos o que diz a bibliografia etnológica, em linhas gerais, sobre a questão da chefia entre os Guarani e, mais especificamente, entre os Guarani Mbya, amparados principalmente pelas reflexões reunidas por Sztutman (2012).

Pierre Clastres (2003 [1974]) e Hélène Clastres (1978) se apoiaram nos cronistas do Quinhentos para ver uma oposição, que redundaria em um aparente paradoxo político, entre os magnificados chefes de guerra (principais) e os xamãs-profetas, cujo discurso religioso pregava o abandono da socialidade mundana e, consequentemente, a dissolução do poder político que os principais começavam a concentrar. O paradoxo emerge no momento em que os profetas terminam por realizar o projeto de seus rivais, tornando-se eles mesmos chefes magnificados.

Do paradoxo clastreano entre o principal e o profeta, passamos a uma proeminência dos chefes-xamã. Estes, seja no Seiscentos entre os Tupinambá maranhenses, ou mesmo entre os Guarani do Novecentos, revelam uma relação entre xamanismo e política não marcada apenas pela negatividade, ao contrário. As potências do xamanismo são fatores que concentram prestígio a ponto de possibilitar que tais personagens alcançassem posições de chefia, produzindo a cristalização momentânea de domínios políticos. Momentânea, porque também é instável o campo de atuação do xamã, pressionado pela eficácia e pela provação constante de sua atuação. Se o chefe-guerreiro tupinambá era constantemente ameaçado pela predação da guerra, fonte simultânea de seu prestígio e de seu infortúnio, xamãs guarani atuais são especialmente postos à prova também pela mesma via de seu prestígio: a relação com as divindades. As provações divinas (*teko a'ã*), como vimos anteriormente, atingem em especial os xamãs, impondo uma série de restrições a sua atuação — superá-las compõe o caminho custoso para o *aguyje*, cujo imperativo de migrações, dietas e rituais extensos não raro levam à fragmentação social, enquanto sucumbir a elas resulta em seu enfraquecimento e na perda de prestígio entre os demais. De um lado e de outro, a dificuldade do exercício pleno de sua influência se impõe.

De todo modo, é possível encontrar na etnografia a descrição dos chefes-xamã, ou sobretudo de um casal xamã, como principal lugar dessa conformação de chefia entre os Guarani.[232] A condução das migrações e das *tekoa* mbya espalhadas pela Mata Atlântica meridional é frequentemente exercida pelas figuras dos *xeramoĩ* e das *kunhã karai*, que ficam adiante da família extensa que compõe os coletivos desses movimentos. A *opy* mbya, palco das falas, dos cantos e das curas conduzidos pelos xamãs, constitui-se nesse contexto como a espinha dorsal de cada *tekoa*, além de ser o principal espaço de encontro com os *nhe'ẽ* divinos, de produção de corpos saudáveis e às vezes também como local de reuniões comunitárias, resolução de conflitos e aconselhamentos, nos quais a figura do cacique-xamã exerce seu prestígio e influência.

Entretanto, assim como em outros grupos guarani, como os Nhandeva (Nimuendaju, 1987 [1914]) e os Kaiowa (Pimentel, 2012), os capitães,[233] cabos e outras posições políticas relacionadas às imposições coloniais compuseram, em algum momento, a organização política mbya — não sem conflitos, apropriações e deslocamentos, como veremos em casos contemporâneos.

Mais recentemente, com a intensificação das relações com instituições governamentais e da sociedade civil, a demanda por lideranças que dominem bem a língua e os processos políticos

232. Ver Nimuendaju (1987 [1914]), Schaden (1974), Ladeira (2008), Pissolato (2006) e Pimentel (2012).

233. Por um lado, tais figuras, como descreve Nimuendaju (1987 [1914]), são oriundas da imposição colonial, que as utilizava como forma de controlar politicamente as comunidades guarani; por outro, conforme demonstram etnografias recentes, como a de Pimentel (2012, p. 184), a posição do capitão se relaciona e se atualiza de acordo com disposições pré-existentes entre os Guarani: "o que procuro demonstrar é que, de alguma forma, a ação dos capitães e policiais indígenas dialoga com outros códigos kaiowá (objetos, atitudes, obrigações), indo bem além da mera imposição colonial. Complementarmente, acrescento: as associações evocadas pelo *yvyrapara* [espécie de borduna, como o *yvyraraimbe* mbya] demonstram, mais uma vez, que os grupos de língua guarani não estão tão 'desjaguarificados' como se possa imaginar".

do mundo não indígena passou a inibir, entre os Mbya, a coincidência entre o cacique e o xamã, este último mais voltado à vida ritual da *opy*, ainda que a variedade de arranjos e a permanência dessa coincidência possa ser observada em diversas aldeias atualmente. Nesse novo contexto, em que abundam projetos de apoio cultural e socioambiental, com marcante presença de instituições estatais dentro das aldeias, tais como o posto de saúde e a escola — que, por sua vez, impactam significativamente a relação entre as gerações mais velhas, dos xamãs, e as dos jovens —, reapareceria novamente a disjunção entre chefia e xamanismo que remeteria àquela dos Quinhentos.

Macedo[234] aborda essa problemática e chega a formular uma dinâmica disjuntiva entre o xamã (*tamoĩ*)[235] e o *xondaro*, figura-síntese apta a lidar com as alteridades do eixo horizontal da cosmologia guarani e da qual os brancos, em certo sentido, fazem parte. Segundo a autora, em contraste com os antigos caciques-xamã, as novas lideranças políticas oriundas de distintos lugares, como os históricos capitães e os recentes estudantes e professores das escolas, exerceriam mais a posição de *xondaro*.

Porém, se há nessa abordagem o característico movimento pendular comentado no início deste trabalho, em que as formas políticas oscilam entre polos, acrescentaria ser importante que tal disjunção seja mais matizada, no sentido de que essas funções devem ser sempre entendidas em termos relacionais. Ou seja, da mesma forma que os *xondaro* variam em suas relações com os distintos eixos do xamanismo mbya — por exemplo, o *xondaro opyregua*, auxiliar do xamã nos rituais, em contraposição ao *xondaro vai*, designado para lidar com os conflitos mais agressivos relacionados a subjetividades humanas e não humanas —, também os *xeramoĩ* e as lideranças políticas operarão internamente essas variações, uma vez que *xeramoĩ*, *uvixa* e *xondaro* são mais relações do que substantivos. Lembremos, conforme descrito anteriormente, que os *xeramoĩ* podem ser os *xondaro* de Nhanderu

---

234. MACEDO, Valéria. "Vetores *porã* e *vai* na cosmopolítica Guarani", *Tellus*, ano 1, n. 21, p. 25-52, jul.-dez. 2011.

235. Forma não relacional de *xeramoĩ* (meu avô), também usada como *xamoĩ*.

e que um *xondaro* pode privilegiar apenas "relações *porã*" em sua formação e produção corporal.

Trata-se, então, de perguntar de que maneira, nessas novas lideranças ditas leigas, compõem-se xamanismo e política, parentesco e prestígio. De um lado, jovens oriundos do contexto escolar precisam operar também potências xamânicas em sua atuação como lideranças; do outro lado, é preciso perceber que, às vezes, são os mais "tradicionais" *xamoĩ* os únicos que sabem ir à cidade e produzir uma fala eficaz junto aos brancos.[236] Trata-se, enfim, de ver as diversas implicações daqueles que se lançam na política, isto é, o jogo de relações na conformação e dissolução de coletivos, inimizades e alianças, cheio de potências, perigos e provações, que pedem também por enganos e esquivas. Mais do que um pêndulo diacrônico que varia entre o chefe ser o profeta ou o guerreiro, o *xamoĩ* ou o *xondaro*, talvez a figura do holograma (Wagner, 1991)[237] e de suas imagens sincrônicas e fractais seja uma melhor expressão para o que pode ser visto aqui. É necessário, como adverte Perrone-Moisés, apurarmos nosso olhar para a aparente pluralidade de novas posições e arranjos políticos ameríndios, e tentar, a partir daí, encontrar os movimentos mais destacados em operação:

> Na medida em que relações cada vez mais estreitas com o Estado brasileiro vão sendo travadas por grupos ameríndios, sobretudo após a Constituição de 1988, que os reconheceu como sujeitos de direito, surgem novas fontes de prestígio e formas de autoridade. São professores, agentes de saúde,

---

236. Como ocorreu recentemente no contexto da luta pela demarcação da TI Tenondé Porã. Ver a seção *"Aguyjevete* pra quem luta!", no capítulo 4.

237. É importante esclarecer que a noção de holograma mobilizada por Wagner (1991) não é o mesmo que simplesmente a projeção tridimensional de uma imagem. Ela remete mais às características fractais de um holograma, que permitem tanto que cada fragmento replique suas relações com o exterior, sendo sempre uma imagem além de si mesmo, como a coexistência simultânea dessas distintas imagens. Esse é o aspecto que mais nos interessa aqui, já que a variação de perspectiva por meio da qual as imagens se formam permite reversibilidades entre figura e fundo, por exemplo.

funcionários, geralmente jovens adultos, que muitas vezes constituem "lideranças" em oposição aos velhos "chefes sem poder" de quem falavam Lowie e Clastres. Caberá a uma nova antropologia política buscar os termos ameríndios da política, pois os termos de que dispomos deitam raízes profundas num campo radicalmente diferente daquele que nos propomos a explorar, confinados que estamos "numa ontologia política gerada no século XVII" (Carneiro da Cunha, 2009, p. 338). Se a filosofia política ameríndia é realmente feita de movimentos entre-dois, para compreendê-los e acompanhá-los será preciso abandonar as balizas costumeiras e descobrir quais são seus polos — seu sol e sua lua, poderíamos dizer, num código compartilhado por mitos e astrônomos.[238]

Iniciemos com a mais clichê das posições políticas entre os indígenas: o cacique. A posição de cacique ainda se mantém de forma destacada em relação às demais lideranças e está presente na maioria das aldeias mbya,[239] independentemente de sua figura coincidir com a de um xamã, uma professora, um chefe de família extensa, uma composição de todos ou nenhum dos atributos anteriores. Para os Guarani Mbya, embora em épocas anteriores houvesse uma coincidência maior da posição do cacique com um xamã, a variação atual de sua conformação está relacionada à ausência de prescrição para essa posição, aliada à aparente profusão de novas formas de liderança oriundas da relação com o mundo não indígena.

A ausência de prescrição aponta para o caráter imanente das posições políticas guarani, isto é, não há predeterminações explícitas sobre quem pode ou não exercer posições de liderança. Ainda que existam preferências, como o saber dos mais velhos e a proeminência masculina na condução dos rituais, cada caso e cada situação inaugurarão distintas possibilidades, sejam para jovens ou mulheres. Nesse sentido, parece-me acertada a

---

238. PERRONE-MOISÉS, Beatriz. "Bons chefes, maus chefes, chefões: elementos de filosofia política ameríndia", *Revista de Antropologia*, v. 54, n. 2, 2011, p. 877.

239. Há, no entanto, algumas exceções; veremos um caso mais adiante.

formulação de Lehner (2005, p. 30) que diz que a posição política da pessoa está mais relacionada à "sua vivência do '*teko*' guarani e à sua sabedoria" que ao seu gênero.

A comum designação de *xondaria* e o êxito na função de diversas lideranças femininas entre os Guarani Mbya também se aproximam muito do que diz Overing[240] sobre os Piaroa, das Guianas, para os quais o "ideal de maturidade social é o mesmo para homens e mulheres; é de *serenidade controlada*" (Overing, 1989 *apud* Pimentel, 2012, p. 301, grifo meu).

Ainda que possamos encontrar ambiguidades e variações, o ideal, a ênfase guarani na moderação e na generosidade realmente se aplica a ambos os gêneros e ajuda a explicar o corrente uso da expressão *xondaria*, em referência às guardiãs sempre dispostas a auxiliar os demais e a atuar como lideranças de seu povo. E se, em vários aspectos da vida ritual, há fortes marcações de gênero (por exemplo, instrumentos que são exclusivos das mulheres, como o *takuapu*),[241] a possibilidade de uma mulher liderar processos nos rituais xamânicos ou na política da aldeia é sempre algo passível de ser construído,[242] ainda que não sem dificuldades.

240. OVERING, Joanna. Styles of manhood: an Amazonian contrast in tranquility and violence [Estilos de masculinidade: um contraste amazônico entre tranquilidade e violência]. *In*: HOWELL, Signe & WILLIS, Roy (orgs.). *Societies at peace: anthropological perspectives* [Sociedades pacíficas: perspectivas antropológicas]. Londres/Nova York: Routledge, 1989, p. 87.

241. Bastão feito de taquara ou bambu, normalmente grosso, que as mulheres movimentam verticalmente, batendo uma de suas extremidades no solo e produzindo um som seco e grave que compõe a marcação rítmica dos cantos rituais guarani.

242. Ciccarone (2001) desenvolve uma reflexão com base na trajetória, na primeira metade do século XX, de uma importante *kunhã karai* conhecida por Tataxĩ, que liderou uma extensa migração pelo litoral brasileiro. Outro dado, um tanto distante e vago, mas que aponta para o assunto em questão, vem da expedição de Álvar Nuñez Cabeza de Vaca (1987 [1542], p. 167) pelo território guarani, registrando uma singular impressão sobre a importância das anciãs guarani: "Tendo deixado os índios do rio Piqueri muito contentes, o governador seguiu seu caminho, passando sempre por muitos povoados [guarani], onde vinham até velhas e crianças com cestas de batata ou milho para lhe oferecer. Por toda a parte por onde passavam, os índios cantavam e dançavam e sentiam maior prazer quando as velhas se alegravam, *pois são muito obedientes a estas, o mesmo não se dando com relação aos velhos*" (grifo meu). Já Bertoni (1920, p. 61) afirma ter visto, no início do século XX, entre os Guarani Mbya próximos à região da Tríplice Fronteira, que

Contava-me Jera Poty, da TI Tenondé Porã, que, ao adentrar o grupo de lideranças de aldeia (o cacique e seus auxiliares), à época unicamente composto de homens, a principal dificuldade enfrentada, além de vencer seus medos por estar em um contexto masculino, era justamente a retaliação das demais mulheres. Uma hipótese para tanto é que a marcação de gênero, conforme estipulada por aquela conformação política, previa uma separação: de um lado, o espaço mais definido para a fala política dos homens (o conselho); de outro, a fala política das mulheres, dispersa no cotidiano, mas cujo resultado tem sempre importantes consequências. Ao participar do espaço da fala dos homens, essa liderança mulher como que rompia a divisão à qual as demais se sentiam submetidas, passando a ser alvo exatamente das falas das mulheres, com frequência na forma de fofocas (*ayvuxe*).[243] Não obstante, sua entrada se consolidou e abriu caminho para diversas outras mulheres nas posições de liderança. Segundo o que ela comentou, o grupo que auxiliava o cacique na aldeia Tenonde Porã se concretizou formalmente, pouco depois de sua entrada,

as mulheres eram admitidas em todos os "cargos políticos", seja como caciques, como o que ele chama de "chefes de parcialidades" ou até mesmo como "chefes de confederação". Em relação aos Kaiowa e aos Guarani de Mato Grosso do Sul, ver Seraguza (2013), que enfatiza a importância da produção corporal para pensar as relações entre gênero e poder.

243. Schuler Zea faz uma descrição do papel político das fofocas entre os Waiwai, no norte amazônico, que me parece em tudo similar ao que ocorre entre os Guarani, ressaltando seu caráter complementar e produtor de dissenso, contrariando o senso comum — sobretudo masculino — que olha apenas de modo pejorativo e com desdém para essa modalidade de fala: "Fofocas, entre os Waiwai, não constituem fenômenos de exceção nem substitutivos ou marginais na dinâmica política ou do conhecimento. Suas redes se estendem paralelamente e se deslizam como se respondessem a uma implícita divisão de tarefas com as instâncias mais formais. Visivelmente, as fofocas invertem a assimetria prevalente nas assembleias, onde predomina uma fala que parte do centro, para deixar lugar aos microdiscursos das periferias e à pressão coletiva provocada por deslocamentos infinitesimais. Fofocas waiwai não são, seguindo este enfoque, restos de acontecimentos que seriam propriamente políticos, mas prestam forma e lugar à disseminação da política, a sua ramificação por fora dos canais estabelecidos. Poderia se dizer inclusive que, enquanto as assembleias são um âmbito direcionado ao consenso, as fofocas são os condutores do dissenso, sem descartar que estes desembocam em algum momento nas primeiras" (SCHULER ZEA, Evelyn. "Por caminhos laterais: modos de relação entre os Waiwai no Norte Amazônico", *op. cit.*, p. 9).

como uma organização interna chamada por eles de Conselho de Lideranças. Essa forma de condução política assembleística, embora inédita na experiência de vida dela, é relatada em épocas mais antigas por Bertoni (1920) e Schaden (1974), que a descreveu como um "senado informal".

O que esse caso aponta, e o que muitos outros concretizam, é que uma mulher guarani na posição de cacique é uma possibilidade a ser construída, como qualquer conformação que, em princípio, parece inusual, mas que pode se legitimar no equilíbrio das relações e dos atributos da liderança. Atualmente, embora ainda estejam longe de ser maioria, diversas mulheres exercem cargos de liderança entre os Guarani Mbya, inclusive como cacicas. Algumas delas são tão ou mais respeitadas do que proeminentes líderes de suas regiões.

Voltando à descrição da posição de cacique: em síntese, ela deve se constituir como função de quem está conduzindo o movimento de parentelas que é a *tekoa*, o *uvixa tenondegua*. O *xondaro ruvixa* é o condutor dessa fila, o que está longe de ser pouca coisa; seu sucesso está relacionado ao modo como consegue manter o movimento que conforma o coletivo da aldeia.

O cacique é também aquele a quem, em geral, são conduzidos os visitantes não indígenas. Afinal, ele é justamente esse chefe ameríndio que sobretudo os brancos se empenham em buscar ao chegar a uma aldeia, como se sempre dissessem o caricato "levem-me a seu líder!" dos filmes B de ficção científica. O cacique, aos olhos não indígenas, é a figura na qual se projeta o reflexo de sua forma-Estado, a unidade pretendida que poderá garantir acordos, autoridade sobre o coletivo, enfim, uma instância de representação política.

Em geral, o cacique guarani mbya é, de fato, quem mais se aproxima de uma instância formal de representação. Contudo, "garantia" é uma palavra muito forte para se exigir dessa figura. A dinâmica política entre os Guarani, como entre muitos outros ameríndios, caracteriza-se mais pela instabilidade, pela imprevisibilidade, por configurações profundamente imanentes ao tecido social, do que pela aplicação de ideologias contratualistas e pela operação de uma instância que detém o monopólio da coerção, tal como é o Estado.

Por mais que um cacique tenha muito prestígio e seja mesmo considerado uma autoridade na aldeia, sua influência é sempre limitada e diretamente relacionada à possibilidade constante do abandono daqueles que não estejam de acordo com suas determinações.

Sendo assim, o cacique é um dos casos particulares das formas de exercer liderança entre os Guarani Mbya, e sua relevância — entre outras coisas — se dá por meio da projeção de unidade que o mundo não indígena concentra em sua figura. Nesse aspecto, é um herdeiro da figura do "capitão".

Antes de seguirmos, é importante destacar o caso recente da aldeia Tenonde Porã, que desde 2017 está se organizando sem a figura do cacique. Habitada hoje por quase mil pessoas (como vimos, um número que torna sua densidade populacional extremamente alta para os padrões atuais dos Guarani Mbya), a comunidade resolveu instituir um modo de organização interna que extinguiu a figura do cacique e consolidou uma gestão coletiva, baseada em cerca de cinco lideranças "referências", que devem se revezar em relação às demandas internas e externas à aldeia, além de representantes dos distintos núcleos familiares, que se reúnem periodicamente na forma de um conselho.[244]

As lideranças que defenderam tal mudança salientavam a importância de não concentrar as decisões relativas a uma comunidade tão grande nas mãos de uma única pessoa,[245] fato que era

244. Recentemente, outras organizações guarani que agregam diversas aldeias também aderiram à conformação de coordenações colegiadas, como o Comitê Interaldeias (que articula os Guarani da TI Tenondé Porã e de TIs do litoral sul do estado de São Paulo, abrangendo os municípios de Itanhaém, Mongaguá e Praia Grande na luta por direitos de compensação em razão de empreendimentos que impactam seus territórios) e a CGY.

245. Certa vez, uma liderança guarani me explicou os receios que eles têm quanto à concentração de poder, em uma interessante reflexão crítica. Segundo ela, muitos *jurua* idealizam excessivamente os povos indígenas, achando que eles seriam "bons, puros" etc. E isso impede os *jurua* de entender que, entre os indígenas, há pessoas que seriam capazes de causar tanto dano aos demais quanto o que ocorre no mundo *jurua*. A diferença é que eles, Guarani, esforçam-se para que ninguém tenha poder o bastante para prejudicar de maneira excessiva os outros, já que vários Guarani, inclusive parentes próximos dela, se estivessem em posição para tal, poderiam se comportar como tiranos. É possível perceber nessa explicação, que remete às formulações clastreanas do contraestado, uma forte crítica ao olhar

especialmente aproveitado por não indígenas, sempre sedentos de alguém que centralize deliberações. Outra justificativa das lideranças remetia justamente à percepção de que os Guarani não viveram sempre assim,[246] sob a condução formal de um cacique, e que, portanto, seria possível viver de modo diferente, contrariando tendências cristalizadas.

Depois de se dissolver a figura do cacique para compor o novo conselho — espaço que já vinha se desenvolvendo na aldeia havia cerca de dez anos —, houve um incentivo à participação de novas lideranças, oriundas dos muitos núcleos familiares que formam a aldeia. Esse modo coletivo de condução da comunidade[247] abarcou ainda as novas aldeias, frutos das reocupações do território, promovendo um intenso processo de formação entre os jovens e mulheres — estas últimas muito hábeis em fazer circular tarefas e responsabilidades, mediando de forma efetiva a relação entre as parentelas, em uma complexa diplomacia multilateral. São também as mulheres as maiores protagonistas na recuperação das roças tradicionais, aspecto central para que haja menor dependência alimentar dos Guarani em relação aos mercados não indígenas e à alimentação fornecida pelo Estado via escolas.

Na sequência, procuro descrever as lideranças guarani segundo um exercício de contraposição entre modelos analíticos de lideranças atuais, para assim tentarmos vislumbrar quais suas lógicas e funções mais elementares, que tornam possível que tantos

---

estereotipado dos não indígenas, que, mesmo travestido de elogio, é na verdade um colonialismo às avessas, que tende a anular parte crucial da ação política guarani: a postura ativa de conjurar a concentração de poder.

246. Como os casos descritos pela etnografia há pouco citada; ver Bertoni (1920) e Schaden (1974).

247. É importante ressalvar que, se esse modo de organização, que entre outras coisas prescinde da figura do cacique, parece ser exitoso no caso da Tenondé Porã, não necessariamente ele deve servir a outras aldeias guarani, como as menores e mais afastadas do mundo não indígena, que podem contrastá-lo com outros modos, servindo de contraponto complementar e sugerindo outras soluções para se viver e se diferenciar como Guarani.

sujeitos diferentes sejam por eles generalizados sob a alcunha de "lideranças". Ou seja, devemos deixar à parte os fenômenos particulares em que as lideranças aparecem como cacique, xamã, professor, puxador de mutirão, representante de organizações indígenas etc., para buscar seus aspectos mais estruturais e, por meio deles, ressaltar quais oposições e movimentos os caracterizam.

Enfatizo que as descrições que faço a seguir, extraídas da justaposição de casos concretos, revelam não mais do que funções ideais, modelos que concentram atributos e comportamentos, possibilitando o realce de alguns contrastes e relações. A confiança que os Guarani depositam nesses modos de liderança também oscilará consideravelmente, assim como também as lideranças poderão, na prática, exercer esses papéis apenas momentaneamente e de forma conjugada, em uma variação de arranjos e disposições.

O INFORTÚNIO DA LIDERANÇA INDÍGENA

"Você diz que é liderança, mas nunca ouvi falar que você já foi pra Brasília!" Assim foi interpelado, certa vez, um já idoso *xondaro* que fazia parte do grupo de lideranças da aldeia Tenonde Porã. Ser liderança, para muitos da aldeia, significa viajar para diversas reuniões sobre assuntos relativos a demarcação de terra, escola, saúde, projetos etc., toda uma infinidade de consultas e tratativas para as quais são requisitados representantes indígenas, as chamadas "lideranças".

O mais emblemático dos destinos não é outro senão Brasília, lugar das maiores autoridades do mundo dos brancos e principal "campo de guerra" atualizado. Viajar, além de um imperativo cada vez mais recorrente para os que são lideranças, é fonte de prestígio, como sugere a provocação da fala citada. Contudo, é um processo custoso, que implica um sacrifício das lideranças em nome dos demais, além de outros infortúnios, como veremos adiante.

Nos anos 1980, um grupo de lideranças e caciques guarani do Sudeste, composto principalmente de xamãs, empreendeu um movimento de articulação que pressionou os órgãos oficiais a promover uma leva de pequenas e urgentes demarcações de áreas ainda não reconhecidas. Naquele contexto, essas lideranças começaram a fazer viagens a Brasília e outras incidências políticas em favor de suas reivindicações territoriais. Ainda hoje, é comum ouvir, nas aldeias guarani do Sudeste, falas que reconhecem e exaltam o esforço dos protagonistas daquele período, quando "nossos avós lutaram" (*nhaneramoĩ kuery ojoguero'a raka'e jurua kuery rovaire*) para garantir um lugar para todos viverem.

Entre esses chefes-xamã estavam jovens guarani que, além de acompanhá-los nas diversas viagens de articulação política, compunham uma geração que começava a frequentar escolas e se apropriar de conhecimentos formais relacionados ao mundo dos *jurua*. Anos depois, esses jovens se tornaram caciques ou lideranças célebres, identificando aquele período como crucial para o aprendizado e também como a época em que eles começaram a se fazer conhecidos em diversas aldeias por meio das viagens de articulação política, como revela este comentário de Timóteo Vera Popygua, registrado por Macedo (2009, p. 59):

> Eles criaram a Aguaí,[248] que pegava aldeias do litoral sul, litoral norte e da capital, uma associação deles em que somente os pajés participavam e os caciques, porque são todos velhos. E a luta da Aguaí era pra demarcação de terra indígena. [...] Não é que eles não tinham dificuldades, mas eles são fortes, a parte espiritual, então eles conseguiram. E eu acompanhava, sempre ia na reunião, depois de dois anos já conhecia todas as aldeias de São Paulo, porque eu participava com o José Fernandes.

Essa nova geração de caciques e lideranças experimentou um novo contexto de relações políticas com o mundo dos brancos.

---

248. Ação Guarani Indígena, associação de articulação política dos Guarani do estado de São Paulo. De certa forma, foi uma das experiências de articulação interaldeias antecedentes à CGY.

Depois de promulgada a Constituição Federal de 1988, consolidou-se uma nova estratégia[249] de garantia e acesso a seus territórios tradicionais: aumentar a incidência política em órgãos oficiais, para reivindicar seus direitos reconhecidos constitucionalmente; dar visibilidade crescente nos meios de comunicação; e desenvolver projetos culturais/socioambientais como forma de afirmação cultural e alternativa de renda. Tudo isso confluiu para que os encontros de articulação entre aldeias, reuniões em sedes de órgãos governamentais e instituições da sociedade civil, assim como diversas outras demandas, transformassem o movimento dessas lideranças em um trânsito constante entre aldeias e cidades.

As lideranças viajantes começaram a ficar reconhecidas em diversas aldeias e a ganhar notoriedade, sobretudo pela habilidade crescente na mediação com os *jurua*, que eventualmente resultavam em aquisições e mudanças consideradas positivas por suas comunidades (relacionadas a escolas, posto de saúde, projeto de casas de alvenaria, implementação de grupos técnicos de identificação e demarcação, projetos de compensação socioambiental etc.).

Não temos aqui o *ser-para-a-morte*, guerreiros indígenas que almejavam a glória e o prestígio oriundos da guerra ao limite de desejarem a morte, que Pierre Clastres (2004 [1980]) reconheceu entre os povos chaquenhos e cujo ímpeto existiu ao menos até o conflito entre Paraguai e Bolívia,[250] que assolou a região do Chaco Boreal. Entretanto, as expedições empreendidas pelas lideranças guarani atuais reproduzem, em alguma medida, as relações entre prestígio e infortúnio que os guerreiros do passado experimentavam de modo radical.

A intensa e crescente demanda por viagens de articulação política estabelece um problema para essas lideranças. Se parte de seu prestígio foi construído e está atrelado a essa dinâmica constante,

---

249. No capítulo 4, faço uma discussão sobre contextos históricos anteriores e as diferentes estratégias de resistência territorial guarani.

250. Guerra do Chaco, conflito armado entre a Bolívia e o Paraguai, que se estendeu de 1932 a 1935.

os laços de parentesco e reciprocidade, que são construídos no dia a dia da aldeia, ficam significativamente comprometidos.[251]

Não é incomum encontrarmos casos de lideranças que possuem muito prestígio regionalmente ou são até nacionalmente reconhecidas, mas não gozam da mesma situação em suas próprias aldeias. Algumas, na ausência de laços locais ou mesmo diante de sua deterioração, passam a viver errantes, de aldeia em aldeia, por vezes estabelecendo novos casamentos, mas que tendem a ser efêmeros, reiniciando o ciclo de errância.

Assim, uma contradição aparente se expressa aqui. Ao mesmo tempo que o coletivo da aldeia admite a necessidade dessas posições mediadoras com o exterior, reconhecendo-as em um lugar de prestígio, ele tende a sabotar o prestígio quando oriundo exclusivamente dessa posição.[252] Ou seja, a liderança que buscar extrair seu prestígio unicamente das viagens de articulação política produzirá uma cisão entre exterior e interior — seu prestígio estará sempre e apenas fora de casa —, lançando-se em um ciclo de dependência com a dinâmica das viagens, que, para os Guarani Mbya, extremamente avessos à vida fora de uma aldeia,[253] leva a uma difícil e infortunada situação. Nesse limiar de vida em um exterior que nunca se concretiza totalmente, há uma vulnerabilidade maior às

251. Problema semelhante é apontado por Gallois no caso do processo de representação nos conselhos supralocais wajãpi, povo tupi do Amapá: "A política indigenista obriga às vezes a preparar pessoas muito rapidamente e cria uma ruptura muito grande. Essas pessoas não conseguem mais escutar as vozes de suas bases nem conseguem voltar" (GALLOIS, Dominique. "Essa incansável tradução [entrevista realizada por Evelyn Schuler, Florencia Ferrari, Renato Sztutman e Valéria Macedo]", *Sexta-feira*, v. 6, 2001, p. 113).

252. É comum em reuniões de lideranças e representantes das aldeias que um deles faça uma fala sobre a dificuldade das viagens e de como muitos parentes que ficam na aldeia não reconhecem esse sacrifício pelo coletivo, reclamando da suposta vida de privilégios das lideranças que viajam.

253. Outra situação que ilustra essa dificuldade é o baixíssimo número de Guarani Mbya que concluem cursos superiores se precisarem morar fora da aldeia. Muitos chegam a entrar nos cursos, mas tendem a abandoná-los, não só por empecilhos econômicos ou acadêmicos, mas principalmente em razão da impossibilidade de se viver muito tempo longe de aldeias e dos parentes. As alternativas, nesse caso, têm sido programas de formação superior diferenciados que permitem, ao menos, uma dinâmica de alternância entre aldeia e universidade.

relações de alteridade com sujeitos da plataforma terrestre, e os modos do exagero se insinuam na tristeza, no alcoolismo, na raiva e na vingança.[254]

A alternativa da liderança para não cair em tal ciclo, portanto, é não se apoiar unicamente em relações exteriores a sua aldeia como fonte de prestígio para exercer seu papel. Da mesma maneira que os xamãs, as lideranças atuais devem se equilibrar entre as potências oriundas do exterior (divindades, donos e *jurua*) e as dinâmicas da reciprocidade interna às aldeias, do constante processo de fazer parentes, de produzir a consanguinidade por meio do "fundo virtual de afinidade"[255] (Viveiros de Castro, 2002). Ainda que, entre os ameríndios, a exterioridade seja condição necessária para a atualização das relações internas — quer dizer, é por meio das relações com alteridades de fora do *socius* que as subjetividades podem ser construídas —, o inverso também é verdadeiro: a pura e isolada exterioridade leva ao infortúnio da morte.

Não por acaso, são muitas as lideranças guarani que tentam dosar e evitar um número excessivo de viagens, inventando as mais variadas desculpas para se furtar a alguns compromissos fora da aldeia. Sabem que junto à fama e ao prestígio, hoje expressos até na difusão de fotografias selfies tiradas dentro de aviões e ao lado de autoridades *jurua*, vêm ameaças tão sedutoras e perigosas como as que estão nas matas. Ficar famoso, soberbo (*-jerovia*), é se aproximar dos seres donos dos humores da raiva, do ciúme e da inveja, que podem dominar a pessoa e causar malefícios a todos que estiverem próximos a ela.

---

254. Um exemplo extremo do "infortúnio da liderança indígena" é o caso do cacique kaiowa Ambrósio Vilhalva, de Mato Grosso do Sul, assassinado em fins de 2013. Ele foi uma importante liderança na articulação da luta pela terra entre os Guarani e Kaiowa, prestigiado e famoso por sua participação no filme *Terra vermelha* (2008). Sua morte violenta, relacionada a vingança, aponta, ao menos em parte, para a oposição entre prestígio externo e deterioração de relações internas. E tudo isso em meio ao contexto de cerco e violência brutal que atualmente assola os povos indígenas da região; ver Morais (2017).

255. Nesse aspecto, as considerações sobre o parentesco na Amazônia cabem perfeitamente aos Guarani: "a afinidade como dado genérico, fundo virtual contra o qual é preciso fazer aparecer uma figura particular de socialidade consanguínea. O parentesco é construído, sem dúvida; ele não é dado. Pois o que é dado é a afinidade potencial" (Viveiros de Castro, 2002, p. 423).

Parece-me também que há uma certa proximidade entre a figura dessa *liderança viajante* e o *xondaro vai*: ambos realizam tarefas consideradas importantes na *tekoa*, como a responsabilidade de lidar com os conflitos mais violentos (*xondaro vai*) e de ser um emissário constante ao exterior (*liderança viajante*). Entretanto, são tarefas que também os afastam do convívio com os demais.[256] Ou seja, são outorgadas a essas figuras posições negativas em relação à socialidade da aldeia, comportamentos que tendem a isolá-las, uma pela agressividade, outra pela ausência constante, comprometendo suas dinâmicas de reciprocidade com os demais.

Eis um tema-chave para seguirmos na discussão sobre os diferentes atributos das lideranças, e para o qual o infortúnio da liderança, em suas novas "expedições guerreiras", aponta como problema: a questão da prática da generosidade. O termo guarani para esse conceito é o célebre *mborayvu* (ou *mborayu*). Trata-se de uma palavra historicamente marcada pela tradução cristã do "amor ao próximo" e que fez Pierre Clastres (1990 [1974], p. 30), por exemplo, recusar essa mesma proposta contida em Cadogan, traduzindo o verso *mborayu rapytara oikuaa ojeupe*, recolhido pelo etnólogo paraguaio, para "ele sabe então por si mesmo a fonte do que está destinado a reunir". *Mborayu* é "o que reúne", expressando a ideia antes de solidariedade que de amor.

Não obstante, a tradução de Cadogan fez escola e contribuiu, entre outras coisas, para obliterar diversos aspectos do xamanismo mbya, fazendo-o aparecer como "desjaguarificado".[257] Creio já ter levantado, ao longo deste capítulo, dados suficientes para colocar em questão essa formulação de Fausto, demonstrando como disposições agressivas, por meio da ação de figuras como os Nhanderu Mirĩ e os *xondaro ruvixa*, têm um papel importante na maturação corporal dos Guarani Mbya.[258] De minha

256. Conforme brevemente explicam os pesquisadores guarani: "*Xondaro poxy* [ou *vai*] é mais quieto, mais solitário, fica mais reservado" (Xondaro Mbaraete, 2013, p. 35).

257. FAUSTO, Carlos. "Se Deus fosse jaguar: canibalismo e cristianismo entre os Guarani (séculos XVI-XX)", *Mana*, v. 11, n. 2, p. 358-418, out. 2005.

258. Diversos trabalhos recentes, como Heurich (2011), Pereira (2014) e sobretudo Pierri (2018), questionaram com afinco os argumentos de Fausto sobre essa suposta

parte, em relação ao *mborayvu*, ficarei mais próximo à sugestão de Pierre Clastres, na vizinhança semântica de "solidariedade", "reciprocidade" e, principalmente, "generosidade". Voltemos, então, à discussão sobre as lideranças.

Se no polo da *liderança viajante* o prestígio aponta para a soberba (*jerovia*) e está relacionado com aspectos negativos para a socialidade, impactando na produção do parentesco e tornando seus laços efêmeros ou deteriorados, o polo da liderança marcado por uma expansão do *mborayvu* produzirá o prestígio em relações mais imanentes ao convívio na *tekoa*. Contudo, essa expansão do *mborayvu* aponta para um aspecto ambíguo em relação ao parentesco, que não deixa de gerar também um certo infortúnio para a liderança.

GENEROSIDADE E PARENTESCO

Vejamos algumas reflexões de lideranças guarani sobre essas questões, começando por uma extensa e crítica fala a respeito de algumas posturas entre as lideranças.

Ha'e ramia py peixa reporandu ramo mba'exa tu huvixa kuery ete aguã rami opyta, uvixa rami onheno'ã, onhemombe'u, ojexauka he'ia rami. Ha'e ramo xevy pe joegua-egua e'ỹ huvixa kuery ikuai.	Nesse sentido que você pergunta, de como é a questão de ser liderança, ou de como se tornar liderança de verdade, de se apresentar como líder, para mim, existem diferentes tipos de lideranças.

"desjaguarificação" dos Guarani atuais. A formulação de Fausto, de certa forma, ecoa a proposta de Hélène Clastres (1978) sobre as transformações históricas dos Guarani, que teriam passado da guerra e do canibalismo ao profetismo e, posteriormente, do profetismo ao ascetismo. É importante lembrar que o foco excessivo no ascetismo como principal aspecto do xamanismo guarani atual teria produzido descrições limitadas, caracterizando-o apenas em seu âmbito restritivo; ver Pierri (2018). Ademais, o problema da proposta de Hélène Clastres é o caráter exclusivo que essas "etapas" sugerem, obliterando a presença de elementos dissonantes e lhe dando um ar evolucionista. Mais adiante, no capítulo 4, tentarei sugerir como modos aparentemente opostos na dinâmica territorial e na conformação das aldeias guarani se combinaram em sua resistência histórica à colonização.

Ha'e ramia py aiko hare'i ma amba'eapo uvixa rami, ha'e ramia py ama'ẽ, aikuaapota amongue py mba'exa pa teĩ-teĩ onhemomby'a, mba'exa pa teĩ-teĩ ijayvu guetarã kuery pe.

E como já trabalho há bastante tempo, eu observo, fico analisando como cada um sente essa função, como se pronunciam para os seus parentes.

Ha'e rami rã, xevy pe rã amongue py uvixa kuery ikuai xerekoapy tekoa py, amboae rupi mba'e, tekoa hetave rupi ikuai va'e, amongue py anhemomby'a: mba'exa aguã huvixa rami opyta raka'e kova'e ha'ea areko, mba'exa gua'u uvixa pavẽ oexakuaa va'e rami opyta? Ha'ea areko.

Nesse sentido, sobre os líderes que vivem aqui ou que vivem em outras aldeias, e em muitas aldeias, às vezes eu penso: como é que esse ou aquele ficou conhecido como liderança notável, como conseguiu, sem ter mérito de verdade, ser conhecido como tal? Eu tenho isso [esse pensamento comigo].

Ha'e ramia py xevy pe peteĩ ramo huvixa tenondere, huvixa e'ỹ teĩ tenondere, mba'emo omoatã, mba'emo oikuaapota, mba'emo re onhemongueta, onhemomboriau, ndoeja rivexei va'e avi, pavẽ oexakuaa ramo e'ỹ ha'e va'e mba'emo ojapo.

Para mim, a liderança que está mais à frente, ou mesmo uma que não esteja, é aquela que fica atenta, que pensa nas coisas, que sofre com as dores de outros, que não deixa as coisas paradas, e que não atua por reconhecimento dos outros.

Heta uvixa kuery aexakuaa, xerekoapy ramo heta huvixa kuery ikuai aỹ kunhãgue voi ikuai, avakue, kunumigue. Ha'e ramia py amongue ama'ẽrã ha'e uvixa kuery amongue-mongue'i mava'e ndoexakuai mava'eve nda'ijayvui tekoa amboae rupi ha'eve ma je uvixa, he'i e'ỹ teĩ amongue py aexa anhetengua rupi onhemomby'a rã anhetengua guetarã kuery omboaxya aexa.

Conheço muitas lideranças. Na minha aldeia hoje tem bastante, e atualmente tem mulheres também, homens e jovens. Observo essas lideranças e algumas não são reconhecidas em outras aldeias, não são citadas. Porém, vejo que falam a verdade. É verdadeira a generosidade que elas mostram.

Ha'e rami ramo amongue huvixa kuery ijayvu'rã (mbovy kue pa aendu uvixa kuery ijayvu rã!): "Xee ma pave'ĩ poromboaxy, pave'ĩ re nda'evei xee". He'i va'e heta ha'e rami meme rei avi oreayvu rã jepe, va'e ri tekoa py orekuai nhande kuery pa rojoexakuaa meme rei, roikuaa meme rei ma joeko, mba'e-mba'e pa peteĩ-teĩ ojapo, rojapo, peva'e, kova'e, mba'e ma pa xee ajapo. Mba'e pa ojapo ma ha'e ramia rei py nhande kuery voi oikuaapota.

Assim, algumas lideranças usam a palavra para dizer (e quantas vezes escutei falarem isso!): "Eu tenho compaixão por todos, me preocupo com todos". Muitos falamos assim, porém, nós, que moramos na aldeia, conhecemos o comportamento de todos, o que cada um já fez, o que eu já fiz. E os Guarani ficam prestando atenção nisso também.

Ha'erã nhanhomboaxy nhandeporayvu, nhanhomboaxy ete ramo heta mba'e rupi oĩ ta ndepy'a guaxu aguã, amongue py revaẽ rã peteĩ py rexa va'e rã tekoa py tekoa oka katy, he'ia rami, ha'e ramia py renheno'ã ha'e py mba'emo teĩ rejapo, ha'e ramia py mborayvu ete ndererekoi ramo ndereo mo'aĩ, nandeayvu mo'aĩ ndereikuaapota mo'aĩ. Nanhande porayvui nhainy uvixa rami nhaĩ va'e pa, py'a guaxu ndajarekoi, jakyjea rive imbaraete ve rã mba'emo oĩ rã.

Mas, se a gente tiver compaixão, generosidade, se tivermos isso de verdade, muitas coisas vão te trazer coragem. Se de repente você se deparar com uma situação ruim na aldeia, ou um problema que vem de fora, você, que está como liderança, tem que tomar providências. E se você não tiver generosidade de verdade, você não vai tomar nenhuma providência, não vai falar e não vai tomar nenhuma atitude. Se não tivermos generosidade, a gente que está como liderança, não vamos ter coragem, só a covardia prevalecerá quando acontecer algo.

Opy re aike, peteĩ nhemboaty py xeayvu rã peteĩ regua re, rire ma ha'e va'e nambovarei, xee ae avi nhambovarei rã. Nhemboaty opy re oĩ va'egui aẽvy xeayvuague rami e'ỹ ju aiko. Mborayvu re xeayvu, jepy'apy re xeayvu, teko porã re xeayvu rire ma oka katy aẽvy, xee aerei ju ma aikovy opamarã rive ju ajapo mba'emo, xapy'a ramo xevaija, ndaxeporayvui. Mba'emo aỹ tekoa rupi ha'e ramingua heta jurua kuery mba'emo-emo rei ogueraa ajukue, tembi'u tenda vaikue- ikue ogueraa ramo xee pave'i re ajepy'apy ha'e va'ekue ri, xee rive ju ha'e va'e re xeakanhy rei ta. Xeretarã kuery ae'ive teĩ amotare'ymba rã, ha'eve rupi rive ju ajogueroa'a xeayvu atã- atã aiko ha'e va'e guive pa nhande kuery oikuaapota he'ia rami.

Por exemplo, nos reunimos na *opy*, e eu falo sobre generosidade, sobre a preocupação com os outros, sobre o bom comportamento. Porém, ao sair da reunião, quando estou fora desse contexto, faço as coisas de qualquer jeito: de repente sou brava, sou egoísta. Como hoje em dia, quando os *jurua* doam coisas velhas, comida, cadeiras velhas, e daí eu, que antes havia falado que me preocupava com todos, posso nesse momento ficar enlouquecida [por querer essas coisas apenas para mim]. Até mesmo com os meus parentes mais próximos posso arrumar briga, ainda que seja por esse motivo banal, posso até falar em tom mais alto, e tudo isso os Guarani vão analisando.

Ha'e rami va'ekue py ju ma ajevyvy xee anhembo'e vy ju rã, xee ma pave'ĩ ete poromboaxy ha'e, ha'e ramia py pe nhande kuery oikuaapota rã: "Kua! 'Anhomboaxy', he'i va'eri kuee teri ajukue vailue-ikue re ivai oikovy, ijayvu atã-atã karamboae, he'i ju.

E de repente, eu volto e falo na reunião: "Eu tenho compaixão por todos, me preocupo com todos", e todos já ficam olhando: "Como assim?! 'Tenho compaixão'?! Fala isso, mas ainda ontem estava brava, falando alto por causa de roupas velhas".

Ha'e ramia py uvixa kuery heta ikuai pavẽ tekoa rupi joorami e'ỹ-e'ỹ heko, he'ia rami. Amongue ma ikuai uvixa kuery ijayvu rive ete, ayvu rive ete oiporu, he'ia rami.

Assim, as lideranças das aldeias atuam de modo diferente. Às vezes tem liderança que faz uso da palavra de forma vazia, fala de forma vazia.

Orerekopy pa oreayvua ovare rai avi, ha'eve rupi avi amongue huvixa kuery arakuaa oguereko avi, mba'exa pa ayvu oguereko ombojaity imondovy pa guetarã kuery pe oexauka nha'ã ta, anhetengua e'ỹ teĩ, he'ia rami, ko nhomboaxya. Ha'e rami vy amongue oiko rã peteĩ huvixa tekoa ha'ekue-ekue'ỹ py rã oiko ijayvu omonhendu ayvu porã, ha'e tujakueve, guaivĩgueve katuve ma oĩ porã ve ma ha'e kuery ayvu ogueroguatakuaa aguã, he'ia rami. Nhande va'e ae rivy tekoa py ae avei tuja, tekoa py ae avei guaivĩ rire py, tujakue ijayvua re ojapyxaka ae, oendu ae oikovy ae avi rire oikuaa mba'exa pa oguereko rã, ha'e ramia py oĩ ete ae amongue nhande kuery voi ojekoreuka, he'ia rami.

Porque, na nossa cultura, a fala tem muito peso, e, nesse sentido, algumas lideranças detêm esse saber, de como vão conduzir a palavra, como vão se colocar para convencer seus parentes, mesmo não sendo líderes que seguem o caminho da generosidade. Dessa forma, às vezes, tem lideranças que viajam entre as aldeias, falando de maneira bela e, quanto mais tiver a presença de pessoas mais velhas [anciãos e xamãs], melhor será para essa liderança alcançar esse convencimento. Como essas lideranças são Guarani, como cresceram e se tornaram adultas na aldeia, escutaram as falas dos mais velhos e aprenderam a reproduzi-las. Assim, enganam aqueles que se deixam ludibriar [por essas falas].

Ha'e ramia py uvixa nda'eveiteve, he'ia rami guaivĩgueve. Peteĩ-teĩ ojekua va'e rupi ha'e ojapotarã, ndojapoia rupi avi pa heta va'e kuery oĩ tekoa rupi ikuai va'e oexakuaa heravy: "Peixa ma jave nda'ijayvui mba'eve, peixa ma jave ma ndoui, ndojapoi mba'eve nanhanepytuvoĩ, ojeae riveete ma ta'vy onhemomby'a, guetarã kuery pe riveete ma ta'vy ijayvu". [He'ia rupi onhemovaẽ avi, ro'ea rami.]

Mas, desse modo, lamentavelmente, não servem como lideranças. Porque essas lideranças podem até falar para todos, mas as pessoas sabem identificar em algumas oportunidades o que esses realmente fazem como lideranças. Pois é nos momentos em que a liderança falha em tomar providências que os que vivem na aldeia vão percebendo: "Nessa situação, e não fala nada, nessa situação, e não veio, não fez nada, não nos ajudou, acho que só pensa em si mesmo, só fala dos parentes mais próximos".

Ha'e rami xevy pe rã hare ma'etỹ ma aiko va'e rupi, heta kue ma aaxa, he'ia rami, mba'emo rei rupi tekoa py, xeretarã kuery ramo ambopoxypa, mbovy kuepa, mbovykue pa xeretarã kuery amboayvu vai xejee, he'ia rami. Nhande rapixa kuery nhanderayvu va'e pe anho e'ỹ pa nhamba'eapo va'e, ha'e. Nhande rapixa kuery tekoa rupi ikuai va'e, nhanderayvu tarã nanhanderayvui, ivaija tarã anyi, ha'e va'e kuery ejavi pe nhamba'eapo aguã rire ma teĩ ke jareko nhandepy'a re mborayvu. Ha'evy rã ae nhaendu mba'e he'i pa ha'e kuery, peteĩ rupi ri ndojapoporãi rã, ndajajou porãi vy ma teĩ ke jaexauka mba'ere pa noĩ porãi, haa rupi avi nhandekuai.

Então, para mim, que já atuo há anos como liderança, já passei por muitas coisas, meus parentes já ficaram bravos comigo, quantas vezes meus familiares não falaram coisas ruins para mim. Mas não trabalhamos só para os nossos parentes que gostam da gente, falo isso. Os nossos parentes que vivem na aldeia, gostem da gente ou não, bravos ou não, se é para trabalharmos para todos eles, temos que ter generosidade nos nossos corações. Dessa maneira, podemos ouvir o que eles têm a dizer, e se fizerem alguma coisa errada, se não gostarmos, temos que mostrar por que é ruim, essa é a nossa função.

Ha'e ramia py amongue ouvy ayvu pora'ĩ ju amboaxa, orepopy, xepopy, hory, ha'e ramia xevy pe rã ovarepa katuĩ, amongue py tekoa py heta ivai va'e ikuai teĩ va'e mbyte py, peteĩ ovaẽ va'e ijayvu: "Anhete, ha'evete peixa rejapo'i xevype, ha'e rami ayvu'i remonhendu va'e-va'e reru xevy pe rã arovy'a vaipa. Tove Nhanderu kuery tomoĩ pora'ĩ ndevy pe!" He'i va'e nunga-nunga'i ejavi xevy pe ovare.

Desse modo, às vezes [depois de uma reunião], alguém vem agradecer e nos passar palavras bonitas, me cumprimenta e sorri. Tudo isso vale muito para mim. Às vezes, na aldeia, tem um monte de irritados e, no meio disso, chega uma pessoa e fala: "É verdade, obrigado por fazer isso para mim, as palavras que você me fez ouvir me fizeram muito feliz. Que os Nhanderu Kuery te cuidem!". Cada momento e agradecimento desses é muito importante para mim.

He'ia rami, va'eri opa'iare, ha'e rami xeayvu huvixa kuery aỹ ikuai va'e tenonde vere ikuai va'e rã, mborayvu re noma'ẽi, mborayvu reko re noporandu Guete kuery pe mborayvu reko, ndoikuaapotai ramo uvixa heteve oiko pavẽ oexakuaa okuapy teĩ, xevy pe rã anhetengua ndaipoi ta.

E, por fim, eu penso que as futuras lideranças, se não procurarem a generosidade, se não pedirem para o seu Pai Verdadeiro a sabedoria da generosidade, se não se derem conta disso, até podem se tornar conhecidas por todos, porém, para mim, não serão legítimas.

Essa fala foi proferida por uma importante liderança feminina da TI Tenondé Porã (Jera Poty), cuja aldeia principal talvez seja, como vimos, a mais populosa habitada pelos Guarani Mbya. Assim, o trabalho das lideranças locais se torna complexo, pois elas devem mediar a relação entre as diversas parentelas que convivem e disputam espaço em uma aldeia onde a população cresceu muito, em um contexto de extrema restrição territorial e proximidade com a maior mancha urbana do país.

Nesse sentido, um dos aspectos da fala que se sobressai é a distinção entre parentes, parentes próximos e as próprias lideranças, e a indicação de que isso coloca uma questão-chave sobre o modo como o *mborayvu*, a generosidade, opera nessa complexa dinâmica entre parentesco e política.

Vale notar também que características centrais em descrições clássicas das lideranças ameríndias aparecem nessa fala. A liderança é "aquela que fica atenta, que pensa nas coisas, que sofre com as dores de outros, que não deixa as coisas paradas". Ela deve ter também coragem para agir, para fazer valer a sua fala, e para isso é necessário verdadeiramente pôr em prática o *mborayvu* (como vimos, ser generoso), conforme a tradução sugerida pela própria autora da fala, em contraposição ao egoísmo (*ndaxeporayvui*, umas das formas negativas, utilizando-se o radical do *mborayvu*). Assim, liderança é quem inicia algo, quem mantém o movimento, quem exerce a generosidade. Entretanto, em contraposição ao prestígio oriundo de ficar famoso, a boa liderança "não atua por reconhecimento dos outros".

E não é apenas essa forma de prestígio relacionada à fama que é criticamente abordada na reflexão transcrita, mas também outra importante característica atribuída às lideranças indígenas: as habilidades oratórias. Embora o saber falar (*ayvukuaa*) seja descrito como algo central no modo de ser dos Guarani (*orereko py pa oreayvua ovare rai*), a fala tem que ter uma contrapartida em ações; caso contrário, pode posteriormente ser considerada vazia e mero artifício.[259] É, portanto, o respeito — e não a obediência — o que marca a relação entre a liderança e os demais.

Essa relação fundamental para os Guarani entre palavra e ação, que a fala citada expressa de forma enfática, é notada de modo perspicaz por Bertoni, que a demonstra em um caso da obstinada recusa dos Mbya à catequese. Segue um trecho que contém uma fala exemplar proferida por um Guarani na virada do século XIX para o XX:

> Os Avá-Mbihás se recusam ainda mais que outros Guarani a qualquer avanço na direção da catequese. Eis a razão: a sua religião é uma sanção prática da moralidade, eles não julgam qualquer outra religião que não da maneira de colocar em prática ideias morais. É inútil lhes passar doutrinas; eles permanecem em silêncio, com um vago gesto de aprovação; mas eles observam atentamente nossas ações. Se não são escrupulosamente cumpridas as doutrinas, toda a nossa eloquência está perdida. E Deus sabe se as ações cristãs respondem aos seus mandamentos. Aí a objeção eterna que se opõem a nós: "Vocês ensinam uma doutrina que é boa; diz que o seu Deus só ordena a boas coisas; mas vemos que as ações dos cristãos distanciam-se muito frequentemente de sua doutrina; isso prova que o seu Deus não é nosso, pois ele não sabe guiá-los". Ou: "Vocês dizem que seu Deus ordena amar a todos os homens; mas vocês mentem, vocês nos roubam, vocês ofendem nossas mulheres e nos matam por

---

259. Testa (2014, p. 208) enfatiza essa importância: "Seu falar (-*ayvu*) exprime também a capacidade de fazer, meio pelo qual o coletivo consegue colocar à prova a eficácia desse falar e dos saberes que ele enuncia. Nisso, uma liderança, seja cacique ou rezador, ocupa e mantém essa posição à medida que suas palavras são capazes de se traduzirem em ações". Também em Monteiro há uma citação do cronista quinhentista Gabriel Soares de Sousa que expressa a importância do chefe que não apenas fala generosamente, mas cuja ação correlata é exemplo iniciador de movimentos: "Ele [o chefe] não apenas trabalhava ao lado dos seus seguidores, como também fornecia o exemplo: 'quando faz [as roças] com a ajuda de seus parentes e chegados, ele lança primeiro mão do serviço que todos'" (SOUSA, Gabriel Soares de. *Tratado descritivo do Brasil em 1587*. São Paulo: Editora Nacional, 1971, p. 303, *apud* Monteiro, 1994, p. 23).

ninharia; seu Deus não é Deus dos índios, enquanto que o nosso, que é de todos, nos diz para nunca fazer mal a vocês. O que prova que ele é superior ao de vocês". Em 1887, eu tinha conseguido convencer os notáveis Mbihás da parcialidade Pirapeíh a importância de se unir e fundar uma redução na costa do Paraná, a ser organizada sobre sua base comunista. Para completar a coisa, eu tive a ideia de oferecer-lhes a catequese. "Guarde isso para você" — exclamou o meu melhor interlocutor indígena — "tudo estaria perdido para sempre!" (Bertoni, 1920, p. 60)[260]

Voltando à fala transcrita da liderança, é explícito o contraste crítico entre as lideranças que, embora amplamente reconhecidas, não efetivam na prática o *mborayvu* enunciado nas palavras, e as lideranças que o fazem, demonstrando a eficácia de sua atuação e de seus saberes.[261] O primeiro e criticado modelo de liderança se aproxima justamente do que eu vinha descrevendo anteriormente com o mote da *liderança viajante*, espécie de guerreiro atualizado que funda seu poder na exterioridade e é, em contrapartida, alvo da desconfiança do grupo local.

Entretanto, esse segundo caso, que busca expandir a generosidade do *mborayvu*, tampouco está a salvo do infortúnio. Se, por

---

260. Creio ser importante situar melhor o leitor em relação a essa passagem e a esse autor, já citado e que aparecerá novamente no texto. Moisés Bertoni (1857--1929) foi um pesquisador e escritor suíço de influências anarquistas radicado no Paraguai, às margens do Paraná e próximo à Tríplice Fronteira, na última década do século XIX. Após a Guerra do Paraguai, ele foi beneficiado pelo contexto da privatização fundiária, obtendo uma propriedade onde fundaria a colônia científica hoje conhecida como Puerto Bertoni. A área, que possuía 12,5 mil hectares, sobrepunha-se a territórios habitados por grupos guarani, com quem Bertoni manteve grande proximidade. Apesar das limitações relacionadas a suas filiações teóricas no campo das ciências humanas, sua extensa obra, sobretudo a dedicada aos Guarani, possui importantes dados etnográficos do período e mostra, como revela o trecho citado, a convivência do autor com os Guarani, questões que mereceriam ser melhor pesquisadas.

261. Tal perspectiva crítica se insere, como já foi apontado, nesse contexto de grande aldeia composta de vários grupos familiares, como é o caso da Tenonde Porã, em que se exige que a liderança não limite sua generosidade apenas a uns poucos parentes mais próximos.

um lado, suas palavras e ações também logram construir prestígio e formar grupos que os seguem, liderando suas próprias filas, por outro, o parentesco também parece cobrar seu preço no processo de expansão da generosidade: "meus parentes já ficaram bravos comigo, quantas vezes meus familiares não falaram coisas ruins para mim". Em aldeias compostas de várias famílias extensas, expandir a generosidade para além da sua própria família, quer dizer, atuar contra o egoísmo e o faccionalismo de sua parentela, resulta em retaliações vindas dela própria.

Um amigo e jovem liderança nessa mesma TI me relatou as dificuldades que estava vivendo com sua família depois que passou a atuar como liderança na aldeia. Ao tentar fazer a mediação entre as parentelas e, assim, abandonar a posição parcial de seu grupo, entrou em atrito constante com seus familiares, principalmente os pais. Sua solução foi abandonar o pátio comum da família extensa e se mudar para uma outra área, distante poucos quilômetros dali.

A distância, ele me dizia, havia reduzido os conflitos, mas ele tinha clara a percepção de que eles permaneciam latentes e que as relações não voltariam a ser como antes. No entanto, reconheceu também que isso o colocou em uma nova posição, em que passou a ganhar mais confiança de pessoas de fora de sua família, que viam nele alguém que não agia apenas em favorecimento dos seus: "O *xeramoĩ* se aproxima mais de mim, vai me visitar, me cumprimenta com um sorriso no rosto", foi o que ele comentou a respeito de um ancião tido como de trato austero e que agora se achegava mais a ele.

É importante destacar que, na prática, há uma oscilação entre esses polos. A *liderança viajante* deverá buscar, ao menos momentaneamente, ser generosa em sua comunidade, caso não queira sucumbir ao infortúnio da pura exterioridade; contudo, também quem exerce seu polo oposto, que podemos chamar de *liderança de aldeia*, ao acumular prestígio com a expansão de sua generosidade, atrairá necessariamente forças do exterior e terá de lidar com elas. Ou seja, ao ser reconhecida internamente em sua aldeia, essa liderança começará a ser referenciada para fora, para ir a reuniões, para fazer palestras etc. Enfim, terá que, uma hora ou outra, lidar também com os riscos do prestígio oriundo de relações com o exterior da aldeia. Façamos, então, a análise comparativa desses polos como modelos.

A título de comparação entre esses dois polos de liderança no âmbito das dinâmicas de parentesco, o que temos é que, se a *liderança viajante* privilegia sua relação com o exterior da aldeia e tende a reduzir seus laços a seus parentes mais próximos ou até a si própria, entrando na dinâmica de errância entre aldeias, a prática de estender o *mborayvu* (generosidade) para além de sua própria parentela rompe com o favorecimento do próprio grupo familiar, contrariando seu faccionalismo e buscando uma unificação pacificadora — lembremos da tradução de Pierre Clastres de *mborayu* como "o que reúne" — em uma aldeia densamente povoada por diversas famílias extensas. Ou seja, um agride a produção do parentesco por meio de um movimento de redução e o outro, ao contrário, agride a dinâmica do parentesco em um movimento em direção a sua expansão. Um se endivida com as forças do exterior da *tekoa* (relações com o mundo dos brancos, prestígio interaldeias etc.), enquanto o outro amplia o escopo dos que podem receber seus bens.[262] Ambos, no entanto, estão sujeitos ao infortúnio de retaliações, seja do grupo que compõe a *tekoa*, seja do interior da

---

262. Mais do que simplesmente bens materiais, penso aqui de forma semelhante à observação de Pimentel (2012, p. 22) em relação ao comentário de Lévi-Strauss a respeito do engenho ou engenhosidade: "Outra associação interessante que Lévi-Strauss realiza é entre a generosidade e o xamanismo, a partir da percepção de que o chefe deve cultivar o dom do engenho (*ingenuity*), expressão intelectual da generosidade. Da mesma forma que prepara curare para as flechas de todos, faz bolas de borracha para os jogos coletivos, ou canta e dança para animar o grupo, o chefe também pode curar, como forma de prestar favores a seu povo. Isso, ainda que, segundo o autor, a vida mística fique em segundo plano no cotidiano nambikwara e pareça mais comum que chefe e xamã sejam, normalmente, ali, figuras distintas". Isso também ajuda a entender a importância para as lideranças guarani, mesmo não sendo xamãs, de articular saberes ligados ao xamanismo. É muito comum encontrarmos essas disposições nas lideranças atuais, incluindo nas mais próximas ao mundo dos *jurua*.

própria família. De um jeito ou de outro, chegamos à máxima clastreana de que "o poder é contra o grupo" (e vice-versa).[263] Mas qual grupo? A família extensa? Toda a comunidade que compõe uma grande aldeia? Agrupamentos supralocais? Definir o grupo, agir por meio dele e conduzi-lo é justamente o trabalho de uma liderança ao se lançar em movimento, tal qual um *xondaro ruvixa* que inicia uma dança, que inaugura uma fila e tem seus passos seguidos, mas que também é quem investe golpes contra o grupo, que deve esquivar. O movimento precede o grupo, é ele que o produz e o desfaz.

Desse modo, a expansão do *mborayvu* para o exterior da parentela — a despeito de sua insatisfação — inaugura um grupo maior. Já a redução da generosidade por meio do monopólio das relações com o exterior da aldeia distingue entre o que está dentro e fora do grupo em que a liderança é um famigerado mediador. Logo, a ação política das lideranças, em ambos os polos,[264] está diretamente vinculada aos grupos que são constituídos e dissolvidos a partir de seu movimento.

A diferença entre os polos de lideranças que apareceram, aquele que se lança ao exterior da aldeia e o que expande o interior da parentela, remete justamente à clássica oposição na chefia

---

263. "Tendo atingido um nível de generalidade profundo, no qual pôde descobrir a *relação negativa entre o político e a troca*, e concluir de modo justo que *o poder é contra o grupo*, Clastres desvendava, sem se dar inteiramente conta, uma propriedade do político que é geral, ou seja, independente de ser o seu regime de funcionamento selvagem ou estatal. Pretendeu, em seguida, singularizar a chefia indígena por meio de uma *exterioridade* que é também um fenômeno geral — pois não sucederá o mesmo a um poder que é potente?" (GOLDMAN, Márcio & LIMA, Tânia Stolze. "Pierre Clastres, etnólogo da América", *Sexta-feira*, v. 6, 2001, p. 297).

264. Cabe lembrar novamente que as lideranças guarani atuais não encarnam de maneira pura cada um desses polos (ou funções). Ao contrário, conjugam diferentes momentos e pesos desses movimentos, tendendo mais para um ou para outro, podendo até estabilizar consideravelmente processos e posições: não é incomum encontrarmos casos de caciques que se estabilizam no cargo quando logram monopolizar as cada vez mais necessárias relações com o mundo dos brancos por meio da apropriação de saberes ligados à tecnocracia estatal, que os demais de sua aldeia não possuem e, por isso, aceitam sua posição, ainda que muito os desagrade. Caso exemplar foi a história de um cacique guarani que se candidatou a vereador e recebeu quantidade de votos inferior ao número de membros de sua própria família extensa.

ameríndia entre "chefe de guerra" e "chefe de paz",[265] ou aquelas oposições que distinguem chefe local e supralocal.[266]

Desse modo, ao fim desta análise, chegamos ao quadro em que as atuais dinâmicas das lideranças que comentamos — distribuídas entre tantos personagens, sejam novos, como os professores, agentes de saúde, representantes de organizações, ou "tradicionais", como os xamãs e chefes de famílias extensas — atualizam um processo que parece inerente à ação política guarani (e ameríndia). Ambas podem ser generalizadas em um idioma que se caracteriza fundamentalmente por relações de tensão entre interior e exterior, cujo jogo é o espaço em que as lideranças conduzem os processos de formação e dispersão de coletivos.

Em seguida, será importante ampliar a escala da análise no espaço e no tempo para, assim, vislumbrarmos histórica e cosmologicamente a resistência guarani face à hecatombe da invasão europeia e à colonização subsequente.

265. Há também uma correspondência que acredito ser bem profícua para a oposição geral aqui esboçada entre *liderança viajante/liderança de aldeia*, aquela desenvolvida por Perrone-Moisés (2018) em torno da *função-guerreiro/função-anfitrião*. Não seria possível desenvolver aqui essa correspondência a fim de detalhar propriamente seus possíveis rendimentos. No entanto, cabe dizer brevemente que não se trata de uma simples equivalência entre os termos, mas de similaridade na relação de oposição, que pode ser variada de muitos modos. Guerrear, como fazem os Guarani que "se lançam contra os brancos" (uma tradução quase literal da expressão utilizada para designar a luta política no mundo não indígena: -*joguero'a jurua kuery rovaire*), é se endividar no e com o exterior; em contraste, expandir o *mborayvu* é ativar forças de convergência ("aquilo que reúne", como o termo já citado de Pierre Clastres) e se fazer anfitrião de um interior crescente de aliados. Contudo, entre os Guarani, caberia investigar como se dão as variações entre essas funções. Ainda que elas não possam ser feitas simultaneamente, creio que uma mesma liderança, bem ou mal, necessite variar e compor entre elas. Conforme apontei, a *liderança viajante*, na prática, não pode abrir mão totalmente de oferecer sua generosidade em sua comunidade, como um anfitrião; e a *liderança de aldeia* (ou de base, como os Guarani também dizem), no processo de expansão do *mborayvu* e de acúmulo de seu prestígio, necessariamente terá de se fazer guerreira para lidar com os conflitos decorrentes dessa expansão ou com as forças do exterior, que sempre irrompem onde se insinua o poder.

266. Ver Sztutman (2012, p. 313).

4

ESQUIVA E RESISTÊNCIA HISTÓRICA

Entre o litoral e o interior

A LENDÁRIA VIAGEM DO PORTUGUÊS Aleixo Garcia, náufrago da expedição chefiada por Juan Díaz de Solís, teria se iniciado por volta de 1523, no litoral de Santa Catarina, de onde atravessaria o continente até alcançar os contrafortes do Império Inca, cerca de oito anos antes da chegada do conquistador espanhol Francisco Pizarro.

Garcia teria empreendido tal façanha acompanhado por aproximadamente dois mil Guarani,[267] provenientes dos arredores da ilha de Santa Catarina, onde havia naufragado alguns anos antes. No tempo em que conviveu com os Guarani, também chamados à época de Carijós,[268] foi informado a respeito da existência do Império Inca, dos metais em abundância que ali havia e dos caminhos que tornavam a viagem possível, que ficaram célebres sob a alcunha de Caminho de Peabiru.

Nas décadas seguintes, uma série de europeus, entre eles Pero Lobo (partindo em 1531), Cabeza de Vaca (1541) e Ulrich Schmidel (1552), utilizou a indicação dos Guarani por essas trilhas e atravessou o continente nos dois sentidos, entre o litoral e o interior. É importante notar que a malfadada expedição de Pero Lobo partiu do sul da província de São Vicente e que, portanto, o litoral paulista também compunha essa rede de caminhos e relações mediadas principalmente pelos Guarani.[269]

267. Segundo consta, seu grupo na expedição pilhou prata suficiente para que, na volta, ao cruzarem com a frota de Sebastião Caboto nas proximidades da foz do Paraná, estes últimos denominassem o curso d'água como Rio da Prata, fascinados com a pilhagem dos indígenas que ali passavam. Há, no entanto, fontes que alegam que o grupo guarani encontrado pela expedição de Caboto era de uma incursão aos Andes anterior à de Aleixo, talvez levada a cabo apenas pelos Guarani (Bertoni, 1922, p. 421).

268. Entre os muitos etnônimos empregados pelos cronistas do Quinhentos para designar os povos tupi-guarani, os nomes "Carijós", utilizado pelos portugueses no litoral atlântico, e "Cários", pelos espanhóis na bacia do Paraná, referem-se de maneira geral aos grupos de língua guarani que habitavam esse vasto território. A sobreposição entre os termos Guarani e Carijós/Cários fica clara sobretudo ao compararmos os escritos das expedições de Cabeza de Vaca (1987 [1542]) e Schmidel (1836), ambos a serviço da Coroa espanhola e denominando de Guarani e Cários, respectivamente, o grande povo que habitava do interior da bacia platina até o litoral atlântico.

269. "Estimulado por informações sobre a existência de metais preciosos no sertão, Martim Afonso de Souza organizou uma expedição de oitenta homens, quarenta

Outro dado notável, e que atesta a intensa e ampla dinâmica dos Guarani entre o litoral e o interior, é revelado por este trecho dos relatos de Cabeza de Vaca, que se refere à ocasião em que, nas proximidades do Rio Iguaçu, buscando alcançar Assunção, ele encontra um Guarani indo na direção contrária: "chegou um *índio natural da costa do Brasil*, que já havia se convertido ao cristianismo e recebido o nome de Miguel. Vinha da cidade de Assunção, onde residiam os espanhóis que se ia salvar" (1987 [1542], p. 159, grifo meu).[270]

Entre as fontes quinhentistas, há uma abundância de relatos que demonstram o vasto conhecimento territorial e a amplitude com que os povos guarani transitavam pelo continente. Segundo Combès (2010 *apud* Pimentel, 2012, p. 60-1),[271] Domingo Irala, chefe dos espanhóis em Assunção, havia tomado conhecimento de que os Guarani já faziam incursões às proximidades dos Andes antes da viagem de Aleixo Garcia. Também segundo a autora, a própria constituição dos Guarani Chiriguano, grupo que atualmente habita o leste boliviano, está relacionada a uma série de incursões desde o leste, realizadas pelos Guarani em épocas que antecedem e perpassam o início da colonização europeia.

---

arcabuzeiros e quarenta besteiros, sob o comando de Pero Lôbo Pinheiro, capitão de um dos navios. Francisco de Chaves, que fez parte da expedição, prometeu retornar em dez meses, trazendo quatrocentos escravos carregados de prata e ouro. Partiram de Cananeia em 1º de setembro de 1531, para nunca mais voltar, pois a expedição foi completamente dizimada pelos índios guaranis na passagem do rio Paraná, como registrou Cabeza de Vaca onze anos depois" (Soares, 2009, p. 43). Ver também Prezia (2008), no qual aparecem diversos caminhos e relações entre o planalto de Piratininga e os Guarani/Carijós, incluindo as intenções do jesuíta Manoel da Nóbrega em catequizar os Guarani na enigmática localidade de Maniçoba.

270. Como se vê nesse indício de um Guarani que era natural da costa e que retornava ao litoral depois de passar um tempo em Assunção, a *multilocalidade*, aspecto especialmente enfatizado por Pissolato (2006), é uma dinâmica há muito praticada pelos Guarani em seu amplo território. O caso relatado por Cabeza de Vaca poderia muito bem ocorrer de forma quase idêntica nos dias de hoje, com um Guarani Mbya que visita os parentes dispersos da margem oriental do rio Paraguai até o Atlântico.

271. COMBÈS, Isabelle. *Diccionario étnico: Santa Cruz de la Vieja y su entorno en el siglo XVI* [Dicionário étnico: Santa Cruz de la Vieja e seu entorno no século XVI]. Cochabamba: Instituto de Misionología, 2010.

No entanto, se a pesquisa nas fontes quinhentistas revela uma intensa dinâmica entre o leste e o oeste, ligando os Andes aos litorais sul e sudeste brasileiros, onde os Guarani exerciam papel primordial, dada sua dispersão no vasto território que compreende principalmente o bioma da Mata Atlântica meridional, é evidente que o impacto da colonização marcará de modo crucial essa dinâmica, constituindo um fator decisivo entre os tantos que compõem os processos de deslocamento territorial guarani.

Há um intenso debate sobre as razões dos deslocamentos, das migrações e da mobilidade guarani em geral; se eles obedecem mais a lógicas cosmológicas/mitológicas intrínsecas ou a questões conjunturais e pragmáticas em relação ao território.[272] Apesar da importância das abordagens historiográficas para ponderar possíveis equívocos da etnologia,[273] também elas por si só serão sempre insuficientes para compreender os movimentos territoriais guarani. Do ponto de vista indígena, acredito que seja inevitável que os diferentes fatores se impliquem mutuamente e, frequentemente, até transformem sua lógica de relações, complexificando possíveis causalidades. As fronteiras categoriais entre

272. Trata-se de um debate complexo e já de longa data em torno da relação entre *evento* e *estrutura*. Apesar da contundência com que alguns já longevos escritos enfrentaram etnologicamente a questão, como Carneiro da Cunha (2009 [1981], p. 15-49), Almeida (2008) e Sahlins (1990), ela segue reaparecendo, ainda que suas aparentes contradições e as supostas supremacias causais de um dos polos confundam muito mais os brancos que os indígenas, que não operam por meio dessas antinomias ocidentais (evento/estrutura, indivíduo/sociedade, natureza/cultura). Conforme indicou Lévi-Strauss, os povos indígenas possuem uma capacidade notável de incorporar logicamente, em seu sistema nativo, acontecimentos que irrompem sobre sua realidade, como a própria invasão europeia. Sobre a facilidade com que diversos povos indígenas afastados, sem relação entre si, integraram a chegada dos brancos em sua mitologia, diz o velho mestre: "o lugar dos brancos estava marcado em vazio em sistemas de pensamento baseados num princípio dicotômico que, etapa após etapa, obriga a desdobrar termos; de modo que a criação dos índios pelo demiurgo tornava automaticamente necessário que ele tivesse criado também não índios" (Lévi-Strauss, 1993 [1991], p. 200).

273. Entre eles, a crítica à hipertrofia do conceito da "Terra Sem Males". Ver BARBOSA, Pablo Antunha. "A 'Terra sem Mal' de Curt Nimuendajú e a 'Emigração dos Cayuáz' de João Henrique Elliot: notas sobre as 'migrações' guarani no século XIX", *Tellus*, ano 13, n. 24, p. 121-58, jan.-jul. 2013 [Dossiê Nimuendajú]. Ver também demais artigos da mesma publicação para um debate sobre esse tema.

o que denominamos cosmologia, economia, conjuntura política etc. podem parecer totalmente arbitrárias para os Guarani. Na vida ameríndia, o que chamamos de cosmologia está lidando, o tempo todo, com o que chamamos de política, organização social ou ecologia, e vice-versa.[274] Isso é algo, portanto, que devemos ter em mente ao longo das análises empreendidas aqui.

Assim, além de tentar ocasionalmente apontar possíveis motivações que se sobressaem em sua dinâmica territorial, resta-nos sublinhar que o deslocamento entre os Guarani aparece como um processo-chave, um idioma privilegiado na relação com o espaço, desdobrando-o e variando-o pendularmente. Conforme veremos, o deslocamento pode, de acordo com suas variações, conformar um movimento de esquiva territorial que não pode ser simplesmente reduzido à fuga, pois inclui em si a potência do engano e da incorporação controlada da alteridade, possibilitando que aí se articulem motivações de muitas ordens, em que se combinam diversos movimentos, às vezes concomitantes, de ataque, fuga, superação, dispersão e reagrupamento.

Voltemos à abordagem histórica para acompanhar os momentos em que as forças do Estado iniciaram suas pressões implacáveis, comprometendo progressivamente o território guarani, para, em seguida, buscarmos entender do ponto de vista indígena os distintos movimentos de resistência empreendidos dos antigos Guarani até os contemporâneos Mbya.

O Tratado de Tordesilhas, ao dividir a América entre as coroas ibéricas, traduziu-se em duas principais frentes de colonização no Cone Sul durante o século XVI: o litoral atlântico, da capitania de São Vicente até Santa Catarina, e o acesso via Rio da Prata. Os portugueses faziam suas incursões saindo do planalto ou da baixada paulista, enquanto os espanhóis, como demonstram os relatos de Cabeza de Vaca, acessavam a terra pelo litoral sul brasileiro ou subindo o Rio Paraná desde Buenos Aires. Dessa

---

274. Perrone-Moisés (2018) desenvolve um contundente argumento nesse sentido, chamando atenção para as desnecessárias e problemáticas projeções conceituais que seguimos fazendo para descrever mundos alheios às nossas classificações e divisões categoriais.

maneira, à época da fundação de Assunção, em 1537, as forças colonizadoras se posicionaram em dois extremos longitudinais do território habitado pelos Guarani de então.[275]

No final da primeira metade do Quinhentos, há relatos de cronistas que apontam a mudança na ocupação territorial guarani relacionada à invasão, como informa Bertho:

> a região denominada de Inbiassape por Staden, Viaçá por Sanches e posteriormente denominada de Viaçá ou Mbiaçá por Bertoni, citada como um porto da Lagoa dos Patos, corresponde nas fontes quinhentistas (*apud* Franco, 1942, p. 11-6, 67-8)[276] à baía sul da ilha de Santa Catarina.

Segundo a lógica territorial guarani, tratava-se de um *guara*, um espaço territorial de domínio. Sanches (*apud* Franco, 1942, p. 11-6), referindo-se a Alvar Nuñes Cabeza de Vaca, em sua entrada para Asunción em 1541, relaciona os índios de Viaçá da Ilha de Santa Catarina aos da Ilha de São Francisco, que o levaram na expedição. Tratava-se, segundo a mesma lógica territorial, de outro *guará*; e na ocasião os Guarani uniram-se para acompanhar Alvar Nuñes pela entrada do Caminho do Peabiru, nas cercanias da Ilha de São Francisco, pelo rio Itapocu. Em 1553, Sanches notou que esses espaços territoriais estavam despovoados, os índios

---

275. Segundo os relatos do mercenário alemão Ulrich Schmidel (1836, p. 16), que participou da fundação de Assunção, "é tão ampla a terra habitada pelos Cários [Guarani], que possui trezentas léguas de largura e comprimento". Além disso, como ele próprio pôde testemunhar ao retornar à costa atlântica por terra até São Vicente, guiado por alguns Guarani, "fazem estes Cários mais longas viagens que os demais índios do Rio da Prata". Hélène Clastres (1978, p. 8), utilizando-se das fontes quinhentistas, destacou alguns dos principais marcos do amplo território de ocupação guarani no início do século XVI: "Os guaranis ocupavam a porção do litoral compreendida entre Cananeia e o Rio Grande do Sul; a partir daí, estendiam-se para o interior até aos rios Paraná, Uruguai e Paraguai. Da confluência entre o Paraguai e o Paraná, as aldeias indígenas distribuíam-se ao longo de toda a margem oriental do Paraguai e pelas duas margens do Paraná. Seu território era limitado ao norte pelo Rio Tietê, a oeste pelo Rio Paraguai. Mais adiante, separado deste bloco pelo Chaco, vivia outro povo guarani, os Chiriguano, junto as fronteiras do Império Inca".

276. FRANCO, Francisco Assis Carvalho. "Introdução e Notas". *In*: STADEN, Hans. *Duas viagens ao Brasil*. São Paulo: Sociedade Hans Staden, 1942 [1557].

fugiam adentrando o continente pelas constantes guerras levadas pelos Tupi que se aliaram aos portugueses contra eles, fugindo da escravidão. (Bertho, 2005, p. 138)

Conforme aponta Monteiro (1994), os portugueses, à época da aliança com parte dos Tupiniquim que habitavam a região da capitania de São Vicente, utilizavam-se da já existente dinâmica guerreira que marcava a relação entre os povos tupi-guarani para intensificar as incursões de guerra e alterar a finalidade da captura dos cativos: saem a antropofagia e a vingança; entra o acúmulo de mão de obra escravizada para a nascente economia colonial paulista. Ainda que tais movimentos não tenham ocorrido sem turbulências nas alianças entre europeus e indígenas, o processo que se consolidou com o bandeirantismo paulista capturou, entre fins do século XVI e a primeira metade do XVII, dezenas de milhares de Guarani[277] para serem escravizados em terras paulistas. Segundo Monteiro (1994), o primeiro ciclo de acumulação de riqueza de São Paulo, que garantiu o caminho para que a cidade se tornasse a metrópole que é hoje, foi baseado na exploração da mão de obra indígena, principalmente guarani.

Para produzir tão alta cifra de pilhagem humana, que fez com que a São Paulo do segundo quarto do Seiscentos fosse quase uma "província guarani", habitada e sustentada majoritariamente por esse povo, as expedições bandeirantes adentraram profundamente

277. De acordo com as fontes levantadas por Monteiro (1994, p. 74), apenas das reduções jesuítas na região do Guairá (porção oeste do atual estado do Paraná), há diferentes relatos que indicam a captura de cerca de sessenta mil Guarani. Levando-se em conta o ataque a reduções de outras regiões e à população guarani que vivia em aldeias livres, não seria improvável que essa cifra passasse de 150 mil. Para termos uma dimensão do que esse dado significa, lembremos dos censos guarani apresentados na Introdução. O total da população de grupos de língua guarani soma hoje, na Argentina, no Brasil e no Paraguai, algo em torno de duzentas mil pessoas. Ou seja, a cifra estimada da captura bandeirante em um intervalo de cinquenta anos é próxima ao total de Guarani que existem hoje nesses três países. Os indígenas, em sua grande maioria, eram levados para serem escravizados em fazendas nos arredores de São Paulo, uma vila que, à época de sua fundação, em 1554, era habitada por cerca de cem indivíduos. Já em 1872, quando dos primeiros censos, a população paulistana era de apenas 31.385 pessoas (ver São Paulo, Secretaria Municipal de Desenvolvimento Urbano [s.d.]).

o amplo território desse grupo indígena. Capturaram e dizimaram a maioria das aldeias que puderam alcançar e levaram à ruína os empreendimentos missioneiros mais afastados de Assunção, que os jesuítas espanhóis iniciaram no século XVII e onde se concentrava um grande número de Guarani, que, entre outras coisas, buscavam se refugiar da sanha paulista. Assim, as missões das regiões do Tape, de Guairá e Itatim, respectivamente nos atuais estados de Rio Grande do Sul, Paraná e Mato Grosso do Sul, foram todas destruídas pelos ataques dos bandeirantes.

Nas reduções que vigoraram, os Guarani viviam concentrados aos milhares, em uma organização espacial como a de uma pequena cidade; em seus áureos momentos, produziram mais e melhor do que a maioria dos demais empreendimentos coloniais da época. Tal estratégia de adesão por parte dos Guarani ao projeto jesuíta é complexa no que concerne às negociações, apropriações e adaptações de ambos os lados desse processo, cuja história está repleta de crises e conflitos internos, e não deve ser reduzida a uma unidirecional dominação dos jesuítas sobre os Guarani, nem a um idealizado e pacífico retrato de comunhão social. Se, por um lado, os Guarani tiveram de se adaptar, por exemplo, a outras formas de habitação, no intuito de se manterem livres da escravidão colonial, aos padres, por sua vez, citando Monteiro (1992, p. 448), "não bastava apenas ser jesuíta, portador da verdade cristã ou de uma civilização superior, como quer uma parte da bibliografia jesuítica: os grandes missionários foram justamente aqueles que mais bem se adequaram ao processo de formação de lideranças indígenas". Os menos hábeis nessa tarefa corriam grande risco de contestação, que não raro redundava em sua morte.

Além disso, as missões propiciaram, após uma série de fracassos iniciais, que os Guarani resistissem militarmente aos ataques paulistas, infligindo importantes derrotas aos bandeirantes. A batalha de Mbororé, vencida pelos Guarani missioneiros em 1641, conseguiu impor um limite à expansão bandeirante somente nas lonjuras do Rio Uruguai, onde hoje é a fronteira entre o Brasil e a província de Misiones. As reduções guarani voltariam ao atual território do Rio Grande do Sul apenas em fins do século XVII, até serem novamente expulsas para a margem ocidental do

Uruguai, durante a Guerra Guaranítica, em 1750, quando tiveram que enfrentar a aliança entre os exércitos de Portugal e Espanha, resultante dos acordos no Tratado de Madri.

As difíceis alternativas dos Guarani em meio a esses turbulentos conflitos, que mudavam a paisagem política de seu território, resumiam-se a se associar material e culturalmente à empresa colonial, que, afora a escravidão das *encomiendas* e dos paulistas, traduzia-se também na mais negociada subordinação das missões, ou na busca de refúgio em áreas de difícil acesso. Acossados pelos paulistas e Tupi, que vinham do leste, assim como pelos espanhóis e povos chaquenhos, que vinham do oeste, os Guarani tinham como esconderijos possíveis áreas concentradas sobretudo nas densas selvas dos afluentes do caudaloso Rio Paraná.

Estima-se que uma variedade considerável de grupos guarani que sobreviveram à captura dos paulistas e dos *encomenderos* paraguaios não aderiu às missões jesuítas, procurando o abrigo das florestas interiores. Apesar da escassez de dados mais precisos a respeito, é abundante, nas fontes coloniais, a alcunha generalizante com que esses grupos guarani eram chamados: "monteses", ou variações em guarani desse significado, *kaygua*, *kayngua*, *kaiowa*, *ka'aguigua*, isto é, "habitantes das matas", dos "montes", etnônimo empregado de modo genérico até o início do século XX.[278] Esses montes são justamente as densas selvas nas proximidades do Rio Paraná, que permaneceram inacessíveis à empresa colonial até ao menos meados do século XVIII. Uma dessas regiões de matas era outrora conhecida como Mba'e Vera, situada nas proximidades dos rios Acaray e Monday.

Para se ter uma ideia da recusa de alguns grupos guarani do Rio Monday à vida nas missões já no início do século XX e de seu apego radical à liberdade, vejamos esta passagem do padre Franz P. Müller:

Dos seus caprichos, que mudam diariamente, é que depende o fazer ou deixar de fazer qualquer coisa. [...] As superstições,

---

278. Além dos Kaiowa de Mato Grosso do Sul, que passaram a utilizar esse etnônimo como autodenominação, há no Paraguai, segundo Lehner (2005), grupos mbya que ainda hoje se autodenominam Kayngua.

a desconfiança e o horror a tudo o que os pudesse levar a um estado de dependência com relação a missão a princípio os mantinham longe de nós: "Não quero aprender nada com vocês, nem quero saber nada de seu modo de vida; isso talvez seja bom para vocês, nós seguiremos o nosso regime. A vocês Deus fez brancos e limpos, a nós fez-nos sujos, para no mato vivermos à nossa maneira e no mato ficaremos. Eu não quero ser instruído. Nada quero saber dos seus remédios, nem quero saber nada de seu Deus, nem de seu batismo. Não quero morar aqui com vocês. Que importa a você que estejamos doentes e morramos, que dia a dia fiquemos menos numerosos? Não se preocupem conosco". (Müller, 1919 *apud* Schaden, 1974, p. 146)[279]

MBA'E VERA

O princípio do processo de destruição de um desses abrigos nas florestas meridionais, o Mba'e Vera, é encontrado na obra do jesuíta alemão Martin Dobrizhoffer (1967 [1783]). No início da década de 1760, no intuito de reduzir tais populações e liberar a área para o extrativismo da erva-mate, produto valorizado à época e abundante na região, o jesuíta empreendeu viagens ao "Mbaéverá" e produziu certamente algumas das mais detalhadas descrições sobre os monteses[280] no período.

Em uma dessas primeiras incursões em busca dos Guarani monteses, ao finalmente localizar um conjunto de aldeias, o padre alemão logra convencer uma das lideranças locais quanto à construção de uma missão para eles, diante do aumento da pressão colonial sobre seu território. O projeto, no entanto, fracassa, pois

---

279. MÜLLER, Franz P. "Ein Rückblick auf den Werdegang unserer Mission in Paraguay" [Uma retrospectiva do desenvolvimento de nossa missão no Paraguai], *Argentinischer Volksfreund*, n.p., 1919.

280. Na falta de uma expressão mais adequada, seguirei doravante utilizando o termo "monteses" para designar de modo geral os antigos grupos guarani que habitavam as matas afastadas.

a localização das aldeias é conhecida por um influente fazendeiro da região, que tenta induzir os Guarani dali a trabalharem para ele. A proposta de escravidão camuflada foi rechaçada e, tão logo puderam, os indígenas dispersaram da área:

> Eles preferem ficar nus e livres que sofrer bem vestidos e bem alimentados sob uma dura escravidão. Como viram que seu paradeiro era conhecido pelos espanhóis, eles acreditavam que sua segurança estava completamente perdida e que eles não podiam se defender da vizinhança espanhola em nenhum lugar. [...] Como tinham diante de seus olhos dia e noite sua situação de grande risco, resolveram finalmente abandonar suas casas e procurar uma região muito distante daquele lugar. Por isso, queimaram suas casas, afastaram-se e correram mais como fugitivos do que como imigrantes, com todas as suas coisas, do lugar de sua inquietação. Para onde? Isso sempre permaneceu um enigma. (Dobrizhoffer, 1967 [1783], p. 108)

Em uma segunda viagem, poucos meses depois, Dobrizhoffer encontrou em afluentes do Rio Acaray, bem mais ao norte, uma única família, composta de uma anciã e seus dois filhos, um rapaz de vinte anos e uma jovem de quinze. Indagada sobre a localização dos demais, a mãe informou que, anos antes, ocorrera ali uma epidemia devastadora de varíola, e sua família foi a única sobrevivente. O rapaz confirmou o relato dizendo que já havia corrido toda a região em busca de uma mulher para se casar, não encontrando absolutamente ninguém.

Dobrizhoffer faz então um relato dos costumes da família, que certamente estava impactada pelos anos de isolamento, sem convívio com seu povo e sem qualquer outro contato humano mais prolongado. Mesmo assim, trata-se de uma emocionante descrição, em que aparecem elementos marcantes dos Guarani e talvez o mais antigo registro da diferença dialetal que hoje os falantes do guarani mbya expressam:

> Das ramas de palmeiras, trançaram sua casa. A água, sempre lamacenta, abastecia-os com a bebida, enquanto os frutos

das árvores, antas, *gamas* e coelhos, vários pássaros, milho, a raiz da mandioca, dava-lhes comida. Das folhas de caraguatá teciam suas roupas e sua cama. O mel, encontrado em toda parte em abundância nos troncos ocos das árvores, servia para adoçar. Em uma taquara, na qual estava fixado um recipiente de madeira, parecido com uma minúscula panela, fumava a anciã dia e noite o tabaco que os Guarani chamam de "peti", enquanto o filho mastigava continuamente folhas de tabaco torcidas. Uma concha afiada contra uma pedra e, às vezes, uma cana rachada, serviam como faca. O jovem, que estava alimentando a mãe e a irmã, ainda tinha dois pedaços de ferro no cinto, os restos de uma faca quebrada, com uma polegada de comprimento e largura, presos em uma alça, envolvida com cera e linha. Com tais instrumentos, ele habilmente cortava suas flechas, e fazia armadilhas de madeira para as antas, e cavava nas árvores onde havia mel e coisas do gênero. [...]

Quando falamos guarani, [a jovem] riu francamente de nós e nós dela quando ela respondeu no mesmo idioma. Como ela não havia lidado com nenhum guarani, além de seu irmão e de sua mãe, manteve as vozes guarani, mas as expressava em um dialeto ridículo. Por exemplo, os outros disseram *quaraçi* — o sol, *yaçi* — a lua, *cheraçi* — estou doente e pronunciamos o *c* com o sinal colocado embaixo, como *ss*, portanto *quarassi, yassi, cherassi*. Em vez disso, eles pronunciavam *quaratschi, yatschi, queratschi*. (Dobrizhoffer, 1967 [1783], p. 116-20)

Mesmo em um contexto de extrema limitação, causado pelo isolamento da família, figuram aí o domínio de uma agricultura duradoura e os diversos alimentos tradicionais dos Guarani Mbya, como o milho, a mandioca e o mel, assim como a caça por meio de armadilhas e o uso do *petỹgua* (cachimbo), este último em uma descrição idêntica ao modo como fazem hoje: "Em uma taquara, na qual estava fixado um recipiente de madeira, parecido com uma minúscula panela, fumava a anciã dia e noite o tabaco que os Guarani chamam de 'peti' [*petỹ*]". Por fim, aparece o surpreendente testemunho da variação fonética,[281] que é um dos traços mais característicos do dialeto mbya — 260 anos atrás.

Os escritos de Dobrizhoffer sobre os monteses de Mba'e Vera serviram de base para diversas especulações sobre uma suposta origem dos Mbya. Garlet (1997) chega não só a postular o deficiente e infundado conceito de "território original dos Mbya", mas também tenta delimitá-lo de acordo com alguns marcos físicos da região do Mba'e Vera.

É importante ressaltar que, na primeira viagem de Dobrizhoffer à região do Mba'e Vera, quando ele encontra ao menos três grandes agrupamentos de Guarani que viviam nas matas da região mais próxima ao Rio Monday, o jesuíta não faz qualquer menção à variação dialetal desses grupos em comparação ao falado pelos Guarani reduzidos ou ao guarani corrente no Paraguai, o que sugere que não havia ali a mesma variação fonética que chamou sua atenção na família isolada e que remete aos Mbya atuais. Isso aponta que a região entre os rios Monday e Acaray era habitada, à época, por um conjunto também heterogêneo de monteses. Assim como hoje existem transitoriedades entre grupos mbya e ava/nhandeva,[282] algo semelhante deveria ocorrer no período — e por toda a ampla extensão do território guarani. Além disso, o fato de Dobrizhoffer ter encontrado uma família pronunciando o guarani de maneira semelhante a como fazem hoje os Mbya não a torna mais próxima ou autêntica em relação aos atuais Mbya do que outros grupos guarani desse passado longínquo, grupos que contribuíram no fluxo de relações que mais tarde se condensaram no movimento que conhecemos por Mbya.

Parece-me que os dados de Dobrizhoffer, assim como outras fontes citadas aqui, servem-nos mais para iluminar diversos aspectos dos modos de agir, das estratégias e das dinâmicas

---

281. Trata-se do uso da africada pós-alveolar surda, presente na primeira sílaba de *xondaro*, que os Mbya pronunciam "tchondáro".

282. MELLO, Flávia Cristina de. "Mbyá e Chiripá: identidades étnicas, etnônimos e autodenominações entre os Guarani do sul do Brasil", *Tellus*, ano 7, n. 12, p. 49-65, out. 2007.

territoriais dos grupos guarani contemporâneos e de seus antepassados[283] do que para instituir suas origens ou autenticidades históricas. Pois estabelecer essa "origem" não será outra coisa senão um essencialismo arbitrário e leviano, útil à lógica do colonizador, que não se contenta em colocar cercas no presente, mas tenta também inundar o passado com marcos e divisões estranhos aos povos que pretende confinar.

Como vimos anteriormente, havia uma intensa circulação de Guarani no vasto território da costa atlântica às margens orientais do Paraguai (e até para além dela), em que grupos, pequenos ou amplos, transitavam constantemente em situações de aliança ou de agressão, contextos em que coletivos e zonas territoriais de influência (*guaras*)[284] eram constantemente criados e dissolvidos. Os Guarani que vieram a habitar a região do Mba'e Vera no século XVIII

---

283. Uma dessas características está relacionada à forma habitacional do *tapyi* (pequenas casas relativas apenas a uma família e distantes de outros núcleos). É comum ouvir de meus interlocutores da populosa aldeia Tenonde Porã que esse modo de habitar, com muitas famílias extensas vivendo próximas, não é o jeito dos antigos. Tradicionalmente, eles me dizem, as famílias estavam afastadas alguns poucos quilômetros umas das outras. Essa forma de habitação contrasta, no entanto, com o que é relatado pelos cronistas do século XVI, que informam, entre os Guarani, a existência de aldeias de grande concentração populacional, casas coletivas etc. Mesmo em Dobrizhoffer, algumas outras aldeias do Mba'e Vera são descritas com essas características encontradas no século XVI. Ou seja, essa forma de habitação, vivida em termos extremos pela pequena família encontrada pelo jesuíta, pode estar relacionada a diversos fatores que levaram a lógicas de assentamento e habitação mais dispersivas. Tais fatores se associariam à busca de uma invisibilidade relativa nas matas e às estratégias enganosas e esquivas, mas também aos impactos demográficos severos causados principalmente pelas epidemias, como se deu no referido caso.

284. É importante fazer uma ressalva para nos contrapormos ao uso do termo *guara*, presente na historiografia, como se fosse um correlato guarani do conceito *jurua* de "província", com marcos territoriais bem definidos. Parece-me, a exemplo do que ocorre entre os Guarani hoje, que essas zonas de influência territorial eram tudo menos fixas e exclusivas; elas seriam relacionais, dependendo de quem as mobilizava e em que contexto de alianças, o que podia mudar com frequência. Isso não anula as diferenças regionais mais marcantes e suas redes de parentesco implicadas, mas elas por si sós estão longe de produzir mecanicamente uma unidade político-territorial cristalizada.

certamente não estavam imunes a essas relações, o que incluía também as influências oriundas das populações guarani reduzidas nas missões.

Uma referência histórica que demonstra tal processo é a descrição de Susnik de uma carta do governador do vice-reinado do Rio da Prata a respeito da política de impostos sobre reduções guarani próximas às áreas dos monteses:

> Em sua carta ao tribunal de contas do vice-reinado de Buenos Aires, o governador Melo de Portugal solicitou que os dois povos missioneiros fossem isentos do tributo ou que o tivessem diminuído, e recorreu a três razões: que as missões mencionadas são as fronteiras para os Guarani não reduzidos, constituindo uma barreira contra a possível introdução dos mesmos nas terras povoadas pelos espanhóis; que os Guarani das duas missões estão relacionados aos monteses dessa área e frequentemente se retiram junto com eles, e a carga tributária pode ser um obstáculo para atrair outros grupos das matas [...]. Na ocasião de sua visita às duas missões, em 1786, Melo voltou a citar o problema de pagamento dos tributos. Na realidade, poucos eram os Tarumáes [Guarani que havia pouco viviam nas missões] que permaneciam nas missões, *pois eles periodicamente voltavam para as matas.* (Susnik, 1965, n.p., grifo meu)[285]

À luz desses dados e da complexa dinâmica que eles apontam, o que temos nessa época é uma configuração em que coexistem estratégias de resistência diversas e até contrastantes entre os Guarani, que, ao contrário de serem vertentes isoladas, estavam

---

285. Azara faz também um relato de uma situação ocorrida cerca de cinquenta anos antes e, portanto, anterior à Guerra Guaranítica (1752-1756) e à definitiva expulsão dos jesuítas da América espanhola. Em 1724, em região próxima ao território habitado pelos Guarani monteses, houve uma tentativa de redução de sua população, que, após um promissor início, redundou num processo mais violento, em que a população indígena foi repartida entre diferentes reduções de outras regiões, "exceto sessenta famílias que conseguiram escapar de volta a seu Tarumá [território em que viviam antes] no ano de 1733" (Azara, 2002 [1847], p. 179).

em contato. Ainda que de modo sucinto, as fontes históricas demonstram que havia um intercâmbio entre os Guarani que habitavam as missões e os que estavam imersos nas matas. Esse intercâmbio era de pessoas, mas também de práticas, movimentos e cosmologias — de modos de existência e resistência.

Tais intercâmbios, porém, ficam obliterados quando a relação entre os Guarani históricos e os grupos guarani atuais é posta em termos exclusivos e um tanto cristalizados. Desde a primeira metade do século xx, a etnologia tem formulado uma questão de modo problemático: seriam os atuais grupos guarani (Mbya, Ava/Nhandeva e os Kaiowa) os descendentes dos que foram reduzidos nas missões jesuítas ou daqueles que viviam nas matas, os monteses? Entre as respostas, há aquelas que sustentam que apenas um dos grupos seria descendente dos que viveram nas missões; há outras ainda que negam qualquer ascendência do tipo. Hélène Clastres (1978, p. 12), por exemplo, argumenta que seria "bem difícil acreditar que os Guarani fossem capazes de, após um século [de vida nas missões], regressar simplesmente à floresta". Contudo, ao se formular tal questão de modo mutuamente exclusivo, perguntando se determinado grupo contemporâneo ou seria descendente dos Guarani que viveram nas missões ou daqueles que viveram nas matas, pressupõe-se o isolamento entre os diferentes grupos guarani de outrora, um isolamento que me parece tão falso no passado quanto no presente. Desse modo, nega-se a possibilidade de entender que tanto a experiência na missão como a experiência nas matas foram tributárias de múltiplos aspectos, genealógicos ou culturais, que redundaram nos Guarani atuais.

Seria um tanto mais fácil — como sempre — se os Guarani fossem mais ouvidos nesse assunto: ao mesmo tempo que frequentemente dizem ser descendentes daqueles que sempre viveram "nas matas" (*ka'aguy re*), eles também consideram como seus antepassados os Guarani que construíram as missões e os que lutaram na guerra guaranítica. Sepé Tiaraju, célebre líder indígena na guerra, não teria morrido como contam os brancos, diz um *xeramoĩ* no filme *Desterro guarani* (2011). O guerreiro "enganou" os brancos e sobreviveu, passando incólume às moradas divinas.

"Enganar" (como vimos, -*mbotavy*), segundo esse mesmo *xamoĩ*, era o que faziam os Guarani com a catequese dos jesuítas: fingiam que aprendiam, "tal qual fazem vocês, jovens, na escola dos brancos hoje em dia", diz ele, rindo. Vê-se, assim, que o paralelo entre a missão e as aldeias hoje tomadas por instituições dos brancos, como a escola, é explícito no ponto de vista desse ancião guarani. Guardemos essas questões por ora; retornaremos a elas no final.

A alternativa exemplificada pelos grupos guarani monteses, como dito anteriormente, apontou para uma alteração das dinâmicas territoriais guarani, em que eles agiam de modo a evitar as áreas onde estariam mais vulneráveis à empresa colonial. Cabe, portanto, perguntar sobre esses movimentos para melhor entender se o Mba'e Vera, segundo se referem os Guarani, é uma localidade tão precisa como queria Garlet (1997), ou melhor, se é simplesmente um sítio geográfico.

Em termos históricos, temos o seguinte quadro: no século XVII, com os Guarani pressionados pelo bandeirantismo a leste e pela colonização espanhola e jesuítica a oeste, a região do Mba'e Vera cumpria os requisitos necessários à sua resistência, uma densa e inacessível selva, repleta de elementos e características geográficas e biológicas que eles reconheciam como parte de seu território, isto é, as florestas da Mata Atlântica meridional. Com o passar das décadas, quando a colonização paraguaia começou a fechar o cerco, ocasionando o aumento das epidemias e a destruição das matas, que se seguiram ao extrativismo da erva-mate, o mesmo movimento que levou os grupos guarani monteses a se abrigar no Mba'e Vera os levaria para novos refúgios.

Nesse sentido, Bertho pondera sobre a passagem entre dois modos de relação territorial que a colonização opôs de forma mais contrastada:

> Desses espaços de domínio contínuo (*guaras*) à descontinuidade fragmentária atual, a estratégia guarani foi de invisibilidade e mobilidade nas florestas meridionais que paulatinamente foram sendo suprimidas para dar lugar às atividades agropecuárias em

seus diversos ciclos: extrativismos predatórios, desflorestação para atividades agropecuárias em ampla escala, e aos processos de desenvolvimento da sociedade envolvente contemporânea. (Bertho, 2005, p. 138)

Como demonstram os registros de Dobrizhoffer, é a partir de meados do século XVIII que a colonização avança sobre o Mba'e Vera. Entre as múltiplas estratégias concomitantes de resistência estava a continuação dos movimentos de deslocamento territorial. No início do século XIX, com o bandeirantismo já arrefecido, as matas em direção à costa atlântica voltaram a ser novamente uma opção aos Guarani, e, assim, eles puderam regressar àquela parte de seu território, da mesma forma como fizera, ainda no início do século XVI, o jovem guarani nativo do litoral que, retornando de Assunção, encontrou Cabeza de Vaca no caminho. A continuidade entre os monteses históricos e os grupos atuais que redundará nos Mbya está, portanto, nesses movimentos, não em um estático "território original".[286]

É insólito o destino das matas próximas aos rios Monday e Acaray, onde por tanto tempo se abrigaram os Guarani contra as ameaças oriundas do litoral e do interior do continente. Basta ver uma imagem de satélite para constatar que sobraram míseros resquícios do que outrora foi uma densa e inacessível selva, atualmente transfigurada em fazendas de monocultura.

Hoje, Mba'e Vera são todas as pequenas frações da Mata Atlântica meridional que sobreviveram, assim como os Guarani que nelas vivem. Mba'e Vera são as preservadas matas do Vale do Ribeira, as florestas da Serra do Mar e da província de Misiones, as pequenas ilhas de matas que restaram no interior dos estados do sul brasileiro e no oriente paraguaio, assim como outras áreas castigadas onde os Guarani vivem e que ainda creem ser possível

---

286. É importante enfatizar — mais uma vez — que o termo "original" empregado no conceito de Garlet (1997) termina por ancorar um limitado território em um complexo processo de diferenciação dos Mbya em relação aos demais grupos guarani, processo que certamente em muito extrapola essa suposta origem espaço-temporal.

restaurar, lutando por isso.[287] São, assim, todos os trechos de terra que os Guarani entendem como predestinados a serem habitados por eles, territórios com os quais estabelecem uma relação de tradicionalidade.

Mba'e Vera, portanto, não é apenas um lugar, mas uma relação cosmológica:

> Dirigentes mbyá de confiança dizem que é a este lugar encantado, berço da raça segundo o mito, a que se referem as lendas elaboradas a partir do fabuloso Mba'e Vera; e um deles me disse que *este nome eles aplicam ao mar que, segundo suas crenças, separa a terra do paraíso.* (Cadogan, 1997 [1959], p. 139, grifo meu)

Uma tradução possível para Mba'e Vera é "aquilo que brilha, ou resplandece". O termo utilizado para se referir ao oceano — *para guaxu* — possui significado próximo, pois *para* expressa também a ideia de um padrão em contraste, e por isso é usado para os grafismos da cestaria (como vimos, *ajaka para*) e para os papéis desenhados ou livros (*kuaxia para*). O mar, ao cintilar os reflexos do sol em meio aos tons escuros de suas águas, aparece como uma grande imagem de padrões em contraste. Assim, os termos corroboram essa proximidade entre o mar e suas ilhas ao Mba'e Vera, proximidade que também se expressa na cosmologia, conforme nota Cadogan. Mba'e Vera surge, desse modo, como um lugar de mediação entre a plataforma terrestre e os mundos celestes. Um lugar, portanto, ideal para os Mbya viverem.[288]

287. Os planos de gestão territorial e ambiental (PGTA) em TIs no Brasil dialogam com essas perspectivas. Na aldeia Kalipety, na TI Tenondé Porã, os Guarani já realizaram uma série de ações para recuperar o solo degradado pela monocultura de eucalipto, que foi imposta pelos antigos posseiros não indígenas. Diversos estudos de ecologia têm demonstrado que nem em Mato Grosso do Sul, onde a devastação foi mais brutal e pouco resta do mato que jaz no nome desse estado, seria impossível reverter esse processo.

288. Nesse sentido, também é notável como as referências de lugares ideais para alcançar o *aguyje* (a maturação divina dos corpos) variam entre *yvy mbyte* (centro do mundo) e *yvy apy* (ou *yvy rembere*, a borda da terra): as matas próximas ao Paraná ou aquelas diante do oceano. Ver também a importância cosmológica das matas à beira do oceano para os Mbya em Ladeira (2007 [1992])

Bartolomé também propõe compreensão semelhante ao discutir as origens dos Mbya como povo:

Do ponto de vista mítico reconhecem que sua estirpe vem de *Yvy Mbyte*,[289] o Centro da Terra, que está situado em *Ka'a Guazu*, a Selva Grande. Isso apresenta um problema de identificação, já que o topônimo *Ka'a Guazú* é extremamente frequente nas regiões de matas de Misiones e Paraguai [...]. Mas os habitantes do *tekoha* Pindo Poty de Misiones me esclareceram que não se trata exclusivamente (ou apenas) de um lugar, senão também de um conceito cosmológico materializado na figura de uma árvore mítica primigênia. Essa é uma árvore gigantesca, semeada pelas divindades no tempo das origens, e cada um de seus galhos se constitui de uma árvore ou espécie vegetal diferente, é uma árvore que conjuga toda a diversidade das matas e em cuja copa cresce a erva-mate. Isso quer dizer que os *Mbya* não só são habitantes das matas como também de sua divina metonímia.[290]

Essa notável imagem fractal expressa a relação intrínseca que os Guarani Mbya estabeleceram com o bioma de seu território, no qual buscaram se refugiar em distintos lugares durante os séculos que marcaram sua progressiva devastação. Essa relação aparece também nas narrativas de início do mundo[291] que descrevem como as divindades destinaram os campos aos brancos e as florestas aos Mbya; por

289. Entender o *yvy mbyte* (centro da terra) como uma origem histórica dos Mbya é outro grave e comum equívoco nas interpretações de seus discursos mitológicos, encontrada também em Garlet (1997). *Yvy mbyte* só pode ser considerada origem dos Mbya em termos cosmológicos, pois está relacionada à criação da primeira terra (Yvy Tenonde), em tempos imemoriais, que foi posteriormente destruída por um dilúvio, para então ser formada a segunda terra (Yvy Pyau), onde os Guarani Mbya se espalharam, entre o *yvy mbyte* (que eles associam à região próxima à Tríplice Fronteira) e o *yvy apy* (a costa atlântica). Para uma discussão mais aprofundada sobre essa questão, ver Pierri (2019).

290. BARTOLOMÉ, Miguel Alberto. "Oguerojera (desplegarse): la etnogénesis del pueblo Mbya-Guaraní" [Oguerojera (desdobrar-se): a etnogênese do povo Mbya Guarani], *Ilha: Revista de Antropologia*, v. 10, n. 1, ago. 2008, p. 132 (grifo meu).

291. Ver Ladeira (2007 [1992]) e Pierri (2018).

isso, para eles, os brancos que tomam seus territórios não são outra coisa senão usurpadores desse preceito cosmológico.[292]

ESQUIVA COSMOLÓGICA

A forte distinção que os próprios Mbya fazem de si em comparação a outros grupos guarani e, sobretudo, aos não indígenas está mais vinculada ao que eu chamaria de uma estratégia de produção de distâncias territoriais e cosmológicas em relação à colonização do que a um isolamento propriamente dito. As distâncias não podem ser nem longas nem curtas demais, pois essa *boa distância* é a condição necessária para que também sejam intensamente

292. Uma outra abordagem para esse preceito aparece em Bogado (2018), que apresenta um compilado de diversos relatos guarani, além de algumas fontes históricas, que fazem referência a dois antigos caciques que teriam vivido no início da invasão europeia: Paraguá e Guairá. Os relatos fazem uma oposição entre Paraguá, que se submeteu ou era próximo aos colonizadores, e Guairá, que optou por lutar ou, ao menos, se manter distante dos não indígenas. Os autores de cada relato utilizam tal oposição para elaborar as origens das escolhas de rechaço ou aproximação em relação aos brancos, assim como para fundamentar uma distinção entre os atuais grupos guarani e suas diferentes distâncias relativas ao mundo dos *jurua*, atribuindo a ascendência de seu grupo a um desses dois caciques (com os Mbya atribuindo sua ascendência invariavelmente a Guairá). Além dessa curiosa leitura histórica segundo uma chave dualista e que faz referência ao tema mítico da má (ou boa) escolha, uma das consequências dessa oposição também é territorial: Guairá e os seus, ao negarem a proximidade e convivência com o colonizador, reivindicaram uma divisão do território (cuja mediação alguns atribuem às divindades) — as matas ficariam para eles e seus descendentes, e os campos, para os brancos. Ainda que o mais interessante nesses relatos seja justamente essa conformação da história em uma gramática próxima ao pensamento mítico, e não sua suposta veracidade factual, chama a atenção uma curiosa relação entre um dos relatos, colhido por Cadogan (1971, p. 20), em que é citado um pacto entre Guairá e os espanhóis, "segundo o qual esses reconheciam os direitos dos Mbya sobre as selvas", e uma descrição de uma aliança bélica entre esse cacique e os europeus, registrada em Bogado (2018): "segundo o testemunho dos conquistadores espanhóis, de fato existiu um cacique com esse nome, cujo território era o que é hoje o estado brasileiro do Paraná, e que deu (na época) o nome da Província que se chamava Guairá e as cataratas. [...] Segundo a história oficial escrita pelos conquistadores, esse cacique solicitou a ajuda dos espanhóis para lutar contra seus inimigos Tupi, e ele os recebeu amigavelmente e se aliou a eles, selando assim uma aliança entre o cacique Guairá e os espanhóis". Como se vê, poderia se tratar de mais um dos inúmeros acordos que os *jurua* deixaram de cumprir.

marcadas. Perto demais, ela tende a zero; longe demais, a relação de contraste não ocorre — não é outra a condição para o movimento de esquiva na dança do xondaro, como vimos no capítulo 1. O contraste cosmológico que os antigos Mbya criarão, segundo Bartolomé, segue um movimento semelhante:

> [No momento em que se viram acossados pela colonização] Eles não podiam mais apenas refletir sobre si mesmos, desqualificando os "outros" nativos como "Tupis" (Kaingang, Guayaki etc.), mas também precisavam definir sua identidade em contraste com a presença colonial e neocolonial do Estado nacional, e essa definição estava necessariamente passando por um confronto ideológico com o mundo dos colonizadores, a quem não podiam derrotar militarmente, mas de quem queriam se manter separados. [...] Segundo as crônicas coloniais, os *karai* (xamãs) dos "monteses" aterrorizavam os nativos reduzidos nas aldeias coloniais, induzindo-os a abandoná-las e a abjurar o cristianismo. De fato, podemos supor de maneira verossímil que eles eram induzidos a ingressar na comunidade de eleitos numa tentativa de aumentar o número de membros da *comunitas*. Muitos Guarani, fugitivos do primeiro sistema colonial missionário e do subsequente neocolonialismo estatal, refugiaram-se entre os "monteses" e foram progressivamente "reindianizados" ou "reculturados", mas foram capazes de transmitir grande parte dos argumentos evangelizadores cristãos. (2008, p. 125, 128)

O que me parece importante na reflexão de Bartolomé, além de ela reforçar a tese da influência mútua entre as missões e as matas, é a ênfase na elaboração crítica que a cosmologia guarani desenvolve em relação à teologia cristã como uma das importantes diferenciações que constituíram os Mbya. Isso remete à incrível tenacidade com que eles resistem ao assédio do proselitismo cristão, que os persegue da época das missões até hoje, quando grupos evangélicos insistem em abordar suas aldeias.

Um admirável e recente exemplo desse processo de resistência à catequese são as considerações de um cacique guarani, registradas por Pierri, sobre como desarmou a investida de um evangélico em visita à sua aldeia, que queria lhe imputar seu complexo de culpa como incentivo à salvação religiosa. Depois de receber amistosamente o pastor e aceitar dele a Bíblia, assim seguiu o cacique em seu relato:

Aí peguei aqui o livro... a Bíblia... e abri, abri, abri, abri [risos]. Eu nem lia né? Só abrindo... [faz gesto de que está folheando]. Aí o pastor falou: "O que você tá procurando aí? Você não tá sabendo, eu vou explicar...". Daí eu falei: "Não! Eu tô procurando a escrita em Guarani aqui. Quero ver se os Guarani está aqui dentro também!" Né... [risos]. Daí eu fui abrindo. O crente: "Não, o Guarani não tá, só tá o português aí". [...] "Vocês já viram um índio... nosso ou qualquer índio... acompanhando quando Jesus foi perseguido? Tinha algum índio perseguindo também o Jesus?" E ele olhou pra mim, e eu falei: "Então, por que eu vou pedir perdão? O índio não judiou! O índio não pôs uma imensa cruz nas costas do Jesus! O índio não acompanhou ninguém nisso. Por que nós vai pedir perdão? Nós vamos pedir proteção,[293] não é perdão. Pra dar saúde, coragem pra trabalhar, dar saúde pra minhas famílias, meus filhos, minha mulher ou meu pai ou minhas irmãs. [...] Procura linha por linha e você não vai encontrar o índio batendo no Jesus, judiando com chicote, furando, massacrando. Não tem nada. Agora vocês têm que pedir, porque vocês judiaram, mataram ele". Aí chorou, chorou... Esses aí nunca mais vieram![294]

293. Ainda que não seja possível notar, nesse curto trecho, a relação do ancião guarani com o plano divino é outra, para além da negação da culpa: "Para concluir, noto que meu interlocutor, ao negar a necessidade de pedir perdão e a afirmar que deve 'pedir proteção e coragem a Deus', está de certa forma traduzindo para o crente o funcionamento do xamanismo horizontal, de que falamos aqui. [...] É certo que não era propriamente a Deus que se estava recorrendo, senão a uma série de divindades e seus espíritos auxiliares. Da mesma forma, não se trata propriamente de pedir: *nhanhemomby'a guaxu*, como falam os Guarani durante as cerimônias, refere-se a toda uma gama de exercícios corporais que visam a proteção contra essas agressões sobrenaturais" (PIERRI, Daniel Calazans. "O dono da figueira e a origem de Jesus: uma crítica xamânica ao cristianismo", *Revista de Antropologia*, v. 57, n. 1, 2014, p. 292).

294. *Idem*, p. 289.

É importante notar, à luz das análises sobre a esquiva, como o cacique não rechaçou imediatamente o evangélico: ele primeiro aceitou seus termos de abordagem, incorporou seus movimentos iniciais, para, com a Bíblia do interlocutor em mãos, demonstrar enfaticamente como tal sentimento de culpa era estranho a seu povo — afinal, quem matou Jesus foram os brancos, não os indígenas, muito menos os Guarani. O evangélico foi às lágrimas em seu fracasso.

O cacique, antes de relatar a discussão com o pastor, também havia contado uma versão de uma narrativa guarani sobre Tupã Ra'y (filho de Tupã), que os Guarani identificam com Jesus, explicando que esse demiurgo veio para ensinar os brancos, mas foi depois perseguido por eles. Sobre a narrativa, comenta Pierri (2014, p. 268):

> a narrativa a respeito da origem de Jesus se insere no âmbito de um regime de relações de diferenciação em relação aos brancos, permeado de uma série de contrastes e paralelismos. Ao invés de incorporar as lições arrogantes do proselitismo cristão como fundamento para a transformação de seu modo de vida, os Guarani as incorporaram enquanto relato dos brancos sobre sua própria origem.

Além desse caso de "antropologia reversa" (Wagner, 2010), em que os Guarani particularizam as crenças cristãs, fazendo delas um discurso sobre seus próprios autores, tal processo de diferenciação em relação aos brancos, que opera por meio de uma incorporação crítica de elementos, propõe algumas questões na comparação com outros povos indígenas da atualidade — isto é, como os Guarani, cuja cosmologia e descrições históricas demonstram uma relação fulcral com a exterioridade, reelaboraram essa relação, mantendo seu princípio, mas produzindo resultados distintos em comparação a outros povos indígenas. Sobre isso, algumas descrições desenvolvidas por Santos (2015) demonstram como os Terena e os Kaiowa e Guarani de Mato Grosso do Sul diferem entre si na relação com a exterioridade, algo expresso em suas diferentes demandas sobre os processos de formação escolar. Os primeiros buscam se inserir estrategicamente na hierarquia da sociedade brasileira, utilizando, para isso, suas próprias formas mais consensuais de hierarquia, ao passo que os últimos investem em formas alternativas de fortalecer o *ñande reko* (nosso sistema) com base em uma apropriação crítica dos conhecimentos e tecnologias dos brancos.[295]

Sobre os Guarani Mbya, em síntese, poderíamos dizer que, por um lado, eles produzem enfáticas distâncias com o "mundo dos *jurua*", e, por outro, apontam atualmente em sua cosmologia, como busca demonstrar Pierri (2018, p. 142), a existência de versões superiores e incorruptíveis do que existe nesta terra e onde justamente a cultura material dos brancos tem um papel de destaque, com versões originais de sua tecnologia em posse das divindades guarani nos mundos celestes, constituindo assim o *nhanderureko*,[296] o modo de vida das divindades.

As célebres migrações proféticas também são um notável exemplo de como o discurso xamânico dos Guarani consegue ser eficaz em sua resistência à colonização, ao fazer a mediação entre a cosmologia e a dinâmica sobre o território. Assim, a esquiva

---

295. Para uma discussão com enfoque nas apropriações de tecnologias de comunicação pelos Guarani e Kaiowa de Mato Grosso do Sul, ver Klein (2013).

296. Essas questões se relacionam com a formulação proposta pelo autor em torno do "platonismo em perpétuo desequilíbrio". A respeito da expressão, Pierri (2018, p. 115) diz que "a vantagem é sublinhar as particularidades do pensamento guarani no que tange à importância da oposição entre modelos originários e suas imagens como idioma para pensar a relação entre os mundos celestes e os mundos terrestres". Assim, se entre mundo celeste e terrestre há uma certa hierarquia e descontinuidade, fazendo com que tudo que existe na terra seja apenas uma imagem, entendida pelo autor como modulação de afecções de um modelo celeste, olhando isoladamente para cada um desses âmbitos segue em operação o processo de produção ininterrupta de diferença. Não só a gênese das divindades aparece como um processo de desdobramentos (*mbojera*), que o princípio do *dualismo em desequilíbrio* descreve, como todos os seres inanimados, adereços, ferramentas e artefatos tecnológicos dos brancos têm uma gênese contínua também na esfera celeste: "esse mesmo senhor contava-me que as divindades têm em seu poder os mesmos objetos tecnológicos que os brancos, como cidades, prédios, carros, motos, sanfonas, televisão, fogão" (Pierri, 2018, p. 179). O curioso é que isso torna necessário que todo o progresso tecnológico da sociedade ocidental tenha seu correlato em modelo imperecível e, portanto, inaugurado sempre originalmente nas esferas celestes.

cosmológica e a territorial — modos de incorporar movimentos da alteridade agressora como forma de se diferenciar dela — reúnem-se nas invocações do Mba'e Vera e *yvy marã e'ỹ* (a terra onde nada perece),[297] termos vizinhos que exprimem ao mesmo tempo localidades e alteridades ontológicas,[298] conjugando a resistência no território e no corpo. A dança do *xondaro*, como vimos, é a um só tempo uma produção corporal que visa a leveza e a imperecibilidade, e um movimento de esquiva no espaço, ambos remetendo ao estatuto corporal e espacial das divindades e suas moradas (*amba*).

Desse modo, o estatuto de um corpo está sempre vinculado a uma localidade: ao contrário das moradas celestes, esta terra (*yvy rekoaxy*) está associada à condição perecível dos corpos que nela habitam. Entretanto, mesmo aqui, cada lugar produz e é produzido por condições corporais específicas. Cada ser, animal, planta, tem seu lugar, assim como seus donos protetores. Também os Nhanderu Mirĩ, embora próximos a esta terra, têm suas próprias moradas, invisíveis aos humanos. Os *jurua* têm seus lugares (*tetã*), assim como os diferentes povos indígenas. No entanto, mais do que espaços delimitados e estanques, trata-se de condições de produção corporal: viver na cidade produz corpos de *jurua* e viver

---

297. Schaden, além de ter anotado também o termo *Mbáéveráguasú* entre a diversidade de nomes para o "paraíso guarani", registrou também *yvý-ñomimbyré*, cuja tradução variou entre duas sugestivas expressões: "a terra em que a gente se esconde" e "a terra furtada". A primeira "se refere ao lugar em que se espera encontrar refúgio por ocasião do cataclismo, ao passo que a segunda recorda a destruição do primeiro mundo no passado mítico, ocasião em que o herói civilizador furtou um pedaço da Terra em desmoronamento, levando-o para as regiões celestes" (1974, p. 174).

298. Isto é, a natureza objetiva dos corpos nesses lugares é outra que não a experimentada na terra. Para um debate aprofundado sobre o uso de "ontologia" na antropologia recente, ver CARRITHERS, Michael *et al*. "Ontology is just another word for culture: motion tabled at the 2008 meeting of the group for debates in Anthropological Theory, University of Manchester" [Ontologia é apenas uma palavra diferente para cultura: moção apresentada ao grupo de debates em antropologia teórica, Universidade de Manchester, em 2008], *Critique of Anthropology*, v. 2, n. 30, p. 152-200, 10 jun. 2010. Ver também ALMEIDA, Mauro W. Barbosa de. "Caipora e outros conflitos ontológicos", *Revista de Antropologia da Ufscar*, v. 5, n. 1, p. 7-28, jan.-jun. 2013.

como *jurua* produz cidades. Do mesmo modo, buscar lugares ideais para habitar, como as boas matas (*ka'aguy porã*) indicadas pelas divindades, é o que permite aos Guarani produzir corpos mais leves. Cada corpo tem sua perspectiva porque, de certa forma, cada corpo possui (ou é possuído) por um "lugar". Assim, o processo de produção de distâncias territoriais (o caminhar, -*guata*) é equivalente ao de produção e transformação corporal.[299]

As distâncias produzidas nos movimentos dos Guarani Mbya são organizadas principalmente em processos discursivos e ações que conformam um modo de ser e agir que hoje os Mbya nos informam por meio do termo *nhandereko*. Trata-se de um conjunto de condutas e práticas expressas e exigidas nas falas dos mais velhos, que servem de aconselhamento (como vimos, *nhemongueta*). Nesses discursos, são ressaltados justamente os preceitos relacionados ao modo de vida deixado pelas divindades, ao comedimento, à generosidade (*mborayvu*), às regras matrimoniais (-*mendakuaa*), ao uso correto do idioma (*ayvukuaa*), aos alimentos verdadeiros (*tembi'u ete'i*) e à importância dos cantos--reza (*tarova*) e danças (*jeroky*). Os enunciados negativos que aparecem nos discursos normalmente são reprovações à falta de generosidade com os parentes, a ter comportamentos coléricos como os de inimigos (-*vaija*) e a viver de modo parecido aos não indígenas (*jurua reko*).

Parece-me que a ênfase contida nesses discursos, ao ser apreendida precipitadamente pela etnologia, favoreceu a interpretação de que os Guarani Mbya (assim como outros grupos) estariam "desjaguarificados",[300] isto é, teriam negado a importância das potências predadoras em suas relações de alteridade. Vimos nas páginas anteriores, e ainda veremos nas próximas, que esse raciocínio é um tanto incorreto. Há uma diferença entre o

299. Ou, como gosta de enfatizar minha amiga indigenista Gabriela Cardozo, "corpo é território", e vice-versa. É mais ou menos por aí também, nessa fundamental confluência entre corpo e terra para os ameríndios, que caminha o argumento de Morais (2017) em sua etnografia junto aos Kaiowa e Guarani.

300. FAUSTO, Carlos. "Se Deus fosse jaguar: canibalismo e cristianismo entre os Guarani (séculos XVI-XX)", *Tellus*, ano 13, n. 24, p. 158-88, 2013.

que é mais enaltecido no âmbito discursivo e diversas outras práticas que podem ser encontradas de modo mais disperso e sutil, conforme já descrito no capítulo 3. Não se trata, porém, de um procedimento meramente de inversão entre discurso e prática. Trata-se, novamente, de uma distância — corporal e territorial — que precisa ser constantemente produzida por meio da ênfase nesses preceitos. É importante deixar claro também que essa ênfase não nega o fluxo de mudanças que conforma os Guarani atuais. Ao contrário, demonstra justamente que a predação pode seguir compondo seus modos de lidar com a diferença, não como repetição de modelos etnológicos de seu passado ou de outros povos, e sim atualizando-a de acordo com suas novas condições de existência. Se aos Guarani se tornou pouco factível simplesmente predar os brancos, foi possível ainda assim esquivar, "fazendo com que errem" as forças da colonização, utilizando seus movimentos agressivos contra eles próprios, transformando-se, mas sem se submeter ou se homogeneizar a eles.[301]

É justamente sobre essas condutas do cotidiano e práticas tradicionais que, certa vez, não um ancião, mas um jovem líder guarani confessou-me sua preocupação: sentia que havia um enfraquecimento da vida ritual (*opy reko*) e, portanto, um enfraquecimento deles como Guarani Mbya. Não um enfraquecimento qualquer, mas algo que ele qualificou como sutil. Com isso, ele queria dizer que, mesmo que o idioma permanecesse forte — e essa é sempre uma característica de orgulho entre eles —, sentia que, por trás disso, havia processos paulatinos, relacionados à permeabilidade cada vez

---

301. Ao discorrer sobre o início da colonização e o processo que resultou na derrota dos antigos Tupinambá, Viveiros de Castro (2002, p. 246) sintetiza: "Através de uma implacável guerra aos índios, o dispositivo teológico-político dos invasores conseguiu finalmente domesticar a guerra dos índios, retirando-lhe o caráter de finalidade social para transformá-la em meio para seus próprios fins. E foi assim que os Tupinambá perderam, duas vezes, a guerra". Pergunto-me se a resistência dos Guarani não poderia ser também entendida como um modo de não perder — duas vezes — a guerra. Não só sobrevivendo, mas justamente logrando manter, por meio de operadores como a esquiva, a guerra e a predação, mesmo que transformadas, com sua finalidade social de incorporação da alteridade. Desse modo, foi necessário que a guerra (bem como a predação) fosse transformada para não ser perdida.

maior ao modo de vida dos brancos e a suas afecções, que, cedo ou tarde, poderiam pôr em xeque o conjunto de distâncias organizadas que caracteriza o *nhandereko*.

Esse mesmo jovem me contou que sua experiência mais revitalizante foi o período que passou em uma aldeia fluminense, conhecida por ser muito tradicional, habitada apenas pela família do cacique-xamã, famoso por ser muito severo e exigente quanto às normas de conduta e às práticas rituais na *opy*. Apesar do trato austero e dos pesados trabalhos comunitários, a frequência e a intensidade dos rituais na *opy* lhe pareceram extremamente positivas à sua formação — cosmológica e corporal — como Guarani Mbya. Não por acaso, ele foi um dos propositores da ideia de que diversos adolescentes de sua aldeia na TI Tenondé Porã, reincidentes em conflitos internos e no uso de drogas obtidas nos bairros vizinhos, fossem levados para lá, onde permaneceriam por uma longa temporada. Depois de pouco mais de um mês, as lideranças que foram visitá-los estavam satisfeitas com os resultados parciais. "Estão felizes (*ovy'a*) e fortes (*imbaraete*) no *opy reko* (vida ritual da *opy*)."

Diante da problemática vivida pelos jovens, as lideranças dessa aldeia não recorreram, portanto, à escola, aos muitos parceiros não indígenas e ao fácil acesso à informação e às tecnologias digitais tão presentes na aldeia Tenonde Porã, e que certamente colaboram para uma melhora qualitativa da afirmação política dos Guarani no mundo contemporâneo; recorreram ao *nhandereko*, às afecções e às distâncias territoriais e cosmológicas organizadas e conduzidas por seu xamanismo.

Tal percepção de enfraquecimento — menos cultural que vital —[302] diante das problemáticas e aproximações excessivas

302. Afastar-se do *nhandereko* é entendido pelos Guarani Mbya como intensificação do processo de perecimento corporal, um movimento contrário ao que aponta para o *aguyje*, a maturação associada à imperecibilidade dos deuses. Além disso, esse termo "vital" remete ao que diz Goldman a respeito da antropologia de Wagner, e que creio ser importante no olhar de preocupação dos Guarani para com sua vida. "Além de fundar o construtivismo em antropologia, ele [Wagner (2010)] também funda uma espécie de vitalismo antropológico: 'A monotonia que encontramos em escolas de missão, em campos de refugiados e às vezes em aldeias 'aculturadas' é sintomática não da ausência de 'Cultura', mas da ausência

com o mundo dos *jurua*, comum principalmente nas preocupações dos anciãos e anciãs guarani, é relacionada a um tema recorrente na bibliografia: o pessimismo guarani e, sobretudo, mbya. Como vimos anteriormente, ele não ocorre à toa, como mero traço característico: trata-se da percepção de que sua existência como Mbya e a própria continuidade do mundo[303] dependem da possibilidade sempre revigorada desse movimento de diferenciação, uma possibilidade que é garantida justamente por meio da reprodução das distâncias territoriais e cosmológicas, e da capacidade renovada — que deverá continuar atualizando os termos da incorporação crítica — de seguir esquivando, isto é, "fazendo com que errem" as forças agressoras do mundo dos *jurua*.

Vimos, portanto, como a resistência à empresa colonial se configura pela incorporação crítica de movimentos e por uma reorganização de *boas distâncias* territoriais e cosmológicas, que, por sua vez, condensaram as diferenças que desembocam nos Guarani Mbya atuais.

Tais processos, no entanto, têm suas raízes anteriores à invasão europeia e se constituem como transformações de movimentos já praticados pelos antigos povos guarani, reproduzindo ainda hoje a circulação pelo seu vasto território (*yvyrupa*, leito ou plataforma terrestre), tal qual os *xondaro* dando repetidas voltas pelo pátio da *opy* enquanto dançam com suas esquivas.

de sua própria antítese — aquela 'magia', aquela imagem insolente de ousadia e invenção que faz cultura, precipitando suas regularidades na medida em que falha em superá-las por completo' (p. 146). Ou seja, o que falta nesses lugares é vida, e o antropólogo deveria falar em desvitalização no lugar de aculturação" (GOLDMAN, Márcio. "O fim da antropologia", *Novos Estudos Cebrap*, n. 89, mar. 2011, p. 203).

303. Há uma complexa e intrigada cataclismologia guarani, como a denominou Nimuendaju (1987 [1914]) em seu célebre trabalho sobre o tema. As formulações dessa cataclismologia ecoam o xamanismo tupi e guarani antes da invasão europeia, conforme aponta Hélène Clastres (1978), mas, ao mesmo tempo, possuem associações extremamente críticas aos processos históricos posteriores à chegada dos europeus. Para uma discussão dirigida ao tema, ver PIERRI, Daniel Calazans. "Como acabará esta terra? Reflexões sobre a cataclismologia Guarani-Mbya à luz da obra de Nimuendaju", *Tellus*, ano 13, n. 24, p. 158-88, 2013.

Modos e variações das resistências contemporâneas

DIFERIR SEM CONTRADIZER

Nos projetos realizados no âmbito do indigenismo com os Guarani, é importante aprender desde cedo a sondar as sutis negativas de suas respostas. "Vamos realizar tal projeto? Podemos marcar essa data? É assim que vocês preferem?" Caso a intenção da resposta ou mesmo a disposição em proferi-la seja negativa, os Guarani buscam não frustrar a expectativa positiva de seu interlocutor, dando respostas afirmativas, se necessário. Entretanto, ao mesmo tempo, querem manter sua autonomia sobre aderir ou não a tais ações. Trata-se, obviamente, de evitar processos que os obrigariam a fazer algo que não querem, mas também de evitar ter que romper explicitamente com um potencial aliado, dizendo um rotundo e agressivo "não".

Isso, evidentemente, pode intensificar equivocações e gerar mal-entendidos prolongados, mas o aprendizado do interlocutor indigenista passa justamente não por desconfiar com frequência da palavra guarani, mas por entender que sua fala não privilegia a criação de convenções e contratos. Sua expressividade requer mais momentos para diferenciar posicionamentos, seja por meio das palavras, seja por meio de outros modos de expressão. Um "sim" ou uma ausência de "não" dificilmente bastam por si mesmos. A tradução comum que os Guarani fazem dessa questão à nossa limitada compreensão de tais sutilezas é saber distinguir entre as "palavras que vêm do coração" e as "da boca para fora".

Em diversas ocasiões, tive a oportunidade de observar o trabalho de lideranças guarani em seu meticuloso processo de interpretar as expressões coletivas. Sendo as lideranças iniciadoras e fiadoras de toda sorte de ações e movimentos, seu sucesso e prestígio está intimamente relacionado a uma interpretação correta desses humores coletivos, que se expressam muito além das falas convencionais. Em uma mesma tarde na *opy*, um orador mbya pode iniciar seu discurso concordando veementemente com seu predecessor e, em seguida, expressar implicitamente posição contrária. Podemos ver um respeito e uma tolerância acentuados nesse movimento, mas isso não exclui a diferença que tal discurso busca engendrar. A estratégia é um aparentemente paradoxal *diferir sem contradizer.*

As lideranças guarani têm de ser jogadores hábeis. Sua destreza está precisamente em operar necessitando que as possibilidades de escolhas coletivas, ora ou outra, atualizem-se. Afinal, são por excelência realizadores de ações, puxadores de movimentos. Há que se garantir os mutirões, as idas a manifestações, organizar retomadas, buscar consensos sobre penalidades. E há também que se evitar o abuso dos bailes. Nada disso, porém, pode ser feito em demasia. "Mandar" demais é apenas o primeiro passo para, em seguida, "mandar" de menos. No momento que a comunidade sente não haver um devido equilíbrio entre atualizar as tendências coletivas imanentes (muitas vezes contraditórias) em ações e, de outro lado, deixar suas possibilidades em aberto, ela passa a abandonar as lideranças consideradas ruins, que têm seu prestígio diminuído. Nesse sentido, a liderança tida como tirana equivale à liderança omissa, ou seja, aquele que exagera no encaminhamento de ações equivale àquele que peca por sua falta.

Assim, os Guarani se afastam da má liderança da mesma forma que fazem com um *jurua* incômodo na aldeia: dizem "sim" a um chamado e simplesmente "dão um perdido" em seguida. Nada mais esquivo, no sentido de suas intenções enganosas, que "dar perdidos", "matar reuniões" etc., práticas comuns e um dos tipos de protestos mais realizados na política comunitária dos Guarani.

Outra característica marcante é o extremo receio sobre a responsabilidade na enunciação de broncas e penalidades relativas a faltas cometidas no contexto da aldeia. Da mesma forma como eles são ciosos para iniciar qualquer ação coletiva, esse tipo de fala é, poderíamos dizer, um movimento arriscado. Trata-se de uma atribuição da figura do cacique, mas, em aldeias em que mais lideranças compartilham essa função, são comuns o receio e a evitação em realizar essa tarefa. Parece que a enunciação de uma fala explícita de condenação de outrem abre margem para uma possível retaliação de cunho pessoal. Quer dizer, mesmo que a avaliação da falta e as medidas de justiça sejam discutidas em um âmbito coletivo, quem enuncia a pena não se vê protegido por qualquer institucionalidade de um cargo representativo.

A fala, nesse sentido, é sempre pessoal, e explicitar posições duras contra alguém em específico pode gerar receios no enunciador, que, muitas vezes, prefere se furtar à tarefa ou amenizar a formulação da fala, deixando-a o mais ambígua possível. O medo da vingança — dinâmica que parece jamais desaparecer da alma ameríndia — revela assim a ausência de qualquer imunidade estatal na política da aldeia, bem como a importância da coragem e do trato diplomático para as lideranças, cujas falas podem até expressar anseios de um coletivo maior, mas estão inevitável e intimamente ligadas à pessoa que as enuncia.

TERRITÓRIO, DESTERRITORIALIZAÇÕES E DESAPEGO

No início do processo de demarcação das terras guarani no Sul e Sudeste do Brasil, houve um debate entre os próprios indígenas,[304] sobretudo os mais velhos, que ponderavam sobre os aspectos desse processo. Sabiam que era a única forma de garantir que seu território tradicional fosse preservado, de modo que eles e as futuras gerações tivessem espaço para viver segundo o modo de vida guarani frente às contínuas e crescentes agressões fundiárias da sociedade brasileira. Contudo, embora o considerassem necessário, o processo de demarcação continha um componente que eles entendiam como uma

---

304. Essas ponderações também podem ser encontradas no filme *Desterro guarani* (2011), mas resumo-as a seguir: se não é mais possível viver livremente por esse amplo território, como faziam os antepassados, cujas aldeias eram localidades específicas que compunham um sistema de ciclos regulares de habitação e uso pelos diferentes grupos e gerações guarani, pois o esbulho territorial que sofreram foi tão intenso que limitou severamente o acesso a inúmeras de suas *tekoa* tradicionais, as demarcações das aldeias e áreas de mata que lhes restaram constituem uma das únicas garantias de acesso dos Guarani à terra. Trata-se, assim, de uma luta para preservar o fundamental equilíbrio para os Guarani entre a mobilidade das pessoas e a continuidade física imprescindível de suas *tekoa*.

"deformação de seu mundo" (Ladeira, 2007 [1992]). Seus modos de criar território são claramente muito distintos daqueles dos brancos, que estabelecem fronteiras, colocam cercas, marcos geodésicos, determinam áreas fixas etc.

Como fazem, então, os Guarani?[305] Tal pergunta demandaria ir além do que se propõe este trabalho, mas vejamos brevemente alguns exemplos.

Certa vez, caminhando à noite por uma estrada de terra, eu me afastava da aldeia guarani Yrexakã, que acabara de visitar. Até os anos 1950, a região, próxima ao curso do Rio Capivari, no distrito de Marsilac, em São Paulo, possuiu uma importante aldeia, também de nome Yrexakã. As pressões fundiárias, associadas à construção de rodovias e ferrovias, que se intensificaram em meados do século XX, impactaram o território, e os Guarani foram forçados a abandoná-lo. A região ficou sem qualquer garantia legal para os Guarani até a identificação da área pela Funai, em 2012.

É importante enfatizar que os Guarani exercem sua mobilidade sobre uma rede estável de *tekoa*, e mesmo que uma delas seja momentaneamente abandonada, ela permanece como referência de aldeia e frequentemente pode voltar a ser habitada. O que poderia ser chamado de "abandono de uma área", em geral, é um movimento que se dá em decorrência de diversos fatores e motivos, que nós poderíamos entender como pertencentes a diferentes categorias, mas que para os Guarani estão extremamente imbricados, como a relação com divindades, espíritos-donos e espectros dos mortos, o esbulho forçado pela colonização do

---

305. O trabalho de Morais (2017) faz extensas reflexões sobre os modos de territorialidade dos Guarani e dos Kaiowa, demonstrando como ela está atravessada por relações entre corpo, morte e terra. Arriscaria dizer que a etnografia que Morais realizou entre os Kaiowa e os Guarani de Mato Grosso do Sul expõe algum contraste em comparação com os Mbya no modo como cada contexto lida com a morte, as figuras a ela relacionadas e que tipos de movimentos territoriais esses processos desencadeiam. É comum, entre os Mbya, avaliar uma localidade de acordo com as condições de saúde de seus habitantes e as mortes ocorridas ali. A morte dos parentes pode ser um fator decisivo para desencadear dispersões; ver Ladeira (2008).

mundo *jurua* e até necessidades que diríamos ecológicas, como a recuperação do solo para plantio. Com o tempo e o arrefecimento ou a transformação de alguns desses fatores, essas localidades podem voltar a ser habitadas.

No início de 2015, os Guarani das TIs no município de São Paulo retomaram essa antiga área tradicional, refundando a aldeia Yrexakã (cuja tradução é "rio brilhante"), e lá foi viver um ancião guarani, importante xamã e liderança política.

Nessa minha caminhada pela estrada, enquanto caía a noite, o *xeramoĩ* e xamã começou um canto-reza, um *tarova*. Sua voz, o *mbaraka* (violão mbya) e a resposta em coro das mulheres e crianças ecoavam pela mata. A música me impactou profundamente naquele momento. Lembrava de outras caminhadas noturnas em aldeias guarani, enquanto ouvia, ao fundo, os cantos realizados em alguma *opy* das redondezas. Nada inscrevia com mais intensidade em minha percepção o fato de estar em uma *tekoa* do que escutar os cantos ecoarem ao longe pela noite, fazendo a *opy* alcançar distâncias e se fazer presente para além da opacidade que normalmente caracteriza a presença guarani do ponto de vista dos *jurua*.

Imaginei, então, o que estariam pensando os posseiros *jurua* da região próxima à aldeia Yrexakã. Certamente ficaram sabendo da presença guarani desde quando eles reocuparam a área, mas nunca deveriam ter experimentado em sua percepção a marca do que é estar em um território guarani. Aquele som propagava a presença guarani que se espalhava na distância, tal qual ocorria no início do século, conforme também aventou Nimuendaju:

> Quando os Guarani estabelecem a sua aldeia na vizinhança de moradores brasileiros, como é usual, naturalmente jamais conseguem ocultar de todo a sua velha religião. Pode-se ouvir nitidamente a mais de meia légua de distância, dentro do silêncio noturno da mata, os sons estridentes dos cantos de pajelança, que evocam clarins, e as pancadas retumbantes da taquara de dança. O cristão aí é acometido de certo pavor, diante desta prática misteriosa e incompreensível: afinal não se pode saber se estes sujeitos sinistros possuem mais

conhecimento de feitiçaria do que admitem; e muito cristão fervoroso já se confiou, em sua aflição, a um pajé índio, quando nenhum santo mais lhe queria valer. (1987 [1914], p. 29)

Alguns meses depois dessa caminhada, recebi notícias de que o *xeramoĩ* havia desistido de morar no Yrexakã. Outros permaneceram ali e consolidaram a aldeia em sua nova fase, mas ele e seus cantos haviam ido embora. Lembrei-me de sua felicidade, nos primeiros meses, com as primeiras roças, as novas casas, a pequena *opy* provisória e os planos da maior, que seria ali construída; os animais de estimação perambulando pelo pátio entre as casas, os parentes que vinham visitar e as crianças caminhando pelas trilhas locais.

Esses elementos descritos podem ser entendidos como expressões e ritmos dessa territorialização guarani. Contudo, o que veio em seguida, com a partida do *xeramoĩ*, caracteriza um dos movimentos mais comuns que presencio nas aldeias. É um "deixar tudo". O que antes parecia certo muda repentinamente, de um dia para o outro. Poderíamos especular sobre as razões para cada saída, mas elas, por mais pertinentes que pareçam, sempre correrão o risco de soar um tanto arbitrárias para quem vê de fora. Quer dizer, a desterritorialização,[306] nesse caso, é a própria dissolução do sentido da permanência por algo que não existia antes, tornando obsoleto o que sustentava as condições anteriores. Lembremos da expressão caricata do padre Muller, já citada: "Dos seus caprichos, que mudam diariamente, é que depende o fazer ou deixar de fazer qualquer coisa". No entanto, é importante esclarecer que há diferentes eixos de variação em relação às motivações de permanência em ou de dispersão de uma determinada área, relacionados às motivações e variações internas de uma única pessoa, passando por aquelas de toda uma parentela ou ainda pelas do coletivo de uma aldeia inteira. Nesse

---

306. Sztutman (2012), ao pensar a ação política ameríndia com base em conceitos da obra de Deleuze e Guattari, descreve a ação política em um jogo simultâneo de duas tendências contrastantes e suas tensões: de um lado, a sobrecodificação/reterritorialização, relacionada à criação de unidades políticas estáveis e associadas a um território específico; de outro, a desterritorialização/linhas de fuga, que produz um estado de instabilidade, de dispersão, que conjura a cristalização de unidades e territórios.

caso, descrevi questões numa escala menor, de uma pessoa ou sua parentela mais próxima, isto é, enquanto alguns dispersam, outros permanecem.

Foram inúmeros os momentos em que acompanhei a construção de casas guarani, processos que demandam um esforço físico considerável: muitas vezes é um trabalho tocado por uma única pessoa, que sozinha cava e aplaina o terreno, corta todas as madeiras, uma a uma, para posteriormente amarrá-las ou pregá-las, faz a estrutura, parede, telhado, tudo. Pouco antes de terminar, ou mesmo com a casa recém-pronta, antes de sequer habitá-la, a ação pode ser largada. Algumas poucas vezes, vende-se a casa, a construção ou somente as madeiras. Em muitos casos, é simplesmente cedida para um próximo ou abandonada, e eventualmente vira lenha para alguém.

Em diversas situações análogas, o desprendimento e o desapego — não apenas pelos bens materiais mas pelo esforço, pelo planejamento que outrora se fez — são absolutamente notáveis. Aquilo que, quando projetado em mim, gerava laços, permanência e compromisso, era dissipado pelos Guarani em uma velocidade incrível. O que poderia exercer um poder de apego é facilmente dissolvido junto com a coerção implicada. O que poderia ser uma contradição opressiva é linha de fuga que liberta para um novo movimento.

Em muitos desses casos, no entanto, os supostos "caprichos", como diz Muller, que fazem os Guarani mudar de ideias e de lugares, têm motivos mais visíveis. Trata-se de um processo de diferenciação horizontal na relação entre as parentelas. Assim, a produção do parentesco por meio dos casamentos e do estreitamento de alianças que levam as pessoas a se aproximar tem como contrapartida o conflito entre famílias e a própria separação conjugal, processos catalisadores da dispersão.

Isso ocorre também sob termos de política comunitária. Uma pessoa ou grupo que tenha desrespeitado a convivência e gerado conflitos recebe, como uma das máximas punições, a expulsão da aldeia. Desconheço prisões nas aldeias guarani mbya. Se uma pessoa está violenta e descontrolada devido ao exagero de bebidas alcoólicas, ela é imobilizada, normalmente amarrada por apenas uma noite, até se acalmar novamente, quando será encaminhada para a realização de trabalhos comunitários (carpir e roçar) como forma de medida reparadora.

Entretanto, se há demasiada reincidência, ou se a agressão relacionada é muito grave, levando à avaliação de que a punição pelo trabalho comunitário é ineficaz ou insuficiente, só resta a expulsão da aldeia.[307] Não parece concebível aos Guarani estabilizar diferenciações hierárquicas entre eles, isto é, cristalizar dentro da dinâmica de uma aldeia uma assimetria política explícita, como o instituto durável de um cárcere. Assim, à alternativa de tirarem ou perderem a própria liberdade, preferem claramente manter aberta a possibilidade da evasão. O início do novo ciclo dos que saem pode ser a fundação de uma nova aldeia ou a adesão a uma já existente,[308] normalmente morada de algum parente próximo.

A iniciativa da dispersão, no entanto, não parte necessariamente apenas das lideranças em um caráter punitivo, mas também dos que estão insatisfeitos com a condução da aldeia e resolvem abandonar "sua fila", ou mesmo da liderança que sente que grande parte da comunidade lhe virou as costas. Um critério recorrente em disputas políticas é a prevalência das famílias mais antigas sobre uma área. Assim, diante de um conflito de parentelas, é comum que as mais novas na área sejam as que se retirem.

Todos esses aspectos do desapego, de desterritorialização em escalas menores das pessoas e suas famílias, se relacionam também com um apontamento feito por Schaden que não terei condições de aprofundar, mas que cito rapidamente, pois me parece revelar possibilidades importantes de reflexão, e pelo fato de que testemunho um processo em tudo similar nas aldeias que frequento:

---

307. Em casos mais raros, se o erro cometido foi muito grave e se já se esgotaram diversas possibilidades em lidar com o transgressor, inclusive de enviá-lo a outras aldeias, há a possibilidade de lançar mão do sistema penal não indígena, que, segundo alguns Guarani me explicaram, pode ser a única forma de evitar que o transgressor seja morto. Ou seja, há uma possível relação de equivalência para os Guarani entre o sistema penal do Estado e a morte.

308. É muito comum, salvo graves exceções, a aceitação de transgressores de outras aldeias, o que revela a disposição dos Guarani para que os que cometeram erros no passado possam se regenerar.

> A organização social dos Guarani se baseia na família-grande. Segundo Linton, a criança que cresceu nesse tipo de família aprende a não fixar ou focalizar as suas emoções ou expectativas de recompensa e punição em poucas ou determinadas pessoas. Vários adultos estão em condições de punir e de recompensar. O que um não faz, outro poderá fazer. (Schaden, 1974, p. 64)

Schaden associa, assim, essas características da formação guarani aos modos do desapego em vida adulta em termos emocionais ou disciplinares, marcando a dinâmica da vida amorosa e a facilidade em rechaçar figuras de autoridade que lhes desagradem. É comum que jovens abandonem muito cedo a casa dos pais para viverem com outros parentes em diferentes aldeias.

Esse desapego e desprendimento se relacionam a diferentes fatores de sua mobilidade, alguns já comentados, contribuindo, desse modo, para o caráter *multilocal* (Pissolato, 2006) da experiência guarani no território. No entanto, os vetores estatais e seus empreendimentos agem no sentido contrário. Os salários das escolas e dos postos de saúde, as comidas das doações e das merendas, os bares próximos, a sedução pelo consumo desenfreado de mercadorias e todos os agenciamentos que se relacionam às reterritorializações estatais tendem a construir apegos e centralizações e a enfraquecer o desprendimento, criando a condição, estranha ao seu xamanismo e modo de vida, de que há algo a se perder nesta terra para além dos próprios corpos.

"AUTONOMISMOS INDÍGENAS" E O CONTRAESTADO

Babau Tupinambá, a mais proeminente liderança das retomadas realizadas pelos Tupinambá do sul da Bahia, visitou os Guarani de São Paulo em agosto de 2015. Em meio ao intercâmbio de danças, vídeos, histórias e risadas, Babau descreveu as audaciosas ações de retomada e a resistência na TI Tupinambá de Olivença,[309] que os

---

309. Para um olhar aproximado sobre esse processo, ver Alarcon (2019).

Guarani escutaram com notável interesse e admiração. Entretanto, alguns poucos contrastes puderam ser notados naquele encontro. É importante ressaltar que tanto Babau como os Guarani foram extremamente diplomáticos e respeitosos em relação a seus diferentes modos de pensar e viver a resistência, evitando externar seus contrastes, só o fazendo de maneira tímida, e em momentos e espaços oportunos. A regra é o respeito pelos sistemas alheios.

Babau havia ficado indignado com a prática das doações de roupas, brinquedos e alimentos por parte de não indígenas nas aldeias guarani, processo que julgava humilhante por colocar os Guarani em uma posição de subserviência e dependência, cuja situação mais crítica ocorria no contexto das aldeias do Jaraguá.

Durante o fim de semana em que esteve na aldeia Tenonde Porã, enquanto chegavam os famigerados caminhões de doações, Babau ponderou comigo sobre a importância de se garantir uma maior autonomia econômica. Comentou que em sua aldeia, assim como entre os Guarani, eles possuem modos coletivos de organização do trabalho, por meio de mutirões dos roçados etc. Mas, além disso, uma das perspectivas possíveis para eles era investir no beneficiamento da produção de cacau (um dos principais cultivos na TI), culminando eventualmente em uma fábrica de chocolate de propriedade coletiva dos Tupinambá.

Tomando por base esse exemplo e alguns outros comentários que delineavam a aspiração de um progresso técnico e produtivo, ainda que coletivo, como perspectiva de futuro para a comunidade tupinambá, algumas lideranças guarani expressaram dúvidas quanto a esse tipo de projeto. Uma fábrica lhes parecia excessivo. Se, por um lado, ganha-se autonomia produtiva, por outro, segundo as lideranças, há o risco de muitas imposições para atingir objetivos dessa envergadura econômica.

Muitas lideranças guarani não ignoram os efeitos negativos que as doações e a dependência de órgãos do Estado produzem em seu modo de vida, e certamente é uma problemática que as motiva em busca de alternativas para reduzir tais efeitos. Entretanto, como levantado, há que se ponderar sobre as forças em jogo. Em relação à ideia de ter uma fábrica, em termos genéricos, eles parecem desconfiar de que ganhariam autonomia de um lado e perderiam de outro. Uma fábrica, sob essa perspectiva, soava aos Guarani como um processo que corria o risco de reproduzir e internalizar cristalizações de poder análogas às que ocorrem no mundo *jurua*, como no caso das atuais escolas estaduais indígenas ou mesmo do audacioso empreendimento econômico que foram, no passado, as reduções jesuítas da bacia platina.

Poderíamos dizer que, no caso hipotético da fábrica, ela seria dos Guarani e o trabalho seria organizado por eles. Sim, certamente há matizes em jogo. Mas o que a intuição deles busca sublinhar são os vetores em operação. Quanto do tempo guarani teria de ser submetido a esse processo de autonomia produtiva? A autonomia que os Guarani parecem privilegiar é a que mantém em aberto a possibilidade da dispersão, de não aderir a determinados movimentos, buscando conjurar poderes coercitivos que atuam sobre seus modos de agir, plantar, realizar rituais etc. segundo lógicas externas a eles.[310] A maioria das críticas que escuto dos Guarani sobre a escola,[311] o posto de saúde e outros braços do

310. Acredito que esses receios também estejam relacionados a traumas de trabalho compulsório pelos quais os Guarani passaram há não muito tempo. Muitos dos Guarani da TI Tenondé Porã viveram parte de suas vidas em reservas indígenas do Paraná criadas à época do antigo Serviço de Proteção aos Índios (SPI), órgão indigenista oficial, predecessor da Funai. Naquelas áreas, o trabalho compulsório e o uso de indígenas como capatazes eram uma realidade até hoje relembrada pelos mais velhos. Schaden (1974, p. 65) registrou algumas impressões sobre os Guarani nas antigas reservas do SPI: "Os funcionários do SPI são unânimes nas queixas com relação à dificuldade de submeter os Guarani às normas do serviço. [...] No Araribá, como vimos, houve a tentativa de enquadrar os Guarani no sistema econômico-administrativo do posto, dando-se-lhes cafezais já formados. Dentro de poucos anos estava tudo arruinado". Parece-me que a falência de tal processo está menos relacionada à falta de aptidão dos Guarani para sua gestão, como pensa Schaden, do que a uma recusa ativa à lógica de tais empreendimentos, como sugere a discussão feita anteriormente.

311. A escola é certamente um complexo tema de debate entre os Guarani, que não terei condições de desenvolver propriamente aqui. Relato apenas um caso expressivo sobre o assunto: durante uma discussão entre lideranças guarani sobre melhorias nas escolas, muitas das falas versavam sobre a importância dessa instituição e a necessidade de que todos os Guarani tivessem uma formação à altura da dos *jurua*, para assim "serem alguém na vida". Uma liderança que, apesar de professora, tinha posicionamentos críticos em relação à escola, perguntou: "Se todos forem à escola pra serem 'alguém na vida', quer dizer, para deixarem de ser como nossos avós e sábios do passado — como se eles fossem 'nada na vida' —, quem ficará na aldeia

Estado é sempre nesse sentido: são forças que alteram os tempos, o uso dos espaços e territórios, a produção de seus corpos — que atuam sobre a codificação de seus fluxos de vida.

Tal contraste ocorreu também em uma viagem de intercâmbio entre os Innu, em Québec, no Canadá. As gordas receitas das associações comunitárias, oriundas das compensações de empreendimentos, têm permitido aos Innu, após séculos de esbulho territorial e etnocídio, retomar o controle de seu território por meio da atividade empresarial. Muitos deles são, agora, gestores e funcionários dessa empreitada.

Nessa viagem, Kuaray Poty,[312] liderança mbya do Rio Grande do Sul, desenvolveu uma comparação com a época das reduções jesuíticas: o atual empreendedorismo innu, caracterizado pelo protagonismo das comunidades e pelo grande porte econômico, seria menos um possível e improvável futuro dos Guarani do que seu passado. Para Kuaray, o que os Innu fazem hoje é semelhante ao que os Guarani viveram na época das missões jesuítas, em relação à envergadura do desenvolvimento produtivo e do engajamento dos indígenas no processo. Para ele, no entanto, essa experiência histórica se revelou inadequada ao modo de vida guarani. Se as missões, durante certo tempo, obtiveram um relativo sucesso social e econômico, outros grupos guarani rechaçaram essa experiência e lograram desvincular seu destino do desmoronamento do empreendimento missioneiro.

catando piolho?". O tom jocoso da crítica, que visava atenuar sua agressividade, não deixou de revelar aos demais a necessidade de repensar a relação entre a escola e o *nhandereko* guarani, de forma que a primeira não seja extremamente nociva ao último, comprometendo a própria reprodução de seu modo de ser.

312. Ariel Ortega, cineasta autor de alguns filmes citados neste livro. À época, era também cacique da aldeia guarani Ko'ẽju, em São Miguel das Missões (RS). Foi com ele e sua companheira também cineasta, Patrícia Ferreira, que fiz essa viagem ao território innu no Canadá, por ocasião de um projeto de intercâmbio entre cineastas guarani e innu, e aos quais agradeço mais uma vez a ótima companhia, as conversas e a amizade. Algumas reflexões sobre esse processo podem ser lidas em KEESE DOS SANTOS, Lucas *et al.* "Image et altérité: un échange audiovisuel entre les Guaranis et les Innus [Notice]" [Imagem e alteridade: uma troca audiovisual entre os Guarani e os Innu], *Recherches Amérindiennes au Québec*, v. 48, n. 1-2, p. 155-60, 2018.

Um célebre exemplo de autonomia política indígena são as comunidades zapatistas do estado mexicano de Chiapas. Muitas lideranças guarani se interessam em conhecer mais sobre a experiência zapatista, e já presenciei conversas em que foi aventada a possibilidade de realizar algum intercâmbio, facilitado por militantes brasileiros que têm contato com as lideranças chiapanecas. As breves descrições que chegam aos Guarani os deixam bem impressionados. As comunidades zapatistas mantêm as próprias escolas e postos de saúde, produzem seus alimentos e energia elétrica. Possuem vidas modestas, mas não recebem absolutamente nenhum serviço do Estado e, por isso, conseguem evitar qualquer tipo de intromissão em seu modo de vida. Tudo depende, no entanto, de um grande esforço organizativo.[313]

Assim como os Guarani, também disponho de poucos detalhes sobre o modo de vida e a organização que os zapatistas têm de manter para alcançar esses objetivos. Entretanto, embora veja com bons olhos as influências políticas e as vitórias que um salto organizativo desse porte traria aos Guarani e a diversos outros povos indígenas do Brasil, creio que as condições e os processos que levaram aos atuais modos de resistência por aqui são distintos, e, portanto, outros caminhos terão que ser trilhados

---

313. Há estimativas de que as bases de apoio zapatistas contam com cerca de quarenta mil militantes, abarcando, em 2018, além dos 27 municípios autônomos originais, onze novos Centros de Resistencia Autónoma y Rebeldía Zapatista (Crarez) e os cinco caracóis fundados anteriormente, totalizando 43 núcleos organizativos. Ver POZOL COLECTIVO. "Nuevos caracoles zapatistas: romper el cerco militar y fortalecer la autonomía" [Novos caracóis zapatistas: romper o cerco militar e fortalecer a autonomia], 31 ago. 2019. Disponível em: http://www.pozol.org/?p=17385. Ver também COMITÉ CLANDESTINO REVOLUCIONARIO INDÍGENA, COMANDANCIA GENERAL DEL EJÉRCITO ZAPATISTA DE LIBERACIÓN NACIONAL. "Comunicado", *Enlace Zapatista*, 17 ago. 2019. Disponível em: http://enlacezapatista.ezln.org.mx/2019/08/17/comunicado-del-ccri-cg-del-ezln-y-rompimos-el-cerco-subcomandante-insurgente moises/. É importante lembrar que esse alto grau de organização entre os zapatistas não exclui a operação dos modos ameríndios de ação política associados ao engano e à esquiva, como os que estamos vendo aqui com os Guarani. A epígrafe que inicia este livro demonstra algo nesse sentido. Ela é um trecho da resposta do Exército Zapatista de Libertação Nacional (EZLN) ao clima de polêmica e incredulidade entre seus simpatizantes não indígenas após o anúncio, em 2017, da provável participação dos zapatistas nas eleições presidenciais mexicanas, como apoiadores da candidatura do Congresso Nacional Indígena (CNI).

na construção de novos movimentos, tão audaciosos quanto o de seus parentes do Norte.

Quais seriam, então, os modos guarani de radicalizar processos de autonomia? Antes de seguirmos, é importante pontuar algumas breves considerações em torno da ideia de autonomia. Os termos "autonomia" e "autonomismo", em contexto mais político que econômico, estão associados à tradição anarquista européia e, de forma mais ampla, a toda a esquerda libertária. Nas últimas décadas, experiências de movimentos indígenas no México, principalmente os zapatistas, contribuíram para levar a expressão para o contexto ameríndio. Nesse sentido, quando se fala em autonomia ou comunidades autônomas no contexto indígena, isso não significa isolamento ou independência de relações com o exterior (da aldeia, da região ou mesmo de um povo) — afinal, o pensamento e a socialidade ameríndia operam pelo seu antônimo, a heteronomia.

Autonomia, no contexto indígena, aponta para uma reivindicação pela ausência de imposições sobre o conteúdo e os modos dessas relações com o exterior, relações que necessariamente ocorrerão, mas que devem se realizar segundo os termos determinados por cada coletivo indígena, em cada contexto. Ou seja, trata-se sobretudo de uma recusa à ingerência de instituições e recursos oriundos do Estado e de seus sócios na perpetuação colonial.

Além disso, é importante observar que, entre os Guarani, é possível pensar em muitos sentidos para autonomia,[314] uma multiplicidade de sentidos para além de modelos célebres. Como diz Pimentel (2012, p. 317):

> Autonomia para organizar-se. Autonomia para desorganizar-se. Autonomia para reunir-se em assembleia e ser ouvidos pelo governo, mas também para não ter de se reunir em assembleia e poder ficar em paz em um pedaço de terra que proporcione alegria e bem-estar. Autonomia para produzir a própria comida. Autonomia, afinal, como pedem os Kaiowá e Guarani, para ser do seu próprio jeito.

314. Para mais discussões sobre a relação entre autonomismo/anarquismo e os modos políticos ameríndios, ver Pimentel (2012, p. 227-96).

Nesse sentido, a estrutura e o funcionamento da CGY parecem expressar essa coexistência profícua entre organização e dispersão política. Abrangendo seis estados brasileiros (além de manter relações com os Guarani presentes na Argentina e no Paraguai) e estabelecendo, por princípio, que todos os Guarani são membros da organização, o processo de articulação promovido pela CGY busca não se sobrepor às formas de liderança já praticadas nas aldeias e regiões. Se as demandas da luta pela regularização de seus territórios e direitos em diversos momentos exigem articulações suprarregionais, centralização de decisões e certa burocracia administrativa, ao mesmo tempo cada região, cada aldeia e cada liderança atua de forma autônoma e desenvolve suas próprias estratégias, que não deixam de incluir também períodos de dispersão e fragmentação política. Essas ocasiões são importantes não só pelo equilíbrio que promovem, coibindo intromissões nas autonomias locais, mas porque garantem processos de renovação das lideranças e das parcerias com apoiadores não indígenas.

É interessante a semelhança do momento atual, em que os Guarani buscam se articular por meio de organizações como a CGY, com o modo como Bertoni descreve os Guarani Mbya de fins do século XIX na região da Tríplice Fronteira (Brasil, Argentina e Paraguai), que estavam organizados em uma espécie de confederação em que cada grupo e cada aldeia possuía suas próprias assembleias, nas quais se chegava às decisões por consensos, alcançados por "convicção, persuasão ou mesmo por espírito de solidariedade" (Bertoni, 1922, p. 60-1). Em momentos de circunstâncias específicas, eram buscados "chefes-executivos" supralocais, assistidos por conselhos de anciãos e sábios. Essas antigas descrições de Bertoni não diferem muito do que eu mesmo testemunhei de modo geral nas aldeias e nas articulações políticas guarani mbya, que equilibram autonomias locais com referências políticas regionais, configurando zonas de influência.

Acredito, no entanto, que é possível matizar ainda mais essa noção de consenso, conceito mobilizado de modo um tanto automático nas discussões sobre autonomia e horizontalidade política. Muitas vezes, o que observo entre os Guarani é que, apesar de sua tendência à dispersão política, é demasiado custoso divergir internamente de modo explícito. Isto é, no momento em que já está conformado certo movimento, em que já se estão propondo seus encaminhamentos, dissentir significa se colocar à frente de um possível novo movimento, uma nova fila. E iniciar uma ação é algo de que os Guarani em geral têm muito receio, pois se trata de uma responsabilidade e de uma exposição que poucos estão dispostos a enfrentar — eis a importância das lideranças.

Assim, se não há quem dê voz e encarne o movimento de dissenso, inclusive em uma situação com uma quantidade razoável de pessoas insatisfeitas com um suposto consenso em formação, ele simplesmente não aparecerá. Quando ele aparece é, às vezes, até difícil distingui-lo: manifestar dissensos em reuniões é a mais fina arte da diplomacia entre os Guarani Mbya. Evita-se ao máximo que o dissenso transpareça em uma afronta, uma agressão. Trata-se, antes, de propor cuidadosamente um novo entendimento consensual que, mesmo que não seja novamente do agrado de todos, ao menos o seja de modo suficiente. Dessa forma, vai se constituindo o clima sereno das reuniões e assembleias dos Guarani Mbya, nas quais a formalidade e o total respeito à fala de cada um são absolutamente notáveis.

Vejamos agora um exemplo contemporâneo dos Guarani que aponta uma possibilidade bem distinta das propostas de autonomia citadas anteriormente, mas que remete aos movimentos dos antigos Guarani *kayngua* (monteses) relatados algumas páginas atrás.

Em viagem à província de Misiones, quando visitei a principal aldeia do vale do Rio Cuña Piru, fui informado pelos Guarani dali sobre a existência de diversas pequenas aldeias na região em relativo isolamento do mundo não indígena. Esses *tapyi*,[315] como foram denominados, são assentamentos compostos normalmente

315. Termo utilizado por meus interlocutores guarani na Argentina e que hoje em dia me parece pouco usado nas aldeias do Sudeste brasileiro. *Tapyi*, como vimos, corresponde a uma pequena aldeia, e pode ser traduzido como casa, cabana, rancho, com um sentido geral de habitação.

de um único núcleo familiar e estão em áreas de mata de difícil acesso, alcançados unicamente por trilhas de algumas horas de travessia. Seus moradores evitam ativamente o contato e não consomem alimentos nem remédios produzidos pelos não indígenas. Àqueles que o fazem é sugerido (ou imposto) abandonar o *tapyi*. Segundo meus interlocutores, eles mantêm em prática um "xamanismo radical", isto é, levam ao limite esses preceitos alimentares e comportamentais e, por isso, resistem incrivelmente nesse modo de vida. Nessa mesma conversa, contaram que um ancião, migrando de uma área distante, teria andado centenas de quilômetros acompanhado de uma criança e recusado enfaticamente se estabelecer nas aldeias mais povoadas e próximas da cidade, seguindo para os *tapyi* nas matas.

Ao que parece, os habitantes desses *tapyi* conseguiram manter esse afastamento mesmo após migrarem de outras regiões. Não seriam, assim, famílias provenientes de aldeias maiores e mais próximas da infraestrutura urbana ou rodoviária e com contato frequente com os não indígenas. De qualquer maneira, é possível supor que esses Guarani têm considerável conhecimento e experiência de contato, já que a região em que vivem, o resquício de Mata Atlântica próximo à Tríplice Fronteira, tem um antigo histórico de ocupação colonial e está circundada por importantes centros urbanos. Ou seja, não seria exagerado presumir que esses coletivos sejam uma expressão dos tantos grupos guarani que, depois de conflitos ou experiências malogradas de maior permeabilidade aos vetores coloniais, resolveram buscar condições de maior afastamento,[316] movimento comum na dinâmica guarani pós-invasão europeia, como vimos anteriormente.

Sua resistência nesse sentido é notável. São os "zapatistas"

---

316. Embora guarde diferenças abissais com os contextos dos grupos em isolamento voluntário na Amazônia, já que o processo histórico e a condição de afastamento diferem em vários graus e aspectos, creio que esse caso dos Guarani Mbya mais afastados em Misiones nos convida a pensar que a condição de afastamento entre os povos ameríndios não é uma via de mão única. Assim como os indígenas em geral, os grupos ditos isolados não têm como única deriva histórica possível deixar pouco a pouco de existir. Ao contrário, mesmo em meio às turbulentas condições para sua existência, seria possível encontrarmos casos em que eles não só resistem: ressurgem.

guarani? Verdadeiras comunidades autônomas? Para além do caráter um tanto deslocado dessas indagações, creio que a importância desse relato, além de apontar essa radicalidade de resistência, é demonstrar os modos múltiplos e coexistentes pelos quais a autonomia pode tomar corpo.

Assim, se ficam assombrados os arqueólogos que acham evidências de Estados[317] em camadas de passado cada vez mais antigas, mais se assombram os antropólogos, que tantos obituários escreveram dos Guarani, ao constatar essas variações de resistência — e essa resistência da variação — em pleno século XXI e em uma área de antiga colonização.

É certo que aqueles que vivem nos *tapyi* mata adentro, com seu xamanismo radical, estão mais distantes dos vetores estatais. Mas, e os Guarani das grandes e populosas aldeias próximas a centros urbanos? Nessa maior proximidade com o mundo não indígena, como fazer frente ao Estado sem interiorizá-lo demasiadamente? Como manter o desapego quando se tem algo a perder? Sua única saída seria um retorno a esse *tapyi* tradicional?

Deixemos essas indagações para o final; até lá, talvez possamos entendê-las de outra maneira.

317. "É preciso dizer que o Estado sempre existiu, e muito perfeito, muito formado. Quanto mais os arqueólogos fazem descobertas, mais descobrem impérios. A hipótese do *Urstaat* parece verificada, 'o Estado enquanto tal remonta já aos tempos mais remotos da humanidade'. Mal conseguimos imaginar sociedades primitivas que não tenham tido contato com Estados imperiais, na periferia ou em zonas mal controladas. Porém, o mais importante é a hipótese inversa: que o Estado ele mesmo sempre esteve em relação com um fora, e não é pensável independentemente dessa relação. A lei do Estado não é a do Tudo ou Nada (sociedades com Estado ou sociedades contra o Estado), mas a do interior e do exterior" (Deleuze & Guatarri, 1997b [1980], p. 23). A hipótese do *Urstaat* relativa a um "Estado primordial" foi formulada primeiramente em *O Anti-Édipo* (Deleuze & Guatarri, 2010 [1972]) e posteriormente desenvolvida no volume 5 dos *Mil Platôs* (Deleuze & Guatarri, 1997b [1980]).

Durante suas viagens pela região da Bacia do Prata, em fins do século XVIII, o espanhol Félix de Azara (2002 [1847]) assinalou que a característica mais marcante dos grupos de língua guarani era a "pusilanimidade", isto é, eles seriam distinguidos pelo acanhamento e por serem medrosos. Segundo Azara, os Guarani buscavam esconder suas aldeias em grandes selvas e apenas se estabeleciam em campos abertos quando estavam suficientemente longe de povos de nações diferentes.[318] E não só na literatura da época aparecem percepções como essa: as próprias lideranças guarani mbya fazem referência ao fato de eles serem um povo pacífico, que prefere evitar conflitos diretos, postura que serve até mesmo como tema para rirem de si mesmos e de sua aparente covardia.

Entretanto, para além dos comportamentos dos Guarani contemporâneos, caracterizados pelo rechaço a reações coléricas, pela sua ética da moderação e por todos os movimentos de dispersão e deslocamentos que descrevemos (além de seu humor), é importante fazer algumas ressalvas históricas quanto a essa impressão, representada aqui por Azara. Creio que, mais do que uma ruptura com os Guarani antigos, cujos bravos líderes guerreiros eram também chamados de *avaeté* (Susnik, 1980),[319] há uma série de pulsações ao longo da história que podem ajudar a entender a atual proeminência dos *xondaro* como guerreiros-guardiões em meio a um povo hoje genericamente caracterizado como pacífico.

318. Pimentel (2012, p. 247) acrescenta que, no entanto, tal percepção de Azara não pode prescindir do contexto que os Guarani viviam à época: "como sabemos, trata-se do período em que os Guarani ainda amargam uma enorme redução populacional em função da perseguição dos paulistas e da experiência missioneira frustrada, ao mesmo tempo que sofrem com a invasão dos grupos Chané e Guaikuru vindos do Chaco".

319. É curioso que *avaeté*, cuja tradução nesse contexto poderia ser "homem verdadeiro", termo que expressa os valores guerreiros superlativos do antigo guarani, possua uma variante no mbya com o significado de "colérico", "feroz". Conforme indiquei em nota no capítulo 3, é esse o sentido que Cadogan atribui, embora por meio de outra etimologia, aos coletivos dos Tupã Avaete, que seriam coletivos ferozes dessas divindades.

Kyre'ÿmba, como vimos anteriormente, é o nome que os Guarani Mbya dão ao *xondaro* que alcançou o grau máximo em suas habilidades e maturação corporal (Xondaro Mbaraete, 2013).[320] A etimologia dessa palavra remete à ideia da disposição total, de não ter nunca cansaço ou moleza corporal: *ky* é um radical associado ao que é mole, brando, podendo ser relacionado subjetivamente à preguiça e à indisposição, em estar, como dizemos, "molenga". *Kya*, termo formado quando se adiciona o sufixo de lugar "*a*", por exemplo, é a rede de dormir. Já a junção da negação *e'ÿ* + *mba* produz o sentido de ausência total de determinado atributo. Infere-se, portanto, que *kyre'ÿmba* é, literalmente, "aquele que tem disposição total". Segundo os Guarani, é um *xondaro* que "desvia até de bala". Por isso, expressões que empregam formas derivadas desse termo são usadas entre os Guarani como modo de valorizar os que estão sempre dispostos a ajudar, realizar trabalhos comunitários, proteger a aldeia, enfim, sempre dispostos a serem bons *xondaro*.

Há outros registros, contudo, que nos permitem acompanhar a trajetória dessa palavra e de seus cognatos em diferentes contextos e entre distintos povos tupi-guarani até chegar aos Mbya atuais, e que ajudarão a revelar as pulsações guerreiras obliteradas na literatura sobre os Guarani. O termo *kerembave* (guerreiro, valente) é citado por Fernandes (2006 [1951]), baseado nos escritos de Claude d'Abbeville,[321] monge capuchinho francês que esteve entre os Tupinambá do Maranhão no início do século XVII. Aparece também em Susnik, falando sobre o mesmo povo, junto a uma descrição que muito aproxima essa acepção da versão mbya, em sua alta valorização da esquiva: "o ataque se abre com a flechada, os guerreiros logo se movimentam continuamente para evitar flechas dos inimigos, habilidade esta que destaca o

---

320. Entre os Guarani Mbya de Misiones, *kyre'ÿmba* parece ter um uso menos específico, podendo ser empregado com mais frequência para designar os guerreiros-guardiões nas aldeias, cujas ações agressivas foram marcantes até, pelo menos, as últimas décadas do século passado.

321. O franciscano Thevet (1502-1590), entre os Tupinambá da Guanabara, também anota termo semelhante; ver Edelweiss (1969).

guerreiro como '*kerembáve*'" (1990, p. 40). Segundo Edelweiss (1969, p. 87), o correlato em tupi para essas formas tupinambá é *kyreymbaba*, indicando uma proximidade etimológica inegável com o *kyre'ÿmba* mbya.

Saignes coleta uma oportuna citação de um dicionário chiriguano sobre os guerreiros *querembas* (ou *kereimba*) desse povo guarani do sudeste da Bolívia:

> Queremba: valente, esgrimidor, guerreiro, ligeiro e destro nos movimentos bélicos para evitar o golpe. Etnografia. Os chiriguanos nunca se animariam a emprender a guerra ou a principiar o combate sem alguns quantos desses heróis que poderíamos chamar adalides do exército. (2007, p. 74)

"Movimentos bélicos para evitar o golpe": eis uma expressão que poderia ser facilmente utilizada para descrever as habilidades privilegiadas pelo *xondaro* mbya. Mas, para além dos correlatos de *kyre'ymba* mobilizados por povos cujo *ethos* guerreiro[322] é enfatizado na historiografia, incluindo os antigos Guarani,[323] é importante olharmos para os momentos que, concomitantes às dispersões territoriais dos grupos guarani conhecidos por monteses, revelam estratégias de resistência compostas por um tipo de guerrilha nas matas. Tais grupos, como descrito anteriormente, contribuíram de modo decisivo para conformar os Guarani da atualidade, marcados, sobretudo, pelo epíteto da fuga.

O jesuíta Dobrizhoffer comenta que, após a chegada dos primeiros estabelecimentos de colonos para a extração de erva-mate na região entre os rios Monday e Acaray, outrora inacessível à colonização, houve um incêndio atribuído à retaliação

---

322. O ímpeto da resistência belicosa dos Guarani Chiriguanos e de seus *querembas* foi tão eficaz que eles só foram completamente derrotados pelo então exército boliviano em fins do século XIX, na chamada batalha de Kuruyuki. Além disso, o processo de formação dos Chiriguanos é marcado pela subjugação hierárquica dos povos Chané, que habitavam essa região do Chaco Boreal, de modo inverso ao que ocorreu em outras regiões e épocas mais recentes entre os Guarani e outros povos.

323. Pierre Clastres (1995 [1972], p. 73), ao comentar os conflitos com os Guayaki, também registra o termo *kyreymba* para os guerreiros guarani.

dos grupos monteses em razão da invasão de seu território. Nos dias seguintes ao incêndio, os Guarani resolveram mandar uma mensagem, que o jesuíta transcreve em suas próprias palavras:

> Os espiões dos bárbaros observavam o desastre dos espanhóis de longe, sem serem notados. O pequeno número deles [espanhóis] os encorajou ainda mais. Um deles, armado de flechas e borduna e com uma coroa de penas na cabeça, entrou na cabana espanhola onde havia ficado um deles para cuidar da erva-mate, enquanto uma parte dos outros correu com a triste notícia para a cidade, e a outra parte saiu procurando por algo na floresta. Então, o bárbaro disse com um gesto sombrio: "Você se atreveu a penetrar nestas florestas que nunca lhe pertenceram? Você não sabe que esta é a nossa terra e pátria solar que herdamos de nossos avós e bisavós? Você ainda não tem terra suficiente para ter conquistado campos imensos e inúmeras florestas, às vezes com a conivência e às vezes sem a conivência de nossos pais, mas sempre sem o menor direito e ainda sempre a reivindicar insolentemente? Aos nossos olhos você é tão pobre que deve reunir sua riqueza em nossas florestas, e deve privar nossas árvores de suas folhas para beber delas? Tenha vergonha da sua ousadia e rapinagem, porque certamente você vai se arrepender, porque um dia você vai pagar por isso com a sua vida. Se algum de nós chegar ao seu território, por Deus! Ele não voltaria mais para nós vivo. No futuro, imitaremos o seu exemplo. Se sua vida ainda lhe é cara e você não perdeu toda a razão, afaste-se daqui em breve para sua casa e avise seus compatriotas para não pisarem mais nestas selvas se quiserem continuar vivos". (Dobrizhoffer, 1967 [1783], p. 111-2)

Bertoni (1922) e Lehner (2005) também afirmam que os grupos guarani monteses, em determinados momentos, empreenderam resistência armada à colonização, fazendo uma "verdadeira guerra de guerrilha entre eles e os invasores, geralmente peões paraguaios, que trabalhavam na exploração da erva-mate" (Lehner, 2005, p. 11). Uma insurreição indígena teria ocorrido em

1895, quando "22 caciques reuniram três mil homens armados apenas entre os paralelos 26° e o 25°10' de latitude, e apenas da nação Avá-Mbihá" (Bertoni, 1922, p. 123).

No entanto, o impacto avassalador das epidemias, cada vez mais frequentes com o aumento da pressão colonial, arrefeceu qualquer possibilidade de enfrentamento. De acordo com Bertoni (1922), na virada do século XIX para o XX, em um intervalo de aproximadamente 35 anos, a população guarani na zona ocidental do Alto Paraná havia sido reduzida a sua oitava parte em decorrência de epidemias,[324] sobretudo varíola. Assim, segundo Lehner, debilitados por essa catástrofe demográfica trágica,

> de perseguidores de peões, os Guarani se convertem, eles mesmos, em peões nos ervais e áreas madeireiras, e os homens jovens guarani substituem o "ir à guerra" pelo "ir à *changa*",[325] o "saque de guerra" (ferramentas de ferro etc.) pelo "saque da *changa*". Assim, a *changa* se converte, a partir do século passado, em uma parte integral da economia do *tekoha*. (Lehner, 2005, p. 13)

Também em região próxima ao litoral sudeste brasileiro, no Vale do Ribeira, os Guarani se defendiam da pressão dos colonos. Há registros desses conflitos ainda no início do século XIX, como relata Nimuendaju (1987 [1914]). As agressões parecem ter lógica em tudo similar às que foram descritas anteriormente: os Guarani, vivendo em zonas de mata fechada, buscavam conter o avanço dos colonos sobre suas áreas de uso e de habitação permanente. Aqui, como lá, a possibilidade de manter os conflitos guerrilheiros foi arrefecendo e levando a reorganizações nos modos de resistência guarani.

---

324. *Tekoaxy* é o termo que os Guarani Mbya mais utilizam para descrever a condição insalubre e dolorosa da vida nesta terra. Diante dessas epidemias, o termo ganha uma dimensão ainda mais trágica, um sinal definitivo da condição de definhamento deste mundo. Uma cruel experiência que tem ganhado novas versões contemporâneas e em escala mundial.

325. *Changa*: termo em espanhol que designa o trabalho temporário em fazendas.

Contudo, mesmo com esse arrefecimento, tais exemplos históricos demonstram que pulsões guerreiras seguiram, senão em voga, ao menos latentes nos grupos guarani contemporâneos, incluindo os "pacíficos" Mbya. Para se ter uma ideia da dramática experiência de cerco territorial e da reorganização dos modos de resistência guarani, vejamos o eloquente depoimento do *xeramoĩ rãgue'i* Vera Mirĩ, que testemunhou esse processo ao longo do século XX, reflexionando e, em certo sentido, historicizando a índole pacífica dos Mbya e a necessidade de luta do presente:

> Por que nós temos muito medo? Porque desde o começo, em Porto Seguro, já começaram a guerra e mataram os índios. Nós considerávamos assim. Até agora. Só agora que eu não sinto medo. Na época em que era criança, nós tínhamos mais medo dos brancos, porque nós sabíamos o que eles faziam. Porque eles eram matadores de guaranizinhos. Nós sabemos que onde chegavam matavam os nossos avôs antigos. Mataram todos. [...]
>
> Se os brancos chegassem em uma aldeia e se instalassem ali perto, aí os Guarani já tinham medo: "esses daí vão matar todos nós, vão matar todo mundo, vamos embora". Eles saíam sempre, nunca brigaram. Até 1960, 1970 ainda era assim. Por isso, nós não temos aldeia antiga, como os Xokleng ou os Kaingang. Nunca brigamos... Deixamos os brancos morar. Por fim, nós não tínhamos mais terra. Por isso, de tão bonzinhos, de tanto medo, nunca brigamos, entregamos aquelas aldeias para os brancos. Assim é que nós continuamos vivos, até agora. Agora eu não vou entregar mais para os brancos. Se entregar de novo, o que eu vou fazer? Não vou conseguir viver. É por isso que temos que lutar um pouco mais, hoje em dia. [...] Por que agora os Kaingang e os Xokleng têm aldeias antigas? Porque eles brigam. Quantos que já morreram desde o começo? Quantos que já morreram até agora? Brigam, brigam, brigam... Querem tirar a aldeia deles? Querem entrar na aldeia indígena? Matam. Se chegam, matam, não querem nem saber. Os índios vão morrer e os brancos também vão morrer. Ali, em Ibirama, quantos índios morreram? Quantos brancos

morreram? Um monte. Por isso, eles têm aldeia grande, com mato, mas quantas pessoas morreram ali? Mas nós não, por isso, não temos terra como os outros índios, porque nunca brigamos, não queremos brigar: "estão chegando os brancos aqui, vamos embora", e íamos para outra aldeia. Antigamente, nós vivíamos tranquilamente, porque tinha muito mato. Nós fazíamos outra aldeia. Depois de cinco ou seis anos chegavam os brancos de novo, então, nós íamos para mais longe. Mas e agora? [...] Já que não conseguimos mais como antigamente, então, temos que lutar pra fazer aldeia pra morar. (Ramo y Affonso & Pesquisadores Guarani de Aldeias de Santa Catarina e Paraná, 2015, p. 45)

Muito poderia ser dito a partir dessa fala. Nela, há desde uma percepção sobre a hecatombe causada pela chegada dos europeus ("em Porto Seguro, já começaram a guerra e mataram os índios") até a relação entre a dispersão da área ("assim é que nós continuamos vivos")[326] e o esbulho territorial associado ("por isso não temos terra como outros índios"), passando pelo impacto brutal sobre os grupos guarani mbya remanescentes depois de séculos de resistência.

Nota-se, portanto, que o modo de resistir dos Guarani até fins do século XX não estava centrado em disputas territoriais que pudessem produzir evidências claras dessa demanda às instituições do Estado, fossem ameaças e confrontos físicos ou mesmo uma reivindicação processual, ferramenta que apenas há pouquíssimo tempo está ao alcance dos Guarani. Pelo contrário, resistir — permanecer vivo —, na maioria das vezes, passava por ter de abandonar sorrateiramente uma área, esquivando, enganando, "fazendo com que errassem" os golpes mortais da colonização.

---

326. Há uma interessante passagem no filme guarani *Mokoi Tekoa, Petei Jeguata: duas aldeias, uma só caminhada* (2008) que dialoga com esse relato: um grupo de jovens guarani está caminhando por uma área desmatada vizinha à aldeia e encontra uma colmeia abandonada no chão. Um deles a examina, confirmando estar vazia, e constrói a seguinte analogia, enquanto a mostra para a câmera: "Nós, Mbya *kuery*, somos como as abelhas. Quando algo ou alguém nos ameaça, nós vamos embora procurar um lugar melhor para construir nossas casas".

É extremamente incomum, portanto, encontrar vestígios de documentação jurídica ou administrativa que registre esse modo de resistência territorial, marcado por insubordinações silenciosas e pela tradição dos oprimidos de não contar com uma Justiça que, para eles, sempre apareceu como exceção.[327]

As perdas significativas devido aos massacres bélicos e às ainda piores epidemias avassaladoras (como vimos anteriormente, entre grupos guarani houve épocas de um decréscimo a quase um décimo da população, como em fins do século XIX) dão outra perspectiva à indagação sobre a eficácia do confronto direto e de quão penoso ele pode ser: "[mantiveram a aldeia], mas quantas pessoas morreram ali?". A morte em larga escala, que surge como uma constância ao longo da resistência frente à invasão europeia, parece ter saturado a tal ponto que levou à conclusão de que não há vida possível a não ser por meio da distância continuamente produzida. Se era possível se esconder em outros refúgios nas matas, essa muitas vezes foi a opção.

Contudo, o avanço do mundo não indígena sobre as florestas da Mata Atlântica meridional limitou severamente também essa possibilidade. E a luta reaparece como expressão do que será necessário fazer para se manter vivo: "Se entregar de novo, o que eu vou fazer? Não vou conseguir viver. É por isso que temos que lutar um pouco mais, hoje em dia".[328]

327. Como formulou Benjamin (2012, p. 13), para a experiência histórica dos povos oprimidos, o estado de exceção é que sempre foi a regra geral. Ainda que essa verdade também seja válida para os povos indígenas em suas relações com o Estado, não há, contudo, arma de defesa a ser desperdiçada, mesmo considerando que sua eficácia — a do Estado de Direito — será sempre relativa e guardará práticas um tanto arbitrárias. Os Guarani costumam dizer que os *jurua* são os primeiros a rasgar o papel da lei que eles mesmos escreveram, que eles muitas vezes não cumprem as regras que criam. Assim, mesmo sabendo do caráter ideológico e restrito do Estado de Direito existente, amparar-se nele é uma questão pragmática na composição das múltiplas estratégias de resistência dos povos indígenas, quase sempre em posições de força extremamente assimétricas em relação a seus algozes. E, nesse sentido, mais vale quando a lei é fundada no direito — e, assim, pode-se reivindicá-lo — que na exceção, em que não há mais distinção alguma entre a letra da lei e a violência concreta da opressão.

328. A disposição de rechaçar o confronto e a possível aniquilação em favor da liberdade do movimento e da vida contida na fala desse *xeramoĩ* remete a um

O novo contexto da luta pelas demarcações, com a presença em manifestações de rua e sua retórica do confronto acentuada nas figuras do *xondaro*, certamente também complexifica as descrições que atribuem aos Guarani, e aos Mbya em particular, a fama de passivos, medrosos, de um povo que "apenas foge". Essa complexificação tampouco deveria advogar o polo oposto: isto é, agora, no contexto de luta pelas demarcações, os Guarani Mbya teriam se convertido no povo mais guerreiro das Américas. O que esses processos apontam é que prevalece uma lógica dual, de pulsações, de concomitâncias de distintos vetores. Nem só guerreiros, nem só pacíficos. No âmbito das aldeias do Sudeste, esse novo contexto teve como marco relevante o fechamento da rodovia dos Bandeirantes pelos Guarani das aldeias da capital paulista, em setembro de 2013.[329] Por cerca de duas horas, os Guarani fecharam a pista sentido São Paulo e conseguiram dar outro estatuto à visibilidade de sua urgente pauta de demarcação;[330] e o fizeram controlando a ação de forma que não houvesse conflito ou qualquer repressão que os colocasse em risco.

Em diversas outras regiões do território guarani, ações similares ocorreram ao longo da segunda década do século XXI, muitas delas articuladas pela CGY.[331] A seguir, comento algumas das ações realizadas em São Paulo.[332] Ainda que certamente não esgotem

dito da capoeira que expressa essa aparentemente paradoxal configuração de um "guerreiro pacífico" entre os Guarani: "o capoeirista corre para não morrer, mas corre também para não matar! Pois ai daquele que correr atrás do capoeirista...". Montardo (2002, p. 219) ouve de seus interlocutores kaiowa algo que aponta para uma disposição similar: "não brigamos porque somos muito fortes".

329. Ver vídeo-manifesto que os Guarani das aldeias de São Paulo fizeram para o ato. No link, há ainda outros vídeos relacionados às manifestações e aos atos da CGY. Disponível em: http://videos.yvyrupa.org.br/nossa-luta.

330. O jornal *SPTV*, da Rede Globo, produziu na ocasião uma das raras matérias da emissora favoráveis à pauta das demarcações. No vídeo, há imagens dos *xondaro* e *xondaria* dançando na rodovia bloqueada por eles. Disponível em: http://www. youtube.com/watch?v=yA5gLv3ttV4.

331. Ver depoimentos das lideranças guarani da CGY em Tupã *et. al.* (2016).

332. Para uma cronologia das lutas das TIs de São Paulo, ver NAKAMURA, Rafael. "Tenondé Porã: os muitos anos de luta por reconhecimento", *Centro de Trabalho Indigenista*, São Paulo, 16 maio 2016. Disponível em: https://trabalhoindigenista. org.br/tenonde-pora-os-muitos-anos-de-luta-por-reconhecimento/. Ver também KLEIN, Tatiane & HARARI, Isabel. "Terra Indígena Tenondé Porã é oficialmente

a multiplicidade do movimento guarani, trata-se do contexto em que pude acompanhar as ações mais de perto.

O período anterior à sequência de atos, reocupação de áreas e participação em movimentos nacionais que se intensificou a partir de 2013 entre os Guarani do município de São Paulo foi marcado por uma espera extenuante pelo prosseguimento do processo de regularização fundiária, cuja morosidade lhes passava a impressão de que seguiriam indefinidamente vivendo em áreas pequenas e superpopulosas.[333] Em meio a essa demora, os Guarani realizaram vários projetos de fortalecimento cultural e socioambiental (como organização de grupos de coral guarani, encontros para trocas de sementes, saberes artesanais etc.). Em 2012, na *tekoa* Tenonde Porã, um desses projetos[334] estava relacionado ao fortalecimento do papel do *xondaro* e de sua dança, cuja prática estava um tanto adormecida na aldeia. Entre as distintas motivações que levaram a esse processo de fortalecimento do *xondaro*, houve uma breve aproximação com um grupo de capoeira angola, que culminou num encontro na aldeia Tenonde Porã em novembro de 2012.[335]

Guarani", *Instituto Socioambiental*, São Paulo, 5 maio 2016. Disponível em: https://www.socioambiental.org/pt-br/blog/blog-do-monitoramento/terra-indigena-tenonde-pora-e-oficialmente-dos-guarani.

333. A TI Jaraguá, com 1,7 hectare — até sua revisão, a menor TI do Brasil —, assim como as TIs Barragem e Krukutu, com aproximadamente 26 hectares cada e localizadas no extremo sul do município de São Paulo, foram demarcadas em 1987, em um convênio entre a Funai e a Superintendência do Desenvolvimento do Litoral Paulista (Sudelpa), processo anterior à promulgação da Constituição Federal de 1988 e em um contexto de extremo preconceito contra os Guarani, taxados de "aculturados". A partir de então, foram mais trinta anos de luta para que os Guarani em São Paulo pudessem fazer valer seus direitos constitucionais e corrigissem a extensão diminuta dessas áreas, buscando estabelecer limites mais condizentes com sua ocupação tradicional na região, conforme estabelece a Constituição. Em 2015, a TI Jaraguá foi demarcada com 532 hectares e, em 2016, a TI Tenondé Porã (incluindo as antigas TIs Barragem e Krukutu), com 15.969 hectares. Ambas ainda aguardam a homologação. Ver também importante análise da luta dos Guarani pela terra em São Paulo em Faria (2016).

334. Ver algumas considerações sobre esses projetos na Introdução.

335. Ao encontro, compareceram cerca de trinta capoeiristas do grupo do qual faço parte, o Centro de Capoeira Angola Angoleiro Sim Sinhô (CCAASS), com sede em São Paulo. Além do mestre Plínio Ferreira, coordenador do grupo, estavam presentes também mestre Gaguinho, discípulo de Pastinha e falecido em 2019, e mestre

Para além das diferenças e semelhanças entre as duas danças-lutas, algumas vezes aludidas nestas páginas, tal aproximação favoreceu nos Guarani a percepção do *xondaro* como um saber e uma prática correlatos em sua cultura ao que a capoeira era para o grupo de angoleiros: "Assim como eles têm a capoeira, que usam para se proteger e para se alegrar, nós também temos o nosso, que é o *xondaro*". Um saber e uma prática que, se fortalecidos, as lideranças me diziam, poderia fortalecer os Guarani como um todo.

Esse fortalecimento dos *xondaro*, que posteriormente foi crucial para o êxito das ações diretas levadas a cabo pelos Guarani da cidade de São Paulo, também se espalhou para outras regiões. Novos grupos de *xondaro* foram formados em outras aldeias, como no Jaraguá e em Ribeirão Silveira, no litoral norte de São Paulo. Pereira (2014), por exemplo, relata que seus interlocutores de uma aldeia guarani no estado do Rio de Janeiro apontaram a aldeia Tenonde Porã como local destacado em relação à presença dos *xondaro*.[336]

O êxito do ato na Bandeirantes[337] impulsionou os *xondaro* e *xondaria* a seguirem novas ações, em distintas estratégias, para pressionar pela conclusão da demarcação de suas terras, em consonância com a avaliação de que era algo necessário para garantir a posse da área já identificada pelos estudos da Funai, e

Môa do Katendê. Grande expoente do afoxé, com os grupos Amigos de Katendê e Badauê, referência do movimento de africanização do carnaval baiano em fins dos anos 1970, Mestre Môa foi assassinado em outubro de 2018 ao defender sua posição política frente ao bolsonarismo, que ali já começava a causar seus horrores.

336. "Dizia-se existir *xondáro* em aldeias do Rio Grande do Sul, Santa Catarina, São Paulo (a aldeia de Tenondé Porã, Barragem, foi especialmente citada neste sentido)" (Pereira, 2014, p. 81).

337. Poucos dias depois do ato na Rodovia dos Bandeirantes, os Guarani lideraram uma manifestação na Avenida Paulista, pautando a defesa dos direitos indígenas. A ação terminou diante do Monumento às Bandeiras, que foi pintado de vermelho por diversos participantes da manifestação, que apoiavam a pauta indígena e viam a importância simbólica daquele ato. No dia seguinte, diversos jornais condenaram a intervenção, taxando-a de vandalismo. A CGY respondeu com um texto assinado por seu então coordenador, explicitando a disputa política e simbólica que os Guarani estão travando (ver TUPÃ, Marcos. "Monumento à resistência do povo Guarani", *Centro de Trabalho Indigenista*, São Paulo, 17 out. 2013. Disponível em: https://trabalhoindigenista.org.br/monumento-a-resistencia-do-povo-guarani/).

era também urgente devido às severas limitações que o confinamento territorial até então lhes impunha. Uma dessas ações foi a retomada da antiga aldeia Kalipety. O local outrora havia sido habitado pelos Guarani, que eram utilizados como mão de obra por grileiros da região, plantando principalmente eucalipto (daí o nome da aldeia). Antes da reocupação dos Guarani, a área, abandonada havia cerca de dez anos pelos antigos posseiros, passou a ser empregada ocasionalmente para atividades ilícitas, como desmanche de carros, pois está mais afastada dos bairros, em região de matas.

Depois da retomada do Kalipety, passados dois dias sem incidentes, os Guarani sofreram ameaças de não indígenas, que chegaram a entrar de carro no local, atirar para cima e depredar barracos e objetos dos Guarani, indo embora em seguida, sem se deixarem identificar. Nesse momento, as lideranças e os *xondaro* tiveram que avaliar se enfrentavam as ameaças, permanecendo na área, ou se afastavam-se a fim de evitar agressões que poderiam ser fatais. Aqui aparece justamente uma oposição entre as duas estratégias que os Guarani empreenderam ao longo de seu processo de resistência.

O ímpeto dos jovens *xondaro* que se colocaram pela permanência na área se sobrepôs ao receio, principalmente dos mais velhos, que apontavam mais para o distanciamento do conflito. Durante diversas noites, dezenas de *xondaro* se revezaram nas vigílias; dia a dia, iam construindo as primeiras casas e as novas estruturas do local. O êxito da resistência foi o passo inicial para consolidar essa nova aldeia, que hoje é habitada por cerca de oitenta Guarani e possui diversas roças, nas quais plantam variedades tradicionais de milho, batata-doce e feijão, assim como mandioca e outros cultivares,[338] plantios que estavam cada vez

---

338. No final de 2019, tive a oportunidade de participar de uma pesquisa sobre a agricultura guarani na TI Tenondé Porã, na qual as novas aldeias, incluindo a *tekoa* Kalipety, tiveram papel de destaque. Segundo as projeções do levantamento dos roçados, somadas apenas as culturas de milho e mandioca, poderiam ser colhidas cerca de quinze toneladas. É uma quantidade ainda insuficiente para garantir a subsistência de toda a população da TI, mas certamente já é um número significativo, resultado dos esforços recentes dos Guarani que lá residem. As ações

mais impossibilitados de serem feitos nas pequenas e superpovoadas áreas das aldeias até então regularizadas.

Contudo, a passagem expressa nessa ocasião entre as táticas opostas de fuga e permanência não é uma via de mão única e tampouco significa escolhas exclusivas por ações puras em seus contrastes. Muitas vezes é possível combinar em uma mesma estratégia uma postura simultânea de fuga e resistência[339] — afinal, é disso que trata o engano da esquiva.

Outro aspecto que denota essa combinação de ações opostas é próprio humor guarani, que já comentamos longamente no capítulo 2. Os *xondaro* que reocuparam a *tekoa* Kalipety faziam frequentemente piadas e encenações jocosas sobre seu medo latente das retaliações: contrastavam discursos corajosos com fugas histriônicas diante da hipotética aproximação de um agressor *jurua*. O curto esquete humorístico também era filmado para mostrar aos demais em longas e repetidas sessões de gargalhadas coletivas.

Em chave mais astuciosa, um movimento importante foi a ação realizada pelos Guarani de São Paulo no Pateo do Collegio, no centro de São Paulo, em abril de 2014, em um esforço para lançarem uma campanha midiática pela demarcação de suas terras. A ação foi planejada justamente no local de fundação da cidade, marco simbólico da colonização paulista, cujos processos de esbulho territorial e escravização dos Guarani foram comentados no início deste capítulo.

---

de fortalecimento do plantio desenvolvidas nos últimos anos foram priorizadas como parte das estratégias de dispersão territorial em novas aldeias e consolidação do processo de demarcação da TI. Segundo as lideranças, a prática do plantio deve ser, a um só tempo, meio e fim desse processo: luta-se pela terra para poder plantar e planta-se como um modo de lutar pela terra. Ver Keese dos Santos & Oliveira (2020).

339. O boneco joão-bobo é uma espécie de pêndulo de ponta cabeça. Seu funcionamento demonstra cabalmente que a esquiva pode ser simultaneamente um movimento de defesa e ataque. Sua "bobeira" é uma insistência em absorver agressões, neutralizando-as por meio de um movimento de ida e volta, que pode eventualmente voltar como um "ataque".

A "retomada simbólica do Pateo do Collegio", como os Guarani a chamaram, antes de ser simplesmente uma ação guerreira, trazia em sua estratégia elementos ambíguos, que remetem às enganações de Peru Rimã analisadas no capítulo 2. Os Guarani se reuniram na Praça da Sé e, calmamente, foram caminhando e adentrando sem maior alarde o espaço interno do Museu do Pateo do Collegio. Quando os seguranças do local se deram conta, já estava ali quase uma centena de indígenas, que começaram a fazer seus cantos e danças. Em seguida, as lideranças guarani manifestaram que dali não sairiam.

O padre jesuíta inicialmente bradou. Vermelho de indignação, conclamava em gritos seus invioláveis direitos de propriedade — divinos ou capitalistas, não importava. Pouco a pouco, o jesuíta de longas barbas tomou consciência de que não havia nada que pudesse fazer. A alternativa de acionar forças de repressão lhe sairia mais caro do que aceitar que fora passado para trás pelos Guarani. Domesticado, terminou cedendo às demandas guarani de permanecerem no local e, no dia seguinte, o outrora agressivo representante católico engrossou o coro dos que faziam falas de apoio durante a mesa de abertura da campanha pelas portarias declaratórias das TIs em São Paulo. Assim como em Peru Rimã, o culto e presunçoso padre havia sido superado pela astúcia guarani.

De lógica similar foi a ação realizada pelos Guarani durante a abertura da Copa do Mundo de 2014,[340] em São Paulo. Os idealizadores da abertura procuravam a participação de jovens indígenas para construir idílicas — e cínicas — representações das origens nacionais, assim como sustentar imagens clichês da farsa da "democracia racial" no Brasil. A equipe de produção da festa dirigiu-se até uma das aldeias indígenas no município, em busca de jovens para representar um desses papéis. Lá, em princípio, algumas

---

340. Essa ação rendeu diversas reportagens e documentários. Entre elas, há uma ótima cena em um *road movie* estrelado pelo célebre expoente do Maio de 1968, Daniel Cohn-Bendit: *Na estrada com Sócrates* (2015). O trecho, de aproximadamente dez minutos, inicia-se por volta do minuto 28. Porém, sua mais notável expressão narrativa é uma primorosa história em quadrinhos, cujo desenvolvimento pude acompanhar um pouco, narrando essa ação e relacionando-a com a mitologia e o histórico de resistência e luta guarani. A obra se chama *Xondaro*; ver Paciornik (2016).

lideranças guarani se mostraram averassas à ideia de participar do evento, devido à consciência da série de irregularidades, sobretudo remoções forçadas, que caracterizaram as obras relativas à Copa do Mundo do Brasil. Depois, no entanto, viram nisso uma oportunidade única para realizar uma manifestação em defesa das demarcações.

Um dos jovens guarani, justamente o que havia sido escolhido para, junto a uma menina negra e um garoto branco, soltar pombas antes do apito inicial, aceitou a tarefa de levar clandestinamente uma faixa de protesto ao evento. "Demarcação Já!", dizia o tecido vermelho de aproximadamente um metro de comprimento, preparado pelas lideranças na véspera da ação. O jovem *xondaro* escondeu a faixa em seu calção e, depois de soltar a pomba no centro da arena, levantou a mensagem sobre a cabeça enquanto caminhava de volta à lateral do campo. A imagem não foi transmitida na televisão, mas um fotógrafo presente no estádio registrou a cena e, por meio das redes sociais, a fotografia do *xondaro* protestando na abertura da Copa atingiu uma ampla audiência na internet e foi publicada em diversos jornais internacionais.[341]

A ambição da organização do evento de instrumentalizar a imagem dos indígenas, justamente em um contexto político cujo desrespeito aos seus direitos começava a retomar graves comparações com o período da ditadura civil-militar, saiu pela culatra. Ainda que a censura televisiva tenha amenizado os efeitos do logro (que, do contrário, teriam sido colossais), a ação astuta e corajosa dos Guarani repetiu o movimento, tantas vezes descrito aqui e presente em sua mitologia, da armadilha sobre a ganância fácil.[342] O movimento afoito dos que julgavam estar no polo de poder da relação foi justamente o combustível do logro, apontando uma vez mais o aspecto astucioso da ação política guarani. É importante enfatizar também a disposição (*kyre'ỹ*) e a coragem demonstradas pelo jovem *xondaro* que realizou a ação, levando um grito de guerra de todos os povos indígenas

341. Ver *clipping* relativo à manifestação em: http://campanhaguaranisp.yvyrupa. org.br/?p=403.

342. Ver capítulo 2.

para uma arena na qual convergiam olhares dos mais distantes cantos do mundo.

Nos últimos anos, outros astuciosos movimentos foram levados adiante pelas lideranças e *xondaro kuery* em São Paulo. No contexto da luta pela demarcação da TI Jaraguá, uma ousada ação dos Guarani foi a ocupação das instalações das antenas de transmissão no Pico do Jaraguá, realizada em setembro de 2017. Durante os três dias em que permaneceram na ocupação, os Guarani conseguiram chamar a atenção da mídia e pressionar o governo do estado ao desligar momentaneamente parte do sinal de algumas antenas.

Atuando numa tênue linha entre, de um lado, a surpresa e o exotismo gerado pelo ato, algo que gerou apoios positivos na mídia, e, de outro, uma possível retaliação por terem avançado sobre uma infraestrutura cara aos poderes estatais e empresariais de São Paulo, os *xondaro* guarani souberam jogar com essa tensão antes de esgarçá-la demasiadamente. Por fim, conseguiram sair da ocupação com uma série de compromissos por parte do governo estadual, entre eles, a retirada do mandado de segurança movido pela Procuradoria Geral do Estado de São Paulo contra a portaria declaratória da TI Jaraguá, favorecendo a continuidade do processo demarcatório.

Também tiveram destaque recentes movimentos reivindicatórios realizados pelos Guarani de São Paulo no âmbito de processos de licenciamento ambiental sobre suas terras. Em 2019, já se completava quase uma década desde que foram iniciados os processos relativos ao impacto ambiental da duplicação da ferrovia que atravessa a TI Tenondé Porã e afeta outras quatro TIs guarani e tupi no litoral. No entanto, a Rumo Logística, concessionária responsável pela ferrovia, posicionava-se de modo a inviabilizar as negociações sobre a execução de um Plano Básico Ambiental (PBA). Tal plano, uma obrigatoriedade legal do empreendedor, tem como objetivo a realização de medidas de compensação e mitigação dos impactos que a instalação e a operação do empreendimento geram sobre o território indígena e a vida de seus habitantes.

Já cansadas de serem enroladas pela empresa e terem seus direitos desrespeitados, as lideranças indígenas traçaram uma inusitada estratégia para romper com o entrave nas negociações, que só favorecia a Rumo. Bloqueadas cinicamente pelo quadro burocrático da empresa, lançaram mão de uma tática ainda inédita entre os povos indígenas no Brasil: o ativismo societário. Um grupo de lideranças comprou quantidades simbólicas de ações da Rumo, suficientes para terem direito a participar da assembleia de acionistas da empresa, para a qual planejaram um ato. Com cerca de sessenta indígenas protestando em frente à sede da Rumo, em Curitiba, e mais um grupo de lideranças e seus assessores dentro do prédio na assembleia, a ação teve o efeito desejado: ao mesmo tempo que deu visibilidade às suas reivindicações de retomada do PBA, conseguindo pautar a imprensa[343] com a inovadora ação política, causou apreensão nos acionistas e no corpo diretor da Rumo, que, já acossados por uma enfática recomendação do Ministério Público Federal (MPF) a respeito da infração ambiental, viram-se compelidos a reconhecer a legitimidade das reivindicações indígenas e a reabrir as negociações em termos mais transparentes.

Depois de mais um exaustivo ano de negociações, foi finalmente assinado, em maio de 2020, um Termo de Compromisso entre a Rumo Logística e o Comitê Interaldeias — associação dos Guarani e Tupi residentes nas áreas impactadas — para a execução do PBA em relação à instalação das obras de duplicação.[344] Assim, mais uma vez, o componente astucioso do logro indígena utilizou movimentos da ganância agressiva de seus rivais contra eles mesmos.

343. VALENTE, Rubens. "Índios compram ações e viram acionistas de ferrovia para denunciar empresa", *Folha de S. Paulo*, 24 abr. 2019. Disponível em: https://www1. folha.uol.com.br/mercado/2019/04/indigenas-se-tornam-acionistas-de-ferrovia-para-fazer-denuncia-contra-a-empresa.shtml.

344. Esse acordo é um dos primeiros casos em que uma associação indígena fica diretamente responsável por parte da execução de um PBA no Brasil. Esse fato e o trabalho de gestão a ser realizado por parte do comitê, bem como todo o movimento de luta envolvido na disputa com a Rumo, mereceriam um trabalho específico, que descrevesse pormenorizadamente o histórico do processo e os impasses relacionados, e que desenvolvesse, de forma mais aprofundada, reflexões em diálogo com as lideranças envolvidas.

Em uma pesquisa atualmente em curso, Paulino observa, no caso da disputa com a Rumo, como o conceito de *esquiva*, nos termos aqui desenvolvidos, fornece uma possibilidade de leitura que relaciona o caso aos demais movimentos e ações políticas guarani descritas nas páginas deste livro:

> A noção de esquiva volta a aparecer nesse exemplo, pois o que se nota nele é justamente o estabelecimento de uma boa distância inicial com relação ao empreendedor e aos órgãos governamentais envolvidos, de modo a estarem distantes o suficiente para não serem cooptados por uma proposta inicial desfavorável, mas também próximos o bastante para saber o que se passa nesse âmbito e contragolpear em defesa de seus direitos e interesses.[345]

Antes de seguirmos adiante, passemos a um último movimento, também no âmbito das questões ambientais: a mobilização dos Guarani da TI Jaraguá, em 2020, contra um empreendimento habitacional em área contígua a aldeias da TI.

De modo sorrateiro, sem consultas nem licenciamentos ambientais adequados, em janeiro de 2020, a empreiteira Tenda Negócios Imobiliários iniciou rapidamente um desmatamento no terreno em que pretendia fazer o empreendimento, ao lado das aldeias, e onde havia várias espécies de árvores nativas, como o cedro. Ainda que a área não faça parte da TI, os Guarani sempre circularam por ela, desde quando no imóvel funcionava um clube. Ao verem a quantidade de árvores derrubadas pela Tenda, indignados, eles rapidamente ocuparam o terreno para impedir novos desmatamentos e denunciar a ilegalidade do empreendimento. Em pouco tempo, o movimento dos Guarani recebeu grande adesão por parte de militantes não indígenas, que se somaram

---

345. PAULINO, Carlos. "Apontamentos iniciais de uma pesquisa sobre dinheiro entre os Guarani", *Anais do 2º Seminário Internacional de Etnologia Guarani.* São Paulo: Centro de Estudos Ameríndios (USP); Grupo de Etnologia e História Indigenista (Universidade Federal da Grande Dourados) e Departamento de Antropologia da Faculdade de Filosofia, Letras e Ciências Humanas (USP), 2019, p. 8.

numa luta comum pela conservação ambiental e formularam conjuntamente a reivindicação de que o espaço fosse transformado em um Parque Ecológico e Memorial da Cultura Guarani, batizado de *Yary ty*, em homenagem aos cedros tombados, uma árvore de grande importância na cultura guarani.

Foram quarenta dias de ocupação com grande difusão na mídia e em um contexto jurídico ambíguo, pois a Justiça paulista reafirmava uma ordem de reintegração de posse em favor da Tenda, enquanto a Justiça Federal concedia uma liminar pela suspensão das obras. No início de março, o movimento dos Guarani e seus apoiadores aguardava a chegada da Polícia Militar, que estava incumbida de efetuar a reintegração de posse.

Com o posicionamento da tropa de choque no início da manhã, e tendo já uma garantia jurídica de que as obras não poderiam seguir nos próximos dias, o coletivo da ocupação prolongou ao máximo suas possibilidades de incidência política durante as horas que restavam. Mantiveram o discurso da resistência à reintegração até o último momento, para, ao final do prazo dado pela polícia, *driblar* a tropa de choque, saindo para a frente do terreno e tornando desnecessária a ação da polícia. Não me parece fortuito que ao menos duas matérias jornalísticas tenham usado na manchete o verbo "driblar"[346] para tentar descrever a tática dos *xondaro* e *xondaria*, que não é outra coisa senão um modo para expressar um movimento de produzir erro no rival e, portanto, em consonância com o que vimos até o momento, uma das características mais marcantes da ação política guarani.

346. BETIM, Felipe. "Guaranis driblam ordens de reintegração de posse em São Paulo e ganham tempo contra construtora", *El País*, 10 mar. 2020. Disponível em: https://brasil.elpais.com/brasil/2020-03-11/guaranis-driblam-ordem-de-reintegracao-de-posse-em-sao-paulo-e-ganham-tempo-contra-construtora.html. ALVES, Breno Castro. "Ocupação guarani dribla a tropa de choque da PM no Jaraguá", *Diário do Centro do Mundo*, 10 mar. 2020. Disponível em: https://www.diariodocentrodomundo.com.br/ocupacao-guarani-dribla-a-tropa-de-choque-da-pm-no-jaragua-por-breno-castro-alves/.

Assim, vimos como a disposição máxima do *xondaro* como *kyre'ymba*, que, sobretudo, é saber produzir no rival o erro (*-jeavy uka*, a esquiva), adapta-se então às diferentes situações e conjunturas da resistência guarani. Hoje, a figura do *xondaro* se exacerba nos contextos das manifestações e retomadas em defesa dos territórios tradicionais, em que todos os Guarani, anciãos, jovens e mulheres, respondem aos gritos de *"Neike, xondaro ha'egui xondaria kuery!"*,[347] considerando-se e chamando-se uns aos outros de *xondaro/ia*.

Se, no passado, o etnônimo "guarani",[348] cujo significado remete à guerra e à figura do guerreiro, tem sua consolidação associada à impressão que o ímpeto belicoso desses povos produziu nos colonizadores, atualmente não seria de estranhar se um etnógrafo oportunamente desavisado resolvesse designar os Guarani Mbya por meio desse nome, que, além de possuir uma generalidade notável para exprimir suas relações políticas, é por eles invocado todo tempo durante suas danças e suas manifestações, e com o qual frequentemente muitos se autodenominam — são os Xondaro.

A seguir, além da atualização do astuto e esquivo guerreiro, será oportuno ver em mais detalhes as conexões entre o xamanismo e esse novo contexto de manifestações de rua conduzidas pelos Guarani, um dos tantos exemplos contemporâneos de xamanização da luta política.

"*AGUYJEVETE* PRA QUEM LUTA!"

Uma longa faixa preta, pintada em ostentosas letras brancas, ocupava toda a pista. Não diferia muito das várias faixas que inauguravam multidões nessas mesmas avenidas durante o ano de 2013, a não ser pelos dizeres "GUARANI RESISTE". Atrás da faixa também se notavam diferenças: rostos indígenas lado a lado, sobressaindo não muito além do tecido preto.

347. Insígnia de exortação ("Vamos!") muito comum, junto com "*Aguyjevete* pra quem luta!", presente nos atos e manifestos da CGY.

348. Segundo Montoya (1876, p. 130): *guariñi* (guerra) e *guariñi hára* (guerreiro).

Na ausência das fanfarras, maracatus e outros coletivos musicais comuns em atos, a manifestação seguia acompanhada de um coral guarani, cujas vozes, na maioria femininas, ignoravam a dificuldade em vencer o amplo espaço da cidade. Entoavam cantos sobre o caminhar do seu povo: "*Jaguata tape rupi, Nhanderu reve, javy'a aguã*" (andamos pelos caminhos, na companhia de nosso pai e divindade maior, para assim nos alegrarmos); ou sobre a destruição do mundo perpetrada pelos brancos: "*Nhande ka'aguy re jareko va'e kue yva'a porã nhande vy va'erã kue, heta va'e kuery omokanhymba nhanderu mirĩ oeja va'e kue*" (nossas matas que tínhamos antes, boas frutas que eram para nós, aqueles que são muitos fizeram desaparecer tudo que nossos antepassados divinos haviam deixado).

Depois de algum tempo de caminhada, o ato se deteve. Não para adensar a multidão que se espalhava atrás da faixa, nem para prolongar o tempo do trajeto ou mesmo em razão de algum obstáculo que estaria adiante: deteve-se unicamente para, em uma roda formada na dianteira do ato, dançar o *xondaro jeroky*. Dançavam não apenas para se mostrar às centenas de curiosos *jurua* que se acumulavam ao redor da dança mas também pela empolgação por estarem, de forma incomum, ocupando a cidade. Os *xondaro* pulavam e gritavam como nas mais inspiradas tardes nas aldeias. Terminada a dança aos gritos de *aguyjevete*, o ato seguiu.

A manifestação, que era composta de centenas de indígenas guarani vindos das aldeias da Grande São Paulo e do litoral, mais os *jurua* apoiadores da causa das demarcações, somava uns poucos milhares. Em dado momento e sem intenção aparente, o ato se encontrava em relativo silêncio, mesmo quando ainda se podia ouvir um tênue coral ao fundo e uns poucos *xapukai* (agudo grito dos *xondaro*). A ausência de tráfego de automóveis devido à ocupação da pista contribuía para essa atmosfera contemplativa. Nada de ruim acontecia e as expressões dos presentes não demonstravam apreensão ou medo. Munidos de seus *petỹgua* (cachimbo), os Guarani produziam as "brumas" do tabaco, que subiam ao lado dos arranha-céus, enquanto seu ato pacificamente ocupava vias principais da maior cidade do país. Nesses minutos em que perdurou o silêncio, parecia vigorar a concentração característica dos rituais na *opy*, quando, na ausência dos cantos e falas, sobressai o silêncio coletivo do *-japyxaka* (escutar com atenção, concentrar-se nas divindades). O ato sem tambores, carros de som, bordões, palavras de ordem — e sem violência policial — chamava a atenção. Causava um singular efeito estético e político ao olhar dos que passavam: numa cidade pós-junho de 2013 e já acostumada com atos de rua, algo diferente acontecia ali. Impossível não associar o ato à marcha silenciosa realizada pelas comunidades indígenas zapatistas, que, aos milhares, desceram às cidades de Chiapas e caminharam silenciosamente pelas ruas em dezembro de 2012.

Os atos de rua e demais manifestações realizadas pelos Guarani de São Paulo, a partir de setembro de 2013, associados tanto a mobilizações nacionais em defesa dos direitos indígenas como também a reivindicações específicas pela demarcação de suas terras no município, demonstraram uma série de características marcantes.

Vindos das aldeias, longe do centro, onde ocorre o ato, realizam suas manifestações de forma concentrada; concluídas, afastam-se novamente. Buscam sempre ter autonomia sobre seus movimentos de entrada e saída. Semelhante ao que ocorre com os zapatistas, aparecem silenciosamente, mas com grande visibilidade, e tornam a se esconder. Como vimos extensamente, a esquiva é um movimento associado a uma lógica pendular — depende da expectativa do rival sobre uma determinada posição que sofrerá uma inesperada variação, produzindo engano e anulando o ataque.

As manifestações de rua eram práticas novas para eles, e é razoável que tenham se utilizado de formas já existentes e se inspirado no que viram em outros movimentos sociais, principalmente no grande palco de manifestações que foram as ruas paulistanas em 2013. No entanto, é notável, como quis enfatizar na descrição, o modo como eles apropriaram do repertório dos grupos em que se inspiraram e então improvisaram, à sua maneira, a condução dessas ações. Não apenas souberam veicular suas pautas, conclamando a população da cidade a apoiá-las, mas o fizeram com seus modos próprios.

As canções, o *xondaro* e o silêncio são apenas algumas das características que levantamos aqui, e a maneira como foram postos em cena sugere que, mais do que jogar com as expectativas de alteridade cultural por parte dos *jurua* (o que deve "parecer indígena"), os Guarani estão levando parte de seu mundo às ruas e à luta política *jurua ruvixa kuery rovai re* (contra os chefes dos brancos). Não se trata de mera sedução por meio dos códigos da "cultura", mas da aposta que as forças que operam em sua cosmologia, as armas e as diplomacias de seu mundo terão eficácia nesse processo de movimento político em meio ao mundo dos *jurua*.[349]

A expressão "*Aguyjevete* pra quem luta!", presente nos comunicados e principais manifestos[350] da CGY, não poderia ser mais eloquente nesse sentido. Como vimos, *aguyje* é o processo de maturação corporal relacionado à modulação de comportamentos e incorporação das afecções das divindades, possibilitando uma ascensão do corpo às esferas celestes sem passar pela morte. *Aguyjevete*, cuja tradução estaria relacionada a uma saudação que deseja essa transformação ou maturação corporal ("que se transforme verdadeiramente"), é também um dos termos de maior importância no contexto ritual. É frequentemente utilizada como cumprimento na recepção em uma aldeia (como vimos, *xarura*), à entrada na *opy*, e também na entrega dos *petỹgua* e "benzimento" (*-moataxĩ*) com sua fumaça, bem como no final dos *xondaro jeroky*, em reverência às divindades e aos demais presentes.

---

349. Sztutman (2013, p. 25) comenta essa característica no movimento indígena contemporâneo: "Como escreveu Manuela Carneiro da Cunha, em momentos de enfrentamento, como o foi o período da Constituinte, nos anos 1980, quando se lutava pela conquista de direitos indígenas fundamentais, mais importante do que 'falar como os romanos' é 'falar com os romanos', é estabelecer com eles um canal de diálogo, apropriando-se de suas armas sem perder o pé desse fundo virtual que é a cultura 'sem aspas'. [Os 'romanos' serão para sempre a metáfora do Império, contra a qual é preciso se voltar.] Como escreveu Albert, o discurso político de Davi Kopenawa extrapola o campo da etnicidade; ao falar com os brancos, ele ultrapassa o que poderia ser chamado de 'resistência mimética' para elaborar uma resistência ativa e criativa, fortemente ancorada na cosmologia de seu povo".

350. Para uma análise mais detida dos manifestos e textos lançados pela CGY, ver PEREIRA, Vicente. "Comissão Guarani Yvyrupa: mobilização (cosmo)política Mbya Guarani", *Mundaú*, v. 4, p. 104-20, 2018.

A frase, portanto, relaciona na mesma sentença o contexto da *opy* (logo, a cosmologia guarani mbya) e o âmbito da luta política no mundo dos *jurua*. Há, portanto, um processo de contágio mútuo entre essas palavras, que as modifica conforme uma age de modo eficaz sobre o mundo da outra. De um lado, o processo de luta associado a diversos movimentos sociais que exercem pressão política sobre o Estado é guaranizado, compondo as atitudes e os comportamentos virtuosos que levam à maturação corporal; de outro, os Guarani Mbya passam a incorporar essa via, além de princípios de "solidariedade de classe" relacionados a ela, como um caminho legítimo para conformar seu processo de resistência.

A construção dessa solidariedade, no entanto, pode ser entendida em uma abordagem específica, relacionada a como os Guarani percebem o aspecto mais geral das relações de coerção que, para eles, incide sobre o corpo. A separação entre as pessoas e seus corpos — entre *nhe'ẽ* e *tete* (corpo) — não é outra coisa senão a própria causa das doenças e da morte, que contaminam o tecido social. É nesse sentido que há um possível denominador comum com as lutas no mundo não indígena que buscam promover uma dissolução das violentas e sistemáticas separações (*alienações*)[351] ocidentais — e hoje capitalistas — entre os sujeitos e as múltiplas aparições e modulações de seus corpos. Conhecemos essa multiplicidade por meio de suas formas objetivadas: gênero, etnia, raça, trabalho, território, espécie, "cultura", entre tantos outros elementos e relações que produzem os corpos ao mesmo tempo que são produzidas por eles, e que o poder político instrumentaliza,

---

351. "A separação entre a comunidade e a terra tem como sua face paralela, sua sombra, a separação entre as pessoas e seus corpos, outra operação indispensável executada pelo Estado para criar populações administradas. Pense-se nos LGBT, separados de sua sexualidade; nos negros, separados da cor de sua pele e de seu passado de escravidão, isto é, de despossessão corporal radical; pense-se nas mulheres, separadas de sua autonomia reprodutiva" (VIVEIROS DE CASTRO, Eduardo. "Os involuntários da pátria. Aula pública durante o ato Abril Indígena", Cinelândia, Rio de Janeiro, 20 abr. 2016. Mimeo., p. 5. Disponível em: http://www.academia. edu/25144372/os_involuntários_da_ pátria). Não consigo deixar de ver aí uma forma ampla e ao mesmo tempo radical de aplicar os conceitos marxianos de alienação ou expropriação no âmbito da relação entre o proletário e seu trabalho (corpo), separados pelo capital.

como meio de coerção e subordinação dos corpos e dos sujeitos deles apartados, limitando a autonomia dos sujeitos na produção concreta e simbólica de seus próprios corpos.[352]

O rap guarani mbya "A todo povo de luta", feito no contexto da campanha pela demarcação das TIs Jaraguá e Tenondé Porã, expressa justamente esse processo de expansão e solidariedade com outras lutas. Assim, os "povos de luta" ao qual o *aguyjevete* se destina não são apenas os Guarani ou os ameríndios — são também os povos de matriz africana, os ribeirinhos, os caiçaras, os periféricos, os jovens secundaristas, os camponeses, assim como os coletivos feministas e as pessoas LGBT. São povos e coletivos reunidos, por exemplo, sob a insígnia zapatista e latino-americana *los de abajo* [os de baixo], ou também os "involuntários da pátria", expressão cunhada por Viveiros de Castro,[353] estendendo o adjetivo "indígena" a todos os coletivos não índios que lutam contra a separação (ou poderíamos também dizer alienação) de seus próprios corpos-territórios.[354]

Vale salientar que, entre os Guarani, o rap e alguns outros gêneros musicais *jurua* em geral eram vistos com ressalvas pelas

---

352. No aclamado filme sul-coreano *Parasita* (2019), a única percepção comum que a família burguesa tem sobre a origem daqueles que tentam enganá-los, e que os generaliza, é justamente sobre um aspecto de seus corpos: o cheiro, derivado de sua forma popular de alimentação. A centralidade do corpo nas relações de dominação capitalista aparece de um modo sutil no exemplo desse filme, já que os irmãos farsantes podiam muito bem emular a subjetividade burguesa e assim se camuflar e enganá-los. Mas essa centralidade torna-se escancarada quando pensamos na impossibilidade de tal roteiro e estratagema ser transposto para a realidade brasileira ou mesmo do continente americano. Por essas bandas, é extremo o modo com que os corpos estão marcados, separando os sujeitos de seus corpos pela reificação compulsória da cor de sua pele e de outros traços. O racismo se demonstra, assim, uma das mais eficazes ferramentas de opressão e controle para as classes capitalistas, que facilmente identificam e limitam aos seus interesses as tentativas individuais de sujeitos das classes baixas de superar a sua condição social.

353. VIVEIROS DE CASTRO, Eduardo. "Os involuntários da pátria". Aula pública durante o ato Abril Indígena, Cinelândia, Rio de Janeiro, 20 abr. 2016. Mimeo.

354. "A todo povo de luta: *aguyjevete*!": além desse verso, há diversas referências aos *xondaro*, à luta pela demarcação e à preservação das matas. O videoclipe desse rap, com o qual contribuí na concepção e na montagem, busca levar adiante o procedimento de associar a luta e a resistência de diversos movimentos e povos, principalmente indígenas, a elementos da cultura guarani, como o *xondaro jeroky*.

lideranças mais velhas e pelos xamãs. Quando essas canções citavam em suas letras elementos da cultura guarani, essa ressalva não só se mantinha como tendia a ser ainda mais severa. Nesse sentido, a maior aceitação desse rap parece estar relacionada a essa dupla afetação entre luta política pela terra e cosmologia: a eficácia da luta pela demarcação em defender e fortalecer a cultura guarani mbya se reverte também na necessidade de realizar essa luta segundo os preceitos cosmológicos guarani.

O estilo da expressão *"Aguyjevete* pra quem luta!" está associado ao tônus dramático da militância política no mundo dos *jurua*, e é também uma saudação para os não indígenas e quaisquer outros potenciais aliados que "entram na luta", da mesma maneira que o *aguyjevete* é para entrar na *opy*. Entretanto, pude testemunhar seu uso em contextos de reuniões internas dos Guarani nas quais não havia motivo para utilizá-lo a não ser como algo eficaz entre eles.

O que corrobora essa impressão são os muitos discursos, também no contexto da *opy*, nos quais os mais velhos tecem comentários sobre uma manifestação na cidade de que eles e seus parentes participarão em breve, dizendo que as divindades vão fortalecer a todos e não permitirão que algum mal aconteça. O mesmo também ocorre após as manifestações, quando eles enfatizam uma vez mais: se nada de ruim aconteceu, foi devido à proteção das divindades. Um exemplo marcante foi a chuva torrencial que se abateu sobre Brasília em dezembro de 2014, época em que a bancada ruralista tentava aprovar o Projeto de Emenda à Constituição (PEC) 215.[355] Na ocasião, a chuva não apenas protegeu a comitiva indígena durante uma abordagem policial na estrada, como também causou panes elétricas que

---

355. À época uma das principais ameaças da bancada do agronegócio, a PEC 215 propunha alterar a atribuição do processo administrativo que identifica e demarca as TIS, passando-a do Poder Executivo para o Legislativo. Trata-se de uma mudança que, além de ir contra o princípio constitucional que reconhece os direitos originários, inviabilizaria politicamente a demarcação de TIS — objetivo que, mais tarde, os representantes mais retrógrados do agronegócio conseguiram alcançar sem ter que lançar mão dessa PEC, quando tomaram de fato o Poder Executivo, primeiro sob Temer e depois sob Bolsonaro.

simplesmente cancelaram as sessões do Legislativo, fato que, até na perspectiva de alguns deputados, foi importante para o cancelamento da votação. Para os Guarani Mbya, não havia a menor dúvida: tratava-se de uma intervenção dos Tupã Kuery.

Isso se relaciona também com a ida mais frequente de xamãs e anciãos para reuniões políticas, pois, ainda que não dominem bem o português e muitos dos códigos formais da burocracia estatal, suas falas podem ser eficazes não só pelo impacto de sua "diferença cultural", mas por sua força propriamente xamânica.

Durante a campanha pela demarcação das TIs Tenondé Porã e Jaraguá, um dos vídeos[356] do movimento continha uma emblemática imagem sobre a investida do xamanismo guarani sobre o mundo político dos brancos. O mote do vídeo consistia na entrega de pequenos "presentes" para o ministro da Justiça, responsável por assinar a portaria declaratória da TI. O principal deles era uma caneta enfeitada com o grafismo dos cestos mbya. Durante a gravação do vídeo, ocorreu espontaneamente uma cena em que uma mulher, ao receber a caneta já pronta para ser enviada, começou a esfumaçá-la utilizando seu *petÿgua*. Trata-se de um procedimento central entre os Guarani Mbya nos processos de fortalecimento, cura e proteção contra agressões xamânicas, chamado por eles de *moataxĩ* (enfumaçar). A fumaça do tabaco é um modo de comunicação por excelência com as divindades e por meio da qual elas exercem sua potência na plataforma terrestre.

Assim, estavam ali, na mesma imagem: a caneta, ferramenta que melhor sintetiza a agência político-institucional do mundo *jurua*, e o *petÿgua*, um dos principais objetos dos agenciamentos xamânicos dos Guarani Mbya. Se parte considerável da política dos *jurua* age por meio de canetadas, a dos Guarani Mbya o faz por meio da fumaça do *petÿgua*. Ao esfumaçá-la, a intenção parecia ser justamente transferir ou contaminar a caneta com os propósitos e as capacidades das divindades guarani e, dessa maneira, agir de forma eficaz sobre os procedimentos políticos do mundo dos *jurua*.

---

356. *Resistência Guarani* SP — *"Assina logo, Cardozo!"* (2014).

Situação equivalente ocorreu quando, na mesma campanha, durante manifestação no prédio em que se localiza o escritório da Presidência da República em São Paulo, os Guarani, reunidos no saguão de entrada, cantaram por cerca de seis horas ininterruptas. Quase transmutaram o lugar em *opy*, com o piso de mármore pouco a pouco virando terra batida por meio das pisadas constantes de seus canto-danças. Estava claro que não cantavam para autoridades ou para os jornalistas que os filmavam ou simplesmente os assistiam, até porque quase não havia imprensa ali. Não era também como uma das inúmeras apresentações de coral que, desde o início dos anos 2000, consolidaram-se como uma alternativa de renda e como estratégia de visibilidade político-cultural para os Guarani. Cantavam porque era aquilo que os fortalecia, porque era aquilo que poderia ajudá-los a conseguir o objetivo da demarcação. Cantavam porque assim a potência de suas divindades poderia ser eficaz sobre o mundo dos *jurua*. E foi.

No dia seguinte, depois de uma série de procedimentos administrativos que vinham se estendendo por quase três décadas, e depois de uma campanha intensa de mais de três anos de pressão política sobre o Ministério da Justiça, que retinha o processo durante o período, a portaria declaratória da TI Tenondé Porã, passo mais significativo no processo de demarcação, foi finalmente assinada, em maio de 2016.

Desse modo, é possível perceber que o contexto mais recente da resistência guarani mbya, caracterizado pela luta junto aos processos de regularização fundiária, por articulações supralocais como a CGY, e pela dispersão e reocupação de territórios tradicionais (as chamadas "retomadas"), não deixou de apresentar encarnações e arranjos múltiplos de funções ancestrais da socialidade e da cosmologia guarani: *xondaro* (guerreiro) e *xamoĩ* (xamã).

Essas funções demonstram continuidades pulsantes ao longo do processo de resistência dos Guarani à colonização e à devastação de seu território (apontando para períodos anteriores a tal processo). Além disso, podemos perceber que tais continuidades também são compostas de uma certa concomitância de possibilidades que se expressam em pares de oposição: o pacífico e o guerreiro, a grande e a pequena aldeia, as amplas alianças e a descentralização política, a proximidade e o afastamento do mundo *jurua*. Tentemos desenvolver melhor essa ideia; ela nos permitirá retomar o argumento que amarra este capítulo ao restante, preparando-nos para o final.

VARIAÇÕES DA RESISTÊNCIA E A RESISTÊNCIA DA VARIAÇÃO (OU COMO ESTAR EM DOIS LUGARES AO MESMO TEMPO)

Voltemos novamente um pouco ao passado, à questão da relação entre as missões jesuítas e as aldeias dos Guarani monteses, aqueles que se recusaram a viver nas reduções e lograram escapar da escravidão colonial, refugiando-se em matas de difícil acesso. O argumento que buscamos demonstrar era que não fazia sentido formular uma hipótese sobre quais seriam os antepassados dos atuais grupos guarani por meio de uma oposição exclusiva entre os Guarani que viviam nas missões e aqueles que estavam em aldeias afastadas nas matas.

Na tese de que ambas as experiências históricas (a missão e a selva) contribuíram na formação dos grupos contemporâneos e foram fundamentais para a resistência guarani, importa ressaltar que elas não foram fundamentais apesar de seus aspectos serem contrastantes, mas precisamente em razão disso. É justamente a capacidade de transitar entre diferentes e complementares modos de se viver que acredito ser um dos grandes trunfos para a sobrevivência dos Guarani durante a hecatombe colonial, desvinculando seu destino da fatídica destruição das missões e, por sua vez, buscando novos refúgios quando as densas matas entre rios já não eram mais adequadas. É, de certa forma, como se eles fizessem conviver diferentes tempos e espaços por meio de modos distintos de se viver e lutar, legando tal processo à posteridade.

Avançando mais um tanto no tempo, vejamos o relato que contou um amigo[357] e liderança dos Guarani Mbya sobre antigas aldeias guarani e suas diferenças:

> Meu avô me disse que, antigamente, tinha uma aldeia grande nessa região, que chamavam de Campinas. Era como as capitais dos não indígenas, só que para os Guarani. Nessa aldeia vivia bastante gente, e pessoas de outras aldeias vinham para se encontrar em determinadas épocas. Tinha também as aldeias menores espalhadas pelo mato, que às vezes eram bem longe e onde se demorava para chegar. Para alcançar algumas delas, tinha que ir por mais de um dia por trilha no mato.

A descrição era relativa à primeira metade do século xx, na província de Misiones, mas em linhas gerais poderia se aplicar à atualidade também, como vimos no caso dos *tapyi* (pequenas aldeias) afastados que hoje existem na região do vale do Rio Cuña Piru, naquela mesma província.

Também na região da aldeia Tamanduá, próxima ao município de Veinticinco de Mayo, descreveram-me situação semelhante: além da aldeia maior, com acesso de estrada, posto de saúde, escola etc., existem outras menores, dispersas nas matas da região. A dificuldade de acesso e o afastamento ativo em relação ao mundo não indígena podem variar de intensidade entre essas pequenas aldeias, e algumas vivenciam experiências mais radicais, similares ao caso do vale do Cuña Piru.

Essas descrições sugerem um paralelo entre tais grupos e os antigos Guarani monteses. Contudo, não se trata de ver aí uma simples permanência entre grupos de diferentes contextos históricos, mas justamente de sublinhar a atualização das relações de contraste e complementaridade entre diferentes modos de existência

---

357. Ariel Ortega, da *tekoa* Ko'ẽ ju, São Miguel das Missões (rs), que, naquele momento, durante uma viagem à aldeia de seu avô na província de Misiones, explicava sobre a dinâmica territorial de seu povo aos parentes Innu, vindos em intercâmbio do Canadá. Curiosamente, os Innu eram também designados, até pouco tempo atrás, de "monteses", devido a sua dinâmica sazonal de se dispersar pelas montanhas e recusar ferrenhamente as políticas coloniais de confinamento.

das aldeias guarani. *O que resiste e permanece é a própria variação, ou seja, a relação entre os modos, e não os modos propriamente.*

Nas aldeias dos Guarani Mbya no Brasil, não cheguei a conhecer qualquer caso de distanciamento tão extremo em relação ao mundo dos *jurua*. Contudo, creio que há o mesmo princípio na variedade de conformação das aldeias, marcadas por contrastes similares: de um lado, estão algumas aldeias grandes, mais abertas ao mundo não indígena, com suas mercadorias e instituições; de outro, muitas aldeias menores, com distanciamentos mais acentuados — não necessariamente espaciais — dos não indígenas, mas variando relações com o que vem de fora e produzindo parentesco com os Guarani das aldeias "capitais",[358] tal qual faziam, mesmo que de modo restrito, os monteses com as missões.

É mais comum encontrarmos, nas grandes aldeias mais próximas ao mundo *jurua*, uma presença maior de lideranças guarani articuladas nos saberes técnicos dos brancos, atuando como professores, estudantes, agentes de saúde, agentes ambientais, representantes em organizações indígenas etc., e que impulsionam o protagonismo de uma luta política guarani no mundo não indígena. Tais incidências políticas são fundamentais para apoiar os parentes que vivem mais afastados em pequenas aldeias no território. Por sua vez, são justamente as pequenas aldeias dispersas nas matas que permanecem como refúgio aos Guarani das grandes aldeias, que muitas vezes encontram ali espaços mais adequados para fortalecer seus corpos por meio de práticas xamânicas e da produção de distâncias — cosmológicas e territoriais — mais acentuadas em relação ao mundo dos *jurua*. Dessa maneira, podemos também dizer que tal variação contrastante nos assentamentos guarani constitui diferentes expressões de seus distintos modos de existir como coletivos.[359]

---

358. O RCID da TI Tenondé Porã (Pimentel, Pierri & Bellenzani, 2012) argumenta, de modo muito próximo ao que fazemos aqui, sobre a dinâmica que a aldeia Tenonde Porã exerceu dentro da região da TI, funcionando como uma espécie de "capital". O relatório também traz outro dado interessante para esta discussão: nem sempre foi a *tekoa* Tenonde Porã que exerceu esse papel na TI, mostrando a variação interna nesse jogo de contrastes entre aldeias.

359. Esse contraste aparece também em termos geracionais, relacionado às dife-

Xondaro
conduzindo fila

Entre o litoral e o
interior: dançando
no território
(fotomontagem).

Roda de capoeira na *tekoa* Tenonde Porã.

'Capoeira angola vem de lá...

Ato na Rodovia dos Bandeirantes

Rodovia dos Bandeirantes em chamas.

Xondaro ruvixa.

Dançando e
cantando.

Ato guarani antirruralista em parceria com o Movimento dos Trabalhadores Rurais Sem Terra (MST).

GUARANI RESISTE
DEMARCAÇÃO JÁ!

Xondaria kuery.

Xondaro kuery no Planalto Central.

Retomada
simbólica
do Pateo do
Collegio.

Xondaro guarani na Abertura da Copa do Mundo 2014.

Dançando
no Pateo do
Collegio.

Omoataxī.

"Assina logo!"

Xondaro ruvixa retornando de Brasília. Dia da portaria declaratória conquistada.

Retomada da *tekoa* Kalipety.

Aguyjevete pra quem luta!

Grito de guerra.

Essa dinâmica é possível, entre outros fatores, devido à intensa circulação dos Guarani Mbya pela rede de aldeias presente em seu território.[360] Tal circulação, portanto, também lhes possibilita transitar por variedades de aldeias e grupos, vivendo em diferentes modos e escalas de relação — um intercâmbio que, a despeito de variações e limitações, persistiu durante o período missioneiro e é facilmente constatado na atualidade.

Assim, os diferentes modos de viver e resistir dos Guarani atualizam, desde as épocas coloniais, uma certa concomitância de possibilidades contrastantes, de maneira que esses diferentes modos frequentemente se expressam em termos opostos: a fuga, em oposição à resistência guerreira; a concentração em populosas aldeias, em contraste à dispersão de pequenos grupos em matas inacessíveis; a articulação de grandes organizações supralocais, em contraposição à fragmentação política. Tal qual uma dança em que não é possível saber quem do par conduz o passo, esses modos não só expressam uma lógica dualista como parecem se retroalimentar em seu desequilíbrio; não apenas como um pêndulo diacrônico mas também em termos sincrônicos.

A *boa distância* pode, então, ser produzida pela conjugação simultânea e compartilhada de diferentes posições: dos Guarani que estão mais próximos e daqueles que estão mais distantes do mundo *jurua*. Assim, as vantagens e as desvantagens de cada posição podem se equilibrar, somando benefícios e compensando

rentes trajetórias aí implicadas, conforme demonstra este trecho da fala da liderança Jera Poty, da TI Tenondé Porã: "E, assim como tem lideranças mais jovens, também tem atuação de lideranças mais experientes, que já viveram também toda a situação ruim de sempre ir atrás, esperar, sempre ter paciência e nada acontecer. Daí quando os mais velhos veem os mais jovens, os *xondaros* e as *xondarias* (guerreiros e guerreiras), dispostos a fazer outras coisas diferentes, então eles também não têm muita coisa pra perder. *E acontece uma somatória de pessoas que viveram em mundos diferentes, que tiveram coisas diferentes, em aldeias diferentes,* com a única necessidade de garantir um espaço mais correto pra se viver dignamente o nosso *nhandereko*" (Tupã *et. al.*, 2016, p. 790, grifo meu).

360. Vale lembrar do caso já citado de Cabeza de Vaca (1987 [1542], p. 159), um dado que demonstra que, mesmo em um passado longínquo, os Guarani circulavam por suas aldeias, transitando por vastidões territoriais: no início do século XVI, o colonizador espanhol encontra um Guarani cruzando o continente a partir de uma aldeia próxima a Assunção para visitar sua terra natal, no atual litoral catarinense.

malefícios. Essa combinação possibilita aos Guarani uma melhor eficácia, ao mobilizar diferentes distâncias e tempos,[361] para produzir o engano da esquiva de acordo com a necessidade, como um *xondaro* ao ser desafiado: "não estou aqui, estou ali; não estou mais ali, estou aqui novamente".

Algumas páginas atrás, ao comparar a experiência dos isolados *tapyi* nas matas argentinas do vale do Rio Cuña Piru, em Misiones, que resistem por meio de um xamanismo radical, chegamos à pergunta de como fariam, de como resistiriam os Guarani que estão nas populosas aldeias próximas a centros urbanos. Creio que as últimas reflexões sugeriram algumas respostas, que passam pela compreensão desses dois modos, desses múltiplos dois modos, como experiências de movimentos concomitantes e complementares, que se afetam mutuamente e produzem um ao outro. Um estar em dois lugares, ou ser duas coisas, ao mesmo tempo.

361. Acredito que seria possível estabelecer diversas conexões entre essas reflexões e as interessantes sugestões de Ramo, ao analisar dinâmicas espaço-temporais expressas em importantes elementos da cosmologia mbya: "o que há são alternâncias entre as direções do tempo, alternâncias entre o tempo novo e o tempo velho, as quais se entrecruzam com deslocamentos espaciais" (RAMO, Ana Maria. "Nos tempos antigos Nhanderu soube qual haveria de ser nosso futuro *teko*", *Revista de Antropologia*, v. 63, n. 1, 2020, p. 124). Mais adiante, a autora sintetiza a análise, dizendo se tratar de algo similar a "uma máquina anti-entrópica de supressão do tempo. E, no entanto, não se trataria tanto de suprimir a irreversibilidade do tempo entrópico, mas de conceber a possibilidade de existência de movimentos temporais multidimensionais, ou seja, que transcorrem em diversas direções e das interferências mútuas entre eles" (*Idem*, p. 133). Creio que são formulações aplicáveis às dinâmicas territoriais e políticas cuja descrição estamos vendo aqui.

FINAL DA RODA

Vamos ver, te explico, Sub: o Gato-cachorro é gato?, pois, não. É cachorro?, tampouco. Então não é nem uma coisa nem outra, então é outra coisa, é um gato-cachorro. Se mostro o Gato-cachorro para a assembleia, claramente vão ver que se tem que fazer outra coisa, que fiquem contentes ambos os dois mutuamente de acordo. (Defensa Zapatista)[362]

COMO NO MOVIMENTO DE UMA RODA de *xondaro*, no final, chegamos novamente ao início. Não só ao início do texto, à Introdução, mas também ao que remete o momento ali brevemente descrito: início de percursos que, depois transformados pelos Guarani, chegaram a estas páginas e para o qual agora brevemente retornamos, a fim de dialogar com o contexto de questões políticas que à época já se colocavam e ver quais caminhos a experiência guarani pode sugerir a elas.

Em alguma noite de 2007, num ônibus percorrendo as infinitas retas das planícies argentinas em direção aos contrafortes andinos, abro um livro, um presente de uma grande amiga que talvez já soubesse, bem antes de mim, que inícios e finais podem ser tão reversíveis quanto figura e fundo. Era a obra *Dispersar el poder: los movimientos como poderes antiestatales* [Dispersar o poder: os movimentos como poderes antiestatais], de Raúl Zibechi (2006). Em uma pesquisa sobretudo etnográfica, Zibechi descreve e analisa a jornada de lutas bolivianas no início dos anos 2000, por meio da qual foram derrubados dois presidentes em um período de apenas três anos,[363] e que mais tarde culminaria na

---

362. SUB GALEANO. "Próximo passo? II. O urgente e o importante", *Enlace Zapatista*, 3 jan. 2017. Disponível em: http://enlacezapatista.ezln.org.mx/2017/02/21/proximo-passo-ii-o-urgente-e-o-importante.

363. "Os poderes aymara não estatais nascem de territórios onde funcionam as máquinas comunitárias. Ou seja, mecanismos sociais que são desterritorializados e 'descomunalizados' para serem usados pela sociedade em movimento como formas não estatais de mobilização e de criação de espaços coletivos nos quais

eleição de Evo Morales, fato que, no entanto, não entra na lista de resultados elogiados pelo autor.

Espécie de refluxo estatal agindo na contramão da potência política indígena, a eleição de Evo e o Estado boliviano que se reformou a partir dela não deixaram de reproduzir, segundo Zibechi, os vícios daqueles que concentram poder no interior de um Estado forjado como ferramenta colonial. Trata-se de um ponto de vista crítico que, a despeito dos inegáveis e profundos avanços socioeconômicos do governo Morales, ecoou nos violentos conflitos opondo governo e povos indígenas que posteriormente eclodiram, gerados pela imposição de empreendimentos de cunho desenvolvimentista sobre territórios desses povos. É uma triste semelhança com o que ocorria na mesma época no Brasil, apontando que os governos progressistas na América do Sul, em diferentes graus, eram tributários de modelos econômicos que seguiam reproduzindo a lógica colonial exploratória da terra e dos povos ligados a ela. Trata-se de uma ponderação que, a meu ver, não deve ser esquecida, mesmo diante do que ocorreu no contexto do golpe da direita boliviana em 2019 e em outras ascensões reacionárias no continente.

O livro de Zibechi, além disso, enfatiza uma questão fundamental: se da mesma forma que, segundo Pierre Clastres, política não se limita a um sinônimo de poder coercitivo, a luta anticapitalista e, em certo sentido, a própria perspectiva política da esquerda não existem apenas segundo as formas e as lógicas ocidentais.

As mobilizações políticas dos Aymara nas periferias das grandes cidades bolivianas, conforme descritas por Zibechi, operavam de acordo com dinâmicas próprias, não subordinadas à tradição de lutas da esquerda europeia, mas extremamente eficazes contra os modos centralizados do exército estatal. Assim, as táticas de guerrilha indígena, entre outras coisas, emulavam

---

— para além dos discursos — funciona 'o mandar obedecendo'. Esses são os mecanismos que permitiram à sociedade aymara, e a outros setores sociais da Bolívia, desencadear mobilizações poderosas que derrubaram dois presidentes e derrotaram o projeto neoliberal, sem criar estruturas estatais" (Zibechi, 2006, p. 30).

afecções animais,[364] realizando movimentos caracterizados por surpreender, atacar e se dispersar antes que os lentos batalhões militares pudessem garantir retaliações. Esses movimentos, por sua vez, estruturavam-se segundo organizações internas que replicavam o cotidiano familiar e a divisão de tarefas comunitárias, fazendo com que não houvesse contradição entre a luta e a vida.

Em meio às análises, Zibechi faz uma aproximação teórica entre Pierre Clastres e Marx, contrariando a clássica cisão da esquerda de matriz europeia entre anarquismo e socialismo. O autor de *O capital* é evocado por meio de um conjunto pouco conhecido de correspondências com socialistas russos, chamado *O porvir da comuna rural russa*. Nesse diálogo, Marx (1980) atualiza suas formulações, esclarecendo que o modo de vida comunitário dos camponeses russos não teria que ser suplantado por um processo de proletarização ou qualquer estágio associado a um etapismo histórico como panaceia à emancipação socialista — ao contrário, era nesse mesmo modo de vida comunitário que os socialistas deveriam buscar a inspiração, as formas relacionais e os elementos que contribuiriam para a superação do capitalismo.

A aproximação teórica entre esses dois célebres autores aparece também como uma das linhas condutoras do livro de Jean Tible (2018), *Marx selvagem*, que, além disso, explora como o pensamento marxiano, a exemplo do que foi citado anteriormente, atualizava-se de acordo com uma relação etnográfica com as lutas sociais. Seja por meio da leitura da etnografia de Lewis Morgan sobre os Iroqueses norte-americanos; dos embates jurídicos que seguiu como jornalista da *Gazeta Renana*, que culminaram na

---

364. "[...] os 'planos' que o movimento usou, ou imaginou, para se defender e atacar: pulgas, *sikititi, taraxchi* e *wayronko*, entre os mais proeminentes. Em suma, o plano pulga é uma maneira de bloquear estradas ou ruas à noite, rapidamente e retirando-se instantaneamente, semelhante à picada de pulgas: milhares em lugares diferentes e simultaneamente. O plano de *wayronko* (besouro terrestre) consiste em 'marchas e bloqueios relâmpago para distrair as forças repressivas', sem rota ou plano prévio, como o voo do besouro, que parece não ter uma direção previsível. No plano *sikititi* (formiga vermelha), as comunidades marcham 'em fila'; finalmente, o plano *taraxchi* é a massiva mobilização para estrangular as cidades" (Zibechi, 2006, p. 83).

proibição estatal da coleta livre de lenha pelos camponeses; ou ainda ao acompanhar o desenrolar das lutas anticoloniais, que demonstraram sua fundamental importância em face do caráter reacionário do imperialismo, Tible demonstra como Marx incorporava o ponto de vista desses sujeitos outros para desenvolver suas análises e formulações teóricas. Creio que essa é uma das leituras mais interessantes do livro de Tible: Marx como antropólogo. Isto é, o princípio de *levar a sério a luta dos outros* — e as relações que estão aí imbricadas — é fundamental para o desenvolvimento da obra de Marx, apesar de tão negligenciado em algumas correntes do marxismo, cristalizadas em doutrinas.

Não se trata aqui de promover revisionismos, corrigir interpretações ou reabilitar programas políticos, menos ainda de sustentar um olhar puramente empirista, mas simplesmente de atentar para a importância do que se pode apreender por meio dos modos dos outros de agir politicamente. Dessa maneira, as distintas formas de lidar com o poder são capazes de revelar nossas próprias incapacidades não manifestas, aquilo que em nós, politicamente, gira em falso.

Ao longo destas páginas, vimos como os movimentos guarani, principalmente a esquiva, constituem um modo eficaz de lidar com o poder, operando a incorporação parcial da alteridade sem se deixar submeter a ela, produzindo diferenciações constantes. A eficácia dessas boas distâncias, atualizações e variações contrastantes e concomitantes sugerem, nas palavras de Sztutman (2012, p. 495), que "a maquinaria social indígena tem na inconstância uma importante arma cognitiva e política".

A incapacidade de usar positivamente essa inconstância parece ser algo recente na história humana, uma anomalia transformada em padrão, que se manifesta num modo único de agir politicamente, fixando-se apenas no polo da identidade, de forma exclusiva. Eis um exemplo: ou se busca a política somente como antiestado e sua hierarquia; ou se adere à opção majoritária da forma estatal, daqueles que continuamente prestam reverência ao ideal do *Um*, de que falava Pierre Clastres. Ou um, ou outro. Dessa maneira, esses dois segmentos antagônicos da política ocidental contemporânea seguem não modos dinâmicos, como a guerra ou a esquiva indígenas — meios de perpetuar a oposição reprodutora do *socius*, uma profícua e pendular tensão entre identidade e alteridade, interior e exterior, centralização e dispersão —, mas sim princípios idealistas, que tendem a se cristalizar e anular as relações de alteridade nos modos de se agir politicamente.[365]

Já os Guarani são os dois ao mesmo tempo:

> Nas palavras do karai mbyá que nos foram transmitidas por [Pierre] Clastres, o Um é o Mal, a imperfeição, a finitude, a incompletude. Todo "Um", finalmente, é recusado pelo pensamento ameríndio, na medida em que este opera na relação entre "Um" e "não Um", o que acarretaria uma "recusa radical" (Clastres, 2003, p. 233), sim, mas consistentemente dupla. Trata-se de recusar tanto a "divisão" quanto a "não divisão", e não caberia afirmar, como o fazia Clastres, que se recusa o "poder" em nome da "liberdade" ou a "hierarquia" em nome da "igualdade". Trata-se de mover-se no espaço-relação entre os polos, sem jamais fixar-se num deles, o que equivaleria a resolver (abolir) a diferença pela identidade. "Nem identidade nem contradição, mas recusa propriamente: recusa de escolher, promovendo uma inquietude ontológica", como diz Viveiros de Castro a respeito dos Araweté. [...] *Escolheram não escolher*. De modo que em seus mundos tudo é dois, porque tudo é relação e dois é condição, necessária e suficiente, de relação.[366]

Apesar de Clastres ter sido um dos primeiros a sintetizar a radicalidade das concepções guarani, "da potência secreta que pode silenciosamente enunciar que isto é isto e ao mesmo tempo aquilo, que os Guarani são homens e ao mesmo tempo deuses" (2003 [1974], p. 188), ele frequentemente flertava com concepções

---

365. No âmbito da prática política, é como se, em contraste com essa generalização ocidental, os Guarani e os indígenas em geral fossem mais dialéticos — para usar um termo caro a esse debate.

366. PERRONE-MOISÉS, Beatriz. "Bons chefes, maus chefes, chefões: elementos de filosofia política ameríndia", *Revista de Antropologia*, v. 54, n. 2, 2011, p. 868, 872 (grifo meu).

de uma temporalidade linear, que via na emergência das formas estatais e centralizadas de política um caminho sem volta. Ele seguia pensando em tal problema de maneira demasiadamente próxima à filosofia quinhentista de Étienne de La Boétie (Clastres, 2004 [1980], p. 108) e do mau encontro: o fatídico momento em que um povo abraça a desigualdade política da servidão voluntária como modo preponderante e irreversível em suas relações.

A variedade de ações políticas ameríndias que a etnologia recente nos apresenta,[367] e que vimos aqui especialmente entre os Guarani, é constituída por diferentes vetores, tanto estatais como contraestatais, que promovem pulsações pendulares e a coexistência de diferentes modos de relação, diferentes temporalidades, que não apontam para uma única e necessária direção de mudança nos modos de se viver coletivamente.

Também a arqueologia recente tem sugerido questões similares. Graeber e Wengrow apontam que a crença comum de que a história humana é uma progressão necessária de coletivos menores e mais igualitários rumo a sociedades mais complexas, desiguais e hierárquicas, além de ser falsa, tem um resultado nefasto. O que ela faz é justamente nos roubar a imaginação política,[368] levando-nos a acreditar que não há alternativa para além de aceitar a coerção dos poderes políticos centralizados, e o estatuto de sua desigualdade estável entre dominantes e dominados.

> Evidências arqueológicas sugerem que, nos ambientes altamente sazonais [da Eurásia] da última Idade do Gelo, nossos antepassados remotos se comportavam de formas bastante próximas: deslocando-se entre arranjos sociais alternativos, permitindo o surgimento de estruturas autoritárias durante certas épocas do ano, com a condição de que elas não podiam

367. Especialmente reunidas e analisadas em Sztutman (2012).

368. Não seria essa uma possível leitura da famosa fala do xamã e liderança yanomami Davi Kopenawa, "os brancos não sonham tão longe quanto nós. Dormem muito, mas só sonham consigo mesmos" (Kopenawa & Albert, 2015, p. 390)? Ou seja, essa falta de imaginação de se viver de outro modo, para além desse progresso desigual e falsamente necessário, é a marca desse pensamento dos brancos, como diz Kopenawa, tão "obstruído".

durar, no entendimento de que nenhuma ordem social específica era fixa ou imutável. Dentro da mesma população, podia-se viver às vezes, no que parece à distância, um bando, às vezes numa tribo e às vezes numa sociedade com muitas das características que agora identificamos com os Estados. Junto com tal flexibilidade institucional vem a capacidade de transpor os limites de qualquer estrutura social dada e refletir, tanto para fazer como para desfazer os mundos políticos em que vivemos.[369]

Essas variações sazonais revelam, portanto, que desde um passado remoto os grupos humanos viviam modos e escalas de relações contrastantes e complementares em diferentes estações do ano, possibilitando que as pessoas experimentassem, reconhecessem e pudessem produzir modos distintos de existir nas relações com os demais, não sendo reféns de uma única possibilidade de se viver, como o mundo capitalista e sua ideologia do progresso querem nos fazer crer atualmente.

O que os Guarani parecem nos sugerir como potência política é justamente a implosão da lógica linear das noções de etapismo, evolucionismo e congêneres, e suas oposições excludentes, em que ou se é uma coisa ou se é outra,[370] tudo um de cada vez e

369. GRAEBER, David & WENGROW, David. "How to change the course of human history (at least, the part that's already happened)" [Como mudar o rumo da história humana (ao menos a parte que já aconteceu)], *Eurozine*, 2 mar. 2018. Disponível em: https://www.eurozine.com/change-course-human-history/.

370. Ou podemos dizer também, como admiravelmente exemplificado em um comunicado zapatista, a opção excludente entre "o urgente e o importante". Diante de um impasse entre usar um determinado espaço como campo de futebol (importante) ou como uma área de plantio para a população da comunidade que subitamente havia aumentado (urgente), a menina, Defensa Zapatista, coloca-se na tarefa de convencer a assembleia comunitária que uma coisa não poderia excluir a outra. Para tanto, ela busca inspiração em uma conversa com Subcomandante Galeano, que, por sua vez, resgata escritos do finado Subcomandante Marcos: "os povos originários, desde séculos, todo o tempo fazem ao mesmo tempo as duas coisas, o urgente e o importante. O urgente é sobreviver, ou seja, não morrer, e o importante é viver. E o resolvem com resistência e rebeldia, ou seja, resistem a morrer e ao mesmo tempo criam, com a rebeldia, outra forma de viver" (SUB

numa progressão ou regressão necessária, o que nos aprisionaria num único, homogêneo e fatal modo de existência. É essa implosão que podem fazer os pensamentos e práticas selvagens de tantos povos e tradições, inclusive a marxista:[371] fazer conviverem diferentes espaços e tempos.

Num pêndulo diacrônico ou numa coexistência sincrônica, ou seja, variando nos tempos das estações e ciclos ou nas simultâneas e distintas ocupações dos territórios, os Guarani mostram como abraçar a variação nas possibilidades de se viver politicamente — de se criar e dissolver coletivos — é uma solução muito mais eficaz contra a profunda e perpétua desigualdade produzida pelas forças coercitivas do Estado e outras centralizações políticas do que lutar pelo éden perdido da pré-servidão voluntária, ou ainda o resignar-se à administração do deserto político no capitalismo. Nem um nem outro: não escolher e manter o inimigo a uma *boa distância*. Em uma conformação astuciosa, os Guarani desarmam o poder de extermínio de seus algozes, pois não estão em única posição ou são uma única coisa ao mesmo tempo. Eis a arte da esquiva.

GALEANO. "Próximo passo? II. O urgente e o importante", *op. cit.*). Os comunicados zapatistas são notáveis em sua originalidade ao abordar temas caros à luta no sudeste mexicano, coisa que o fazem de tal maneira que é de difícil classificação, entre humor, mitologia e estratégias militares. Há um outro comunicado que possui um conto ("História da espada, da árvore, da pedra e da água") que acredito também dialogar com as abordagens que vimos aqui, caracterizando a resistência indígena pela confrontação astuciosa e de longo prazo, como água do rio que supera o poder da espada: "'Assim fizeram nossos avós, diz o velho Antonio. Eles resistiram como a água resiste aos golpes mais violentos. O estrangeiro chegou com sua força, afugentou os fracos, acreditou que vencera e ao mesmo tempo foi envelhecendo e se enferrujando. O estrangeiro acabou em um canto cheio de tristeza e sem entender por que, se venceu, estava perdido.' O velho Antonio volta a acender o cachimbo e a lenha da fogueira e acrescenta: 'Foi assim que nossos maiores e mais sábios avós venceram a grande guerra contra o estrangeiro. O estrangeiro se foi. Nós aqui estamos, como a água do riacho continuamos caminhando para o rio que nos levará à grande água, onde curam a sede os maiores deuses, aqueles que nasceram o mundo, os primeiros'" ("Y después de la Consulta qué. La história de la espada, el árbol, la piedra y el agua", *Enlace Zapatista*, 29 set. 1995. Disponível em: https://enlacezapatista.ezln.org.mx/1995/09/29/y-despues-de-la-consulta-que-la-historia-de-la-espada-el-arbol-la-piedra-y-el-agua/).

371. Como sugerido nas abordagens citadas de Zibechi (2006) e Tible (2018).

Termino, assim, as reflexões que compõem esta etnografia feita com base no encontro com os Guarani Mbya e seus movimentos. São reflexões que, certamente, estão longe de alcançar a riqueza dos pensamentos e ações que tive a feliz oportunidade de testemunhar e compartilhar um pouco, e sobre as quais muito ainda se poderia pensar — mais e melhor. De minha parte e por ora, como dizem durante os rituais na *opy*, "já está bom". *Ha'eve'i ko*.

Créditos das imagens

p. 8-9
Foto: acervo do autor,
São Sebastião (SP), 2012.

p. 10
Foto: João Claudio Sena,
São Paulo (SP), 2013.

p. 44
Fonte: Mapa Guarani Digital.
Disponível em: https://
guarani.map.as.

p. 60
Foto: Joana Cabral de
Oliveira, *tekoa* Tenonde Porã
(SP), 2012.

Foto: acervo do autor, *tekoa*
Piraí (SC), 2013.

p. 61
Foto: Vinícius Toro, *tekoa*
Tenonde Porã (SP), 2012.

Foto: acervo do autor, *tekoa*
Boa Vista (SP), 2013.

p. 92
Foto: Wera Alexandre, *tekoa*
Ko'ẽju (RS), 2013.

Foto: Wera Alexandre, *tekoa*
Ko'ẽju (RS), 2013.

Foto: Wera Alexandre, *tekoa*
Tenonde Porã (SP), 2012.

Foto: acervo do autor, *tekoa*
Ytu (SP), 2014.

p. 93
Foto: Arquivo Tenonde Porã,
tekoa Tenonde Porã (SP), 2012.

Foto: Jan-Arthur Eckart,
tekoa Tenonde Porã (SP), 2012.

Foto: Wera Alexandre, *tekoa*
Ko'ẽju (RS), 2013.

Foto: acervo do autor, *tekoa*
Boa Vista (SP), 2013.

p. 112
Foto: Vinícius Toro, *tekoa*
Ytu (SP), 2015.

p. 113
Foto: Vinícius Toro, *tekoa*
Tenonde Porã (SP), 2012.

p. 148
Fonte: Associação Cultural
dos Realizadores Indígenas,
2013.

p. 156
Fonte: Lucas Keese &
Bruna Keese, 2020.

p. 207
Foto: Vinícius Toro, *tekoa*
Tenonde Porã (SP), 2012.

p. 208-9
Foto: Wera Alexandre, *tekoa*
Ko'ẽju (RS), 2013.

p. 234
Foto: acervo do autor,
São Paulo (SP), 2013.

p. 241
Foto: Rafael Nakamura, *tekoa*
Tenonde Porã (SP), 2016.

p. 242
Foto: Wera Alexandre, *tekoa*
Ko'ẽju (RS), 2013.

p. 243
Foto: Bartolomeu Melià,
Portrero Guasú (Paraguai),
1973. Fonte: Melià (2011).

Foto: Wera Alexandre, *tekoa*
Ko'ẽju (RS), 2013.

p. 353
Foto: Wera Alexandre, *tekoa*
Ko'ẽju (RS), 2013.

p. 354-5
Fotomontagem elaborada
pelo autor. Foto original:
Jan-Arthur Eckart, *tekoa*
Tenonde Porã (SP), 2012.

p. 356
Foto: Eduardo Joly, *tekoa*
Tenonde Porã (SP), 2012.

Foto: Eduardo Joly, *tekoa*
Tenonde Porã (SP), 2012.

p. 357
Foto: acervo do autor,
São Paulo (SP), 2013.

p. 358-9
Foto: Arquivo Comissão
Guarani Yvyrupa, São Paulo
(SP), 2013.

p. 359
Foto: Gabriela Moncau,
São Paulo (SP), 2013.

p. 360
Foto: Gabriela Moncau,
São Paulo (SP), 2013.

p. 360-1
Foto: Rafael Nakamura,
São Paulo (SP), 2014.

p. 362
Foto: acervo do autor,
São Paulo (SP), 2013.

p. 362-3
Foto: Evaristo Sá/AFP,
Brasília (DF), 2014.

p. 364
Foto: Vinícius Toro,
São Paulo (SP), 2014.

p. 365
Foto: Luiz Pires, São Paulo
(SP), 2014.

p. 366
Foto: Caio Campos,
São Paulo (SP), 2014.

p. 367
Foto: acervo do autor, *tekoa*
Kalipety (SP), 2014.

Foto: acervo do autor, *tekoa*
Tenonde Porã (SP), 2014.

p. 368
Foto: Luiza Calagian, São
Paulo (SP), 2016.

Foto: Daniel Pierri, *tekoa*
Kalipety (SP), 2013.

Foto: acervo do autor, *tekoa*
Kalipety (SP), 2014.

p. 381
Foto: Arquivo Comissão
Guarani Yvyrupa, São Paulo
(SP), 2014.

**p. 55-9, 63-91, 95-109,
117-173 (ímpares)**
Animação em *flipbook*
da dança do *xondaro*.
Ilustração: Vítor Flynn
Paciornik, 2016.

REFERÊNCIAS

ADORNO, Theodor & HORKHEIMER, Max (1985). *A dialética do esclarecimento*. Rio de Janeiro: Zahar.

AGUILERA, Domingo Adolfo (2010). "Prólogo". *In*: VILLAGRA MARSAL, Carlos; AGUILERA, Domingo Adolfo & ACOSTA, Feliciano (orgs.). *Perurima rekovekue — Aventuras de Perurimá*. Assunção: Servilibro [edição digital].

ALARCON, Daniela Fernandes (2019). *O retorno da terra: as retomadas na aldeia Tupinambá da Serra do Padeiro, sul da Bahia*. São Paulo: Elefante.

ALMEIDA, Mauro W. Barbosa de (2008). "A fórmula canônica do mito". *In*: QUEIROZ, Ruben Caixeta de & NOBRE, Renarde Freire (orgs.). *Lévi-Strauss: leituras brasileiras*. Belo Horizonte: Editora UFMG, p. 147-82.

AZARA, Félix de (2002 [1847]). *Descripción e historia del Paraguay y del Río de la Plata*. Alicante: Biblioteca Virtual Miguel de Cervantes. Disponível em: http://www.cervantesvirtual.com/obra-visor/descripcion-e-historia-del-paraguay-y-del-rio-de-la-plata--o/html/ff6cca86-82b1-11df-acc7-002185ce6064_6.html.

BENJAMIN, Walter (2012). "Sobre o conceito da história". *In*: BENJAMIN, Walter. *O anjo da história*. Belo Horizonte: Autêntica, p. 7-21.

BERTHO, Ângela Maria de Moraes (2005). *Os índios Guarani da Serra do Tabuleiro e a conservação da natureza (uma perspectiva etnoambiental)*. Tese (Doutorado Interdisciplinar em Ciências Humanas) — Centro de Filosofia e Ciências Humanas, Universidade Federal de Santa Catarina, Florianópolis.

BERTONI, Moisés Santiago (1920). *Aperçue ethnographique préliminaire du Paraguay Oriental & du Haut Parana: égard surtout aux nations ou partialités indiennes les moins connues. Mémoire présenté au Congrès des Américanistes de Rio de Janeiro*. Puerto Bertoni: Imprenta y Edición Ex Sylvis.

BERTONI, Moisés Santiago (1922). *La civilización Guaraní. Parte I: Etnologia: origen, extensión y cultura de la raza Karaí-Guaraní y protohistoria de los Guaraníes*. Puerto Bertoni: Imprenta y Edición Ex Sylvis.

BOBBIO, Norberto; MATTEUCCI, Nicola & PASQUINO, Gianfranco (1998). *Dicionário de política*, v. 1. Brasília, DF: Editora UNB.

BOGADO, Marcelo (2018). "Cacique Guairá y cacique Paragua: la versión Guaraní del mestizaje y la resistencia indígena". *In*: CANALES TAPIA, Pedro (org.). *El pensamiento y la lucha: los pueblos indígenas en América Latina: organización y discusiones con trascendencia*. Santiago: Ariadna Ediciones, p. 63-86.

BRASIL. Ministério da Saúde. Secretaria de Saúde Indígena (2020). Resposta a pedido de informação nº 25820003434202091. Sistema de Informação da Atenção à Saúde Indígena. Brasília, DF, 24 abr.

CABEZA DE VACA, Alvar Núñez (1987 [1542]). *Naufrágios & comentários*. Porto Alegre: L&PM.

CABRAL DE OLIVEIRA, Joana (2012). *Entre plantas e palavras: modos de constituição de saberes entre os Wajãpi (AP)*. Tese (Doutorado em Antropologia Social) — Faculdade de Filosofia, Letras e Ciências Humanas, Universidade de São Paulo, São Paulo.

CABRAL DE OLIVEIRA, Joana; KEESE DOS SANTOS, Lucas (2015). "'Perguntas demais': multiplicidades de modos de conhecer em uma experiência de formação de pesquisadores guarani mbya". *In*: CARNEIRO DA CUNHA, Manuela & CESARINO, Pedro de Niemeyer (orgs.). *Políticas culturais e povos indígenas*. São Paulo: Unesp, p. 113-33.

CADOGAN, León (1971). *Ywyra Ñe'ery: fluye del árbol la palabra*. Assunção: Centro de Estudios Antropológicos de la Universidad Católica "Nuestra Señora de Asunción".

CADOGAN, León (1992). *Diccionario mbya-guaraní castellano*. Assunção: Fundación León Cadogan / Ceaduc / Cepag.

CADOGAN, León (1997 [1959]). *Ayvu Rapyta: textos míticos de los Mbyá-Guaraní del Guairá*. Assunção: Fundación León Cadogan / Ceaduc / Cepag.

CADOGAN, León (1998 [1948]). *Gua'i rataypy: fragmentos del folklore guaireño*. Assunção: Fundación León Cadogan / Cepag. Disponível em: http://www.portalguarani.com/793_leon_cadogan/16330_guai_rataypy__fragmentos_del_folklore_guairenopor_leon_cadogan.html.

CÂMARA CASCUDO, Luís da (2005 [1954]). *Dicionário do folclore brasileiro*. Rio de Janeiro: Ediouro.

CARNEIRO DA CUNHA, Manuela (2009 [1981]). *Cultura com aspas.* São Paulo: Cosac Naify.

CENTRO DE TRABALHO INDIGENISTA (2015). *Atlas das terras guarani no Sul e Sudeste do Brasil.* São Paulo: CTI. Disponível em: http:// bd.trabalhoindigenista.org.br/livro/atlas-das-terras-guarani-no-sul-e-sudeste-do-brasil-2015.

CHAMORRO, Graciela (2008). *Terra madura, Yvy Araguyje: fundamentos da palavra guarani.* Dourados: Editora UFGD.

CICCARONE, Celeste (2001). *Drama e sensibilidade: migração, xamanismo e mulheres Mbya Guarani.* Tese (Doutorado em Ciências Sociais) — Faculdade de Ciências Sociais, Pontifícia Universidade Católica de São Paulo, São Paulo.

CLASTRES, Hélène (1978). *A terra sem mal.* São Paulo: Brasiliense.

CLASTRES, Pierre (1990 [1974]). *A fala sagrada: mitos e cantos sagrados dos índios Guarani.* Campinas: Papirus.

CLASTRES, Pierre (1995 [1972]). *Crônica dos índios Guayaki: o que sabem os Aché, caçadores nômades do Paraguai.* São Paulo: Editora 34.

CLASTRES, Pierre (2003 [1974]). *A sociedade contra o Estado.* São Paulo: Cosac Naify.

CLASTRES, Pierre (2004 [1980]). *A arqueologia da violência.* São Paulo: Cosac Naify.

CRUZ, Joziane de Azevedo (2012). *Ñembosarai pegua mitã Kaiowá: brincadeira de criança Kaiowá.* Trabalho de conclusão de curso (Ciências Sociais) — Faculdade de Ciências Humanas, Universidade Federal da Grande Dourados, Dourados.

DELEUZE, Gilles & GUATTARI, Félix (1997a [1980]). *Mil platôs: capitalismo e esquizofrenia*, v. 4. São Paulo: Editora 34.

DELEUZE, Gilles & GUATTARI, Félix (1997b [1980]). *Mil platôs: capitalismo e esquizofrenia*, v. 5. São Paulo: Editora 34.

DELEUZE, Gilles & GUATTARI, Félix (2010 [1972]). *O anti-Édipo.* São Paulo: Editora 34.

DOBRIZHOFFER, Martin (1967 [1783]). *Historia de los Abipones i: resistência.* Corrientes: Universidad Nacional del Nordeste / Facultad de Humanidades. Disponível em: http://www.portalguarani. com/1673_martin_dobrizhoffer/13483_de_los_barbaros_que_ yo_descubri_en_mbaevera_padre_martin_dobrizhoffer_.html.

DOOLEY, Robert A. (2016). *Léxico guarani, dialeto mbya: guarani-português*. Anápolis: Associação Internacional de Linguística — SIL Brasil. Disponível em: https://www.sil.org/system/files/ reapdata/15/14/93/15149335213719153627410360476700950 4463/ LexicoGuarani_Guarani_Portugues_08_2016.pdf.

EDELWEISS, Frederico G. (1969). *Estudos tupi e tupi-guaranis: confrontos e revisões*. Rio de Janeiro: Livraria Brasiliana.

EQUIPE MAPA GUARANI CONTINENTAL (2016). *Caderno do Mapa Guarani Continental: povos Guarani na Argentina, Bolívia, Brasil e Paraguai*. Campo Grande: Conselho Indigenista Missionário.

FARIA, Camila Salles de (2016). *A luta Guarani pela terra na metrópole paulistana: contradições entre a propriedade privada capitalista e a apropriação indígena*. Tese (Doutorado) – Faculdade de Filosofia, Letras e Ciências Humanas da Universidade de São Paulo, São Paulo.

FAUSTO, Carlos (2001). *Inimigos fiéis: história, guerra e xamanismo na Amazônia*. São Paulo: Edusp.

FERNANDES, Florestan (2006 [1951]). *A função social da guerra na sociedade Tupinambá*. São Paulo: Globo.

FERRERAS, Juan de (1716). *Historia de España: parte tercera*. Madri: Imprenta de Francisco de el Hierro.

GALLOIS, Dominique Tilkin (1988). *Movimento na cosmologia Wajãpi: criação, expansão e transformação do universo*. Tese (Doutorado em Antropologia Social) — Faculdade de Filosofia, Letras e Ciências Humanas, Universidade de São Paulo, São Paulo.

GARLET, Ivori José (1997). *Mobilidade mbyá: história e significação*. Dissertação (Mestrado em História) — Escola de Humanidades, Pontifícia Universidade Católica do Rio Grande do Sul, Porto Alegre.

GOLDMAN, Márcio (2006). *Como funciona a democracia: uma teoria etnográfica da política*. Rio de Janeiro: 7Letras.

GRÜNBERG, Georg & MELIÀ, Bartomeu (2008). *Guarani Retã 2008: povos guarani na fronteira Argentina, Brasil e Paraguai*. São Paulo: Centro de Trabalho Indigenista.

GUARANIA, Felix de (2010). *Guaraní kuaareta: ñe'ẽ ypy rechauka ñe'ẽ rekokatu kuaá: Enciclopedia diccionario etimológico-gramatical*. Assunção: Fondec.

GUARANIA, Felix de (2012) *Perurima Ha Vyrorima Rekoasakue*. Assunção: Fondec.

HEURICH, Guilherme Orlandini (2011). *Outras alegrias: parentesco e festas mbya*. Dissertação (Mestrado em Antropologia Social) — Museu Nacional, Universidade Federal do Rio de Janeiro, Rio de Janeiro.

KANGUÁ, Verá & POTY, Papa Mirĩ (2003). *A vida do Sol na Terra: Kuaray'i ywy rupáre oiko'i ague*. São Paulo: Anhembi Morumbi.

KEESE DOS SANTOS, Lucas & OLIVEIRA, José Eduardo (orgs.) (2020). *Os agricultores guarani e a atual produção agrícola na Terra Indígena Tenondé Porã, Município de São Paulo*. São Paulo: Prefeitura de São Paulo / Secretaria Municipal de Desenvolvimento Urbano [livro eletrônico].

KLEIN, Tatiane Maíra (2013). *Práticas midiáticas e redes de relação entre os Kaiowá e Guarani em Mato Grosso do Sul*. Dissertação (Mestrado em Antropologia Social) — Faculdade de Filosofia, Letras e Ciências Humanas, Universidade de São Paulo, São Paulo.

KOCH-GRÜNBERG, Theodor (1924). *Vom Roraima zum Orinoco*, v. 2. Berlim: Dietrich Reimer (Ernest Vohsen).

KOPENAWA, Davi & ALBERT, Bruce. (2015). *A queda do céu: palavras de um xamã yanomami*. São Paulo: Companhia das Letras.

LADEIRA, Maria Inês (2006). "Depois da migração, o reencontro". *In*: RICARDO, Beto & RICARDO, Fany (orgs.). *Povos indígenas no Brasil: 2001/2005*. São Paulo: Instituto Socioambiental, p. 519-20.

LADEIRA, Maria Inês (2007 [1992]). *O caminhar sob a luz: território mbya à beira do oceano*. São Paulo: Editora Unesp / Fapesp.

LADEIRA, Maria Inês (2008). *Espaço geográfico Guarani-Mbya: significado, constituição e uso*. São Paulo: Edusp.

LATOUR, Bruno. (1994). *Jamais fomos modernos: ensaio de antropologia simétrica*. São Paulo: Editora 34.

LATOUR, Bruno & WEIBEL, Peter (orgs.) (2005). *Making things public: atmospheres of democracy*. Cambridge: MIT Press.

LEHNER, Beate (2005). *Los Pueblos Guarani del Paraguay Oriental*. Assunção: [s.n.]. Disponível em: http://guarani.roguata.com/sites/default/files/text/file/uid110/lehnerlospueblosguarani delaregionorientalpy.pdf.

LÉVI-STRAUSS, Claude (1993 [1991]). *História de Lince*. São Paulo: Companhia das Letras.

LÉVI-STRAUSS, Claude (2006 [1968]). *Mitológicas III: a origem dos modos à mesa*. São Paulo: Cosac Naify.

LITAIFF, Aldo (1999). *Les Fils du soleil: mythes et pratiques des indiens Mbya-guarani du littoral du Brésil*. Tese (Doutorado em Antropologia) — Faculté des arts et des sciences, Université de Montréal, Montréal.

MACEDO, Valéria (2009). *Nexos da diferença: cultura e afecção em uma aldeia Guarani na Serra do Mar*. Tese (Doutorado em Antropologia Social) — Faculdade de Filosofia, Letras e Ciências Humanas, Universidade de São Paulo, São Paulo.

MACEDO, Valéria (2019). "O mundéu do mundo: predação e troca nas relações com os brancos". *In*: GALLOIS, Dominique Tilkin & MACEDO, Valéria (orgs.). *Nas redes guarani: saberes, traduções e transformações*, v. 1. São Paulo: Hedra, p. 243-49.

MACHADO, Roberto (1990). *Deleuze e a filosofia*. Rio de Janeiro: Graal.

MARX, Karl (1980). *El porvenir de la comuna rural rusa*. Cidade do México: PyP.

MELATTI, Julio Cezar (2010). *Outras versões de mitos craôs*. Brasília, DF: [s.n.]. Disponível em: http://www.juliomelatti.pro.br/crao dados/craomitos.pdf.

MELIÀ, Bartomeu (2011). *Mundo guaraní*. Assunção: Servilibro.

MELLO, Flávia Cristina de (2006). *Aetchá Nhanderukuery Karai Retarã: entre deuses e animais: xamanismo, parentesco e transformação entre os Chiripá e Mbyá Guarani*. Tese (Doutorado em Antropologia Social) — Centro de Filosofia e Ciências Humanas, Universidade Federal de Santa Catarina, Florianópolis.

MENDES, Mara Souza Ribeiro (2006). *Xondaro: uma etnografia do mito e da dança guarani como linguagem étnicas*. Dissertação (Mestrado em Ciências da Linguagem) — Universidade do Sul de Santa Catarina, Palhoça.

MIMICA, Jadran (1988). *Intimations of infinity: the mythopoeia of the Iqwaye counting system and number*. Oxford: Berg.

MONTARDO, Deise Lucy Oliveira (2002). *Através do mbaraka: música e xamanismo guarani*. Tese (Doutorado em Antropologia

Social) — Faculdade de Filosofia, Letras e Ciências Humanas, Universidade de São Paulo, São Paulo.

MONTEIRO, John Manuel (1992). "Os Guarani e a história do Brasil meridional: séculos XVI-XVII". *In*: CUNHA, Manuela Carneiro da (org.). *História dos índios no Brasil*. São Paulo: Companhia das Letras, p. 475-98.

MONTEIRO, John Manuel (1994). *Negros da terra: índios e bandeirantes nas origens de São Paulo*. São Paulo: Companhia das Letras.

MONTOYA, P. Antonio Ruiz de (1876). *Vocabulário y tesoro de la lengua guarani, ó mas bien Tupi*. Viena/Paris: Faesy y Frick/ Maisonneuve y Cia.

MORAIS, Bruno Martins (2017). *Do corpo ao pó: crônicas da territorialidade Kaiowá e Guarani nas adjacências da morte*. São Paulo: Elefante.

NIMUENDAJU, Curt (1987 [1914]). *As lendas da criação e destruição do mundo como fundamentos da religião dos Apapocúva-Guarani*. São Paulo: Hucitec/Edusp.

PACIORNIK, Vitor Flynn (2016). *Xondaro*. São Paulo: Elefante.

PACKER, Ian (2013). *Violações dos direitos humanos e territoriais dos Guarani no Oeste do Paraná (1946-1988): subsídios para a Comissão Nacional da Verdade*. São Paulo: Centro de Trabalho Indigenista. Disponível em: https://biblioteca.trabalho indigenista.org.br/documentos/violacoes-dos-direitos-humanos-e-territoriais-dos-guarani-no-oeste-do-parana-1946-1988-subsidios-para-a-comissao-nacional-da-verdade/.

PAULA, Camila Galan de (2015). *Num mundo de muitos corpos: um estudo sobre objetos e vestimentas entre os Wajãpi no Amapá*. Dissertação (Mestrado em Antropologia Social) — Faculdade de Filosofia, Letras e Ciências Humanas, Universidade de São Paulo, São Paulo.

PEREIRA, Vicente Cretton (2014). *Aqueles que não vemos: etnografia das relações de alteridade entre os Mbya Guarani*. Tese (Doutorado em Antropologia) — Instituto de Filosofia e Ciências Humanas, Universidade Federal Fluminense, Niterói.

PERRONE-MOISÉS, Beatriz (2004). "Traduzir as Mitológicas". *In*: LÉVI-STRAUSS, Claude. *Mitológicas I: O cru e o cozido*. São Paulo: Cosac Naify, p. 5-14.

PERRONE-MOISÉS, Beatriz (2018). *Festa e guerra*. Tese (Livre docência em Etnologia Ameríndia) — Faculdade de Filosofia, Letras e Ciências Humanas, Universidade de São Paulo, São Paulo.

PIERRI, Daniel Calazans (2018). *O perecível e o imperecível: reflexões guarani mbya sobre a existência*. São Paulo: Elefante.

PIERRI, Daniel Calazans (2019). "A caminho do Sol: cosmografias guarani". *In*: GALLOIS, Dominique Tilkin & MACEDO, Valéria (orgs.). *Nas redes guarani: saberes, traduções e transformações*, v. 1. São Paulo: Hedra, p. 33-42.

PIMENTEL, Spensy Kmitta (2012). *Elementos para uma teoria política kaiowá e guarani*. Tese (Doutorado em Antropologia Social) — Faculdade de Filosofia, Letras e Ciências Humanas, Universidade de São Paulo, São Paulo.

PIMENTEL, Spensy Kmitta; PIERRI, Daniel Calazans & BELLENZANI, Maria Lúcia Ramos (2012). *Relatório de identificação e delimitação da Terra Indígena Tenondé Porã*. Brasília, DF: Fundação Nacional do Índio.

PISSOLATO, Elizabeth (2006). *A Duração da Pessoa: mobilidade, parentesco e xamanismo mbya (guarani)*. Tese (Doutorado em Antropologia Social) — Museu Nacional, Universidade Federal do Rio de Janeiro, Rio de Janeiro.

PRADELLA, Luis Gustavo Souza (2009). *Entre os seus e os outros: horizonte, mobilidade e cosmopolítica guarani*. Dissertação (Mestrado em Antropologia Social) — Instituto de Filosofia e Ciências Humanas, Universidade Federal do Rio Grande do Sul, Porto Alegre.

PRADO JR., Bento (2004 [1980]). "Lembranças e reflexões sobre Pierre Clastres" [entrevista realizada por Piero de Camargo Leirner e Luiz Henrique de Toledo]. *In*: CLASTRES, Pierre. *A arqueologia da violência*. São Paulo: Cosac Naify, p. 13-25.

PREZIA, Benedito (2008). *Os Tupi de Piratininga: acolhida, resistência e colaboração*. Tese (Doutorado em Etnologia Indígena) — Faculdade de Ciências Sociais, Pontifícia Universidade Católica de São Paulo, São Paulo.

RAMO Y AFFONSO, Ana Maria & PESQUISADORES GUARANI DE ALDEIAS DE SANTA CATARINA E PARANÁ (2015). *Guata Porã: belo caminhar*. São Paulo: Centro de Trabalho Indigenista /

Instituto do Patrimônio Histórico e Artístico Nacional / Comissão Guarani Yvyrupa.

RAMOS, Lorenzo; RAMOS, Benito; MARTÍNEZ, Antonio & MARTÍNEZ GAMBA, Carlos (1991 [1984]). *El canto resplandeciente — Ayvu rendy vera: plegarias de los mbyá-guaraní de Misiones*. Buenos Aires: Ediciones del Sol.

REAL ACADEMIA ESPAÑOLA ([2019]). *Diccionario de la lengua española*. Madri: RAE. Disponível em: http://dle.rae.es.

SAHLINS, Marshall (1990). *Ilhas de história*. Rio de Janeiro: Jorge Zahar.

SAIGNES, Thierry (2007). *Historia del pueblo chiriguano*. La Paz: Ifea / Embajada de Francia / Plural.

SANTOS, Augusto Ventura dos (2015). *Políticas afirmativas no ensino superior: estudo etnográfico de experiências indígenas em universidades do Mato Grosso do Sul (Terena e Kaiowá-Guarani)*. Dissertação (Mestrado em Antropologia Social) — Faculdade de Filosofia, Letras e Ciências Humanas, Universidade de São Paulo, São Paulo.

SÃO PAULO. Secretaria Municipal de Desenvolvimento Urbano (s.d.). *Histórico demográfico do município de São Paulo*. São Paulo: SMDU. Disponível em: http://smul.prefeitura.sp.gov.br/historico_demografico/introducao.php.

SCHADEN, Egon (1974). *Aspectos fundamentais da cultura Guarani*. São Paulo: Edusp.

SCHMIDEL, Ulrich (1836). *Viage al Río de La Plata y Paraguay*. Buenos Aires: Imprenta del Estado. Disponível em: www.gutenberg.org/etext/20401.

SEÁRA, Éliton Clayton Rufino (2012). *Movimentos e diálogos interculturais: um estudo da dança tchondaro dos Guarani da aldeia M'Biguaçu*. Dissertação (Mestrado em Educação) — Centro de Ciências da Educação, Universidade Federal de Santa Catarina, Florianópolis.

SERAGUZA, Lauriene (2013). *Cosmos, corpos e mulheres Kaiowá e Guarani: de Aña à Kuña*. Dissertação (Mestrado em Antropologia) — Faculdade de Ciências Humanas, Universidade Federal da Grande Dourados, Dourados.

SILVA, Evaldo Mendes da (2007). *Folhas ao vento: a micromobilidade de grupos Mbya e Nhandéva (Guarani) na Tríplice Fronteira*.

Tese (Doutorado em Antropologia Social) — Museu Nacional, Universidade Federal do Rio de Janeiro, Rio de Janeiro.

SILVESTRE, Célia Maria Foster (2011). *Entretempos: experiências de vida e resistência entre os Kaiowá e Guarani a partir de seus jovens*. Tese (Doutorado em Sociologia) — Faculdade de Ciências e Letras, Universidade Estadual Paulista "Júlio de Mesquita Filho", Araraquara.

SOARES, Olavo (2009). *O andarilho das Américas (Cabeza de Vaca)*. Ponta Grossa: UEPG.

SUSNIK, Branislava. (1965). *El indio colonial del Paraguay*. Assunção: Museo Etnográfico Andrés Barbeiro. Disponível em: http://www.portalguarani.com/965_%20branislava_susnik/9664_el_indio_colonial_del_paraguay_1965__obra_de_%20branislava_susnik.html.

SUSNIK, Branislava (1980). *Los aborigenes del Paraguay*, v. 2: *Etnohistoria de los Guaranies*. Assunção: Museo Etnográfico Andrés Barbeiro.

SUSNIK, Branislava (1990). *Guerra, transito, subsistencia: ámbito americano*. Assunção: Manuales del Museo Etnográfico Andrés Barbero.

SZTUTMAN, Renato (2012). *O profeta e o principal: a ação política ameríndia e seus personagens*. São Paulo: Edusp.

SZTUTMAN, Renato (2013). *Cosmopolíticas transversais: a proposta de Stengers e o mundo ameríndio*. Mimeo.

TESTA, Adriana Queiroz (2014). *Caminhos de saberes Guarani Mbya: modos de criar, crescer e comunicar*. Tese (Doutorado em Antropologia Social) — Faculdade de Filosofia, Letras e Ciências Humanas, Universidade de São Paulo, São Paulo.

THOMAZ DE ALMEIDA, Rubem (2001). *Do desenvolvimento comunitário à mobilização política: o projeto Kaiowa-Ñandeva como experiência antropológica*. Rio de Janeiro: Contra Capa.

TIBLE, Jean (2018). *Marx selvagem*. São Paulo: Autonomia Literária.

TUPÃ, Marcos; HOTIMSKY, Marcelo; POTY, Jera; GONÇALVES, Maurício; PEREIRA, Joel; KEREXU, Eunice & SOARES, Ilson (2016). "*Jaguata Joupive'i*: caminhando todos juntos". *In*: RICARDO, Beto & RICARDO, Fany (orgs.). *Povos indígenas no Brasil: 2011-2016*. São Paulo: Instituto Socioambiental, p. 789-93.

VIVEIROS DE CASTRO, Eduardo (1986). *Araweté: os deuses canibais.* Rio de Janeiro: Jorge Zahar.

VIVEIROS DE CASTRO, Eduardo (2002). *A inconstância da alma selvagem.* São Paulo: Cosac Naify.

WAGNER, Roy (1991). "The fractal person". *In:* GODELIER, Maurice & STRATHERN, Mary (orgs.). *Big men and great men: personifications of power in Melanesia.* Cambridge: Cambridge University Press, p. 159-73.

WAGNER, Roy (2010). *A invenção da cultura.* São Paulo: Cosac Naify.

XONDARO MBARAETE: a força do xondaro (2013). São Paulo: Centro de Trabalho Indigenista / Instituto do Patrimônio Histórico e Artístico Nacional / Comissão Guarani Yvyrupa.

ZIBECHI, Raúl (2006). *Dispersar el poder: los movimientos como poderes antiestatales.* Buenos Aires: Tinta Limón.

FILMOGRAFIA

A TODO POVO DE LUTA — RAP GUARANI MBYA (2015). Direção: Luiza Xaka Poty, Ruka Karai Xondaro, Vinícius Tupã Mirĩ. Produção: Comissão Guarani Yvyrupa. São Paulo: CGY. 1 DVD (4 min), son., color. Disponível em: www.youtube.com/watch?v=uUvS8Gnbkwk.

AS AVENTURAS DE PERURIMÃ (2013). Coordenação: Gilmar Galache. Produção: Associação Cultural de Realizadores Indígenas. Pirakua: Ascuri. 1 DVD (4 min), son., PB. Disponível em: http://www.youtube.com/watch?v=PBdz6IYpZwU.

DESTERRO GUARANI (2011). Direção: Patrícia Ferreira, Ariel Ortega, Vincent Carelli, Ernesto de Carvalho. Produção: Vídeo nas Aldeias. Olinda: Vídeo nas Aldeias. 1 DVD (38 min), son., color.

GUAIRAKA'I JA — O DONO DA LONTRA (2012). Direção: Wera Alexandre. Produção: Lucas Keese, Centro de Trabalho Indigenista: São Paulo: CTI. 1 DVD (11 min), son., color. Disponível em: http://www.youtube.com/watch?v=cvq7cZjIrk4.

MOKOI TEKOA PETEI JEGUATA — DUAS ALDEIAS, UMA SÓ CAMINHADA (2008). Direção: Ariel Ortega, Jorge Morinico, Germano

Benites. Produção: Vídeo nas Aldeias. Olinda: Vídeo nas Aldeias. 1 DVD (63 min), son., color.

NA ESTRADA COM SÓCRATES (2015). Direção: Niko Apel, Ludi Boeken. Produção: Erwan Massiot. Paris: Acajou Films, Les Films en Hiver, Vandertastic. 1 DVD (1h244 86 min), son., color. Disponível em: https://vimeo.com/channels/365105/130718895.

OJEPOTA RAI VA'E REGUA — SOBRE AQUELE QUE QUASE SE TRANSFORMOU (2012). Direção: Cláudio Vera Pires, Jera Giselda, Lucas Keese, Ricardo Tata'i. Produção: Lucas Keese. São Paulo: Coletivo Tekoa Tenondé Porã Pygua. 1 DVD (14 min), son., color. Disponível em: http://www. youtube.com/watch ?v=HTR8zgjUt-0.

OREREKO MBARAETERÃ — VALORIZAÇÃO DO MUNDO CULTURAL GUARANI [OFICINAS DE DIFUSÃO DOS SABERES ARTESANAIS GUARANI] (2001). Direção: Lucas Keese. São Paulo: Centro de Trabalho Indigenista. 1 DVD (25 min), son., color.

RESISTÊNCIA GUARANI SP — "ASSINA LOGO, CARDOZO!" (2014). Realização e produção: Comissão Guarani Yvyrupa. São Paulo: CGY. 1 DVD (4 min), son., color. Disponível em: http://www.youtube.com/watch?v=btfb2eY7tS0.

TAVA — PARAGUAY TIERRA ADENTRO (2011). Direção: Lucas Keese, Lucía Martin, Mariela Vilchez. Assunção: Clip. 1 DVD (69 min), son., color. Disponível em: http://www.youtube.com/ watch?v=NU0E28lJ5Uk.

TERRA VERMELHA (2008). Direção: Marco Bechis. Produção: Debora Ivanov, Marco Bechis, Caio Gullane, Fabioano Gullane. São Paulo: Paris Filmes. 1 DVD (108 min), son., color.

XONDARO MBARAETE: A FORÇA DO XONDARO (2013). Direção: Pesquisadores guarani. Produção: Centro de Trabalho Indigenista. São Paulo: CTI. 1 DVD (44 min), son., color. Disponível em: http://www.youtube.com/watch?v=4FbUVwDwp9U.

LUCAS KEESE DOS SANTOS é mestre em antropologia social pela Universidade de São Paulo (USP). Trabalha e convive com os Guarani Mbya apoiando-os em suas lutas desde 2009, quando passou a colaborar com esse povo por meio de oficinas de formação audiovisual e da realização de documentários. Nos anos seguintes, começou a se envolver em diversos projetos de fortalecimento cultural conduzidos pelas lideranças guarani e a assessorar suas organizações autônomas nos movimentos de luta pela terra, acompanhando de perto esse processo na Terra Indígena Tenondé Porã, no extremo sul da cidade de São Paulo. Atraído à primeira vista pela dança dos *xondaro*, busca aprender dia a dia com os Guarani a se manter em movimento.

O presente trabalho foi realizado com
apoio do Conselho Nacional de
Desenvolvimento Científico e
Tecnológico (CNPq), processo
nº 157458/2014-8

Society for the Anthropology of Lowland
South America (Salsa)
Trabalho selecionado pelo Norm and
Sibby Whitten Publication Subvention
Fund, Edição 2019

Parte dos recursos obtidos com a venda
deste livro será destinada à Comissão
Guarani Yvyrupa (CGY)

1ª edição, julho de 2021
São Paulo, Brasil

Dados Internacionais de Catalogação na Publicação (CIP)
Angélica Ilacqua CRB-8/7057

Santos, Lucas Keese dos
A esquiva do xondaro: movimento e ação política Guarani Mbya/
Lucas Keese dos Santos. — São Paulo: Elefante, 2021.
400 p., 15,5 × 23 cm
Bibliografia
ISBN 978-65-87235-53-0
1. Antropologia política 2. Formas políticas ameríndias
3. Índios Guarani Mbiá 4. Resistência indígena I. Título

21-1189   CDD 306.2

Índice para catálogo sistemático:
1. Antropologia política

COLEÇÃO
FUNDO &
FORMA

Inspirada na reversibilidade dos conceitos ameríndios que denotam
corpo e alma, a coleção Fundo e Forma, da Editora Elefante,
se abre à publicação de obras contemporâneas de Antropologia.

Editora Elefante
www.editoraelefante.com.br
editoraelefante@gmail.com
www.fb.com/editoraelefante
@editoraelefante

FONTES Arnhen, Euclid & Fakt
PAPEL Pólen soft 80 g/m^2 e cartão triplex 250 g/m^2
IMPRESSÃO BMF Gráfica